대전광역시
공공기관 직원
통합채용

일반상식

대전광역시
공공기관 직원 통합채용
일반상식

개정 3판 발행		2024년 5월 1일
개정 4판 발행		2025년 4월 7일

편 저 자	|	취업상식연구소
발 행 처	|	(주)서원각
등록번호	|	1999-1A-107호
주 소	|	경기도 고양시 일산서구 덕산로 88-45(가좌동)
대표번호	|	031-923-2051
팩 스	|	031-923-3815
교재문의	|	카카오톡 플러스 친구 [서원각]
홈페이지	|	goseowon.com

PREFACE

최근 많은 공사·공단에서는 기존의 직무 관련성에 대한 고려 없이 인·적성, 지식 중심으로 치러지던 필기전형을 탈피하고, 산업현장에서 직무를 수행하기 위해 요구되는 능력을 산업부문별·수준별로 체계화 및 표준화한 NCS를 기반으로 하여 채용 공고 단계에서 제시되는 '직무 설명자료'상의 직업기초능력과 직무수행능력을 측정하기 위한 직업기초능력평가, 직무수행능력평가 등을 도입하고 있습니다.

대전광역시 공공기관에서도 업무에 필요한 역량 및 책임감과 적응력 등을 구비한 인재를 선발하기 위하여 NCS와 함께 일반상식 시험을 치르고 있습니다. 본서는 대전광역시 공공기관 통합채용 대비를 위한 필독서로 대전광역시 공공기관 일반상식 시험 출제 경향을 분석하여 응시자들이 보다 쉽게 출제 유형을 파악하고 효율적으로 대비할 수 있도록 구성하였습니다.

> 대전광역시 공공기관 통합채용 필기시험을 효과적으로 대비하기 위하여 다음과 같이 구성하였습니다.
> - 최근 시사·경제·문화 용어 수록
> - 국어·한국사 핵심이론 수록
> - 방대한 양의 일반상식 영역을 체계적으로 구분하여 출제예상문제를 엄선·수록

합격을 향해 고군분투하는 당신에게 힘이 되는 교재가 되기를 바라며, 달려가는 길을 서원각이 진심으로 응원합니다.

STRUCTURE

기출복원문제

2024 ~ 2023년 상·하반기 공공기관 통합채용 기출문제를 복원하여 수록하였습니다.

출제예상문제

적중률 높은 출제예상 문제를 수록하였습니다.

최신·주요 상식 및 이론

다빈출 이론 및 최신·주요 상식을 과목별로 수록하였습니다.

CONTENTS

＊ 분석 리포트

전 영역이 골고루 출제되었으나, 시사 · 경제 · 문화 영역 비중이 가장 크다. 국어의 경우 맞춤법 관련된 문항이 가장 많았고, 문법 문제도 빠지지 않고 출제되었다. 한국사의 경우 인물과 사건에 대한 문항이 출제되었다. 시사 · 경제 · 문화의 경우, 평상시 뉴스나 인터넷 기사를 많이 접했다면 큰 어려움 없이 풀 수 있는 난도였다.

출제 빈도

국어	25%
한국사	25%
시사경제문화	50%

출제 난이도

PART

01

기출복원문제

01 2024년 상반기 기출복원문제

1 다음 중 '늘리다'를 적절하게 사용한 문장은?

① 체중을 늘리다.   ② 밧줄을 늘리다.

③ 치맛단을 늘리다.   ④ 댕기를 늘리다

> **TIP** '늘리다'는 '물체의 넓이, 부피 따위를 본디보다 커지게 하다', '수나 분량 따위를 본디보다 많아지게 하거나 무게를 더 나가게 하다', '힘이나 기운, 세력 따위를 이전보다 큰 상태로 만들다'의 의미다.
> ②③④ '본디보다 더 길어지게 하다'의 의미인 '늘이다'를 사용하는 것이 적절하다.

2 다음 중 띄어쓰기가 바르게 된 문장은?

① 회사의 대표로서 책임을 가져야 합니다.

② 할 지 안 할 지

③ 올 지 안 올지

④ 미세먼지는 안 보일 만큼 작다.

> **TIP** 지위나 신분 또는 자격을 나타낼 때 쓰는 격 조사 '로서'는 받침이 없는 체언이나 'ㄹ' 받침으로 끝나는 체언 뒤에 붙는다.
> ②③ '-ㄹ지'는 어미이므로 어간 뒤에 붙여 적는다. 단, 의존 명사로 사용될 경우 앞말과 띄어 쓴다. → 할지 안 할지, 올지 안 올지
> ④ 앞말과 비슷한 정도나 한도임을 나타내는 격 조사로 사용될 때는 체언의 바로 뒤에 붙는다. → 미세먼지는 안 보일만큼 작다.

3 어법에 맞는 문장을 고르시오.

① 뜨개질하는 방법을 가리켜줄 선생님을 찾고 있다.

② 집에 같은 책이 있다는 사실을 잃어버리고 구매했다.

③ 생각과는 다른 헌칠한 허우대에 눈이 휘둥그레지고 말았다.

④ 며칠 뒤에 있을 면접시험을 위해 넥타이 메는 법부터 배워야겠다.

> **TIP** '헌칠하다'는 키나 몸집 따위가 보기 좋게 어울리도록 크다는 의미이며 훤칠하다는 막힘없이 깨끗하고 시원하다는 의미이다.
> ① '가르치다'는 지식이나 기능, 이치 따위를 깨닫거나 익히게 하다라는 뜻을 나타내고, '가리키다'는 '손가락 따위로 어떤 방향이나 대상을 집어서 보이거나 말하거나 알리다라는 뜻이다. 따라서 '가르치다'가 적절하다.
> ② '잊어버리다'는 주로 기억과 관련된 내용을 서술할 때 사용하며 '잃어버리다'는 물건과 관련한 내용을 서술할 때 사용한다. 따라서 '잊어버리다'가 적절하다.
> ④ '매다'는 끈이나 줄 따위의 두 끝을 엇걸고 잡아당기어 풀어지지 아니하게 마디를 만들다는 뜻이며 '메다'는 어깨에 걸치거나 올려놓다의 뜻으로, 넥타이, 신발 끈, 옷고름 등의 지시 대상은 '매다'가 적절하다.

4 ㉠ ～ ㉣ 중 〈보기〉의 문장이 들어가기에 가장 적절한 것은?

> 카페인은 인체에 작용하면서, 부작용으로 종종 수면 장애를 동반하는데, 이는 카페인 섭취는 시간적 경과 및 용량에 따라 GABA 함량에 영향을 미치기 때문이다. 시상하부와 대뇌피질에서의 GABA 함량의 감소는 수면 장애를 유발한다.

(㉠)카페인은 신경을 활성화시키는 물질로서 피로의 감소 및 각성 효과가 있으며 근육의 긴장을 완화하고 이뇨 작용을 활발히 한다. 오늘날 현대인들은 카페인을 커피를 비롯하여 에너지 드링크, 초콜릿, 차(Tea), 일부 의약품 등 여러 형태로 섭취하고 있다. 그러나 카페인은 항상 좋은 영향을 미치는 것은 아니다. (㉡) GABA는 대표적으로 뇌세포 대사기능을 촉진시켜 신경 안정 작용 및 기억력 증진, 우울증 완화, 치매 예방, 비만, 불면 등에 효과가 있다. GABA 작용 억제 시 경련과 불안을 일으킬 수 있고, 증가 시 항경련, 항우울, 진정작용을 유발한다. 하지만 카페인이 수면 장애를 일으킬 때, GABA 수용체에 직접적으로 영향을 주기보다는, 아데노신 수용체를 차단함으로써 영향을 준다고 할 수 있다. (㉢) 따라서 카페인으로 인해 생기는 수면 장애를 완화하기 위해서는 아데노신의 활성을 도와줄 수 있는 물질이 필요하다. (㉣)

① ㉠

② ㉡

③ ㉢

④ ㉣

TIP ㉡의 앞 문장은 ㉡의 카페인의 부작용을 서술하기 위한 도입부로, ㉡ 다음으로는 ㉡에서 언급된 GABA에 대한 설명이 이어진다. 그러므로 ㉡이 가장 적절하다.

Answer 1.① 2.① 3.③ 4.②

5 이육사의 광야를 읽고 다음 중 단어의 상징적 의미가 다른 것은?

曠野(광야)
까마득한 날에 하늘이 처음 열리고
어데 닭 우는 소리 들렸으랴

모든 산맥(山脈)들이
바다를 연모(戀慕)해 휘달릴 때도
차마 이곳을 범(犯)하던 못하였으리라

끊임 없는 광음(光陰)을
부지런한 계절(季節)이 피여선 지고
큰 강(江)물이 비로소 길을 열었다

지금 ㉠ 눈 나리고
㉡ 매화 향기(梅花香氣) 홀로 아득하니
내 여기 가난한 노래의 ㉢ 씨를 뿌려라

다시 천고(千古)의 뒤에
백마(白馬)타고 오는 ㉣ 초인(超人)이 있어
이 광야(曠野)에서 목놓아 부르게 하리

---

① ㉠ 눈
② ㉡ 매화
③ ㉢ 씨
④ ㉣ 초인

TIP 눈은 고난과 시련, 암담한 현실(일제 강점기)을 의미한다.
② 매화 : 절망적인 상황 속에서도 굴하지 않는 고고한 의지와 지조를 의미한다.
③ 씨 : 생명의 근원을 의미하여 부정적인 상황에서도 생명의 씨앗을 뿌리고자 하는 태도를 나타낸다.
④ 초인 : 희망을 나타내는 위대한 존재를 의미한다.

6   신석기 시대 유물로 옳은 것은?

① 뗀석기

② 압인문 토기

③ 주먹도끼

④ 슴베찌르개

> **TIP** 신석기 시대의 압인문 토기는 규칙적인 무늬 형태를 이루고 있는데, 손가락이나 동물뼈, 나뭇가지 등으로 무늬를 찍어, 눌러찍기무늬
> 토기라고도 불린다.
> ①③④ 구석기 시대 유물이다.

7   다음은 〈여수장우중문시〉다. 이 시와 관련된 역사적 사건으로 옳은 것은?

> 신기한 책략은 하늘의 이치에 통달했고
> 오묘한 계략은 땅의 이치를 꿰뚫었네
>
> 싸움에 이기어 공이 이미 높으니
> 만족함을 알고 그만두기를 바라노라

① 한산도대첩

② 귀주대첩

③ 살수대첩

④ 행주대첩

> **TIP** 고구려 장수 을지문덕이 수나라 장수 우중문에게 보내는 한시로, 적장을 희롱하며 지어 보낸 시이다.
> ① 한산도대첩 : 1592년에 이순신 장군이 한산도에서 일본 수군을 크게 무찌른 전투다.
> ② 귀주대첩 : 거란의 3차 침입 때인 1019년에 강감찬 장군이 거란군을 귀주에서 물리쳐 승리한 대첩이다.
> ④ 행주대첩 : 1593년에 권율 장군이 지휘하는 조선군과 백성들이 행주산성에서 일본군과 싸워 크게 이긴 전투이다.

Answer   5.① 6.② 7.③

8 다음이 설명하는 사건으로 옳은 것은?

> 1126년 고려 전기 문벌 귀족이 일으킨 난으로, 문벌 귀족 사회의 모순과 폐단이 드러난 사건이다. 딸들을 왕에게 시집보내어 권력을 잡고 인종을 제거하기 위해 척준경과 함께 난을 일으켰으나 실패하였다.

① 이자겸의 난
② 망이망소이의 난
③ 만적의 난
④ 홍경래의 난

TIP ② 망이망소이의 난 : 1176년(고려 명종 6)에 공주 명학소에서 일어난 민중봉기다.
③ 만적의 난 : 1198년(고려 신종1)에 만적이 중심이 되어 일으키려다가 미수에 그친 노비해방운동이다.
④ 홍경래의 난 : 1811년(순조 11)에 홍경래 · 우군칙의 주도로 평안도에서 일어난 농민항쟁이다.

9 농사직설, 삼강행실도를 편찬한 왕의 업적으로 옳은 것은?

① 호패법
② 훈민정음
③ 진대법
④ 동의보감

TIP ① 호패법 : 신분을 나타내기 위해 16세 이상 남자에게 호패를 가지고 다니게 하던 제도로, 태종 때 처음 시행되었다가 중단되었는데, 1459년(세조 4)에 다시 시행하여 조선 후기까지 계속되었다.
③ 진대법 : 194년(고국천왕 16)에 백성의 구휼을 위해 시행된 고구려 빈민 구휼 제도이다.
④ 동의보감 : 1610년(광해준 2)에 허준이 저술한 의학서로, 1596년 선조의 명에 따라 허준 등 5명이 공동으로 편찬하다가 병란으로 중단된 것을 허준이 혼자 추진하여 1610년에 완성하였다.

10 박정희 정부에 일어난 역사적 사건으로 옳은 것은?

① 금융실명제
② 7 · 4 남북공동선언
③ 남북한 유엔 동시가입
④ 반민족 행위 특별조사 위원회

TIP ① 1993년 김영삼 정부
③ 1991년 노태우 정부
④ 1948년 이승만 정부

11 성장 가능성이 있지만 발달 초기 단계로, 경쟁력을 갖추지 못한 산업은?

① 사양 산업
② 성장 산업
③ 전략 산업
④ 유치 산업

TIP ① 사양 산업 : 기술이 발전하고 경제가 성장함에 따라 침체에 빠지거나 경제 여건상 쇠퇴해 가는 산업이다.
② 성장 산업 : 높은 성장률을 유지하고 있는 산업. 또는 발전 가능성으로 보아 높은 성장이 기대되는 산업이다.
③ 전략 산업 : 국가 경제성장의 기동력이 되는 산업부문을 의미한다.

Answer 8.① 9.② 10.② 11.④

12 다음 중 OPEC에 가입하지 않았지만 OPEC+의 회원국은?

① 가봉

② 알제리

③ 러시아

④ 쿠웨이트

> **TIP** OPEC+는 OPEC(석유수출국기구) 회원국과 러시아, 미국, 멕시코 등 기타 주요 산유국(비OPEC)의 협의체다.
> ※ OPEC(석유수출국기구) … 1960년 9월 이란, 이라크, 쿠웨이트, 사우디아라비아, 베네수엘라 등 5개국이 협정을 체결하면서 이라크 바그다드에서 설립되었다. 이후 카타르(1961년), 인도네시아(1962년), 리비아(1962년), 아랍에미리트(1967년), 알제리(1969년), 나이지리아(1971년), 에콰도르(1973년), 가봉(1975년), 앙골라(2007년), 적도 기니(2017년), 콩고(2018년)가 가입했으나, 에콰도르는 1992년 12월 회원국 자격을 정지하고 2007년 10월 OPEC에 다시 가입했지만 2020년 1월 1일부터 OPEC 회원국 자격을 철회하였다. 인도네시아는 2009년 1월 회원국 자격을 정지했다가 2016년 1월 다시 활성화시켰으나, 2016년 회원국 자격이 다시 한 번 정지되었다. 가봉은 1995년 1월 회원국 자격을 종료했으나 2016년 7월에 다시 가입하였고, 카타르는 2019년 1월 1일, 앙골라는 2024년 1월 1일에 회원국을 탈퇴하였다. 현재(2024년 기준) OPEC 회원국은 알제리, 콩고, 적도기니, 가봉, 이란, 이라크, 쿠웨이트, 리비아, 나이지리아, 사우디아라비아, 아랍에미리트, 베네수엘라 총 12개국이다.

13 다음 중 고용보험제도 중 개인혜택에 해당하는 제도는?

① 고용유지지원금

② 고용창출장려금

③ 직장어린이집 지원금

④ 실업급여

> **TIP** 실업급여(구직급여)는 고용보험 피보험자(근로자 · 예술인 · 노무제공자)가 비자발적으로 실직했을 때 일정기간 급여를 지급함으로써 실업으로 인한 생계불안을 극복하고 생활의 안정을 도와주며 재취업의 기회를 지원하는 제도다. 참고로 고용보험제도 중 개인혜택은 재직근로자 훈련지원, 실업자 훈련지원, 실업급여(구직급여), 육아휴직급여, 출산전후 휴가급여, 고용보험 미적용자 출산급여, 배우자 출산휴가 급여, 구직 등록 등이 있다.
> ①②③ 고용보험제도 중 기업혜택에 해당한다.

14 대용량의 전기를 저장할 수 있는 시스템으로 신재생 에너지 발전 등에 활용되는 전력 저장 시스템은?

① ESS

② EIS

③ ESCO

④ EERS

TIP ② EIS : 경영자정보시스템, 관리자정보시스템, 임원정보시스템 등으로 불린다. 최고경영자나 임원 혹은 관리자가 전략적 경쟁적 의사 결정을 내리고 전체 사업과 그 기능부서의 활동을 감독하는 데 필요한 정보를 모두 다루는 시스템이다.
③ ESCO : 에너지 사용시설에 투자한 금액을 투자시설에서 발생하는 에너지 절감액으로 회수하는 기업 혹은 이들이 하는 사업을 일컫는다.
④ EERS : 소비자의 효율 향상을 위해 전력이나 가스 등 에너지 공급자에 대하여 정부가 부과한 에너지 절감 목표량을 의무적으로 달성하도록 하는 제도다.

15 각국 전통의상으로 잘못 연결된 것은?

① 블루즈 – 프랑스

② 쑤타이 – 말레이시아

③ 판초 – 멕시코

④ 사리 – 인도

TIP 쑤타이는 태국의 전통의상이다.

Answer 12.③ 13.④ 14.① 15.②

16 2024년에 우리나라와 FTA 수교 20주년을 맞이하였으며, 1999년에 협상을 개시하여 2004년에 발효된 국가는?

① 칠레

② 인도

③ 캐나다

④ 싱가포르

> **TIP** ② 인도 : 2006년에 협상을 개시하여 2010년에 발효되었다.
> ③ 캐나다 : 2005년에 협상을 개시하여 2015년에 발효되었다.
> ④ 싱가포르 : 2004년에 협상을 개시하여 2006년에 발효되었다.

17 다음 중 종합소득세 신고기간은?

① 1월 1 ～ 31일

② 5월 1 ～ 31일

③ 7월 1 ～ 25일

④ 12월 1 ～31일

> **TIP** 당해 과세기간에 종합소득금액이 있는 자는 다음해 5월 1일부터 5월 31일(성실신고확인서 제출자는 6월 30일)까지 종합소득세를 신고 · 납부하여야 한다.

18 산소 원자 3개가 결합하여 만들어진 기체는?

① 오존

② 수소

③ 헬륨

④ 이산화탄소

> **TIP** 3개의 산소원자로 구성된 매우 활성이 강한 분자(O_3)다. 지표면에서 오존은 광화학적 반응에 의해 인체에 해로운 스모그를 형성하지만, 대기권 밖에서는 자외선을 흡수시키는 오존층을 형성한다. 또한 오존의 강한 산화력은 미생물의 살균에도 이용된다.

19 물의 끓는점을 다른 말로 하면?

① 빙점

② 임계점

③ 삼중점

④ 비등점

TIP ① 빙점 : 어는점의 다른 이름이다.
③ 삼중점 : 기체, 액체, 고체 세 가지 상이 평형상태에서 함께 존재할 수 있는 온도와 압력을 말한다.
② 임계점 : 열역학에서 상평형이 정의될 수 있는 한계점이며, 그 점을 넘으면 상의 경계가 사라진다.

20 다음 중 독일 태생의 공산주의 창시자는?

① 레닌

② 스탈린

③ 칼마르크스

④ 키에르케고르

TIP ① 레닌 : 러시아 태생의 마르크스, 엥겔스의 후계자이자 러시아 공산당 및 소비에트 연방국의 창시자이다.
② 스탈린 : 러시아 태생이며 러시아 및 국제 노동운동의 지도자다.
④ 키에르케고르 : 덴마트 태생의 실존주의 사상 선구자 중 한 명이다.

Answer 16.① 17.② 18.① 19.④ 20.③

02 2024년 하반기 기출복원문제

1 다음 중 합성어가 아닌 것은?

① 실눈

② 맨눈

③ 눈물

④ 눈동자

> **TIP** '맨'은 '아무것도 덧붙이지 않은 상태'를 의미하는 접두사다. 실질 형태소(어근)인 '눈'에 결합한 파생어다.
> ※ **복합어**
> ⊙ **파생어** : 실질 형태소(어근)에 형식 형태소(접사)가 결합하여 만들어지는 단어로 실질 형태소는 단어의 중심 부분, 형식 형태소는 어근에 결합하여 새로운 의미나 품사를 형성한다. 이때 어근 앞에 붙어 새로운 의미를 추가하는 것을 접두사, 어근 뒤에 붙어 새로운 품사를 형성하거나 의미를 변화시키는 것을 접미사라고 한다.
> ⓛ **합성어** : 실질 형태소(어근)에 실질 형태소(어근)가 결합하여 만들어지는 단어로 각각의 어근이 본래의 뜻을 유지하거나 새로운 뜻을 형성한다.

2 관용 표현으로 옳지 않은 것은?

① 가방은 손에 땀이 쥐어질 정도로 무거웠다.

② 연말 업무가 과중하여 눈코 뜰 새 없다.

③ 팀원이 곤란한 일을 겪자 모두가 발 벗고 나섰다.

④ 그의 돌발행동은 훈훈한 분위기에 찬물을 끼얹었다.

> **TIP** '긴장 또는 흥미로 인할 때 '손에 땀을 쥐다'는 관용표현으로 쓰이나, 물리적인 상태를 묘사할 때는 관용표현으로 사용하지 않는다.
> ①은 단순히 무겁고 힘든 상태를 표현하였으므로 관용표현이라고 할 수 없다.

3 다음 중 밑줄 친 문장을 고쳤을 때 바르게 고쳐지지 않은 것은?

> 팀원들의 의견이 도무지 좁혀질 기미가 ㉠ <u>보여지지 않았다.</u> 결국 한 시간 내내 회의를 했음에도 결론이 나지 않았다. 한 팀원은 "우리가 모두 의견을 내면 결국 한 방향으로 결론이 날 것이다"라며 얘기했지만, 나는 아무리 얘기를 해도 결론이 날 것이라는 확신이 없었다. 이제는 ㉡ <u>그러던지 말던지</u> 태도로 회의에 참여 중일 때 팀장님은 나에게 "여러 사람의 의견은 같을 수 없다. 중요한 것은 어떻게 의견을 ㉢ <u>나눌 수 있냐는</u> 태도다. 그러니 서로 다른 점을 인정하고 조금 더 열린 마음으로 회의를 진행해보자."고 말씀하셨다. 장시간 이어진 회의로 ㉣ <u>흐리멍텅해진</u> 정신을 다시 가다듬고, 마음을 열어 팀원들의 의견을 경청하니, 회의 분위기가 한층 부드러워졌고 결국 하나의 결론을 도출할 수 있었다.

① ㉠ 보여지지 않았다 → 보이지 않았다.

② ㉡ 그러던지 말던지 → 그러든지 말든지

③ ㉢ 나눌 수 있냐는 → 나뉠 수 있냐는

④ ㉣ 흐리멍텅해진 → 흐리멍덩해진

TIP '나뉠 수 있냐는'은 의견이 갈라지는 의미로 원래 문장의 의도와 다르다. 문맥상 '나눌 수 있냐는'이 더 적절하다.
  ① 보여지지 않았다 → 보이지 않았다
    '보여지다'는 '보다'의 피동형이지만, 불필요한 피동 표현이므로 '보이지 않았다'로 수정하는 것이 적절하다.
  ② 그러던지 말던지 → 그러든지 말든지
    '그러던지'는 문법적으로 맞지 않으며, '그러든지 말든지'가 올바른 표현이다.
  ④ 흐리멍텅해진 → 흐리멍덩해진
    '흐리멍텅하다'는 '흐리멍덩하다'의 비표준어로 '흐리멍덩해진'이 올바른 표현이다.

Answer 1.② 2.① 3.③

4 다음 글을 읽고 관련된 사자성어는?

> 김 부장은 A프로젝트 팀의 리더로서 2주 뒤에 있을 신제품 개발 PPT 발표를 준비하고 있다. 하지만 짧은 준비 기간과 방대한 자료 조사로 인해 업무가 원활하게 진행되지 않았고, 팀원들은 과중한 업무와 야근으로 지쳐가고 있었다. 기한은 어느덧 일주일 앞으로 다가왔지만, 여전히 정리되지 않은 상태였다. 애초에 김 부장의 과욕으로 무리한 일정으로 진행되었고, 김 부장은 자신의 욕심으로 이도저도 되지 않고 있음을 실감했다. 김 부장은 팀 리더로서의 책임을 다하고자 회사에서 숙식하며 팀원들이 조사한 자료를 바탕으로 직접 신제품을 개발과 테스트를 진행했다. 그는 부족한 부분을 메워나가며 마침내 발표를 성공적으로 마무리할 수 있었다. 처음부터 완벽하지 않았지만, 자신의 과욕을 인정하고 이를 끝까지 책임지고 해결하려는 노력 덕분에 A프로젝트 팀은 사내 대상을 받는 쾌거를 이루었다..

① 결자해지   ② 아전인수

③ 새옹지마   ④ 백절불굴

TIP '맺은 사람이 풀어야 한다'는 뜻으로, 자기가 저지른 일은 자기가 해결해야 함을 이르는 말이다.
② 아전인수 : '자기 논에 물 대기'라는 뜻으로, 자기에게만 이롭게 되도록 생각하거나 행동함을 이르는 말이다.
③ 새옹지마 : 인생의 길흉화복은 변화가 많아서 예측하기가 어렵다는 말이다.
④ 백절불굴 : '백 번 꺾여도 굴하지 않는다.'라는 뜻, 어떠한 난관에도 결코 굽히지 않음을 이르는 말이다.

5 다음 글을 읽고 알 수 있는 내용으로 옳지 않은 것은?

> 황사는 중국·몽골의 사막과 고원 등 건조한 지역에서 발생한 흙먼지가 강한 바람을 타고 한반도로 날아와 하늘을 흐리게 만드는 현상이다. 발원지에서 한반도까지 이동하는 데는 거리와 풍속 등에 따라 1~5일이 소요되며, 주로 중국에서 강한 바람이 부는 봄철에 자주 관측된다. 황사는 자연적으로 형성된 모래와 흙먼지로, 칼륨·철분 등 토양 성분이 주를 이루고 있다.
>
> 반면, 미세먼지는 인위적인 요인에 의해 발생한다. 석탄·석유 등 화석연료를 태울 때 생기는 매연, 자동차 배기가스, 건설 현장에서 발생하는 먼지, 공장에서 배출되는 가루 성분 등이 주요 원인이다. 미세먼지는 중금속 및 유해 화학물질을 포함하고 있으며, 최근 우리나라의 미세먼지 농도가 증가한 주요 원인으로는 중국의 산업 활동에 따른 오염 물질 배출이 꼽힌다. 여기에 국내에서 발생하는 보일러·발전시설 가동 시 배출되는 미세먼지, 자동차 배기가스, 산업 현장에서 방출되는 오염 물질 등이 더해져 대기오염의 심각성을 높이고 있다. 황사와 미세먼지는 입자의 크기에서도 차이가 있다. 황사는 머리카락보다 굵은 입자부터 10㎛(마이크로미터·100만분의 1m) 이하의 미세한 입자까지 다양한 크기로 이루어져 있다. 그러나 먼 거리를 이동하기 위해서는 입자가 작고 가벼워야 하므로, 우리나라까지 도달하는 황사는 대부분 10㎛ 이하의 크기를 가진다.

먼지는 입자의 지름에 따라 ▲ 미세먼지(PM10) : 지름이 10㎛ 이하 ▲ 초미세먼지(PM2.5) : 지름이 2.5㎛ 이하로 구분할 수 있다. 미세먼지는 사람 머리카락(50 ~ 70㎛)의 약 5/1 ~ 7/1 크기이며, 초미세먼지는 1/20 ~ 1/30로 더 욱 작아 인체에 미치는 영향이 크다. 최근 황사와 미세먼지는 심각한 건강 문제로 대두되고 있다. 이는 황사가 산업화된 중국의 공업지대를 통과하면서 카드뮴 · 납 등의 중금속과 각종 오염 물질을 포함하게 되기 때문이다. 황사와 미세먼지는 호흡기, 기관지, 눈 등에 문제를 일으킬 수 있으며, 특히 크기가 작은 입자는 인체 내에서 걸러지지 않고 폐 깊숙이 침투할 가능성이 높다.

미세먼지가 호흡기를 통해 인체로 유입되면 코와 기도의 점막을 자극하여 감기, 천식, 기관지염 등 호흡기 질환을 유발할 수 있다. 특히 초미세먼지는 크기가 매우 작아 폐포를 통해 혈관에 직접 침투할 수 있으며, 이로 인해 혈전 형성을 촉진하여 심혈관 질환의 발생 위험을 높인다.

세계보건기구(WHO) 산하 국제암연구소(IARC)는 2013년 10월, 미세먼지를 1군 발암물질로 지정하였다. 이에 따라 현재 신문, 텔레비전, 인터넷 등 다양한 매체에서 미세먼지 예보를 제공하고 있으며, 이를 통해 시민들은 대기질 상태를 실시간으로 확인할 수 있다.

미세먼지와 초미세먼지는 1㎥(세제곱미터) 공간 안에 포함된 먼지의 양에 따라 다음과 같이 구분된다.

등급	미세먼지(PM10) (㎍/㎥)	초미세먼지(PM2.5) (㎍/㎥)
좋음(파랑)	0~30	0~15
보통(초록)	31~80	16~50
나쁨(노랑)	81~150	51~100
매우 나쁨(주황)	151 이상	101 이상

미세먼지 농도가 151㎍/㎥ 이상으로 2시간 이상 지속될 경우 미세먼지 주의보가 발령된다. 연구에 따르면, 151㎍/㎥ 이상의 농도에 일정 시간 노출되면 인체에 유해한 영향을 미칠 수 있는 것으로 밝혀졌다.

① 미세먼지는 중금속 및 화학물질을 포함하고 있으며 인위적인 요인에 의해 발생한다.

② 초미세먼지는 지름이 2.5㎛ 이하이며, 인체에 미치는 영향이 더욱 크다.

③ 초미세먼지는 혈관에 직접 침투해 심혈관 질환 발생의 위험을 높인다.

④ 미세먼지 농도가 151㎍/㎥ 이상으로 1시간 이상 지속될 경우 미세먼지 주의보가 발령된다.

TIP 미세먼지 주의보는 미세먼지 농도가 151㎍/㎥ 이상으로 2시간 이상 지속될 경우 발령된다.

Answer 4.① 5.④

6 고구려 도읍지가 아닌 것은?

① 졸본
② 평양성
③ 국내성
④ 위례성

> **TIP** 기원전 18년 온조왕이 세운 백제의 초기 도읍지이다.
> ① 주몽이 처음 세운 수도이다(기원전 37년).
> ② 유리왕이 수도를 옮긴 곳이다(기원전 3년).
> ③ 장수왕이 국내성에서 평양으로 천도하였다(427년).

7 신라의 골품제도에 대한 설명으로 옳지 않은 것은?

① 혈통에 따라 정치, 사회생활 전반에 제약을 가하는 신분제도였다.
② 성골(聖骨), 진골(眞骨), 6 ~ 1두품(頭品)으로 나뉜다.
③ 통일 신라 이후부터 사용되었다.
④ 대표적 인물로는 최치원이 있다.

> **TIP** 신라가 연맹왕국(聯盟王國)에서 귀족국가로 바뀌어가는 과정에서 귀족세력을 재편성하기 위해 신라의 국가성장 과정에서 생긴 제도이다.

8 대한제국 선포 후 구본신참을 기조로 삼은 고종의 근대개혁 정책으로 옳은 것은?

① 삼정개혁
② 광무개혁
③ 을미개혁
④ 갑오개혁

> **TIP** 광무개혁은 고종이 대한제국을 선포한 후(1897년) 구본신참(옛것을 근본으로 삼고 새것을 참작함)을 기조로 삼아 추진한 근대화 개혁으로 토지 개혁, 군제 개편, 근대 산업 육성 등의 내용을 담고 있다.
> ① **삼정개혁** : 조선 후기 흥선대원군이 실시한 개혁으로, 전정(토지세), 군정(군역), 환곡(구휼제도)의 삼정을 통해 문란을 해결하고 민생을 안정시키고자 하였다.
> ③ **을미개혁** : 1895년 명성황후 시해 사건(을미사변) 이후, 일본이 대한제국(당시 조선)의 내정을 장악하면서 추진한 개혁이다.
> ④ **갑오개혁** : 1894년 개화파 관료들에 의해 추진된 개혁이다.

9 동학농민운동에 대한 설명으로 옳지 않은 것은?

① 동학농민운동의 지도자는 최제우였다.

② 조선 사회의 불평등과 농민들의 경제적 어려움으로 인해 발생하였다.

③ 동학농민운동은 을미개혁과 갑오개혁에 영향을 행사하였다.

④ 스스로 문제를 해결하려는 민중의 저항 정신이 돋보이는 민중 봉기이다.

TIP 동학농민운동의 지도자는 전봉준이고, 동학의 창시자는 최제우이다.

10 다음은 홍커우 공원에서 의거를 수행한 독립운동가의 유서이다. 이 유서를 남긴 인물은?

> 강보에 싸인 두 병정에게
>
> 너희도 만일 피가 있고 뼈가 있다면, 반드시 조선을 위하여 용감한 투사가 되어라.
> 태극의 깃발을 높이 드날리고 나의 빈 무덤 앞에 찾아와 한 잔 술을 부어 놓으라.
> 그리고 너희들은 아비 없음을 슬퍼하지 말아라. 사랑하는 어머니가 있으니…….
> 어머니가 가르치고 길러 성공한 자를 동서양 역사에서 보건대,
> 동양에 학자 맹가(孟軻)가 있고
> 서양에 불란서 혁명가 나폴레옹이 있고
> 미국에 발명가 에디슨이 있다.
> 바라건대 너희 어머니는 그의 어머니가 되고, 너희들은 그 사람이 되어라

① 김구

② 윤봉길

③ 안창호

④ 안중근

TIP 1932년 4월 홍커우 공원에서 열린 일본 천황의 생일연(천장절) 및 상하이 점령 전승 기념식에 폭탄을 투척하는 의거를 성공시킨 윤봉길의 유서로 보물 568-2호로 지정되었다.

Answer 6.④ 7.③ 8.② 9.① 10.②

11 재정거래에 관한 설명으로 옳지 않은 것은?

① 재정거래는 서로 다른 시장의 가격 차이를 이용해 이익을 얻는 거래 행위이다.

② 재정거래는 주식, 외환, 코인, 채권 등 다양한 자산을 거래한다.

③ 재정거래는 고위험 고수익을 추구하는 거래이다.

④ 재정거래에는 주로 금융 시장에서 이루어지며, 대표적인 방식으로 환재정과 금리재정이 있다.

TIP 재정거래는 같은 상품이 서로 다른 시장에서 다른 가격으로 거래될 때, 동시에 매수·매도하여 이익을 얻는 거래 행위로 저위험 저수익을 목표로 하는 거래이다.

12 챗봇에 관한 설명으로 옳지 않은 것은?

① 챗봇은 사람과 상호작용을 하는 대화형 인공지능이다.

② 챗봇은 사람의 감정을 완벽하게 이해하고 공감할 수 있다.

③ 챗봇은 은행, 보험회사 등 다양한 산업에서 정보 및 고객 서비스를 제공한다.

④ 챗봇은 문자, 음성 등 다양한 형태로 사람과 대화할 수 있다.

TIP 챗봇은 감정 인식 기능을 갖추고 있어 단순한 반응뿐만 아니라 감정에 맞춘 반응도 가능하나 완벽한 이해와 공감은 불가능하다.

13 단기취업(C-4) 외국인 노동자 체류 연장기간은?

① 1개월

② 2개월

③ 3개월

④ 4개월

TIP 단기취업(C-4) 외국인 노동자의 체류 연장기간은 1회에 한해 최대 90일이다.

14 런던협약의 내용으로 옳은 것은?

① 해양쓰레기 및 오염 물질의 투기 규제를 포함한다.

② 기후변화에 대응하기 위해 온실가스 배출 감축 목표를 설정한다.

③ 해양 생태계 보호를 위해 국제 포경(고래잡이) 금지 규정을 포함한다.

④ 국제 선박 충돌 예방을 위한 기준을 정한다.

TIP 런던협약(1972년)은 '폐기물 및 기타 물질의 투기에 의한 해양오염 방지에 관한 협약으로, 해양 폐기물 및 오염물질의 무분별한 투기를 금지하고 규제한다.

② 파리 기후 협정(2015년)과 관련된 내용이다.

③ 국제포경위원회(IWC)의 국제 포경 규제 조약(1946년)과 관련된 내용이다.

④ 국제해상충돌예방규칙(COLREGs, 1972년)에 해당하는 내용이다.

15 공복에 분비되는 호르몬은?

① 그렐린

② 인슐린

③ 아드레날린

④ 렙틴

TIP ② 인슐린 : 체내에 높아진 혈당량을 낮추는 호르몬으로 당뇨병과 연관이 있다.

③ 아드레날린 : 흥분, 공포, 불안 등의 감정을 느낄 때 분비되는 호르몬

④ 렙틴 : 식욕 억제와 관련된 호르몬

Answer 11.③ 12.② 13.③ 14.① 15.①

16 직계비속 증여세 면제 금액은?

① 1천만 원　　　　　　　　　② 2천만 원

③ 5천만 원　　　　　　　　　④ 1억 원

증여자와의 관계	증여재산공제 한도액(10년간 합산하여 공제할 수 있는 금액)
배우자	6억 원
직계존속(계부, 계모 포함)	5천만 원 (미성년자가 직계존속으로 증여받은 경우 2천만원)
직계비속	5천만 원
기타 친족 (6촌 이내의 혈족 및 4촌 이내의 인척)	1천만 원
그 외의 자	0원

17 다음 중 베토벤 교향곡이 아닌 것은?

① 운명 교향곡　　　　　　　　② 영웅 교향곡

③ 전원 교향곡　　　　　　　　④ 미완성 교향곡

> TIP ④ 슈베르트 교향곡
> ① 베토벤 교향곡 5번
> ② 베토벤 교향곡 3번
> ③ 베토벤 교향곡 6번

18 디졸브에 관한 설명으로 옳은 것은?

① 화면의 한 장면이 서서히 나타나는 기법
② 화면의 한 장면이 서서히 사라지는 기법
③ 한 화면이 점점 사라짐과 동시에 다른 화면이 서서히 나타나는 화면 전환 기법
④ 한 화면을 닦아내듯 밀어내면서 다른 화면이 나타나는 전환 기법

> TIP ① 페이드 인 (fade in)
> ② 페이드 아웃 (fade out)
> ④ 와이프 (wipe)

19 시스템 프로그램의 잘못된 오류나 연산(버그)을 찾아내고 수정하는 작업 과정을 무엇이라고 하는가?

① 컴파일

② 크래시

③ 인터프리터

④ 디버깅

TIP ① **컴파일**(compile) : 프로그래밍 언어로 작성된 코드를 기계어의 프로그램으로 변환하는 과정이다.
② **크래시**(crash) : 프로그램이 비정상적으로 종료되거나 갑자기 재부팅되는 현상이다.
③ **인터프리터**(interpreter) : 코드를 한 줄씩 실행하며 해석하는 방식이다.

20 근대 올림픽 창시자는?

① 제임스 네이스미스

② 윌리엄 G.모건

③ 피에르 드 쿠베르탱

④ 칼 셰렌츠

TIP 1894년 국제올림픽위원회를 설립했으며, 1896년 그리스 아테네에서 제1회 근대 올림픽을 개최한 인물이다.
① **제임스 네이스미스** : 농구를 창시한 인물이자 미식 축구 헬멧을 최초로 발명한 인물이다.
② **윌리엄 G.모건** : 배구의 창시자로 테니스와 핸드볼에서 힌트를 얻어 배구를 창안하였다.
③ **칼 셰렌츠** : 핸드볼의 창시자로 1919년 현대 핸드볼 경기 규칙을 정립한 인물이다.

Answer 16.③ 17.④ 18.③ 19.④ 20.③

03 2023년 상반기 기출복원문제

1 팬데믹으로 위축되었던 경제활동이 재개되는 현상은?

① 리오프닝
② 양적완화
③ 테이퍼링
④ 스테이킹

> **TIP** ② 양적완화 : 기준금리가 이미 낮은 상태에서 금리 인하 효과를 기대할 수 없을 때 중앙은행이 다양한 자산을 사들여 시중에 통화
> 공급을 늘리는 정책이다.
> ③ 테이퍼링 : 양적완화의 규모를 점진적으로 축소해 나가는 일종의 출구전략을 말한다.
> ④ 스테이킹 : 보유한 암호화폐 일정량을 지분(Stake)으로 고정하는 것을 말한다. 등락과 무관하게 암호화폐를 예치하고 예치 기간
> 동안 일정 수준의 수익을 얻을 수 있다.

2 대한민국의 랜드마크가 아닌 것은?

① 민속촌
② 63빌딩
③ UN기념공
④ 자유의 여신상

> **TIP** 미국 뉴욕항으로 들어오는 허드슨강 입구의 리버티섬에 세워진 자유의 여신상은 미국 뉴욕을 대표하는 랜드마크이자 '아메리칸드림'
> 의 상징으로 프랑스가 1886년에 미국 독립 100주년을 기념하여 선물하였다.

3 먼저 제시된 정보가 추후 알게 된 정보보다 더 강력한 영향을 미치는 효과로, 대인관계에서는 첫인상이
고정관념을 형성하여 적용하는 것은?

① 후광 효과
② 낙인 효과
③ 초두 효과
④ 스노브 효과

> **TIP** ① 후광 효과 : 외모에서 좋은 인상을 받았을 경우 그 사람의 성격 등을 좋게 평가하는 등 어떤 대상을 평가할 때에 어느 한 측면
> 의 특질이 다른 특질에까지도 영향을 미치는 것을 말한다.
> ② 낙인 효과 : 특정인이 타인으로부터 부정적인 낙인이 찍혔을 때, 실제로 그렇게 되는 현상을 말한다. '스티그마 효과'라고도 한다.
> ④ 스노브 효과 : 특정 상품을 소비하는 사람이 많아지면 그 상품에 대한 수요가 감소하는 심리 현상을 말한다.

4 다음 중 4대 공적연금에 해당하지 않는 것은?

① 국민연금　　　　　　　　　　② 군인연금

③ 기초연금　　　　　　　　　　④ 공무원연금

TIP ③ 기초연금은 만 65세 이상 어르신들에게 국가가 드리는 연금이다. 국내에 거주하며 대한민국 국적을 가진 만 65세 이상의 어르신들 중 소득인정액이 일정 수준 이하일 경우 기초연금을 수급할 수 있다.
①②④ 우리나라 4대 공적연금은 정부가 운영하는 연금으로 국민연금, 공무원 연금, 군인 연금, 사립 학교 교직원 연금이 있다. 해당자는 의무적으로 가입해야 하는 일종의 사회 보험이다.

5 지방법원의 제1심 종국판결에 대해 제1심 법원에 하는 불복신청은?

① 항소(抗訴)　　　　　　　　　② 항고(抗告)

③ 상고(上告)　　　　　　　　　④ 상소(上訴)

TIP ① 항소(抗訴) : 지방법원의 제1심 종국판결에 대하여 제2심 법원에 하는 불복신청을 말한다. 판결송달이 있은 날부터 1주일(형사소송) 또는 2주일(민사소송) 내에 제1심 법원에 항소장을 제출함으로써 이루어진다.
② 항고(抗告) : 판결 이외의 재판인 결정이나 명령에 대한 상소를 말한다. 이에 대한 불복으로 상급법원에 제2심을 신청하면 항고가 된다.
③ 상고(上告) : 판결에 대해 대법원에 상소하는 것을 말한다. 원칙적으로 제2심 판결에 대해 허용하나, 예외적으로 민사 또는 형사 소송에 있어서 제1심 판결이 고등법원이 아닌 대법원에 상소하는 것이 인정되는 비약상고가 있다.
④ 상소(上訴) : 항소, 항고, 상고의 내용을 포괄하는 것으로 미확정 재판에 대해 상급법원에 불복을 신청하는 것을 말한다. 오판을 시정할 수 있는 기회를 주어 소송 당사자의 이익보호에 충실을 기하고 법령 적용과 해석의 통일을 기하는 것이 주목적이다.

6 선물시장에 의해 현물시장이 좌지우지되는 현상은?

① 공매도　　　　　　　　　　　② 왝더독

③ 베어마켓　　　　　　　　　　④ 베이시스

TIP ② 왝더독 : 개의 꼬리가 몸통을 흔든다는 뜻으로 주객전도의 상황을 의미한다. 주식시장에서는 선물시장이 현물시장을 좌우할 때 사용한다.
① 공매도 : 특정 종목의 주가가 하락할 것으로 예상되면 해당 주식을 보유하지 않은 상태에서 주식을 빌려 매도 주문을 내는 투자 전략이다.
③ 베어마켓 : 주가가 하락하고 있거나 하락할 것으로 예상되는 약세장을 일컫는다.
④ 베이시스 : 선물의 가격과 현물의 가격 차이를 베이시스라고 하며 정상적인 시장(콘탱고)에서는 베이시스는 양(+)의 값을 갖는다.

Answer 1.① 2.④ 3.③ 4.③ 5.① 6.②

7 타인의 심리나 상황을 교묘하게 조작하여 통제 능력을 행사하는 정신적 학대의 유형은?

① 공황장애

② 가스라이팅

③ 베르테르 효과

④ 스톡홀름 증후군

> **TIP** ② **가스라이팅** : 연극 「가스등」에서 유래된 용어로 피해자의 기억을 반박하고 과장하는 등 왜곡하여 피해자가 스스로를 의심하고 판단력이 흐려지게 한다. 종국에는 가해자에게 의존하며 사회적으로 고립된다.
> ① **공황장애** : 갑자기 엄습하는 극심한 공포와 극단적인 불안 증상을 반복적으로 경험하는 장애를 말한다.
> ③ **베르테르 효과** : 유명인 또는 자신의 롤모델이 자살할 경우 그 인물과 자신을 동일시하여 자살을 시도하는 현상을 말한다.
> ④ **스톡홀름 증후군** : 공포심으로 인해 극한 상황을 유발한 대상에게 호감을 가지는 것으로, 인질이 인질범에게 동화되는 현상을 뜻한다.

8 중대재해처벌법 대상에 대한 설명으로 옳은 것은?

① 정규직 노동자만 상시근로자에 속한다.

② 배달 라이더의 경우 사업장과 별도 계약을 했어도 상시근로자에 포함될 수 없다.

③ 중대재해처벌법 대상이 되려면 상시근로자가 5명 이상이어야 한다.

④ 한 달 중 30일을 운영하며 평일 4명, 주말 5명이 근무하는 식당의 상시근로자는 9명이다.

> **TIP** ③ 2022년 1월부터 50명 이상 사업장에 적용했던 중대재해처벌법이 상시근로자 5 ~ 50명 미만 사업장에도 확대시행되었다.
> ① 정규직 노동자뿐만 아니라 기간제 · 단시간 · 일용직 아르바이트생 등 근로계약을 맺고 노동을 제공하는 자는 상시근로자에 속한다.
> ② 배달 라이더와 사업장이 별도의 근로계약을 맺었다면 배달 라이더도 상시근로자에 해당된다.
> ④ 연인원(하루 근무자 수 × 가동일수) ÷ 가동일수로, 평일 연인원(4 × 20)과 주말 연인원(5 × 8)을 한 달 가동일수 30일로 나누면 상시근로자는 4명이다.

9 오페라 하우스가 위치한 도시는?

① LA

② 캔버라

③ 시드니

④ 싱가포르

> **TIP** 오페라 하우스는 시드니의 랜드마크로, 1973년에 완공되어 2007년 유네스코 세계 문화유산으로 지정되었다.

10 식도와 기도가 분리되는 곳에 위치하고 호흡 및 발성, 기도 보호의 기능을 수행하는 기관에 흡연이나 과도한 음주, 바이러스 감염, 그 밖에 외부 자극 등이 가해질 때 발생하는 암은?

① 설암

② 편도암

③ 후두암

④ 갑상선암

TIP ③ **후두암** : 초기에는 특징적인 증상이 없으나, 음성의 변화나 피로감, 목 속 건조감 등이 1개월 이상 지속될 경우 후두암이 진단될 수 있다.
① **설암** : 혀에 발생하는 악성 종양을 말한다.
② **편도암** : 편도(구개편도)에 발생하는 악성 종양을 일컫는다.
④ **갑상선암** : 갑상선에 생긴 악성 결절들을 일컫는다. 갑상선은 후두의 아래쪽으로 기도 주위를 나비모양으로 둘러싸고 있다.

11 단어의 발음 표기가 올바른 것은?

① 늙다[늘따]

② 갈 곳[갈꼳]

③ 휘발유[휘발뉴]

④ 같이[가치]

TIP ④ 끝소리가 'ㄷ, ㅌ'인 형태소가 모음 'ㅣ'나 반모음 'ㅣ[j]'로 시작되는 형식 형태소와 만나면 구개음 'ㅈ, ㅊ'이 되거나, 'ㄷ' 뒤에 형식 형태소 '히'가 올 때 'ㅎ'과 결합하여 이루어진 'ㅌ'이 'ㅊ'이 된다. 따라서 '같이'의 발음은 [가치]가 된다.
① 겹받침 'ㄹㄱ, ㄹㅁ, ㄹㅍ'은 어말 또는 자음 앞에서 각각 'ㄱ, ㅁ, ㅂ'로 발음하도록 규정되어 있다. 따라서 '늙다'의 발음은 [늑따]가 된다.
② 받침 'ㄲ, ㅋ, ㅅ, ㅆ, ㅈ, ㅊ, ㅌ, ㅍ'은 어말 또는 자음 앞에서 각각 대표음 'ㄱ, ㄷ, ㅂ'으로 발음하며, 관형사 'ㅡ(으)ㄹ' 뒤에 연결되는 'ㄱ, ㄷ, ㅂ, ㅅ, ㅈ'은 된소리로 발음한다. 따라서 '갈 곳'의 발음은 [갈꼳]이 된다.
③ 합성어 및 파생어에서, 앞 단어나 접두사의 끝이 자음이고 뒤 단어나 접미사의 첫 음절이 '이, 야, 여, 요, 유'인 경우에는, 'ㄴ' 소리를 첨가하여 [니, 냐, 녀, 뇨, 뉴]로 발음한다. 다만 'ㄹ' 받침 뒤에 첨가되는 'ㄴ'소리는 [ㄹ]로 발음한다.

Answer 7.② 8.③ 9.③ 10.③ 11.④

12 자음군 단순화와 음절의 끝소리 규칙이 적용된 발음 표기로 옳은 것은?

① 읊다[읍따]
② 신바람[신빠람]
③ 그믐달[그믐딸]
④ 놓고[노코]

> **TIP** 자음군 단순화란 음절의 끝에 두 개의 자음이 올 때, 자음 한 개가 탈락하는 현상이다. 음절의 끝소리 규칙은 음절의 끝에서 모든 자음이 'ㄱ, ㄴ, ㄷ, ㄹ, ㅁ, ㅂ, ㅇ' 중 하나로 소리 나는 현상을 말한다. 겹받침 'ㄺ, ㄻ, ㄿ'은 어말 또는 자음 앞에서 각각 [ㄱ, ㅁ, ㅂ]으로 발음한다. 또한 받침 'ㄱ(ㄲ, ㅋ, ㄱㅅ, ㄹㄱ), ㄷ(ㅅ, ㅆ, ㅈ, ㅊ, ㅌ), ㅂ(ㅍ, ㄹㅂ, ㄹㅍ, ㅂㅅ)' 뒤에 연결되는 'ㄱ, ㄷ, ㅂ, ㅅ, ㅈ'은 된소리로 발음한다. 그러므로, '읊다'는 자음군 단순화와 음절의 끝소리 규칙이 적용되어 [읍따]로 발음한다.

13 밑줄 친 부분의 문장 성분으로 옳은 것은?

> 나는 더 이상 친구가 영영 <u>돌아오지 않을 것임을</u> 이미 알고 있었다.

① 주어
② 보어
③ 서술어
④ 목적어

> **TIP** 목적어는 타동사 문장에서 동작의 대상이 되는 문장 성분이다. 일반적으로 체언에 목적격 조사 '을/를'이 붙으며 때로는 목적격 조사가 생략이 되거나 특정한 의미를 더하는 보조사가 붙기도 한다.

14 다음 중 띄어쓰기가 잘못된 문장은?

① 밥은커녕 물도 못 마셨다.
② 반드시 법 대로 해야지.
③ 만난 지 한 시간 만에 자리를 떠났다.
④ 가식적인 모습에 그저 웃을 뿐이다.

> **TIP** 체언(명사, 대명사, 수사) 뒤에 붙는 조사 '대로'는 띄어쓰기를 하지 않고 붙여서 쓴다. 따라서 '반드시 법대로 해야지.'가 된다.

15 다음 중 띄어쓰기가 바르게 된 문장은?

① 이미 우린 떼려야 뗄 수 없는 관계이다.

② 희안한 모습에 고개를 갸웃거렸다.

③ 큰 목소리로 어름장을 놓았다.

④ 입사 년도에 따라 사번이 달라진다.

> **TIP** ② 매우 드물거나 신기한 일을 뜻할 때에는 '희한하다'가 옳은 표현이다.
> ③ 말과 행동으로 위협하는 행위를 할 때에는 '으름장'이 옳은 표현이다.
> ④ 의존 명사 '년도(年度)'는 해를 뜻하는 말 뒤에 쓰여 '일정한 기간 단위로서의 그해'를 이르고, 편의상 구분한 '일 년 동안의 기간 또는 앞의 말에 해당하는 그해'를 이를 때는 '연도'라고 한다.

16 다음 글이 수록된 이승휴의 역사서는?

> 중국은 반고(盤古)로부터 금(金)까지이고, 우리나라는 단군(檀君)으로부터 본조(本朝)까지이온데, …
> (중략) … 흥망성쇠의 같고 다른 것을 비교하여 요점을 취하고 운(韻)을 넣어 읊조림에 따라 비평의 글을 덧붙였나이다.
>
> 요동에 따로 한 천지가 있으니
> 뚜렷이 중국과 구분되어 나누어져 있도다.
> (중략)
> 처음 누가 나라를 열고 풍운을 일으켰던가.
> 하느님의 손자 그 이름하여 단군이라.

① 삼국사기   ② 삼국유사

③ 제왕운   ④ 조선왕조실록

> **TIP** 보기는 1287년(충렬왕 13)에 이승휴가 지은 장편 서사시로, 중국과 우리나라의 역대 왕 계보를 수록하였다. 상·하 2권 1책으로 되어 있는데, 중국과 우리나라의 지리·문화적 차이를 강조하고 단군 조선을 한국사의 기원으로 설정하였다. 이승휴는 「제왕운기」에서 중국과 대등할 만큼 유구한 역사를 지니며 찬란한 문화를 가진 나라임을 강조하며, 고려의 독자성과 자주성을 내세웠다.
> ① **삼국사기** : 1145년(인종 23)에 김부식이 왕명에 따라 펴낸 역사책으로, 신라와 고구려, 백제의 역사를 유교 사관에 입각하여 기전체로 서술하였다. 「삼국유사」와 더불어 우리나라에서 현존하는 가장 오래된 역사책이다.
> ② **삼국유사** : 승려 일연이 1281년(충렬왕 7)에 쓴 역사책으로, 불교사를 중심으로 고대의 민간 설화 등이 수록되어 있다.
> ④ **조선왕조실록** : 조선 왕조의 역사를 백과사전 형식으로 기록한 편년체 사서로 사초, 시정기 등을 바탕으로 실록청에서 편찬하였다.

Answer 12.① 13.④ 14.② 15.① 16.③

17 다음이 설명하는 인물은?

- 정국공신에 대한 위훈 삭제 등 개혁 정치를 주도하다 사화로 유배당했다.
- 공납제 개선, 소학의 보급, 향약 시행, 소격서 폐지, 여악의 폐지 등을 주장하였다.

① 조광조 ② 정도전
③ 이황 ④ 이이

TIP ② 정도전 : 태조 이성계를 도와, 조선 개국 일등 공신이 되었으며 성리학을 지도 이념으로 내세워 불교를 배척하였다.
③ 이황 : 주리론을 주장하였으며 「성학십도」, 「주자서절요」 등을 저술하였다. 일본의 성리학 발달에 영향을 주었다.
④ 이이 : 주기론을 주장하였으며, 「성학집요」, 「격몽요결」 등을 저술했다.

18 다음의 사료로 알 수 있는 사건은?

최명길이 나와 아뢰기를, "종묘사직의 존망이 호흡하는 사이에 달려 있어 해볼 만한 일이 없으니, 청컨대 혼자 말을 타고 달려가서 적장을 보고 까닭 없이 군사를 발동하여 몰래 싶이 쳐들어온 뜻을 묻겠습니다. 오랑캐가 만일 다시 신의 말을 듣지 않고 신을 죽인다면 신은 마땅히 말발굽 아래에서 죽을 것이요, 다행히 서로 이야기가 되면 잠시라도 그들의 칼날을 멈추게 할 것이니, 한성 가까운 곳에서 방어할 만한 땅은 남한산성만 한 데가 없으니, 청컨대 전하께서는 도성의 수구문을 통해 나가신 후 서둘러 산성으로 옮기시어 일의 추이를 보소서" 하였다.

① 삼포왜란 ② 병자호란
③ 임진왜란 ④ 정묘호란

TIP 제시된 「연려실기술」의 사료에서 최명길, 남한산성으로 병자호란 및 인조의 남한산성 피난을 유추할 수 있다. 인조는 남한산성으로 피난을 가서 45일간 저항하다 한강 동남쪽에 위치한 삼전도에서 청태종에게 무릎을 꿇었다. 소현 세자와 봉림 대군은 청에 볼모로 잡혀갔으며 이후 청과 조선은 군신 관계가 성립되었다.
① 삼포왜란 : 1510년(중종 5) 삼포에 거주하던 왜인들이 일으킨 난을 말한다.
③ 임진왜란 : 1592년(선조 25)에 일본이 침입한 전쟁을 일컫는다.
④ 정묘호란 : 1627년(인조 5) 만주에 본거를 둔 후금의 침입으로 일어난 조선과 후금 사이의 싸움을 말한다.

19 비파형 동검, 거푸집, 돌덜무넘 등은 ㈎ 시대의 대표적이 유물이다. ㈎ 시대에 대한 설명으로 옳은 것은?

① 산간 구릉지와 읍락에 모여 살았다.
② 연천 전곡리 유적에서 유물이 발굴되었다.
③ 주로 동굴이나 막집에 거주하였다.
④ 계급이 없는 평등한 사회였다.

> **TIP** 비파형동검, 거푸집, 돌널무덤 등은 청동기 시대의 대표적인 유물이며 부여 송국리에서 유적이 출토되었다.
> ② 연천 전곡리에서는 구석기 시대 유물이 출토되었다.
> ③ 동굴이나 막집은 구석기 시대 대표적인 주거지이다.
> ④ 청동기 시대부터 계급이 등장하였다.

20 공민왕의 업적으로 옳은 것은?

① 균역법 시행
② 섬학전 설립
③ 사림원 폐지
④ 주전도감 설치

> **TIP** ① 1750년(영조 26)에 농민은 1년에 군포를 기존 2필에서 1필만 부담하는 것으로 개혁하여 시행되었다.
> ② 1304년(충렬왕 30)에 국학생의 학문을 장려하기 위해 섬학전을 설치하였다.
> ④ 1097년(숙종 2)에 화폐주조의 업무를 담당할 관청으로서 주전도감이 설치되었다.

Answer 17.① 18.② 19.① 20.③

04   2023년 하반기 기출복원문제

1 기업의 누적 적자폭이 커져서 잉여금이 바닥나고 납입 자본금까지 마이너스가 되는 상황은?

① 자본잠식
② 경상손익
③ 무상감자
④ 출자전환

> **TIP** ② **경상손익** : 기업 경영에서 계속적이고 반복적으로 발생하는 손익 항목을 말한다.
> ③ **무상감자** : 기업에서 감자를 할 때 주식을 보유한 사람이 어떠한 보상도 받지 못한 채, 결정된 감자 비율만큼 주식수를 잃게 되는 것을 말한다.
> ④ **출자전환** : 금융기관이 기업에게 빌려준 대출금을 주식으로 전환하여 기업의 부채를 조정하는 방식을 말한다.

2 다음 중 경제활동 인구에 해당하는 사람은? (단, 모두 만 15세 이상이다)

① 육아하는 A 씨
② 가사노동하는 B 씨
③ 취업 준비 중인 C 씨
④ 실업자 D 씨

> **TIP** ④ 경제활동인구란 만 15세 이상 인구 중 수입이 있는 일에 종사하고 있거나 취업을 위해 구직 활동 중인 사람을 일컫는다. 노동가능인구(만 15세 이상 인구)에서 경제활동인구와 비경제활동인구로 나뉘는데, 군인, 공익근무요원, 재소자 등은 노동가능인구에서 제외한다.
> ①②③ 비경제활동인구

경제활동인구	취업자	• 수입을 목적으로 1시간 일한 자 • 18시간 이상 일한 무급 가족 종사자 • 일시 휴직자
	실업자	• 일주일간 전혀 일을 못한 자 • 언제든 취업이 가능한 자 • 지난 4주간 적극적으로 구직활동 한 자 ※ 위의 기준을 모두 만족하는 자
비경제 활동인구		육아 및 가사노동자, 학생, 연로자, 심신 장애자, 구직 단념자, 취업준비생, 고시생 등

3 2024년 법정 최고금리는?

① 15%

② 16%

③ 19%

④ 20%

TIP 2021년 7월을 기점으로 법정 최고금리는 20%가 되었다.

4 우회전 일시정지 위반 시 승용차의 범칙금은?

① 4만 원

② 6만 원

③ 7만 원

④ 10만 원

TIP 2019 ~ 2021년 3년간 우회전 차량에 의한 교통사고는 총 56,730건이었으며, 이로 인해 406명의 사망자가 발생했다. 이에 따라 2023년 1월 22일부터 개정된 도로교통법 시행규칙이 시행되었다. 운전자는 전방 차량 신호등이 적색일 때 우회전하는 경우 정지선 · 횡단보도 및 교차로 직전에서 반드시 정지해야 한다. 이후 보행자가 없으면 신호에 따라 진행하는 다른 차마의 교통을 방해하지 않고 서행하여 우회전할 수 있다. 이를 위반 시 승합차는 7만 원, 승용차는 6만 원, 이륜차는 4만 원의 범칙금이 부과된다

5 3대 실명 질환이 아닌 것은?

① 황반변성

② 당뇨망막병증

③ 백내장

④ 녹내장

TIP 3대 실명 질환 ··· 황반변성, 당뇨망막변증, 녹내장을 말한다. 황반변성은 망막 중심부인 황반에 나타나는 질환으로 시야 결손에 이상이 보인다. 당뇨망막변증은 당뇨병 환자의 고혈당으로 인해 모세혈관에 손상이 생겨 망막 전반에 허혈손상이 일어나는 질환이다. 녹내장은 시신경이 점차 손상되면서 주변 시야부터 중심 시야까지 결손되는 질환을 말한다.

Answer　1.①　2.④　3.④　4.②　5.③

6 경제적으로 여유가 있으며, 육아를 즐기고 활동적이면서 헌신적인 50 ~ 70대 사이 조부모를 뜻하는 말은?

① 거품족

② 피딩족

③ 포미족

④ 딩펫족

> **TIP** ① 거품족 : 버블족이라고도 하며, 기업 조직에 적응하지 못하는 직장인을 일컫는다.
> ③ 포미족 : 건강(For health), 싱글(One), 여가(Recreation), 편의(More convenient), 고가(Expensive)로, 자신이 가치를 두고 있는 제품에 적극적으로 소비하는 소비자를 일컫는다.
> ④ 딩펫족 : 아이 없이 반려동물을 키우는 맞벌이 부부를 일컫는다.

7 가을과 관련된 절기가 아닌 것은?

① 경칩

② 백로

③ 상강

④ 처서

> **TIP** 24절기
> ㉠ 봄 : 입춘, 우수, 경칩, 춘분, 청명, 곡우
> ㉡ 여름 : 입하, 소만, 망종, 하지, 소서, 대서
> ㉢ 가을 : 입추, 처서, 백로, 추분, 한로, 상강
> ㉣ 겨울 : 입동, 소설, 대설, 동지, 소한, 대한

8 두음법칙의 예시가 아닌 것은?

① 얼음

② 낙원

③ 양심

④ 낭만

> **TIP** 앞 음절의 받침에 모음으로 시작되는 형식 형태소가 이어지면 앞의 받침이 뒤 음절의 첫소리로 발음되는 음운법칙을 연음법칙이라고 한다. 얼음은, 받침 'ㄹ'이 음절의 첫소리로 발음되어 [어름]이라고 발음한다.
> ※ **두음법칙** ··· 일부 소리가 단어의 첫머리에서 발음되는 것을 꺼려, 다른 소리로 발음되는 현상을 말한다. 즉, 첫소리에 'ㄹ', 'ㄴ'이 오지 않는 법칙이다.

9 밑줄 친 맞춤법 중 틀린 것은?

① 아침 일찍이 집을 나섰다.

② 지껄이는 소리가 아주 우습다.

③ 사장을 불러오라고 어찌나 닥달하던지.

④ 눈을 지그시 감고 감상에 젖었다.

TIP '닦달하다'가 옳은 표기다. 남을 단단히 윽박질러서 혼을 내는 것. 물건을 손질하고 매만지는 것을 의미한다.

10 '남상남상'의 뜻으로 옳은 것은?

① 살림살이가 넉넉하여 풍족한 모양

② 잇따라 제법 크게 잘리거나 끊어지는 모양

③ 자꾸 좀 얄밉게 넘어다보는 모양

④ 새로운 물건이나 일이 잇따라 생기는 모양

TIP ① 즈런즈런
② 뭉텅뭉텅
④ 새록새록

11 북어 다섯 쾌와 수량이 다른 것은?

① 오이 두 거리

② 배추 한 접

③ 청어 다섯 두름

④ 바늘 네 쌈

TIP ④ 쾌는 북어를 묶어 세는 단위로, 한 쾌는 북어 스무 마리를 이른다. 쌈은 바늘을 묶어 세는 단위로, 한 쌈은 바늘 스물네 개를 이른다.
① 거리는 오이나 가지 따위를 묶어 세는 단위로, 한 거리는 오이나 가지 오십 개를 이른다.
② 접은 채소나 과일 따위를 묶어 세는 단위로, 한 접은 백 개를 이른다.
③ 두름은 조기 따위의 물고기를 짚으로 한 줄에 열 마리씩 두 줄로 엮은 것을 세는 단위이다.

Answer 6.② 7.① 8.① 9.③ 10.③ 11.④

12 다음 중 감찰 기구가 아닌 것은?

① 어사대
② 중정대
③ 사정부
④ 제위보

> **TIP** ④ **제위보** : 고려시대에 설립된 백성들을 위한 구호 및 의료기관이다.
> ① **어사대** : 고려시대 감찰 기구다
> ② **중정대** : 발해 시대 감찰 기구다.
> ③ **사정부** : 신라시대 감찰 기구다.

13 독립협회의 활동으로 옳은 것은?

① 대성 학교와 오산 학교를 설립하였다.
② 관민 공동회를 통해 헌의 6조를 결의하였다.
③ 국채 보상 운동을 전개하였다.
④ 만세보를 발행하여 민족의식을 고취하였다.

> **TIP** ② 독립협회는 서재필, 이상재, 윤치호 등이 자주 독립 국가와 내정 개혁을 위해 1896년 7월에 조직하였다. 독립신문을 발간하고, 독립문을 건립하였으며 만민 공동회를 개최하여 자주 국권 운동을 전개하고 관민 공동회를 통해 헌의 6조를 결의하였다.
> ① 신민회
> ③ 국채보상기성회
> ④ 천도교

14 다음 시조의 저자는?

> 이런들 어떠하며 저런들 어떠하리
> 만수산(萬壽山) 드렁칡이 얽혀진들 어떠하리
> 우리도 이같이 얽어져 백 년까지 누리리라

① 정도전   ② 이성계
③ 정몽주   ④ 이방원

TIP 제시된 시조는 '하여가'로, 고려 말 이방원이 지은 시조다. 정몽주를 떠보고 회유하기 위하여 지은 시조로, 이에 정몽주는 '단심가'로 화답시를 보냈으나 이방원에게 무참히 죽음을 당한다.

15 민속 음악의 장단을 빠른 순서부터 바르게 나열한 것은?

① 중중모리 – 중모리 – 자진모리 – 진양조 – 휘모리
② 자진모리 – 중모리 – 중중모리 – 휘모리 – 진양조
③ 중중모리 – 중모리 – 자진모리 – 진양조 – 휘모리
④ 휘모리 – 자진모리 – 중중모리 – 중모리 – 진양조

TIP 휘모리(가장 빠름) – 자진모리 – 중중모리 – 중모리 – 진양조(가장 느림)

Answer 12.④ 13.② 14.④ 15.④

16 다음이 설명하는 시기 이후의 상황으로 옳지 않은 것은?

> 대군주 폐하께서 내리신 조칙에서 "짐이 신민(臣民)에 앞서 머리카락을 자르니, 너희들은 짐의 뜻을 잘 본받아 만국과 나란히 서는 대업을 이루라"라고 하셨다.

① 을미의병
② 동학운동
③ 아관파천
④ 광무개혁

TIP 을미개혁의 단발령이다. 을미사변과 단발령에 항거하기 위해 을미의병(고종 32, 1895년)이 일어났다. 이후 조선 정부 내 친러 세력이 성장하고 을미사변으로 일본의 위협이 증대하여 고종이 러시아 공사관으로 처소를 옮겼다(아관파천). 아관파천 이후 구본신참의 원칙하에 점진적 개혁과 복고성 및 개혁성을 절충한 광무개혁이 이루어졌다.

17 현재 존재하지 않거나 알려져 있지 않아 경쟁자가 없는 유망한 시장은?

① 블루오션
② 레드오션
③ 그린오션
④ 퍼플오션

TIP ② 레드오션 : 경쟁자가 많아 포화상태가 된 시장을 일컫는다.
③ 그린오션 : 친환경정책을 바탕으로 새로운 부가가치를 창출하고자 하는 시장이다.
④ 퍼플오션 : 기존의 레드오션에서 발상의 전환을 꾀하여 새로운 가치의 시장을 만드는 전략이다.

18 규범이 혼란한 상태 또는 규범이 없는 상태의 사회 현상은?

① 퍼펙트 스톰
② 버블 현상
③ 블랙 아이스
④ 아노미 현상

TIP ① 퍼펙트 스톰 : 크고 작은 두 가지 이상의 악재가 동시발생하여 영향력이 더욱 커지는 현상으로, 초대형 경제위기를 의미한다.
② 버블 현상 : 일시적으로 경제가 활기를 띠는 것처럼 보이나 실제로는 기업생산이 위축되고 국민경제의 전체적인 부가 축적되지 않는 현상이다.
③ 블랙 아이스 : 기온이 갑작스럽게 내려갈 경우 도로 위에 녹았던 눈이 다시 얇은 빙판으로 얼어붙는 현상이다.

19 자신의 생각과 일치하거나 자신에게 유리한 정보만을 받아들이고, 자신의 생각과 다르거나 믿고 싶지 않은 정보는 의도적으로 멀리하려는 심리를 나타내는 말은?

① 비교우위

② 집단극화

③ 인지부조화

④ 확증편향

> **TIP** ① **비교우위** : 한 국가의 모든 재화가 상대국보다 절대 우위에 있더라도 상호 무역을 통해 이익을 창출할 수 있다는 이론이다.
> ② **집단극화** : 집단 의사 결정 시 개별적으로 의사 결정을 할 때보다 더 극단적인 의사 결정을 하게 되는 경향성이다.
> ③ **인지부조화** : 개인의 신념이나 태도 간에 불일치 또는 비일관성으로 서로 모순되어 양립되지 않는 상태다.

20 블랙홀에 가까이 접근한 물질이나 빛은 블랙홀의 중력을 벗어날 수 없게 된다. 아무리 오래 기다려도 빛을 통한 정보가 도달할 수 없는 시공간 영역의 경계 즉, 블랙홀 빛이 빠져나올 수 있는 곳과 없는 곳의 경계를 무엇이라고 하는가?

① 사건의 지평선

② 오르트 구름

③ 백색왜성

④ 초신성

> **TIP** ② **오르트 구름** : 먼지와 얼음이 태양계 가장 바깥쪽에서 둥근 띠 모양으로 결집되어 있는 거대한 집합소이다.
> ③ **백색왜성** : 항성진화의 마지막 단계에서 표면층 물질을 행성상성운으로 방출한 뒤, 남은 물질들이 축퇴하여 형성된 청백색의 별이다.
> ④ **초신성** : 별이 폭발하면서 생기는 에너지를 순간적으로 방출하여 그 밝기가 평소의 수억 배에 이르렀다가 서서히 낮아지는 현상이다.

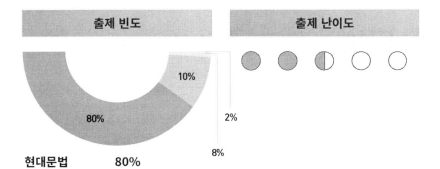

출제 빈도

출제 난이도

현대문법	80%
현대 · 고전문학	10%
한자 · 한문	8%
고전문법	2%

PART

O2

국어

01 현대 문법

01 언어와 국어

① 언어의 본질

(1) 언어의 특성

① **기호성** … 언어는 일정한 내용을 일정한 형식으로 나타내는 기호체계이다.

② **분절성** … 언어는 물리적으로 연속된 실체를 끊어서 표현한다.

③ **자의성** … 언어의 '의미'와 '기호' 사이에는 필연적인 관계가 없다.

④ **역사성(가변성)** … 언어는 시간의 흐름에 따라 생성, 성장(변화), 소멸한다.

⑤ **사회성(불변성)** … 언어는 사회적 약속이므로 개인이 마음대로 바꿀 수 없다.

⑥ **창조성** … 언어는 한정된 음운과 어휘로 무한의 단어와 문장을 만들어 낸다.

⑦ **규칙성(문법성)** … 언어는 일정한 규범이 있으므로 그에 맞게 사용해야 한다.

(2) 언어의 기능

① **표현적 기능** … 말하는 사람의 감정이나 태도를 나타내는 기능이다. 감정적인 의미가 중시된다.

② **정보 전달 기능** … 화자가 아는 사실이나 지식, 정보를 상대방에게 알려 주기 위해 사용하는 기능이다.

③ **사교적 기능(친교적 기능)** … 상대방과 친교를 확보인하여 서로 의사소통의 통로를 열어주는 기능이다.

④ **미적 기능** … 언어 예술 작품에 사용되는 것으로 언어를 통해 미적인 가치를 추구하는 기능이다.

⑤ **지령적 기능(감화적 기능)** … 화자의 지시로 특정 행위를 지시하여 자신의 목적을 달성하려는 기능이다.

⑥ **관어적 기능(메타언어적 기능)** … 영어의 'weather'가 우리말의 '날씨'라는 뜻이라면 이는 영어와 한국어가 서로 관계하고 있음을 나타낸다.

❷ 남북한의 언어

(1) 남북한 언어의 차이

구분	남한	북한
공통어	표준어	문화어
어휘	• 한자어와 외래어가 많음 - 장점 : 국제적인 의사 소통을 원활하게 할 수 있음 - 단점 : 무분별한 외래어 사용으로 고유어 영역 축소	• 한자어, 외래어 → 고유어 대체함 예 원주필(볼펜), 손기척(노크) • 남한과 말은 같지만 의미가 다른 경우가 있음 예 동무 : 이념을 같이 하는 사람
발음	• 두음 법칙 인정함 예 노동 신문, 여자 • 자음 동화 인정함 예 심리[심니], 항로[항노]	• 두음 법칙 인정하지 않음 예 로동 신문, 녀자 • 자음 동화 인정하지 않음 예 심리[심리], 항로[항로]
억양 어조	• 대체적으로 낮은 억양으로 말함 • 부드럽게 흘러가듯이 말함	• 높은 데서 낮은 데로 떨어지는 억양이 반복됨 • 단어나 어절을 끊어서 말하는 경향이 있음
맞춤법	• 사이시옷을 사용함 예 젓가락 • 단어별로 띄어쓰기를 함 • 의존 명사는 띄어 써서 띄어쓰기가 비교적 많음	• 사이시옷을 쓰지 않음 예 저가락 • 둘 이상의 단어가 하나의 대상을 지시할 경우에는 붙여 씀 • 의존 명사는 붙여 써서 띄어쓰기가 비교적 적음

(2) 순우리말

순우리말	의미
가늠	목표나 기준에 맞고 안 맞음을 헤아리는 기준. 일이 되어 가는 형편
가말다	일을 잘 헤아려 처리하다.
다락같다	물건 값이 매우 비싸다. 덩치가 매우 크다.
답치기	되는 대로 함부로 덤벼드는 짓. 생각 없이 덮어놓고 하는 짓
듬쑥하다	사람의 됨됨이가 가볍지 않고 속이 깊고 차 있다.
맨드리	옷을 입고 매만진 맵시. 물건의 만들어진 모양새
바투	두 물체의 사이가 썩 가깝게. 시간이 매우 짧게
살갑다	(집이나 세간 따위가) 겉으로 보기보다 속이 너르다. 마음씨가 부드럽고 다정스럽다.
살뜰하다	매우 알뜰하다. 규모가 있고 착실하다.
시나브로	모르는 사이에 조금씩 조금씩
헤살	짓궂게 훼방함. 또는 그러한 짓

02 음운

❶ 국어의 음운

(1) 소리의 길이

① 긴소리는 일반적으로 단어의 첫째 음절에 나타난다.　예 밤(夜) - 밤: (栗), 발(足) - 발: (簾)

② 본래 길게 나던 단어도, 둘째 음절 이하에 오면 짧게 발음되는 경향이 있다.　예 밤: → 알밤

③ 두 음절 이상이나 혹은 소리의 일부분이 축약된 준말, 단음절어는 긴소리를 낸다. 예 고을 → 골:

(2) 자음(19개)

① 개념 … 말할 때 허파에서 나오는 공기의 흐름이 목 안 또는 입 안의 어떤 자리에서 장애를 받고 나오는 소리로 'ㄱ, ㄲ, ㄴ, ㄷ, ㄸ, ㄹ, ㅁ, ㅂ, ㅃ, ㅅ, ㅆ, ㅇ, ㅈ, ㅉ, ㅊ, ㅋ, ㅌ, ㅍ, ㅎ'로 19개이다.

② 소리내는 위치에 따라 … 입술소리(순음), 혀끝소리(설단음), 센입천장소리(경구개음), 여린입천장소리(연구개음), 목청소리(후음)로 나뉜다.

③ 소리내는 방법에 따라 … 파열음, 마찰음, 파찰음, 비음, 유음으로 나뉜다.

④ 소리의 울림에 따라 … 울림소리, 안울림소리로 나뉜다.

⑤ 소리의 세기에 따라 … 예사소리, 된소리, 거센소리로 나뉜다.

● 자음 체계표 ●

소리내는 방법		소리나는 위치	두 입술	윗잇몸 혀끝	경구개 혓바닥	연구개 허뒤	목청 사이
			입술소리	혀끝소리	구개음	연구개음	목청소리
안울림소리	파열음	예사소리 된소리 거센소리	ㅂ ㅃ ㅍ	ㄷ ㄸ ㅌ		ㄱ ㄲ ㅋ	
	파찰음	예사소리 된소리 거센소리			ㅈ ㅉ ㅊ		
	마찰음	예사소리 된소리		ㅅ ㅆ			ㅎ
울림 소리	콧소리(비음)		ㅁ	ㄴ		ㅇ	
	흐름소리(유음)			ㄹ			

(3) 모음(21개)

① 단모음 … 발음할 때 입술이나 혀가 고정되어 움직이지 않는 모음으로 'ㅏ, ㅐ, ㅓ, ㅔ, ㅗ, ㅚ, ㅜ, ㅟ, ㅡ, ㅣ'로 10개이다.

② 이중 모음 … 발음할 때 입술이나 혀가 움직이는 모음으로 'ㅑ, ㅒ, ㅕ, ㅖ, ㅘ, ㅙ, ㅛ, ㅝ, ㅞ, ㅠ, ㅢ'로 11개이다.

● 모음 체계표 ●

혀의 높이 \ 혀의 앞뒤	전설 모음		후설 모음	
	평순 모음	원순 모음	평순 모음	원순 모음
고모음	ㅣ	ㅟ	ㅡ	ㅜ
중모음	ㅔ	ㅚ	ㅓ	ㅗ
저모음	ㅐ		ㅏ	

② 음운의 변동

(1) 음절의 끝소리 규칙

① 개념 … 국어에서는 'ㄱ, ㄴ, ㄷ, ㄹ, ㅁ, ㅂ, ㅇ'의 일곱 자음만이 음절의 끝소리로 발음된다.

② 음절의 끝자리의 'ㄲ, ㅋ'은 'ㄱ'으로 바뀐다. 예 밖[박], 부엌[부억]

③ 음절의 끝자리 'ㅅ, ㅆ, ㅈ, ㅊ, ㅌ, ㅎ'은 'ㄷ'으로 바뀐다. 예 옷[온], 젖[젇], 히읗[히은]

④ 음절의 끝자리 'ㅍ'은 'ㅂ'으로 바뀐다. 예 숲[숩], 잎[입]

⑤ 음절 끝에 겹받침이 올 때에는 하나의 자음만 발음한다.
  ㉠ 첫째 자음만 발음 : ㄳ, ㄵ, ㄼ, ㄽ, ㄾ, ㅄ 예 삯[삭], 앉다[안따], 여덟[여덜], 외곬[외골], 핥다[할따]
  ㉡ 둘째 자음만 발음 : ㄻ, ㄿ, ㄺ 예 닭[닥], 맑다[막따], 삶[삼], 젊다[점따], 읊다[읖따 → 읍따]

⑥ 다음에 모음으로 시작하는 음절이 올 경우
  ㉠ 조사나 어미, 접미사와 같은 형식 형태소가 올 경우 : 다음 음절의 첫소리로 옮겨 발음한다.
    예 옷이[오시], 옷을[오슬], 값이[갑씨], 삶이[살미]
  ㉡ 실질 형태소가 올 경우 : 일곱 자음 중 하나로 바꾼 후 다음 음절의 첫소리로 옮겨 발음한다.
    예 옷 안[온안→오단], 값없다[갑업다→가법따]

(2) 자음 동화

① 개념 … 자음과 자음이 만나면 서로 영향을 주고받아 한쪽이나 양쪽 모두 비슷한 소리로 바뀌는 현상을 말한다.

② 정도에 따른 종류 … 완전 동화, 불완전 동화

③ 방향에 따른 종류 … 순행 동화, 역행 동화, 상호 동화

(3) 구개음화

끝소리가 'ㄷ, ㅌ'인 형태소가 'ㅣ' 모음을 만나 구개음(센입천장소리)인 'ㅈ, ㅊ'으로 바뀌는 현상을 말한다.
예 해돋이[해도지], 붙이다[부치다], 굳히다[구치다]

(4) 모음 동화

앞 음절의 'ㅏ, ㅓ, ㅗ, ㅜ' 등의 모음이 뒤 음절의 'ㅣ'와 만나면 전설 모음인 'ㅐ, ㅔ, ㅚ, ㅟ'로 변하는 현상을 말한다.
예 어미[에미], 고기[괴기], 손잡이[손재비]

(5) 모음조화

① 개념 … 양성 모음(ㅏ, ㅗ)은 양성 모음끼리, 음성 모음(ㅓ, ㅜ)은 음성 모음끼리 어울리는 현상을 말한다.

② 용언의 어미 활용 … -아 / -어, -아서 / -어서, -았- / -었-
예 앉아, 앉아서 / 베어, 베어서

③ 의성 부사, 의태 부사에서 뚜렷이 나타난다.
예 찰찰 / 철철, 졸졸 / 줄줄, 살랑살랑 / 설렁설렁

④ 알타이 어족의 공통 특질이며 국어의 중요한 특징이다.

(6) 음운의 축약과 탈락

① 축약 … 두 음운이 합쳐져서 하나의 음운으로 줄어 소리나는 현상을 말한다.
  ㉠ 자음의 축약 : ㅎ + ㄱ, ㄷ, ㅂ, ㅈ → ㅋ, ㅌ, ㅍ, ㅊ
    예 낳고[나코], 좋다[조타], 잡히다[자피다], 맞히다[마치다]
  ㉡ 모음의 축약 : 두 모음이 만나 한 모음으로 줄어든다.
    예 보 + 아 → 봐, 가지어 → 가져, 사이 → 새, 되었다 → 됐다

② 탈락 … 두 음운이 만나면서 한 음운이 사라져 소리나지 않는 현상을 말한다.
  ㉠ 자음의 탈락 : 아들 + 님 → 아드님, 울 + 니 → 우니
  ㉡ 모음의 탈락 : 쓰 + 어 → 써, 가 + 았다 → 갔다

(7) 된소리되기

두 개의 안울림소리가 서로 만나면 뒤의 소리가 된소리로 발음되는 현상(경음화)을 말한다.

예 먹고[먹꼬], 밥과[밥꽈], 앞길[압낄]

(8) 사잇소리 현상

① 개념 … 두 개의 형태소 또는 단어가 합성 명사를 이룰 때, 앞말의 끝소리가 울림소리이고, 뒷말의 첫소리가 안울림예사소리이면 뒤의 예사소리가 된소리로 변하는 현상을 말한다.

예 밤길[밤낄], 길개[길까], 봄비[봄삐]

② 모음 + 안울림예사소리 → 사이시옷을 적고 된소리로 발음한다.

예 뱃사공[배싸공], 촛불[초뿔], 시냇개[시내까]

③ 모음 + ㅁ, ㄴ → 'ㄴ' 소리가 덧난다.

예 이 + 몸(잇몸)[인몸], 코 + 날(콧날)[콘날]

④ 뒷말이 'ㅣ'나 반모음 'ㅣ'로 시작될 때 → 'ㄴ' 소리가 덧난다.

예 논일[논닐], 물약[물냑 → 물략], 아래 + 이(아랫니)[아랜니]

⑤ 한자가 모여서 단어를 이룰 때

예 物價(물가)[물까], 庫間(곳간)[고깐], 貰房(셋방)[세빵]

03 단어

① 음절과 어절

(1) 음절

한 번에 소리낼 수 있는 소리마디를 가리킨다.

예 구름이 흘러간다. → 구∨름∨이∨흘∨러∨간∨다(7음절).
철호가 이야기책을 읽었다. → 철∨호∨가∨이∨야∨기∨책∨을∨읽∨었∨다(11음절).

(2) 어절

끊어 읽는 대로 나누어진 도막도막의 마디로 띄어쓰기나 끊어 읽기의 단위가 된다.

예 학생은∨공부하는∨사람이다(3어절).
구름에∨달∨가듯이∨가겠다(4어절).

❷ 단어와 형태소

(1) 단어
자립하여 쓰일 수 있는 말의 단위로, 낱말이라고도 한다. 자립하여 쓰일 수 없는 말 중 '는', '이다' 등도 단어로 인정한다.

(2) 형태소
① 의미 … 뜻을 가진 가장 작은 말의 단위로 최소(最小)의 유의적(有意的) 단위이다.

① 자립성의 유무에 따라 … 자립 형태소, 의존 형태소로 나뉜다.

② 의미 · 기능에 따라 … 실질 형태소, 형식 형태소로 나뉜다.

❸ 품사

(1) 체언
① 명사 … 보통 명사, 고유 명사, 자립 명사, 의존 명사

② 대명사 … 인칭 대명사, 지시 대명사

③ 수사 … 수량이나 순서를 가리키는 단어

(2) 용언
① 동사 … 사람이나 사물의 움직임을 나타내는 단어를 말한다.

② 형용사 … 사람이나 사물의 상태나 성질을 나타내는 단어를 말한다.

③ 본용언과 보조 용언
   ㉠ 본용언 : 실질적인 의미를 나타내며 단독으로 서술 능력을 가지는 용언
   ㉡ 보조 용언 : 자립성이 없거나 약하여 본용언에 기대어 그 말의 뜻을 도와주는 용언

④ 활용 … 동사나 형용사의 어간에 여러 다른 어미가 붙어서 단어의 형태가 변하는 것을 가리켜 활용이라 한다.
   ㉠ 규칙 용언 : 용언이 활용할 때에 어간과 어미의 모습이 일정한 대부분의 용언
   ㉡ 불규칙 용언 : 일반적인 음운 규칙으로는 설명이 불가능하게 어간이나 어미의 모습이 달라지는 용언

⑤ 어미
   ㉠ 선어말 어미 : 어간과 어말 어미 사이에 오는 어미
   ㉡ 어말 어미 : 단어의 끝에 오는 단어를 끝맺는 어미

(3) 수식언

① 관형사…체언을 꾸며 주는 구실을 하는 단어를 말한다.

② 부사…주로 용언을 꾸며 주는 구실을 하는 단어를 말한다.

(4) 관계언(조사)

① 격조사…체언 뒤에 붙어 그 체언으로 하여금 일정한 문법적 자격을 가지게 하는 조사이다.

② 보조사…앞에 오는 체언에 특별한 의미를 더해 주는 조사이다.

③ 접속 조사…두 단어를 같은 자격으로 이어 주는 조사이다.

(5) 독립언(감탄사)

① 문장에서 독립적으로 쓰인다.

② 감정을 넣어 말하는 이의 놀람, 느낌, 부름, 대답을 나타내는 단어를 말한다.

❹ 단어의 형성

(1) 짜임새에 따른 단어의 종류

하나의 실질 형태소로 이루어진 단일어와 둘 이상의 형태소로 이루어진 복합어(파생어, 합성어)가 있다.

(2) 파생어[실질 형태소(어근) + 형식 형태소(접사)]

① 어근…형태소가 결합하여 단어를 형성할 때, 실질적인 의미를 나타내는 부분이다.

② 접사…어근에 붙어 그 뜻을 제한하는 부분이다.
　　㉠ 접두사 : 어근 앞에 붙어 그 어근에 뜻을 더해 주는 접사
　　㉡ 접미사 : 어근 뒤에 붙는 접사로 그 어근에 뜻을 더하기도 하고 때로는 품사를 바꾸기도 하는 접사

(3) 합성어[실질 형태소(어근) + 실질 형태소(어근)]

① 합성법의 유형 : 우리말의 일반적인 단어 배열법과 일치하는 통사적 합성법과 우리말의 일반적인 단어 배열법에서 벗어나는 비통사적 합성법이 있다.

② 통사적 합성어와 구(句)
　　㉠ 통사적 합성어는 구를 이룰 때의 방식과 일치하므로 구별이 어려울 때가 있다.
　　㉡ 통사적 합성어는 분리성이 없어 다른 말이 끼어들 수 없다.
　　㉢ 통사적 합성어는 합성 과정에서 소리와 의미가 변화되기도 한다.

04 문장

❶ 문장의 성분

(1) 주성분

① 주어 … 문장에서 설명하고자 하는 대상으로서 '누가', '무엇이'에 해당한다.

② 서술어
   ㉠ 대상에 대한 설명으로서 '무엇이다', '어떠하다', '어찌하다'에 해당한다.
   ㉡ 환경에 따라 서술어는 자릿수가 달라진다.

③ 목적어 … 서술어가 나타내는 동작이나 행위의 대상이 되는 말로서 '누구를', '무엇을'에 해당한다.

④ 보어 … 서술어 '되다', '아니다'가 주어 이외에 꼭 필요로 하는 성분으로서 '누가', '무엇이'에 해당한다. 보어는 서술어의 의미를 보충해 주는 구실을 한다.

(2) 부속 성분

① 관형어 … 주로 사물, 사람과 같이 대상을 나타내는 말 앞에서 이를 꾸며 주는 역할을 한다.

② 부사어
   ㉠ 일반적으로 서술어를 꾸며 그 의미를 자세히 설명해 주는 성분이다.
   ㉡ 다른 부사어나 관형어, 또는 문장 전체를 꾸며 주기도 한다.

③ 독립 성분(독립어)
   ㉠ 다른 성분들과 직접적인 관계를 맺지 않고 독립적으로 쓰이는 성분이다.
   ㉡ 부름, 감탄, 응답 등이 이에 속한다.

❷ 문법 요소

(1) 사동 표현

① 사동사 … 주어가 남에게 어떤 동작을 하도록 시키는 것을 나타내는 동사이다.

② 주동사 … 주어가 직접 행하는 동작을 나타내는 동사이다.

③ 사동 표현의 방법
   ㉠ 용언 어근 + 사동 접미사(-이-, -히-, -리-, -기-, -우-, -구-, -추-) → 사동사
   ㉡ 동사 어간 + '-게 하다'

(2) 피동 표현

① **피동사** … 주어가 남의 행동을 입어서 행하게 되는 동작을 나타내는 동사이다.

② **능동사** … 주어가 제 힘으로 행하는 동작을 나타내는 동사이다.

③ **피동 표현의 방법**

　㉠ 동사 어간 + 피동 접미사(-이-, -히-, -리-, -기-) → 피동사

　㉡ 동사 어간 + '-어 지다'

(3) 높임 표현

① **주체 높임법** … 용언 어간 + 선어말 어미 '-시-'의 형태로 이루어져 서술어가 나타내는 행위의 주체를 높여 표현하는 문법 기능을 말한다.

② **객체 높임법** … 말하는 이가 서술의 객체를 높여 표현하는 문법 기능을 말한다.

　예 드리다, 여쭙다, 뵙다, 모시다 등

③ **상대 높임법** … 말하는 이가 말을 듣는 상대를 높여 표현하는 문법 기능을 말한다.

(4) 시간 표현

① **과거 시제** … 사건시가 발화시보다 앞설 때의 시제를 말한다.

② **현재 시제** … 발화시와 사건시가 일치하는 시제를 말한다.

③ **미래 시제** … 사건시가 모두 발화시 이후일 때의 시제를 말한다.

(5) 부정 표현

① **'안' 부정문** … '아니(안)', '아니다', '-지 아니하다(않다)'에 의한 부정문으로, 단순 부정이나 주체의 의지에 의한 부정을 나타낸다.

　㉠ 짧은 부정문 : '아니(안)' + 용언

　㉡ 긴 부정문 : '용언 어간 + -지(보조적 연결 어미)' + 아니하다

② **'못' 부정문** … '못', '-지 아니하다'에 의한 부정문으로, 주체의 능력 부족이나 외부의 원인에 한 불가능을 나타낸다.

　㉠ 짧은 부정문 : '못' + 용언

　㉡ 긴 부정문 : '용언 어간 + -지(보조적 연결 어미) + 못하다'

③ **'말다' 부정문** … 명령형이나 청유형에서 사용되어 금지를 나타낸다. 서술어가 동사인 경우에만 가능하나 일부 형용사에서 사용될 경우에는 '기원'의 의미를 지닌다.

　예 영희를 만나지 <u>마라</u>. (금지) / 집이 너무 작지만 <u>마라</u>. (기원)

05 맞춤법과 표준어

① 한글 맞춤법

(1) 표기 원칙
한글 맞춤법은 표준어를 소리대로 적되, 어법에 맞도록 함을 원칙으로 한다.

(2) 맞춤법에 유의해야 할 말

① 한 단어 안에서 뚜렷한 까닭 없이 나는 된소리는 다음 음절의 첫소리를 된소리로 적는다.
> **예** 소쩍새, 아끼다, 어떠하다, 해쓱하다, 거꾸로, 가끔, 어찌, 이따금, 산뜻하다, 몽땅

② 'ㄷ' 소리로 나는 받침 중에서 'ㄷ'으로 적을 근거가 없는 것은 'ㅅ'으로 적는다.
> **예** 덧저고리, 돗자리, 엇셈, 웃어른, 핫옷, 무릇, 사뭇, 얼핏, 자칫하면

③ '계, 례, 몌, 폐, 혜'의 'ㅖ'는 'ㅔ'로 소리나는 경우가 있더라도 'ㅖ'로 적는다.
> **예** 계수(桂樹), 혜택(惠澤), 사례(謝禮), 연몌(連袂), 계집, 핑계

④ '의'나, 자음을 첫소리로 가지고 있는 음절의 'ㅢ'는 'ㅣ'로 소리나는 경우가 있더라도 'ㅢ'로 적는다.
> **예** 무늬(紋), 보늬, 늴리리, 닁큼, 오늬, 하늬바람

⑤ 한자음 '녀, 뇨, 뉴, 니'가 단어 첫머리에 올 적에는 두음 법칙에 따라 '여, 요, 유, 이'로 적는다.
> **예** 여자(女子), 요소(尿素), 유대(紐帶), 익명(匿名)

⑥ 한자음 '랴, 려, 례, 료, 류, 리'가 단어의 첫머리에 올 적에는 두음 법칙에 따라 '야, 여, 예, 요, 유, 이'로 적는다.
> **예** 양심(良心), 용궁(龍宮), 역사(歷史), 유행(流行), 예의(禮儀), 이발(理髮)

⑦ 한 단어 안에서 같은 음절이나 비슷한 음절이 겹쳐 나는 부분은 같은 글자로 적는다.
> **예** 똑딱똑딱, 쓱싹쓱싹, 씁쓸하다, 유유상종(類類相從)

⑧ 용언의 어간과 어미는 구별하여 적는다.
> **예** 먹다, 먹고, 먹어, 먹으니

⑨ 어미 뒤에 덧붙는 조사 '요'는 '요'로 적는다.
> **예** 읽어요, 참으리요, 좋지요

⑩ 어간에 '-이'나 '-음/-ㅁ'이 붙어서 명사로 된 것과 '-이'나 '-히'가 붙어서 부사로 된 것은 그 어간의 원형을 밝히어 적는다.
> **예** 얼음, 굳이, 더욱이, 일찍이, 익히, 앎, 만듦, 짓궂이, 밝히

⑪ 명사 뒤에 '-이'가 붙어서 된 말은 그 명사의 원형을 밝히어 적는다.
> **예** 곳곳이, 낱낱이, 몫몫이, 샅샅이, 집집이, 곰배팔이, 바둑이, 삼발이, 애꾸눈이, 육손이

⑫ '-하다'나 '-거리다'가 붙는 어근에 '-이'가 붙어서 명사가 된 것은 그 원형을 밝히어 적는다.

> 예 깔쭉이, 살살이, 꿀꿀이, 눈깜짝이, 오뚝이, 더펄이, 코납작이, 배불뚝이, 푸석이, 홀쭉이

⑬ '-하다'가 붙는 어근에 '-히'나 '-이'가 붙어 부사가 되거나, 부사에 '-이'가 붙어서 뜻을 더하는 경우에는, 그 어근이나 부사의 원형을 밝히어 적는다.

> 예 급히, 꾸준히, 도저히, 딱히, 어렴풋이, 깨끗이, 곰곰이, 더욱이, 생긋이, 오뚝이, 일찍이, 해죽이

⑭ 사이시옷은 다음과 같은 경우에 받치어 적는다.

  ㉠ 순 우리말로 된 합성어로서 앞말이 모음으로 끝난 경우
  ㉡ 순 우리말과 한자어로 된 합성어로서 앞말이 모음으로 끝난 경우
  ㉢ 두 음절로 된 다음 한자어

⑮ 두 말이 어울릴 적에 'ㅂ' 소리나 'ㅎ' 소리가 덧나는 것은 소리대로 적는다.

> 예 댑싸리, 멥쌀, 볍씨, 햅쌀, 머리카락, 살코기, 수컷, 수탉, 안팎, 암캐, 암탉

⑯ 어간 끝음절 '하'의 'ㅏ'가 줄고 'ㅎ'이 다음 음절의 첫소리와 어울려 거센소리가 되면 거센소리로 적는다.

> 예 간편하게 - 간편케 - 다정하다 - 다정타

⑰ 부사의 끝음절이 분명히 '이'로만 나는 것은 '-이'로 적고, '히'로만 나거나 '이'나 '히'로 나는 것은 '-히'로 적는다.

  ㉠ '이'로만 나는 것
> 예 가붓이, 깨끗이, 나붓이, 느긋이, 둥긋이, 따뜻이, 반듯이, 버젓이, 산뜻이, 의젓이, 가까이, 고이
  ㉡ '히'로만 나는 것
> 예 극히, 급히, 딱히, 속히, 작히, 족히, 특히, 엄격히, 정확히
  ㉢ '이, 히'로 나는 것
> 예 솔직히, 가만히, 소홀히, 쓸쓸히, 정결히, 꼼꼼히, 열심히, 급급히, 답답히, 섭섭히, 공평히

⑱ 한자어에서 본음으로도 나고 속음으로도 나는 것은 각각 그 소리에 따라 적는다.

> 예 승낙(承諾) : 수락(受諾), 쾌락(快諾), 허락(許諾)
>   만난(萬難) : 곤란(困難), 논란(論難)
>   안녕(安寧) : 의령(宜寧), 회령(會寧)

⑲ 다음과 같은 접미사는 된소리로 적는다.

> 예 심부름꾼, 귀때기, 익살꾼, 볼때기, 일꾼, 판자때기, 뒤꿈치, 장난꾼, 팔꿈치, 지게꾼, 이마빼기

⑳ 두 가지로 구별하여 적던 다음 말들은 한 가지로 적는다.

> 예 맞추다(마추다×) : 입을 맞춘다. 양복을 맞춘다.

㉑ '-더라, -던'과 '-든지'는 다음과 같이 적는다.

  ㉠ 지난 일을 나타내는 어미는 '-더라, -던'으로 적는다.
> 예 지난 겨울은 몹시 춥더라. 그 사람 말 잘하던데!
  ㉡ 물건이나 일의 내용을 가리지 아니하는 뜻을 나타내는 조사와 어미는 '-든지'로 적는다.
> 예 배든지 사과든지 마음대로 먹어라. 가든지 오든지 마음대로 해라.

② 표준어 규정

(1) 주요 표준어

① 다음 단어들은 거센소리를 가진 형태를 표준어로 삼는다.
> **예** 끄나풀, 빈 칸, 부엌, 살쾡이, 녘

② 어원에서 멀어진 형태로 굳어져서 널리 쓰이는 것은, 그것을 표준어로 삼는다.
> **예** 강낭콩, 사글세, 고삿

③ 다음 단어들은 의미를 구별함이 없이, 한 가지 형태만을 표준어로 삼는다.
> **예** 돌, 둘째, 셋째, 넷째, 열두째, 빌리다

④ 수컷을 이르는 접두사는 '수-'로 통일한다.
> **예** 수꿩, 수소, 수나사, 수놈, 수사돈, 수은행나무

⑤ 양성 모음이 음성 모음으로 바뀌어 굳어진 다음 단어는 음성 모음 형태를 표준어로 삼는다.
> **예** 깡충깡충, -둥이, 발가숭이, 보퉁이, 뻗정다리, 아서, 아서라, 오뚝이, 주추

⑥ 'ㅣ' 역행 동화 현상에 의한 발음은 원칙적으로 표준 발음으로 인정하지 아니한다.
> ㉠ 다음 단어들은 그러한 동화가 적용된 형태를 표준어로 삼는다.
> > **예** 풋내기, 냄비, 동댕이치다
>
> ㉡ 다음 단어는 'ㅣ' 역행 동화가 일어나지 아니한 형태를 표준어로 삼는다.
> > **예** 아지랑이
>
> ㉢ 기술자에게는 '-장이', 그 외에는 '-쟁이'가 붙는 형태를 표준어로 삼는다.
> > **예** 미장이, 유기장이, 멋쟁이, 소금쟁이, 담쟁이덩굴

⑦ 다음 단어는 모음이 단순화한 형태를 표준어로 삼는다.
> **예** 괴팍하다, 미루나무, 미륵, 여느, 으레, 케케묵다, 허우대

⑧ 다음 단어에서는 모음의 발음 변화를 인정하여, 발음이 바뀌어 굳어진 형태를 표준어로 삼는다.
> **예** 깍쟁이, 나무라다, 바라다, 상추, 주책, 지루하다, 튀기, 허드레, 호루라기, 시러베아들

⑨ '웃-' 및 '윗-'은 명사 '위'에 맞추어 '윗-'으로 통일한다.
> **예** 윗도리, 윗니, 윗목, 윗몸, 윗자리, 윗잇몸

⑩ 한자 '구(句)'가 붙어서 이루어진 단어는 '귀'로 읽는 것을 인정하지 아니하고, '구'로 통일한다.
> **예** 구절(句節), 결구(結句), 경구(警句), 단구(短句), 대구(對句), 문구(文句), 어구(語句), 연구(聯句)

(2) 표준 발음법

① 표준 발음법은 표준어의 실제 발음을 따르되, 국어의 전통성과 합리성을 고려하여 정함을 원칙으로 한다.

② 겹받침 'ㄳ', 'ㄵ', 'ㄼ, ㄽ, ㄾ', 'ㅄ'은 어말 또는 자음 앞에서 각각 [ㄱ, ㄴ, ㄹ, ㅂ]으로 발음한다.
> 예 넋[넉], 넋과[넉꽈], 앉다[안따], 여덟[여덜], 넓다[널따], 외곬[외골], 핥다[할따], 값[갑], 없다[업: 따]

③ '밟-'은 자음 앞에서 [밥]으로 발음하고, '넓-'은 다음과 같은 경우에 [넙]으로 발음한다.
> 예 밟다[밥: 따], 밟는[밤: 는], 넓죽하다[넙쭈카다], 넓둥글다[넙뚱글다]

④ 겹받침 'ㄺ, ㄻ, ㄿ'은 어말 또는 자음 앞에서 각각 [ㄱ, ㅁ, ㅂ]으로 발음한다.
> 예 닭[닥], 흙과[흑꽈], 맑다[막따], 늙지[늑찌], 삶[삼:], 젊다[점: 따], 읊고[읍꼬], 읊다[읍따]

⑤ 용언의 어간 '맑-'의 'ㄺ'은 'ㄱ' 앞에서 [ㄹ]로 발음한다.
> 예 맑게[말께], 묽고[물꼬], 얽거나[얼꺼나]

⑥ 'ㅎ(ㄶ, ㅀ)' 뒤에 'ㄱ, ㄷ, ㅈ'이 결합되는 경우에는, 뒤 음절 첫소리와 합쳐서 [ㅋ, ㅌ, ㅊ]으로 발음한다.
> 예 놓고[노코], 좋던[조: 턴], 쌓지[싸치], 많고[만: 코], 닳지[달치]

⑦ 'ㅎ(ㄶ, ㅀ)' 뒤에 모음으로 시작된 어미나 접미사가 결합되는 경우에는, 'ㅎ'을 발음하지 않는다.
> 예 낳은[나은], 놓아[노아], 쌓이다[싸이다], 싫어도[시러도]

⑧ 받침 뒤에 모음 'ㅏ, ㅓ, ㅗ, ㅜ, ㅟ'들로 시작되는 실질 형태소가 연결되는 경우에는, 대표음으로 바꾸어서 뒤 음절 첫소리로 옮겨 발음한다.
> 예 밭 아래[바다래], 늪 앞[느밥], 젖어미[저더미], 맛없다[마덥따], 겉옷[거돋]

⑨ 한글 자모의 이름은 그 받침소리를 연음하되, 'ㄷ, ㅈ, ㅊ, ㅋ, ㅌ, ㅍ, ㅎ'의 경우에는 특별히 다음과 같이 발음한다.
> 예 디귿이[디그시], 지읒이[지으시], 치읓이[치으시], 키읔이[키으기], 티읕이[티으시]

⑩ 받침 'ㄷ, ㅌ(ㄾ)'이 조사나 접미사의 모음 'ㅣ'와 결합되는 경우에는, [ㅈ, ㅊ]으로 바꾸어서 뒤 음절 첫소리로 옮겨 발음한다.
> 예 곧이듣다[고지듣따], 굳이[구지], 미닫이[미다지], 땀받이[땀바지]

⑪ 받침 'ㄱ(ㄲ, ㅋ, ㄳ, ㄺ), ㄷ(ㅅ, ㅆ, ㅈ, ㅊ, ㅌ, ㅎ), ㅂ(ㅍ, ㄼ, ㄿ, ㅄ)'은 'ㄴ, ㅁ' 앞에서 [ㅇ, ㄴ, ㅁ]으로 발음한다.
> 예 먹는[멍는], 국물[궁물], 깎는[깡는], 키읔만[키응만], 몫몫이[몽목씨], 긁는[긍는], 흙만[흥만]

⑫ 받침 'ㅁ, ㅇ' 뒤에 연결되는 'ㄹ'은 [ㄴ]으로 발음한다.
> 예 담력[담: 녁], 침략[침냑], 강릉[강능], 대통령[대: 통녕]

(3) 주의해야 할 맞춤법과 표준어

바른 표기	잘못된 표기	바른 표기	잘못된 표기
깍두기	깍뚜기	사글세	삭월세
가까워	가까와	노상	늘상
오뚝이	오뚜기	수꿩	숫꿩
일찍이	일찌기	수놈	숫놈
깨끗이	깨끗히	숫염소	수염소
심부름꾼	심부름군	깡충깡충	깡총깡총
맞추다	마추다	냄비	남비
법석	법썩	풋내기	풋나기
공붓벌레	공부벌레	위층	웃층
게시판	계시판	웃어른	윗어른
괘념	궤념	끄나풀	끄나플
늴리리	닐리리	돌	돐
게거품	개거품	애먼	엄한

06 외래어와 로마자 표기원칙

1 표기의 기본 원칙

(1) 외래어의 표기

① 외래어는 국어의 현용 24 자모만으로 적는다.
  예 [v]는 국어에는 없는 소리여서 현용 국어자음으로 바꿔 쓴다.

② 외래어의 1 음운은 원칙적으로 1 기호로 적는다.
  예 [f]는 [ㅎ]이나 [ㅍ]으로 소리 나지만 이중 1개의 기호로 적는다.

③ 받침에는 'ㄱ, ㄴ, ㄹ, ㅁ, ㅂ, ㅅ, ㅇ'만을 쓴다.
  예 받침 [t]는 [ㄷ]처럼 소리 나지만 표기에서는 [ㄷ]으로 쓸 수 없다. 즉, internet은 [인터넫]으로 소리 나지만, '인터넷'으로 적는다.

④ 파열음 표기에는 된소리를 쓰지 않는 것을 원칙으로 한다.
  예 [p]는 발음이 된소리 [ㅃ]으로 나기도 하지만 된소리로 적지 않는다.

⑤ 이미 굳어진 외래어는 관용을 존중하되, 그 범위와 용례는 따로 정한다.

(2) 로마자 표기의 기본 원칙

① 국어의 로마자 표기는 국어의 표준 발음법에 따라 적는 것을 원칙으로 한다.

② 로마자 이외의 부호는 되도록 사용하지 않는다.

③ 표기 일람

　㉠ 모음

구분	로마자 표기									
단모음	ㅏ	ㅓ	ㅗ	ㅜ	ㅡ	ㅣ	ㅐ	ㅔ	ㅚ	ㅟ
	a	eo	o	u	eu	i	ae	e	oe	wi
이중모음	ㅑ	ㅕ	ㅛ	ㅠ	ㅒ	ㅖ	ㅘ	ㅙ	ㅝ	ㅞ	ㅢ
	ya	yeo	yo	yu	yae	ye	wa	wae	wo	we	ui

- 'ㅢ'는 'ㅣ'로 소리 나더라도 'ui'로 적는다.
  <kbd>예</kbd> 광희문 Gwanghuimun
- 장모음의 표기는 따로 하지 않는다.

　㉡ 자음

구분	로마자 표기								
파열음	ㄱ	ㄲ	ㅋ	ㄷ	ㄸ	ㅌ	ㅂ	ㅃ	ㅍ
	g, k	kk	k	d, t	tt	t	b, p	pp	p
파찰음	ㅈ	ㅉ	ㅊ						
	j	jj	ch						
마찰음	ㅅ	ㅆ	ㅎ						
	s	ss	h						
비음	ㄴ	ㅁ	ㅇ						
	n	m	ng						
유음	ㄹ								
	r, l								

- 'ㄱ, ㄷ, ㅂ'은 모음 앞에서는 'g, d, b'로, 자음 앞이나 어말에서는 'k, t, p'로 적는다.
  <kbd>예</kbd> 구미 Gumi - 옥천 Okcheon, 영동 Yeongdong - 합덕 Hapdeok, 백암 Baegam - 호법 Hobeop
- 'ㄹ'은 모음 앞에서는 'r'로, 자음 앞이나 어말에서는 'l'로 적는다. 단, 'ㄹㄹ'은 'll'로 적는다.
  <kbd>예</kbd> 구리 Guri, 칠곡 Chilgok, 울릉 Ulleung

❷ 표기 유의사항

(1) 주의해야 할 외래어 표기법

바른 표기	잘못된 표기	바른 표기	잘못된 표기
가톨릭	카톨릭	심벌	심볼
데뷔	데뷰	탤런트	탈렌트
주니어	쥬니어	스펀지	스폰지
바비큐	바베큐	소시지	소세지
배지(badge)	뱃지	로터리	로타리
백미러(back mirror)	백밀러	파일럿	파일롯
밸런스	발란스	샌들	샌달
보디(body)	바디	소파	쇼파
뷔페	부페	시그널	시그날
블록	블럭	리더십	리더쉽
비스킷	비스켓	라벨	레이블
비즈니스	비지니스	스태미나	스테미너
샹들리에	상들리에	타깃	타겟
센티미터	센치미터	심포지엄	심포지움
알코올	알콜	난센스	넌센스
액세서리	악세사리	색소폰	색스폰
액셀러레이터	악셀레이터	마사지	맛사지
앰뷸런스	앰블란스	피에로	삐에로
어댑터	아답터	메시지	메세지
엔도르핀	엔돌핀	팸플릿	팜플렛
재킷	자켓	카탈로그	카달로그
주스	쥬스	인디언	인디안
초콜릿	초콜렛	워크숍	워크샵
카펫	카페트	윈도	윈도우
캐러멜	카라멜	트리(tree)	추리
커피숍	커피샵	지그재그	지그자그
케이크	케잌	스티로폼	스치로폼
케첩	케찹	데생	뎃생
코미디언	코메디언	밸런타인데이	발렌타인데이
콤플렉스	컴플렉스	새시(sash)	샤시
클라이맥스	클라이막스	요구르트	요쿠르트
프라이팬	후라이팬	파일	화일
피날레	휘날레	다이내믹	다이나믹
필름	필림	앙케트	앙케이트

(2) 로마자 표기의 유의점

① 음운의 변화가 일어날 때는 변화의 결과에 따라 적는다. 글자와 발음이 상이한 경우에는 발음을 기준으로 표기한다.

　　예 해돋이[해도지] haedoji

② 발음상의 혼동의 우려가 있을 때에는 음절 사이에 붙임표(−)를 쓸 수 있다.

　　예 중앙 jung−ang

③ 고유명사는 첫 글자를 대문자로 적는다.

　　예 부산 Busan

④ 인명은 성과 이름의 순서로 띄어 쓴다. 이름은 붙여 쓰는 것을 원칙으로 하되 음절 사이에 붙임표(−)를 쓰는 것을 허용한다. 단, 이름에서 일어나는 음운 변화는 표기에 반영하지 않는다.

　　예 한복남 Han Boknam, Han Bok−nam

⑤ '도, 시, 군, 읍, 면, 리, 동'의 행정구역 단위와 '가'는 각각 'do, si, gun, eup, myeon, ri, dong, ga'로 적고 그 앞에는 붙임표(−)를 넣는다. 붙임표 앞뒤에서 일어나는 음운변화는 표기에 반영하지 않는다.

　　예 제주도 jeju−do

⑥ 자연 지형물, 문화재명, 인공 축조물명은 붙임표(−) 없이 쓴다.

　　예 남산 Namsan, 독도 Dokdo

⑦ 인명, 회사명, 단체명 등은 규정에 맞지 않더라도 그동안 써 온 표기를 쓸 수 있다.

　　예 현대 Hyundai, 삼성 Samsung

출제 예상 문제

1 다음 중 상대방을 감화시켜 행동하게 하는 언어의 기능과 관계된 것은?

① 철수야, 그렇게 뛰어 다니면 위험해.

② (점원이 손님에게)이것은 500원입니다.

③ (집안 어른께)밤새 안녕하셨습니까?

④ 이 책은 정말 재미있습니다.

> **TIP** 언어의 감화적 기능은 듣는 사람에게 감화작용을 하여 실제 행동에 옮기도록 하는 기능으로 지령적 기능 또는 환기적 기능이라고도 한다.
> ① 감화적 기능 ②④ 표현적 기능 ③ 친교적 기능

2 다음 중 순화해야 할 표현이 아닌 것은?

① 우리는 저녁으로 생선회 한 <u>사라</u>를 주문하였다.

② 생선회와 함께 따끈한 <u>정종</u>을 한 잔씩 마셨다.

③ 영수는 고추냉이가 매웠는지 <u>곤색</u> 윗도리를 벗었다.

④ 회를 다 먹은 우리는 국수 한 <u>사리</u>를 추가하였다.

> **TIP** ④ 사리는 국수나 새끼·실 등을 감은 뭉치를 뜻하는 말로 순우리말이다.
> ① 사라→ 접시 ② 정종→ 청주 ③ 곤색→ 감색, 검남색

Answer 1.① 2.④

3 국어 순화대상이 되는 말이 포함되지 않은 문장은?

① 이것은 오리지널 상품이다.

② 우리 꼰대에게 들키면 큰일나요.

③ 그와는 손을 끊지 그래.

④ 말을 안 들으면 당장 모가지야.

TIP ① 오리지널(외국어) ② 꼰대(속어) ④ 모가지(비어)
  ※ 언어의 순화대상
    ㉠ **외래어** : 다른 나라말이 우리말의 체계에 차입(借入)되어 사회적 공인을 받아 사용되는 말로, 언중의 인식에 따라 다음과 같이 나뉜다.
      • **귀화어(歸化語)** : 차용된 후에 오랫동안 쓰임에 따라 고유어처럼 인식되는 것
        예 고무(네덜란드어), 구두(일본어), 남포(영어), 붓(중국어), 담배(포르투갈어) 등
      • **차용어(借用語)** : 아직 고유어처럼 인식되지 않아 외국어 의식이 남아 있는 것
        예 버스, 잉크, 펜, 즈봉, 빵, 아편 등
    ㉡ **외국어** : 국어가 아닌 다른 나라말로서 국어에 아직 동화되지 않은 외국말을 가리킨다.
        예 닥터(doctor), 템포(tempo) 등
    ㉢ **속어** : 통속적으로 쓰이는 저속한 말을 일컫는다.
        예 교도소 → 큰집, 돈 → 동그라미
    ㉣ **비어** : 점잖지 못한 천한 말을 가리킨다.
        예 입 → 주둥아리, 시골사람 → 촌놈, 목 → 모가지
    ㉤ **은어** : 특수계층의 사람들끼리 쓰는 말을 의미한다.
        예 두목 → 왕초, 산삼 캐는 사람 → 심마니, 데구레 → 웃옷
    ㉥ **유행어** : 일정기간 동안 신기한 느낌을 주며 여러 사람의 입에 오르내리는 말로 당시의 세상형편을 잘 반영하는 거울노릇을 한다.
        예 무전유죄, 유전무죄
    ㉦ **상투어** : 너무 흔히 써서 아무 감동도 줄 수 없는 말을 가리킨다.
        예 비가 억수같이 쏟아진다.

Answer 3.③

4 다음에 ㉠에 들어갈 알맞은 것은 무엇인가?

> ___㉠___ 은/는 6월과 10월을 한자 그대로 적으면, '육'월, '십'월이 된다. 이대로 발음하게 되면 부드럽지 못하게 읽히는데, 이러한 발음을 '유'월과 '시'월로 매끄럽게 하는 현상이다.

① 불협화음   ② 활음조
③ 유음   ④ 두음법칙

TIP 활음조는 발음하기 어렵고 듣기 거슬리는 소리에서 어떤 소리를 더하거나 바꿔 발음을 매끄럽게 하고 듣기 부드러운 소리로 청각적 효과를 주는 음운현상이다.
① 불협화음 : 조화가 맞지 않는 음과 울림을 뜻하는 말
③ 유음 : 설측음이라고 하며, 혀끝을 잇몸에 가볍게 대었다가 뗄 때 나는 소리
④ 두음법칙 : 첫 말머리에 오는 자음이 본래의 음가를 잃고 다른 음으로 발음되는 현상

5 국어의 음운 현상에 대한 설명이다. 옳지 않은 것은?

① 펑펑 : 모음 조화
② 요술장이 → 요술쟁이 : 음운 동화
③ 합리적[함니적] : 구개음화
④ 로인 → 노인 : 두음 법칙

TIP '합리적'이 [함니적]으로 발음이 되어 자음과 자음이 만날 때 어느 한 쪽이 다른 쪽을 닮아서 발음이 달라지는 현상은 자음 동화 현상으로 그 중에서 앞뒤 모두 다른 자음으로 바뀌는 상호 동화에 해당한다.

Answer 4.② 5.③

6 다음 발음을 옳게 연결한 것은?

① 맏형[마텽]
② 읽다[익다]
③ 넋이[너기]
④ 안팎을[안파글]

> **TIP** 음운변동에 관련된 문제이다.
> ② 읽다 → 읽따(경음화)
>   → 익따(자음군 단순화)
> ③ 넋이 → 넉시(연음법칙)
>   → 넉씨(경음화)
> ④ 안팎을 → 안파끌(연음법칙)

7 밑줄 친 표현의 발음이 옳지 않은 것은?

① 하늘이 <u>맑게[말께]</u> 개었다.
② <u>끝을[끄츨]</u> 맞추어서 접어야 종이가 반듯하지.
③ 우리집 강아지는 <u>닭고기[닥꼬기]</u>를 좋아한다.
④ 아이가 내 발을 꼭 <u>밟고[밥:꼬]</u> 있다.

> **TIP** 홑받침이나 쌍받침이 모음으로 시작된 조사나 어미, 접미사와 결합되는 경우에는 제 음가대로 뒤 음절 첫소리로 옮겨 발음해야 하므로 '끝을'은 [끄틀]로 발음해야 옳다.

8 다음 중 밑줄 친 부분이 길게 발음되는 것은?

① <u>성</u>인(聖人)   ② 함박<u>눈</u>(雪)

③ 한국<u>말</u>(言)   ④ <u>가</u>정(家庭)

> **TIP** ① 성: 인(聖人) : 지혜와 덕이 뛰어나 우러러 받들어 본받을 만한 사람
>   성인(成人) : 자라서 어른이 됨 또는 그 사람
> ② 눈: : 공중에 떠다니는 수증기가 찬 기운을 만나 얼어서 땅 위로 떨어지는 결정체
>   눈 : 사람이나 동물의 보는 기능을 맡은 감각기관의 하나
> ③ 말: : 사람의 생각 · 느낌 따위를 목구멍을 통하여 조직적으로 나타내는 소리
>   말 : 말과에 속하는 동물의 총칭
> ④ 가정(家庭) : 한 가족이 살림하고 있는 집안
>   가: 정(假定) : 임시로 정함. 사실인지 아닌지 분명하지 않은 것을 사실인 것처럼 인정함
> ※ ②③의 경우 본래는 장음으로 인정되나 표준발음법 제6항의 단어의 첫 음절에서만 긴소리가 나타나는 것을 원칙으로 하는 규정에 의해 장음으로 소리 나지 않는다.

9 다음 중 단어의 형성방법이 다른 하나는?

① 마소

② 좁쌀

③ 까막까치

④ 시나브로

> **TIP** ④ 실질형태소 하나로만 이루어진 단일어이다.
> ①②③ 두 개의 실질형태소로 구성된 합성어이다. 마소는 말과 소, 좁쌀은 조와 쌀, 까막까치는 까마귀와 까치가 합해져서 한 단어로 쓰이는 합성어이다.

Answer 8.① 9.④

10 다음 중 합성어가 아닌 것은?

① 소나무

② 춘추

③ 집안

④ 맏아들

TIP ④ 맏(접두사) + 아들(명사) → 파생어
① 솔(명사) + 나무(명사) → 통사적 합성어
② 춘(春 : 명사) + 추(秋 : 명사) → 통사적 합성어
③ 집(명사) + 안(명사) → 통사적 합성어

11 다음 중 품사가 다른 하나는 무엇인가?

① 그녀는 <u>아마도</u> 우산을 집에 두고 온 모양이다.

② 내 생일은 <u>다다음</u> 날인 18일이야.

③ 아침으로 사과 <u>두</u> 개를 먹고 나왔다.

④ <u>새</u> 책으로 공부할 때 기분이 좋다.

TIP ① 부사
②③④ 관형사

12 다음 중 접속조사가 쓰인 문장은?

① 낮처럼 휘영청 밝은 달밤이었다.

② 그는 노래하며 즐겁게 놀았다.

③ 나는 떡과 과일을 좋아한다.

④ 형과 동생이 길을 걸었다.

TIP '과/와'가 접속조사의 대표적인 모습이나, 구어체에서는 '하고, 에(다), (이)며, (이)랑' 등이 함께 쓰이고 있다.
  ※ 조사의 갈래
   ㉠ **격조사** : 선행하는 체언으로 하여금 일정한 자격을 가지도록 해주는 조사로 주격조사, 서술격조사, 목적격조사, 보격조사, 관형격조사, 부사격조사, 호격조사 등이 있다.
   ㉡ **접속조사** : 두 단어를 같은 자격으로 이어주는 조사로서 '과, 와'가 대표적이다.
   ㉢ **보조사** : 선행하는 체언을 일정한 격으로 규정하지 않고 여러 격에 두루 쓰이면서 특별한 의미를 더해 주는 조사로서 '은, 는(주체·대조)', '도(동일·첨가)' 등이 있다.

13 다음 관형격조사가 옳게 들어간 것은?

① 강아지들도 사람처럼 저마다의 다양한 성격이 있다.

② 오전에 상사로부터의 연락이 있었다.

③ 오랜 친구에게로의 문자가 왔다.

④ 민수의 지갑이 없어졌다.

TIP ① 저마다의 → 저마다
  ② 상사로부터의 → 상사로부터
  ③ 친구에게로의 → 친구에게

Answer 12.③ 13.④

14 우리말의 높임법(혹은 존대법) 체계에 비추어 볼 때 옳은 것은?

① 할아버지께서는 이빨이 참 좋으십니다.

② 교수님은 두 살 된 따님이 계신다.

③ 선생님, 제 말씀 좀 들어 주십시오.

④ 이 책은 우리 선생님이 준 책이야.

> **TIP** ① '이빨'은 동물의 '이'를 가리키는 말이므로 사람에게는 '치아'나 '이'라는 낱말을 사용해야 하며 높임법에서는 '치아'로 써야 한다.
> ② 교수님과 밀접한 관계가 있는 따님을 간접 높임으로 하여 교수님을 높이게 되는 표현을 사용해야 하므로 '계시다'를 '있으시다'로 써야 한다.
> ④ 일반적인 주체 높임으로 '선생님이'는 '선생님께서'로 '준'은 '주신'으로 써야 한다.

15 표준어 규정에 따라 준말이 널리 쓰이고 본말이 잘 쓰이지 않는 경우에는 준말만을 표준어로 사용한다. 다음 중 표준어가 아닌 것은?

① 온갖

② 똬리

③ 솔개

④ 애닲다

> **TIP** 표준어 규정에 따라 사어(死語)가 되어 쓰이지 않게 된 단어는 고어로 처리하고 현재 널리 사용되는 단어를 표준어로 삼는다. 때문에 애닲다는 '애달프다'가 옳은 표준어이다.
> ① 온가지 → 온갖
> ② 또아리 → 똬리
> ③ 소리개 → 솔개

Answer 14.③ 15.④

16 다음 인사말에서 국민을 대하는 자세나 높임법이 바른 것은?

① 먼저 본인을 대표로 선출하여 주신 대의원 여러분과 국민 여러분에게 감사의 뜻을 표하고자 합니다.

② 먼저 저를 대표로 선출하여 주신 대의원 여러분과 국민 여러분께 감사의 뜻을 표하고자 합니다.

③ 먼저 저에게 막중한 소임을 맡겨 주신 국민 여러분에게 깊은 감사와 경의를 드리는 바입니다.

④ 먼저 나에게 막중한 소임을 맡겨 주신 국민 여러분께 깊은 감사와 존경의 뜻을 표하는 바입니다.

TIP 공식적인 발언을 할 때에는 자신은 '저'로 낮추고, 청자는 높여서 표현해야 한다.
① 본인→저, 여러분에게→여러분께 ③ 여러분에게→여러분께 ④ 나→저

17 다음 중 두 단어의 관계가 나머지 넷과 다른 하나는?

① 익다(熟) : 익히다

② 서다(止) : 세우다

③ 알다(知) : 알리다

④ 뽑다(選) : 뽑히다

TIP ④ 피동 표현 ①②③ 사동 표현
※ 사동 표현과 피동 표현
  ㉠ 사동 표현
   • 사동사 : 주어가 남에게 어떤 동작을 하도록 시키는 것을 나타나는 동사이다.
   • 사동 표현의 방법
   −용언 어근 + 사동형 접미사(−이−, −히−, −리−, −기−, −우−, −추−)
   −동사 어간 + '−게 하다'
  ㉡ 피동 표현
   • 피동사 : 주어가 남의 행동을 입어서 행하게 되는 동작을 나타내는 동사이다.
   • 피동 표현의 방법
   −동사 어간 + 피동형 접미사(−이−, −히−, −리−, −기−)
   −동사 어간 + '−어 지다'

Answer 16.② 17.④

18 다음 문장 중 밑줄 친 서술어의 자릿수가 다른 하나는?

① 철이는 사과를 맛있게 <u>먹었다</u>.

② 그는 이제 더 이상 어린애가 <u>아니었다</u>.

③ 나는 지금도 너를 제일 친한 친구로 <u>여기고 있다</u>.

④ 이 고장의 온화한 기후는 농사짓기에 정말 <u>적합하다</u>.

> **TIP** ③ 주어(나는), 목적어(너를), 부사어(친구로)를 필요로 하는 세 자리 서술어이다.
> ① 주어(철이는), 목적어(사과를)를 필요로 하는 두 자리 서술어이다.
> ② 주어(그는), 보어(어린애가)를 필요로 하는 두 자리 서술어이다.
> ④ 주어(기후는), 부사어(농사짓기에)를 필요로 하는 두 자리 서술어이다.
> ※ **자릿수** … 완전한 문장을 이루기 위하여 주어, 목적어, 보어, 부사어 중에서 서술어가 요구하는 필수성분의 수이다.
>   ⊙ **한 자리 서술어** : 주어만 있으면 문장이 성립하는 서술어(자동사, 형용사)
>   ⓒ **두 자리 서술어** : 주어 외에 목적어나 보어, 부사어를 필수적으로 요구하는 서술어(타동사, 불완전자동사, 대칭동사, 이동동사, 소유·주관성 형용사)
>   ⓒ **세 자리 서술어** : 주어, 목적어, 부사어를 필수성분으로 요구하는 서술어(수여동사, 발화동사, 사동사)

19 다음 밑줄 친 부분이 어법에 맞게 사용된 문장은?

① 삼국은 안으로 서로 대립하거나 연맹관계를 맺고, 밖으로는 중국세력과 평화적 교섭을 하거나 <u>전쟁을 치르면서</u> 통일의 길로 나아갔다.

② 구성원들은 소외의식을 느끼지 않고 자기가 속한 집단의 <u>문제 해결과</u> 한 번 결정한 것을 실천하기 위해 적극적으로 나설 수 있을 것이다.

③ 그 나라 <u>주민과의 충돌</u>이나 민족의 정체성을 상실하는 등의 문제가 발생되기도 한다.

④ 대학은 모든 시대와 나라에서 형성된 가장 심오한 <u>진리탐구</u>와 치밀한 과학정신을 배양 형성하는 도장입니다.

> **TIP** ② 문제 해결과 → 문제를 해결하고
> ③ 주민과의 충돌이나 → 주민과 충돌하거나
> ④ 진리탐구와 → 진리를 탐구하고

Answer 18.③ 19.①

20 다음 문장에서 밑줄 친 말의 주어는?

> 그가 결혼을 한다는 것은 <u>사실이다</u>.

① 그가
② 결혼을 한다는 것
③ 한다는 것은
④ 그가 결혼을 한다는 것

TIP 명사절을 안은 문장으로 '사실이다'는 '그가 결혼을 한다는 것은'의 서술어이다.

21 다음 중 밑줄 친 부분의 맞춤법 표기가 바른 것은?

① 땀을 너무 많이 흘려서 <u>호줄근하다</u>.
② <u>엇저녁에</u> 가족들과 운동을 했다.
③ 빨리 달리다가 벽에 <u>부딪쳤다</u>.
④ <u>며칠간</u> 해외여행을 떠날 예정이다.

TIP ① 호줄근하다 → '호졸근하다'
② 엇저녁 → '엊저녁'
③ 부딪쳤다 → '부딪혔다'

22 띄어쓰기를 포함하여 맞춤법이 모두 옳은 것은?

① 그는∨가만히∨있다가∨모임에∨온∨지∨두∨시간∨만에∨돌아가∨버렸다.
② 옆집∨김씨∨말로는∨개펄이∨좋다는데∨우리도∨언제∨한∨번∨같이∨갑시다.
③ 그가∨이렇게∨늦어지는∨걸∨보니∨무슨∨큰∨일이∨난∨게∨틀림∨없다.
④ 하늘이∨뚫린∨것인지∨몇∨날∨몇∨일을∨기다려도∨비는∨그치지∨않았다.

> **TIP** ② 김씨 → 김 씨. 호칭어인 '씨'는 띄어 써야 옳다.
> ③ 큰 일 → 큰일, 틀림 없다 → 틀림없다. '큰일'은 '중대한 일'을 나타내는 합성어이므로 붙여 써야 하며 '틀림없다'는 형용사이므로 붙여 써야 한다.
> ④ 몇 일 → 며칠. '몇 일'은 없는 표현이다. 따라서 '며칠'로 적어야 옳다.

23 밑줄 친 단어 중 우리말의 어문 규정에 따라 맞게 쓴 것은?

① <u>윗층</u>에 가 보니 전망이 정말 좋다.
② <u>뒷편</u>에 정말 오래된 감나무가 서 있다.
③ 그 일에 <u>익숙지</u> 못하면 그만 두자.
④ <u>생각컨대</u>, 그 대답은 옳지 않을 듯하다.

> **TIP** 어간의 끝음절 '하'가 아주 줄 적에는 준 대로 적는다〈한글 맞춤법 제40항 붙임2〉.
> ① 윗층 → 위층
> ② 뒷편 → 뒤편
> ④ 생각컨대 → 생각건대
> ※ 어간의 끝음절 '하'가 줄어드는 말

본말	준말
거북하지	거북지
생각하건대	생각건대
생각하다 못해	생각다 못해
깨끗하지 않다	깨끗지 않다
넉넉하지 않다	넉넉지 않다
못하지 않다	못지않다
섭섭하지 않다	섭섭지 않다
익숙하지 않다	익숙지 않다

Answer 22.① 23.③

24 다음 중 맞춤법에 어긋나는 것은?

① 각별히   ② 틈틈히

③ 솔직히   ④ 조용히

TIP 부사의 끝음절이 분명히 '이'로만 나는 것은 '-이'로 적고, '히'로만 나거나 '이'나 '히'로 나는 것은 '-히'로 적는다〈한글맞춤법 제51항〉.

※ 부사화 접미사 '-이'와 '-히'의 구별요령

  ㉠ '-이'로 적는 경우

    • 어근이 명사나 부사일 때

      예 간간이, 겹겹이, 낱낱이, 다달이, 샅샅이, 더욱이, 일찍이

    • 용언의 기본형이 '-하다'로 끝나지 않을 때

      예 가깝다 : 가깝 + 이 → 가까이, 많다 : 많 + 이 → 많이

    • 용언의 어근이 'ㅅ'으로 끝날 때

      예 깨끗하다 : 깨끗 + 이 → 깨끗이, 느긋하다 : 느긋 + 이 → 느긋이

  ㉡ '-히'로 적는 경우

    • 용언의 기본형이 '-하다'로 끝날 때

      예 'ㄱ' 끝소리(족히, 넉넉히), 'ㄴ' 끝소리(간단히, 간편히), 'ㄹ' 끝소리(각별히, 간절히), 'ㅁ' 끝소리(심히, 과감히), 'ㅂ' 끝소리 (갑갑히, 급히), 'ㅇ' 끝소리(건강히, 분명히), '모음' 끝소리(고요히, 영구히)

    • 그 밖의 '-히'로만 적는 것

      예 속히, 극히, 작히, 딱히, 특히

25 밑줄 친 말이 표준어인 것은?

① 약물 문제로 이슈가 됐던 그는 얼마 지나지도 않아 <u>뉘연히</u> 대중 앞에 나타났다.

② 어떤 옷을 찾으려는 건지 그녀는 옷장 서랍을 전부 <u>뒤어내고</u> 있었다.

③ 그는 전 재산을 탕진하고 나서야 사업에 실패한 원인을 <u>깨단하게</u> 되었다.

④ <u>허구헌</u> 날 팔자 한탄만 하고 있어서야 조금의 발전도 기대할 수 없다.

TIP ③ 깨단하다 : 오랫동안 생각해 내지 못하던 일 따위를 어떠한 실마리로 말미암아 깨닫거나 분명히 알다.

  ① 뉘연히 → '버젓이'의 잘못

  ② 뒤어내고 → '뒤져내다(샅샅이 뒤져서 들춰내거나 찾아내다)'의 잘못

  ④ 허구헌 → '허구한'의 잘못

Answer 24.② 25.③

26 다음 중 복수표준어가 아닌 것은?

① 서럽다 – 섧다
② 엿가락 – 엿가래
③ 철딱서니 – 철때기
④ 나부랭이 – 너부렁이

TIP '철따구니/철딱서니/철딱지'는 모두 표준어이며, '철때기'는 비표준어이다.

※ **복수표준어** … 한 가지 의미를 나타내는 여러 형태의 단어가 표준어로 인정되는 것을 말한다〈표준어규정 제26항〉.

예 넝쿨/덩굴, 고린내/코린내, 거슴츠레하다/게슴츠레하다, 가락엿/가래엿, 꼬까옷/때때옷/고까옷, 눈대중/눈어림/눈짐작, 닭의장/닭장, 벌레/버러지, 부침개질/부침질/지짐질, 생/새앙/생강, 아무튼/어떻든/어쨌든/하여튼/여하튼, 여쭈다/여쭙다, 우레/천둥, 자물쇠/자물통, 중신/중매, 한턱내다/한턱하다

27 외래어 표기법에 따른 지명 표기로 옳은 것은?

① 싱가폴
② 라스베이거스
③ 타이베이
④ 오오사카

TIP ① 싱가폴 → 싱가포르
③ 타이베이 → 타이페이
④ 오오사카 → 오사카

02 고전 문법

01 음운

❶ 세종어제 훈민정음(世宗御製 訓民正音)

(1) 훈민정음의 창제

① 연대
- ㉠ 창제 · 반포 : 세종 25년(1443) 음력 12월에 예의본(例義本) 완성
- ㉡ 해례본(解例本) : 세종 28년(1446) 음력 9월 상한에 해례본 완성, 간행
- ㉢ 언해본(諺解本) : 세조 5년(1459)에 간행

② 훈민정음 창제의 정신 … 자주 정신, 애민 정신, 실용 정신

③ 훈민정음 창제의 목적
- ㉠ 일반 백성들의 원만한 문자 생활 도모
- ㉡ 자주(自主) · 애민(愛民) · 실용(實用) 정신의 구현(俱現)
- ㉢ 우리나라 한자음의 정리와 표기의 통일

(2) 훈민정음 해례본의 구성

① 예의[(例義), 언해된 부분]
- ㉠ 어지(御旨) : 창제된 취지
- ㉡ 글자와 소리값 : 초성, 중성, 종성 글자와 소리값
- ㉢ 글자의 운용 : 나란히 쓰기, 이어 쓰기, 붙여 쓰기, 음절 이루기, 점찍기의 용법

② 해례(解例) … 언해되지 아니한 부분으로 '제자해(制字解), 초성해(初聲解), 중성해(中聲解), 합자해(合字解), 용자례(用字例)'로 구성되어 있다.

③ 정인지 서(序) … 훈민정음 제작 경위를 밝히고 있다.

② 훈민정음(訓民正音)의 음운 체계

(1) 훈민정음의 제자 원리

① 초성(자음) … 발음 기관을 본뜬 것이다.

명칭	상형	기본자	가획자	이체자
어금닛소리[아음(牙音)]	혀 뿌리가 목구멍을 막는 모양	ㄱ	ㅋ	ㆁ
혓소리[설음(舌音)]	혀가 윗잇몸에 붙는 모양	ㄴ	ㄷ, ㅌ	ㄹ(반설)
입술소리[순음(脣音)]	입술 모양	ㅁ	ㅂ, ㅍ	
잇소리[치음(齒音)]	이 모양	ㅅ	ㅈ, ㅊ	ㅿ(반치)
목구멍소리[후음(喉音)]	목구멍 모양	ㅇ	ㆆ, ㅎ	

② 중성(모음) … 삼재(三才 : 天, 地, 人)의 상형 및 기본자를 합성했다.

구분	기본자	초출자	재출자
양성 모음	ㆍ	ㅗ, ㅏ	ㅛ, ㅑ
음성 모음	ㅡ	ㅜ, ㅓ	ㅠ, ㅕ
중성 모음	ㅣ		

③ 종성(자음) … 따로 만들지 않고 초성을 다시 쓴다[종성부용초성(終聲復用初聲)].

(2) 훈민정음 문자 체계

① 초성(자음) 체계

명칭 \ 소리의 성질	전청 (全淸, 예사소리)	차청 (次淸, 거센소리)	불청불탁 (不淸不濁, 울림소리)
어금닛소리[牙音]	ㄱ	ㅋ	ㆁ
혓소리[舌音]	ㄷ	ㅌ	ㄴ
입술소리[脣音]	ㅂ	ㅍ	ㅁ
잇소리[齒音]	ㅅ, ㅈ	ㅊ	
목구멍소리[喉音]	ㆆ	ㅎ	ㅇ
반혓소리[半舌音]			ㄹ
반잇소리[半齒音]			ㅿ

② 중성(모음) 체계

소리의 성질 명칭	양성 모음	중성 모음	음성 모음
단모음	ᆞ, ㅏ, ㅗ	ㅣ	ㅡ, ㅓ, ㅜ
이중 모음	ㅑ, ㅛ		ㅕ, ㅠ

❸ 표기법

(1) 표음적 표기법

① 8종성법 … 종성에서는 'ㄱ, ㆁ, ㄷ, ㄴ, ㅂ, ㅁ, ㅅ, ㄹ'의 8자만 허용되는 것이 원칙인데, 이는 체언과 용언의 기본 형태를 밝히지 않고 소리나는 대로 적는 것으로 표음적 표기라 할 수 있다.

② 이어적기(연철) … 받침 있는 체언이나 용언의 어간에 모음으로 시작되는 조사나 어미가 붙을 때는 그 받침을 조사나 어미의 초성으로 이어 적었다.

(2) 표의적 표기법

① 8종성법의 예외(종성부용초성)
　㉠ 용비어천가와 월인천강지곡에 주로 나타나는데, 체언과 용언의 기본 형태를 밝혀 적은 일이 있다.
　㉡ 반치음과 겹받침이 종성으로 적혀지는 일이 있었다.

② 끊어적기(분철) … 월인천강지곡에 나타나는 예로서 'ㄴ, ㄹ, ㅁ, ㅇ' 등의 받침소리에 한해 끊어 적는 일이 있었다.

02 형태

❶ 품사

(1) 체언의 형태 바꿈

① **'ㅎ' 받침 체언** … 단독으로 쓰이거나 실질 형태소 앞에서는 'ㅎ'이 나타나지 않으나 조사와 결합될 때는 'ㅎ'이 나타난다.

> **예** 하늘 + 이 → 하늘히(하느리×), 하늘 + 과 → 하늘콰(하늘화×), 하늘 + 은 → 하늘흔(하늘은×)

② **'ㄱ'의 덧생김** … 명사의 끝음절 모음이 탈락하고 'ㄱ'이 덧생긴다. 단, 공동, 비교, 접속의 조사 '와'하고 결합할 때는 단독형으로 쓰인다('ㄱ' 곡용어라고도 함).

> **예** 나모(木) : 남기, 남골, 남기라, 남기, 남근, 나모와

③ **8종성 표기** … 'ㅌ, ㅍ, ㅈ, ㅊ' 받침이 자음 앞에 오면 8종성 대표음 'ㄱ, ㄴ, ㄷ, ㄹ, ㅁ, ㅂ, ㅅ, ㅇ'으로 변화되는 현상이다.

> **예** 곳 + 과 > 곳과, 곳 + 이 > 고지(모음이 연음됨), 빛 + 과 > 빗과

④ **모음 탈락에 의한 형태 바꿈**

   ㉠ **'ᄅ/르 → ㄹㅇ'의 바뀜** : 'ᄋ/으'가 탈락하고 'ㄹ'이 앞 음절의 종성으로 가며, 조사의 초성은 후두 유성 마찰음 'ㅇ'으로 된다.

>   **예** 노루(獐) : 놀이, 놀을, 놀이라, 노루와

   ㉡ **'ᄅ/르 → ㄹㄹ'의 바뀜** : 'ᄋ/으'가 탈락하고 'ㄹ'이 앞 음절의 종성으로 가며 'ㄹ'이 조사의 초성으로 덧들어간다.

>   **예** 하루(一日) : 홀리, 홀리라, 홀룬, 하루와

   ㉢ **'ᅀ/스 → ㅿㅇ'의 바뀜** : 'ᄋ/으'가 탈락하고 'ㄹ'이 앞 음절의 종성으로 가며, 조사의 초성은 후두 유성 마찰음 'ㅇ'으로 된다.

>   **예** 아수(弟) : 앗이, 앗을, 앗이, 아수와

(2) 조사

① **주격 조사** … '가'는 쓰이지 않았으며 '가'가 쓰인 것은 17세기 이후이다.

> **예** 식미 기픈, 드리 업건마눈

② **서술격 조사** … 어간의 형태는 주격 조사와 동일하게 쓰였는데 평서형 종결 어미는 '-라'였다.

> **예** 樓는 다라기라. 여슷찻 힛 乙酉ㅣ라. 齒는 니라.

③ 목적격 조사

환경	양성 모음	음성 모음
자음 뒤	을(사ᄅᆞ믈)	을(꾸믈)
모음 뒤	를(즈ᅀᆞ룔)	를(거우루룔)

④ 관형격 조사와 처소 부사격 조사

환경	형태		예
	관형격 조사	처소 부사격 조사	
양성 모음 뒤	익	애	도즈기
음성 모음 뒤	의	에	大衆의
'ㅣ' 모음 뒤	체언의 'ㅣ' 모음 탈락	예	가히, 그려긔

⑤ 모음과 'ㄹ' 아래에서 'ㄱ'이 탈락하는 조사 ··· '과 / 와', '곳 / 옷', '가 / 아', '고 / 오'

(3) 용언과 활용

① 자동사 · 타동사의 구별 ··· 목적어를 취하면 타동사, 취하지 않으면 자동사이다.
예 艱難흔 사름 보아둔(타동사) / 석 둘 사ᄅᆞ시고 나아 가거시놀(자동사)

② 어간, 어미의 형태 바꿈
  ㉠ 'ㄹㅇ' 활용 : '르 / 르'로 끝나는 어간이 모음 어미 앞에서 'ᄋᆞ / 으'가 탈락하며 'ㄹ'이 앞 모음의 종성에 가서 끊어적기가 된다. 규칙 활용에 속한다.
    예 다ᄅᆞ다(異), 오ᄅᆞ다(登), 니르다(謂), ᄆᆞ르다(裁), 비브르다(飽)

  ㉡ 'ㄹㄹ' 활용 : '르 / 르'로 끝나는 어간이 모음 어미 앞에서 'ᄋᆞ / 으'가 탈락하고 'ㄹ'이 끊어적기가 될 뿐 아니라, 'ㄹ'이 덧생긴다.
    예 ᄲᆞᄅᆞ다(速), ᄆᆞ르다(乾), 모ᄅᆞ다(不知)

  ㉢ '그스다(引)'의 활용 : 어간 '스'의 모음 '으'가 탈락하고 'ㅿ'이 어간의 종성이 되어 모음 어미와 끊어적는다.
    예 그스 + 어→긋어, 그스 + 움→긋움

  ㉣ 어간 'ㄹ'의 탈락 : 어간이 'ㄹ'로 끝나는 용언의 'ㄹ' 탈락 조건은 'ㄴ'뿐만 아니라, 'ㄷ, ㅿ' 앞에서도 탈락하고 '−시−' 앞에서는 매개 모음을 취하고 'ㄹ'이 탈락하지 않는다.
    예 알 + 디→아디, 알 + 습 + 고→아습고, 날 + ᄋᆞ시 + 아→ᄂᆞ르샤(○), ᄂᆞ샤(×)

  ㉤ 'ㅅ' 불규칙 활용 : 어간의 'ㅅ'이 'ㅿ'으로 바뀐다.
    예 짓 + 어→지ᅀᅥ

  ㉥ 'ㅂ' 불규칙 활용 : 어간의 'ㅂ'이 'ㅸ'으로 바뀌는 것으로 성종 때부터는 'ㅸ'이 소멸되어 'ㅂ'이 '오 / 우'로 바뀐다.
    예 덥 + 어→더ᄫᅥ > 더워(성종 때)

  ㉦ 'ㄷ' 불규칙 활용 : 어간의 끝소리 'ㄷ'이 모음 앞에서 'ㄹ'로 바뀐다.
    예 듣 + 어→들어

(4) 선어말 어미

① 높임의 선어말 어미

  ㉠ 주체 높임의 선어말 어미 : ㅡ시ㅡ, ㅡ샤ㅡ

    예 눌 + (ᄋ)샤 + 아→ᄂᆞᄅ샤('아' 탈락), 가 + 샤 + 오디→가샤디('오' 탈락)

  ㉡ 상대 높임의 선어말 어미 : ㅡ이ㅡ, ㅡ잇ㅡ

    예 줍 + ᄋ니 + 이 + 다→ᄌᆞᄆ니이다

    예 믿 + ᄋ니 + 잇 + 가→미드니잇가

  ㉢ 객체 높임의 선어말 어미 … 습, 줍, 습

    예 막습거늘, 빗습더니 / 듣줍고, 맞줍더니 / 보습게, 안습고

② 시간 표현의 선어말 어미

  ㉠ 현재 시제

   • 동사 어간 + ㅡㄴㅡ 예 묻ᄂ다(묻는다)

   • 형용사에는 특별한 형태소가 붙지 않는다. 예 제 ᄠᅳ들 시러 펴디 몯ᄒᆞᇙ 노미 하니라(많다).

  ㉡ 미래 시제 : ㅡ리ㅡ 예 더욱 구드시리이다

  ㉢ 과거 시제 : 선어말 어미가 없이 과거가 표시된다. 예 네 아비 ᄒᆞ마 주그니라(죽었다).

(5) 어말 어미

① 종결 어미

구분	평서형	의문형	명령형	청유형
ᄒᆞ라체	ᄒᆞ다	ᄒᆞ녀(1인칭) / ᄒᆞ다(2인칭) / ᄒᆞ가(간접)	ᄒᆞ라	ᄒᆞ져
ᄒᆞ쇼셔체	ᄒᆞ이다	ᄒᆞ니잇가	ᄒᆞ쇼셔	ᄒᆞ사이다

② 연결 어미

  ㉠ ㅡㄹ씨 : 원인을 나타낸다.

    예 불휘 기픈 남ᄀᆞᆫ ᄇᆞᄅᆞ매 아니 뮐씨

  ㉡ ㅡ관ᄃᆡ : 원인과 조건을 나타내며, 앞에는 의문사를 동반한다.

    예 엇던 功德을 닷관ᄃᆡ 能히 이 大神通力이 이시며

  ㉢ ㅡㄴ마ᄅᆞᆫ : 'ㅡㄴ마는'의 뜻이다.

    예 ᄆᆞᆯ 깊고 ᄇᆡ 업건마ᄅᆞᆫ

  ㉣ ㅡ디ᄫᅵ : 앞 긍정, 뒤 부정(ㅡㄹ지언정)을 나타낸다.

    예 이에 든 사ᄅᆞ믄 죽디ᄫᅵ 나디 몯ᄒᆞᄂᆞ니라

  ㉤ ㅡ과뎌 : '희망'을 나타낸다.

    예 親友ㅣ ᄃᆞ외와뎌 願ᄒᆞ시니라

  ㉥ ㅡ디옷 : 'ㅡㄹ수록'의 뜻이다.

    예 이 하ᄂᆞᆯ돌히 놉디옷 목수미 오라ᄂᆞ니

  ㉦ ㅡ오ᄃᆡ : 설명, 인용을 나타낸다.

    예 산이 이쇼ᄃᆡ 일후미 鐵圍니

③ 전성 어미

　　㉠ 명사형 어미 : −음 / −움, −기, −디
　　　• −옴 / −움 : 현대 국어의 '(−으)ㅁ'과 같은 것으로, '−오 / −우'를 따로 분석하지 않는다.
　　　• −디 : '어렵다, 슬흐다, 둏다' 앞에서만 쓰였다. 쓰임은 '−기'와 비슷하다.
　　㉡ 관형사형 어미 : −ㄴ, −ᇙ
　　　• 현재 : '−ᄂᆞ−' + '−ㄴ'→'는'('−ᄂᆞ−'가 선어말 어미이므로 '는'은 있을 수 없음)
　　　• 미래형은 세조 때까지만 '−ᇙ'으로 쓰였고, 그 후에는 '−ㄹ'만 쓰였다.
　　　• 관형사형의 명사적 쓰임
　　　　예 다ᇰ 업슨 긴 ᄀᆞᄅᆞᆷ 니섬니서 오놋다(다함이 없는 긴 강은 잇달아 흘러오는구나).

② 단어의 형성

(1) 파생법

① −(ᄋᆞ/으)ㅁ … 명사화 접미사
　　예 그리(다) + ㅁ→그림, 살(다) + 음 →사룸, 열(다) + 음→여름(實)

② −익/의 … 형용사 어근에 붙어 명사화가 된다.
　　예 높(다) + 익→노픽, 굽(다) + 의→구븨

③ −이 … 동사 어근에 붙어 명사화, 형용사 어근에 붙어 부사화가 된다.
　　예 글짓(다) + 이→글지싀(명사), 높(다) + 이→노피(부사)

④ ∅(영)접사 … 명사가 특별한 접사 없이 동사로 파생된다.
　　예 ᄀᆞ물→ᄀᆞ물다, 깃→깃다(깃들이다), 빗→빗다, 신→신다, 안→안다

⑤ 어간형 부사 … 형용사 어간이 그대로 부사가 된다.
　　예 그르(誤), 바ᄅᆞ(正), ᄀᆞᆮ(如), 브르(飽), 빈브르(飽)

⑥ −ᄋᆞ− / −으− … 매개 모음과 형태가 같으나 사동 접미사로 쓰이는 일이 많다.
　　예 살(다) + ᄋᆞ→사ᄅᆞ다(살리라), 길(다) + 으→기르다

⑦ −받− > −완− … 강세 접미사
　　예 니르받다 > 니르완다(일으키다), 믈리받다 > 믈리완다(물리치다)

(2) 합성법

① 동사 어간 + 동사 어간
　　예 듣보다, 긁빗다, 빌먹다, 죽살다

② 형용사 어간 + 형용사 어간
　　예 됴쿶다('둏−'+'궂−'), 횩뎍다('횩−'+'뎍−')

출제 예상 문제

1 훈민정음에 대한 설명으로 옳지 않은 것은?

① 초성자는 훈민정음 해례본의 설명에 따르면 발음기관의 모양을 본떠 만들었다.

② 중성자는 훈민정음 해례본의 설명에 따르면 천지인(天地人) 삼재(三才)를 기본으로 만들었다.

③ 현대 한글맞춤법에 제시된 한글 자모의 순서는 '훈몽자회(訓蒙字會)'의 자모 순서와 같다.

④ 훈민정음이 처음 만들어졌을 때는 'ㄱ'을 '기역'이라 부르지 않았던 것으로 보인다.

TIP ③ 현대 국어의 자모 순서는 1933년 '한글 맞춤법 통일안'에서 제시된 것을 따르고 있다.
※ **훈몽자회** … 조선 중종 22년(1527)에 최세진이 지은 한자 학습서로 자음의 순서는 'ㄱ, ㄴ, ㄷ, ㄹ, ㅁ, ㅂ, ㅅ, ㆁ, ㅋ, ㅌ, ㅍ, ㅈ, ㅊ, ㅿ, ㅇ, ㅎ'이다.

2 다음 중 초성의 제자원리에 알맞은 것은?

① 발음기관 상형

② 몽고문자 모방

③ 고전(古篆) 모방

④ 창호(窓戶) 모방

TIP 1940년 경북 안동에서 '훈민정음 해례본'이 발견됨으로써 초성의 발음기관 상형설이 밝혀졌다.

구분	기본자	상형	가획자	이체자
아음	ㄱ	혀뿌리가 목구멍을 막는 모양	ㅋ	ㆁ
설음	ㄴ	혀끝이 윗잇몸에 붙는 모양	ㄷ, ㅌ	ㄹ(반설음)
순음	ㅁ	입의 모양	ㅂ, ㅍ	
치음	ㅅ	이의 모양	ㅈ, ㅊ	ㅿ(반치음)
후음	ㅇ	목구멍의 모양	ㆆ, ㅎ	

Answer 1.③ 2.①

3 다음 중 훈민정음 기본자음에 해당하지 않는 것은?

① ㄱ

② ㄷ

③ ㅅ

④ ㅇ

TIP 훈민정음 기본자음 … 훈민정음 해례 제자해(訓民正音 解例 題字解)에 의하면 초성 중 기본자는 ㄱ(아음)·ㄴ(설음)·ㅁ(순음)·ㅅ(치음)·ㅇ(후음)으로, 그 자음(字音)이 나타내는 음소(音素)를 조음할 때의 발음기관의 모양을 본떴다고 하였다.
ⓐ 아음(牙音) : ㄱ(허뿌리가 목구멍을 막는 모양)
ⓑ 설음(舌音) : ㄴ(허끝이 입천장에 닿는 모양)
ⓒ 순음(脣音) : ㅁ(입술모양)
ⓓ 치음(齒音) : ㅅ(이빨모양)
ⓔ 후음(喉音) : ㅇ(목구멍모양)

4 다음 글의 (   ) 안에 들어갈 문헌은?

> 세종 당시에 한글의 창제와 사용은 한자와 한문의 지위에 별다른 영향을 끼치지 않았다. 세종 또한 한 번도 한자와 한문의 권위를 부정한 적이 없었다. 세종은 도리어 중국 운서의 체계에 맞지 않는 조선 한자음을 바로잡으려는 의도 아래 (   )을(를) 편찬하도록 명하였다.

① 동국정운(東國正韻)

② 홍무정운(洪武正韻)

③ 훈몽자회(訓蒙字會)

④ 사성통해(四聲通解)

TIP ① **동국정운(東國正韻)** : 1448년 신숙주·최항·박팽년 등이 세종의 명을 받고 편찬 간행한 한국 최초의 운서. 6권 6책 전질로 되어 있다. 1972년 3월 2일 국보 제142호로 지정되었으며, 현재 건국대학교박물관에 소장되어 있다. '동국정운'은 우리나라의 바른 음이라는 뜻으로, 중국의 운서인 홍무정운(洪武正韻)을 참고하여 만든 것이다. 본문의 큰 글자는 목활자, 작은 글자는 1434년(세종 16)에 만든 구리활자인 갑인자. 서문은 갑인자 대자로 기록되어 있다. 구성은 서문 7장, 목록 4장, 권1은 46장, 권2는 47장, 권3은 46장, 권4는 40장, 권5는 43장, 권6은 44장으로 구성되어 있다.
② **홍무정운(洪武正韻)** : 중국 명나라 때의 운서. 명나라 태조(太祖) 연간인 1375년(洪武 8)에 황제의 명으로 악소봉(樂韶鳳)·송염(宋濂) 등이 편찬한 15권의 운서이다.
③ **훈몽자회(訓蒙字會)** : 최세진이 어린이들의 한자 학습을 위하여 지은 책으로 1527(중종 22)에 간행된 이래 여러 차례 중간되었다.
④ **사성통해(四聲通解)** : 1517년(중종 12) 최세진이 편찬한 중국본토자음용 운서로 「홍무정운역훈(洪武正韻譯訓)」(1455)의 음계를 보충하고, 자해(字解)가 없는 신숙주(申叔舟)의 「사성통고」를 보완하기 위해 편찬되었다.

Answer 3.② 4.①

5 중세 국어의 표음주의 표기 체계상의 표현이라고 볼 수 없는 것은?

① 곶

② 닙

③ 식미

④ 스뭇디

TIP 중세 국어의 표기는 발음 위주의 표음적 표기를 기본으로 하였다.
① 종성부용초성에 의한 표의적 표기
②④ 8종성법
③ 이어적기(연철)로 표음적 표기

6 다음 중 밑줄 친 낱말의 15세기 표기는?

> ᄆᆞ올히 디나 ᄃᆞ니ᄂᆞ니

① 마을

② ᄆᆞ실

③ ᄆᆞ술

④ 마슬

TIP ᄆᆞ술 > ᄆᆞ올 > ᄆᆞ을 > 마을

7 15세기 '믈'로 표기했던 것이 현재 '물'로 변하였다. 이러한 음운현상은?

① 원순모음화

② 축 약

③ 이화현상

④ 모음충돌 회피

TIP 원순모음화 … 양순음(兩脣音) 'ㅂ, ㅃ, ㅍ, ㅁ' 다음에서 비원순음 'ㅡ(ㆍ)'가 원순모음으로 바뀌는 음운현상이다.
예 믈(水) → 물, 블(火) → 불, 플(草) → 풀
※ 이화현상 … 두 발음의 단조로움과 불명확함을 피하기 위하여 한 낱말 안의 같거나 비슷한 음운을 다른 음운으로 바꾸는 음운현상이다.
예 거붑 → 거북, 붊 → 북, 서르 → 서로, 소곰 → 소금

8 다음 중 중세어의 표기법에 의해 바르게 표기된 것은?

① 가뢰다(日)

② ᄇᄉᆞ아(碎)

③ 다ᄅᆞ아(異)

④ 일우다(成)

> **TIP** 한 형태소가 환경에 따라 달라지는 모습대로 적는 표기법을 표음적 표기라 하고, 형태소의 모습을 일정하게 고정시켜 적는 것을 표의적 표기라 한다.
>
> ※ **끊어적기와 이어적기** … 체언과 조사, 어간과 어미 등 실질형태소와 형식형태소의 연결에서 본 모습대로 적는 것을 끊어적기라 하고, 소리나는 대로 적는 것을 이어적기라 한다.
>   ㉠ **끊어적기(분철)** : ᄀᆞ룸 + 애 → ᄀᆞ룸애, 먹 + 어 → 먹어
>   ㉡ **이어적기(연철)** : ᄀᆞ룸 + 애 → 가ᄅᆞ매, 먹 + 어 → 머거

9 다음 중 'ㅎ' 종성체언의 형태로 보기 어려운 것은?

① 안팎

② 살코기

③ 머리털

④ 암탉

> **TIP** ③ 머리 + 털 ① 안ㅎ + 밖 ② 살ㅎ + 고리 ④ 암ㅎ + 닭

10 사성법에 대한 설명으로 옳지 않은 것은?

① 음의 높낮이를 표시하기 위한 것이다.

② 글자의 왼쪽에 점을 찍는다.

③ 의미 분화의 기능이 있다.

④ 중세 국어의 평성은 오늘날 장음이다.

> **TIP** 중세 국어의 상성이 오늘날의 장음에 해당한다.

Answer 8.④ 9.③ 10.④

11 다음 중 어금닛소리(아음)이 아닌 것은?

① ㄱ

② ㄷ

③ ㅋ

④ ㆁ

TIP 어금닛소리(아음)에는 ㄱ(기본자), ㅋ(가획자), ㆁ(이체자)가 있다.

12 다음 소실 문자 중 가장 늦게 없어진 것은?

① ㅸ

② ㆁ

③ ㆍ

④ ㅿ

TIP 소실 문자가 없어진 순서는 ㆆ → ㅸ → ㆅ → ㅇㅇ → ㅿ → ㆁ → ㆍ 이다.

13 다음 중 '서르 → 서로'로 변한 것과 관계없는 음운 현상은?

① 믈 → 물

② 불휘 → 뿌리

③ 거붑 → 거북

④ 즁싱 → 즘싱 → 즘승 → 짐승

TIP '서르'가 '서로'로 변한 것은 이화 · 유추 · 강화 현상과 관계 있다.
① 원순모음화
② 강화
③ 이화, 강화
④ 즁싱 > 즘싱(이화) > 즘승(유추) > 짐승(전설모음화)

14 다음 중 'ㅣ'모음 역행 동화가 아닌 것은?

① 져비 > 제비

② 겨시다 > 계시다

③ 겨집 > 계집

④ 둏다 > 좋다

TIP ④ 구개음화 현상이다.

15 다음 중 국어의 자모음 명칭을 최초로 규정한 문헌은?

① 자모변

② 훈민정음 운해

③ 동국정운

④ 훈몽자회

TIP 훈몽자회(訓蒙字會)
ㄱ 어린이 한자 학습서
ㄴ 8종성법을 사용
ㄷ 향찰표기 음운이 실림
ㄹ 훈민정음을 '반절(反切)'이라 명명함
ㅁ 한글 자모(字母)의 명칭과 순서를 최초로 규정

16 다음 (   ) 안에 알맞은 어형은?

> 즁싱 > (   ) > 즘승 > 짐승

① 중싱

② 즘싱

③ 줌싱

④ 줌슴

TIP • 즁싱 → 즘싱(이화, 강화)
• 즘싱 → 즘승(유추현상)
• 즘승 → 짐승(전설모음)

17 훈민정음 창제의 의의는?

① 표음문자의 창안
② 성리학 이론의 도입
③ 국어의 전면적 문자화
④ 자음과 모음의 분리

TIP 표음문자란 말의 소리를 기호로 나타낸 글자를 말하는데, 표음문자의 창안을 통해 언어와 문자를 통일시켜 백성들이 쉽게 문자생활을 하게 되었다.

18 16세기 국어의 특징이 아닌 것은?

① 모음조화현상이 현저히 문란해졌다.
② 'ㅿ'은 소멸되고 'ㆁ'은 사용되었다.
③ 성조체계는 잘 지켜졌다.
④ 끊어적기와 혼철이 자주 나타난다.

TIP 성조는 15세기에만 지켜지고 성종판 '두시언해' 이후 소멸한다.
※ 16세기 국어의 특징
　ⓐ 음운상의 특징
　　• 'ㆍ'음가의 동요로 인해 모음조화가 문란해졌다.
　　• 'ㄱ' 탈락현상이 없어지기 시작하였다.
　　• 된소리되기와 거센소리되기가 증가하였다.
　ⓑ 표기상의 특징
　　• 성조를 표시하는 방점을 사용하였지만, 성조는 16세기에 거의 사라졌다.
　　• 받침규정으로는 '8종성법'이 중심이 되었다.
　　• 표음적 표기와 표의적 표기가 혼용되었다.
　ⓒ 문법상의 특징
　　• 선어말어미 '-오-/-우-'가 쓰이는 경우가 줄어들었다.
　　• 명사형 어미 '-옴/-움'의 사용이 규칙성을 잃었다.

19 다음은 자음을 분류한 것이다. 이 중 옳지 않은 것은?

① 치음 - ㆆ, ㅥ, ㅇ

② 이음 - ㄱ, ㅋ, ㄲ, ㆁ

③ 설음 - ㄷ, ㅌ, ㄸ, ㄴ

④ 순음 - ㅂ, ㅍ, ㅃ, ㅁ

TIP 'ㆆ, ㅥ, ㅇ'은 목구멍 소리인 '후음'에 해당한다.

20 다음 고어 중 그 뜻의 연결이 옳은 것은?

① 말 : 馬

② 믈 : 물(水)

③ ᄒᆞ다 : 많다

④ 마히 : 장마

TIP ① 물 : 말(馬), 말 : 말씀(言)
② 믈 : 물(水), 물 : 무리(衆)
③ ᄒᆞ다 : 하다(爲), 하다 : 많다(多)

03 현대 문학

01 문학의 이해

❶ 문학의 본질과 특성

(1) 문학의 본질

① **언어 예술** … 문학은 언어를 표현 매체로 하며 동시에 그것을 예술적으로 가다듬은 것이어야 한다.

② **개인 체험의 표현** … 개인의 특수한 체험이면서, 인류의 보편적 삶과 합일하는 체험이어야 한다.

③ **사상과 정서의 표현** … 미적으로 정화되고 정서화된 사상의 표현만이 문학이 될 수 있다.

④ **상상의 세계** … 작가의 상상에 의해 허구화된 세계의 표현이다.

⑤ **통합된 구조** … 모든 요소들이 유기적으로 결합되어 하나의 작품이 이루어진다.

(2) 문학의 갈래

① **언어 형태에 따른 갈래**

　㉠ 운문 문학 : 언어에 리듬감을 부여하여 정서적·감성적인 효과를 가져 오는 문학이다.

　㉡ 산문 문학 : 언어에 리듬감이 없는 산문으로 된 문학이다.

② **언어의 전달 방식에 따른 갈래**

　㉠ 구비 문학 : 문자라는 기록 수단이 발명되기 이전에 입에서 입으로 전해진 문학이다.

　㉡ 기록 문학 : 구비 문학을 기록하는 것에서 출발하여 본격적인 개인의 창의가 반영되는 문학이다.

③ **표현 양식에 따른 갈래**

　㉠ 3분법 : 서정 양식('시'가 대표적), 서사 양식('소설'이 대표적), 극 양식('희곡'이 대표적)

　㉡ 4분법 : 시, 소설, 수필, 희곡

❷ 문학 작품의 해석

(1) 문학 이해의 여러 관점

① **문학 자체를 중시하는 관점** … 문학 작품을 이루는 여러 가지 외적 요소를 가급적으로 배제하고, 문학 작품 자체의 예술성을 밝히는 데 관심을 둔다.

> **예** 형식주의, 구조주의, 신비평

② **주체를 중시하는 관점** … 문학 행위의 적극적·소극적 주체로서의 작가와 독자에 중심을 둔다.

> **예** 표현주의, 심리학적 비평, 수용미학 등

③ **현실을 중시하는 관점** … 문학의 표현 대상인 현실에 주안점을 두는 문학 이해의 방법으로, 문학은 현실의 반영물이라는 것이 기본 전제를 이룬다.

> **예** 역사주의 비평, 현실주의 비평, 문학 사회학 등

(2) 문학 작품 이해의 실제 방법

① **생산론적 관점(표현론)** … 작품을 생산자인 작가의 체험과 밀접하게 관련시켜 해석하는 관점을 말한다.

> **예** 1920년대 초기 시들과 모더니즘 시에 애수와 비애가 나타나는 것은 작가들이 겪은 식민지 시대의 역사적 경험에서 비롯된다.

② **수용론적 관점(효용론)** … 작가가 제시한 예술적 체험과 수용자의 일상적 경험이 맺고 있는 관계를 중심으로 작품을 해석하고, 작품을 대하는 독자의 수용 양상을 중시하는 관점을 말한다.

> **예** 박지원의 허생전을 읽고 허생의 진취적이고 진보적인 세계관에 대해 긍정적인 동의를 하는 반면, 허생이 축재를 하는 과정에서 보여 주었던 건전하지 못한 상행위를 현재의 관점에서 비판할 것이다. 이러한 과정을 통해 독자는 삶에 대한 새로운, 혹은 더욱 명확한 자신의 인식을 획득하게 된다.

③ **반영론적 관점(모방론)** … 작품에 나타난 현실과 실제의 현실이 맺고 있는 관련성에 초점을 맞추는 해석 방법을 말한다.

> **예** 윤동주의 시에는 식민지 시대의 고통이 뚜렷이 반영되어 있으므로 1940년 전후의 역사적 상황과 관련시켜 이해하여야 한다.

④ **구조론적 관점(절대주의론)** … 작품을 구성하는 부분들의 상호 관계를 통해 전체의 의미를 해석하는 방법으로, 그 상호 관계는 언어의 결합 방식인 구조적 특성을 중요시한다.

> **예** '고향'이라는 단어는 대개 어린 시절을 보낸 지역이며, 그리움의 대상으로 받아들여진다. 그러나 현진건의 고향에서는 고향의 개념이 식민지 지배로 인해 철저하게 파괴된 세계로 인식되고 평가되고 있다.

⑤ **종합주의적 관점** … 인간의 모든 면을 다루고 있는 문학의 세계는 어느 하나의 관점으로 설명될 수 없을 만큼 깊고 복잡한 것이기 때문에 다각도에서 총체적으로 접근하려는 관점이다.

02 시와 소설

❶ 시의 기초

(1) 시의 특징

① 시는 대표적인 언어 예술이며, 압축된 형식미를 갖추고 있다.

② 시에는 운율이 있으며 시는 사상과 정서를 표현한 창작 문학이다.

③ 시는 심상, 비유, 상징 등에 형상화되고, 시인의 은밀한 독백으로 '엿듣는 문학'이다.

④ 시는 작품의 문맥에 의해 그 의미가 파악되는, 언어의 내포적 기능에 의존한다.

(2) 시의 갈래

① **형식상 갈래** ⋯ 정형시, 자유시, 산문시

② **내용상 갈래** ⋯ 서정시, 서사시, 극시

③ **성격상 갈래** ⋯ 순수시, 사회시(참여시)

④ **주제에 따른 갈래** ⋯ 주정시, 주지시, 주의시

❷ 소설의 기초

(1) 소설의 본질

① **소설의 정의** ⋯ 현실 세계에 있음직한 일을 작가의 상상에 따라 꾸며낸 이야기로, 독자에게 감동을 주고 인생의 진리를 나타내는 산문 문학이다.

② **소설의 특징** ⋯ 산문성, 허구성, 예술성, 진실성, 서사성, 모방성

(2) 소설의 갈래

① **길이상 갈래** ⋯ 원고지의 매수 및 구성방식에 따라 장편 소설, 중편 소설, 단편 소설, 콩트로 구분한다.

② **성격상 갈래**
   ㉠ 순수 소설 : 작품의 예술성을 추구하는 본격 소설로 예술적 가치 이외의 것은 거부한다.
   ㉡ 목적 소설 : 예술적 기교보다는 작품 내용의 효용성, 정치적 목적성 등을 더 중시한다.
   ㉢ 대중(통속) 소설 : 남녀의 사랑이나 사건 중심으로 쓴 흥미 본위의 소설로 상업성을 추구하며 예술성 보다는 쾌락성이나 효용성을 더 중시한다.

04 수필

❶ 수필의 본질

(1) 수필의 본질
① **수필의 정의** … 인생이나 자연의 모든 사물에서 보고 듣고 느낀 것이나 경험한 것을 형식상의 제한이나 내용상의 제한을 받지 않고 붓 가는 대로 쓴 글이다.

② **수필의 특징**
- ㉠ **개성적인 문학** : 작가의 심적 상태, 개성, 취미, 지식, 인생관 등이 개성 있는 문체로 드러나 보이는 글이다.
- ㉡ **무형식의 문학** : 짜임에 제약이 없고 다른 문장 형식을 자유로이 이용할 수 있다.
- ㉢ **제재의 다양성** : 인생이나 사회, 역사, 자연 등 세상의 모든 일이 제재가 될 수 있다.
- ㉣ **비전문적인 문학** : 작가와 독자가 전문적인 지식이나 훈련을 필요로 하지 않는 글이다.
- ㉤ **체험과 사색의 문학** : 글쓴이의 생활이나 체험, 생각이나 느낌을 솔직하게 서술한 글이다.
- ㉥ **자기 표현의 글** : 작가의 인생관이나 사상, 감정을 잘 드러낸다.

❷ 수필의 구성 요소

(1) 수필의 구성 요소
주제, 제재, 구성, 문체로 구성된다.

(2) 수필의 구성 방법
① **단계식 구성**
- ㉠ **3단 구성** : 서두[도입 · 起], 본문[전개 · 敍], 결말[結]
- ㉡ **4단 구성** : 기, 승, 전, 결
② **전개식 구성** … 시간적 구성과 공간적 구성이 있으며, 주로 기행 수필이나 서사적 수필의 전개 방법으로 사용된다.
③ **열거식(병렬식) 구성** … 수필의 각 부분에 논리적인 연관성이 없을 때 구성하는 방법이다.
④ **극적 구성** … 소설, 희곡의 구성 원리를 이용해 서사적 사건의 박진감을 도모하는 구성으로, 부분적으로 사용되는 경우가 많다.

05 희곡 · 시나리오

1 희곡

(1) 희곡의 본질

① **희곡의 정의** … 연극의 대본으로 산문 문학의 한 갈래이면서 동시에 연극의 한 요소가 된다.

② **희곡의 특징**

- ㉠ **무대 상연의 문학** : 희곡은 무대 상연을 전제로 한 문학, 즉 연극의 각본이다.
- ㉡ **행동의 문학** : 희곡에서의 행동은 압축과 생략, 집중과 통일이 이루어져야 하며, 배우의 연기에 의해 무대에서 직접 형상화된다.
- ㉢ **대사의 문학** : 소설에서는 마음껏 묘사와 설명을 할 수 있지만, 희곡에서는 오직 극중 인물의 대사와 행동만으로 이루어진다.
- ㉣ 현재화된 인생을 보여 주는 문학이다.
- ㉤ 내용이 막(幕, act)과 장(場, scene)으로 구분되는 문학이다.
- ㉥ 시간적 · 공간적 제약을 받는 문학이다.
- ㉦ 의지의 대립 · 갈등을 본질로 하는 문학이다.

③ **희곡의 구성 요소**

- ㉠ **형식적 구성 요소** : 해설, 지문, 대사
- ㉡ **내용적 구성 요소** : 인물, 행동, 주제

(2) 희곡의 구성(plot)

① **희곡의 형식적 구분 단위**

- ㉠ **장(場, scene)** : 막의 하위 단위이며 희곡의 기본 단위이다. 전체 중 독립된 장면으로, 하나의 막 가운데에서 어떤 하나의 배경으로 진행되는 장면의 구분이다.
- ㉡ **막(幕, act)** : 몇 개의 장으로 이루어지며, 휘장을 올리고 내리는 것으로 생기는 구분이다.

② **희곡의 구성 유형**

- ㉠ **3분법(3막극)** : 발단 → 상승(전개 · 위기) → 해결(결말)
- ㉡ **4분법(4막극)** : 발단 → 전개 → 전환(위기 · 절정) → 결말
- ㉢ **5분법(5막극)** : 발단 → 상승(전개) → 절정(위기) → 하강(반전) → 결말(대단원)

② 시나리오

(1) 시나리오의 본질

① **시나리오의 정의** … 영화로 상연할 것을 목적으로 작가가 상상한 이야기를 장면의 차례, 배우의 대사, 동작, 배경, 카메라의 작동, 화면 연결 등을 지시하는 형식으로 쓴 영화의 대본이다.

② **시나리오의 용어**

    ㉠ S#(scene number) : 장면 번호

    ㉡ W.O.(wipe out) : 한 화면의 일부가 닦아내는 듯이 없어지면서 다른 화면이 나타나는 수법

    ㉢ NAR(narration) : 해설

    ㉣ M.(music) : 효과 음악

    ㉤ E.(effect) : 효과음

    ㉥ O.L.(over lap) : 한 장면 위에 다음 장면이 겹치면서 장면이 전환되는 것

    ㉦ F.I.(fade in) : 어두운 화면이 점점 밝아지는 것

    ㉧ PAN(panning) : 카메라를 상하 좌우로 이동하는 것

    ㉨ C.U.(close up) : 어떤 인물이나 장면을 크게 확대하여 찍는 것

    ㉩ D.E.(double exposure) : 하나의 화면에 다른 화면이 겹쳐서 이루어지는, 이중 노출법에 의한 합성 화면

(2) 시나리오의 표현 요소

① **장면 지정** … 장면(scene) 번호가 붙는다. 사건의 배경이 되는 장면이 설정된다.

② **대사** … 등장 인물 간의 대화를 말한다.

③ **지문** … 여러 가지 촬영 방법과 영화의 상황을 지시하는 것으로 약정된 부호를 사용해야 한다.

출제 예상 문제

1 다음 중 문학의 3대 특성과 거리가 먼 것은?

① 항구성(恒久性)　　　　　　　　② 창조성(創造性)

③ 개성(個性)　　　　　　　　　　④ 보편성(普遍性)

TIP 문학의 3대 특성

　㉠ 항구성(역사성) : 문학은 시대를 초월한 인간의 정서를 표현하므로 영원한 생명력을 갖는다.

　㉡ 보편성(일반성) : 문학은 인간의 보편적 정서를 표현하기 때문에 시간과 공간을 초월하여 보편적 감동을 준다.

　㉢ 개성(특수성) : 문학은 특수하고 주관적인 체험의 표현으로 개성적이고 독창적이다.

2 문학의 기원에 대한 이론 중에서 '모방본능설'을 주장한 사람은?

① 다윈(C. Darwin)　　　　　　　② 스펜서(Spencer)

③ 허드슨(W. H. Hudson)　　　　④ 아리스토텔레스(Aristoteles)

TIP 문학의 기원(심리학적 기원설) … 모방 본능설(아리스토텔레스), 유희 본능설(스펜서, 칸트, 실러), 흡인 본능설(다윈 등 진화론자), 자기표현 본능설(허드슨)

Answer　1.②　2.④

3 다음 중 문학작품을 외재적 관점에서 바라보는 것이 아닌 것은?

① 반영론   ② 효용론

③ 구조론   ④ 표현론

> **TIP** 외재적 관점
> ㉠ 표현론적 관점 : 작품을 시인이나 작가의 체험, 사상, 감정을 표현한 것으로 보는 관점
> ㉡ 반영론적 관점 : 작품을 삶의 현실이 반영된 산물이라고 보는 관점
> ㉢ 효용론적 관점 : 작품이 독자에게 어떤 효과를 어느 정도 주었느냐를 평가하는 관점

4 다음 중 시의 이미지(심상)가 지니는 특성과 가장 관계 깊은 것은?

① 사실적   ② 지시적

③ 감각적   ④ 추상적

> **TIP** 시의 이미지(심상) … 시의 언어를 통해 어떤 대상이 마음 속에 재생되어 떠오르는 영상(형상)을 말한다. 구체적 · 감각적 · 시각적 특징이 있다.

5 소설의 시점 중 작자와 작중 인물과의 거리가 가장 먼 것은?

① 1인칭 주인공 시점   ② 1인칭 관찰자 시점

③ 3인칭 관찰자 시점   ④ 전지적 작가 시점

> **TIP** 3인칭(작가) 관찰자 시점은 작가가 인물에 개입하여 설명, 분석, 해석할 수 없다.

Answer   3.③   4.③   5.③

6 다음 중 희곡에서 대사가 지닌 기능이 아닌 것은?

① 사건을 서술한다.

② 갈등을 표현한다.

③ 극의 분위기를 형성한다.

④ 인물의 성격을 부각시킨다.

> **TIP** 희곡에서 대사는 사건을 전개시키는 기능을 한다.
> ※ 대사의 기능
>   ㉠ 사건을 진행시킨다.
>   ㉡ 인물의 생각, 성격, 사건의 상황을 드러낸다.
>   ㉢ 사건의 분위기를 형성한다.
>   ㉣ 주제를 제시한다.

7 다음 중 시나리오에서 쓰이는 용어가 잘못된 것은?

① O.L. - 두 가지의 화면이 겹쳐지는 것

② PAN - 카메라를 상하 좌우로 이동하는 것

③ F.O. - 어두운 화면이 점점 밝아지는 것

④ C.U. - 어떤 인물이나 장면을 크게 확대하여 찍는 것

> **TIP** F.O.는 밝은 화면이 점점 어두워지는 것이며, 어두운 화면이 점점 밝아지는 것을 가리키는 용어는 F.I.이다.

Answer 6.① 7.③

8 다음 중 독자에게 읽히기 위한 목적으로 쓰인 시나리오는?

① 창작 시나리오

② 각색 시나리오

③ 레제 시나리오

④ 오리지널 시나리오

TIP ① 처음부터 영화 제작을 위해 창작한 시나리오
② 소설이나 희곡 등을 기초로 영화 촬영이 가능하게 고친 시나리오
③ 독자에게 읽히기를 목적으로 한 시나리오

9 다음 중 구조론적 관점에서 문학 작품을 해석하는 방법으로 옳은 것은?

① 문학 작품이 사회적 현실을 얼마나 정확하게 반영하는지 분석한다.

② 작품 내의 형식과 구조를 분석하여 그 자체의 의미를 탐구한다.

③ 독자의 반응과 경험을 중심으로 작품의 의미를 해석한다.

④ 작품을 시대적·사회적 맥락, 작가의 생애 등을 종합적으로 고려하여 해석한다.

TIP 구조론적 관점은 작품을 구성하는 내부 형식과 구성 요소들이 어떤 방식으로 상호작용하며 의미를 형성하는지를 분석한다.
① 반영론적 관점
③ 수용론적 관점
④ 종합주의적 관점

Answer 8.③ 9.②

04 고전 문학

01 어학적인 글

① 용비어천가(龍飛御天歌)

(1) 개관

① 시기

　㉠ **창작 시기** : 세종 27년(1445)

　㉡ **간행 시기**

　　• 초간본 : 세종 9년(1447)

　　• 중간본 : 광해군 4년(1612) – 만력본, 효종 10년(1659) – 순치본, 영조 41년(1765) – 건륭본

② **작자** … 정인지(1396 ~ 1478), 권제(1387 ~ 1445), 안지(1377 ~ 1464) 등

③ **체제**

　㉠ **구성** : 세종의 6대조인 목조부터 익조, 도조, 환조, 태조, 태종의 사적(史蹟)을 중국 역대 왕의 사적과 대비하여 서술하였다.

　　• 서사 : 제1 · 2장 – 건국의 정당성과 영원성 송축

　　• 본사 : 제3 ~ 109장 – 육조의 사적을 예찬

　　• 결사 : 제110 ~ 125장 – 후대 왕에 대한 권계

　㉡ **형식** : 2절 4구체의 대구로 이루어져 있다(단, 1장 3구체, 125장 9구체).

　　• 전절 : 중국 역대 왕들의 사적을 찬양

　　• 후절 : 6조의 사적을 찬양

④ **의의**

　㉠ 훈민정음으로 기록된 최초의 작품이며 15세기 국어 연구에 귀중한 자료가 된다.

　㉡ 월인천강지곡과 쌍벽을 이루면서 국문으로 된 최초의 악장 문학이다.

(2) 작품의 이해

① 제1장 주제 : 조선 건국의 천명성

② 제2장 주제 : 조선의 무궁한 발전 송축

③ 제48장 주제 : 태조의 초인간적 용맹

④ 제125장 주제 : 후왕(後王)에 대한 권계

❷ 두시언해(杜詩諺解)

(1) 개관

① 원제(原題) … 분류두공부시(分類杜工部詩)언해로 두보의 시를 내용별로 분류하였다는 의미이다. 이는 25권 17책으로 되어 있다.

② 작자 … 두보(杜甫, 712 ~ 770)

③ 의의
   ㉠ 국문학상 최초의 번역 시집이며 한시 및 한문학 연구의 자료가 된다.
   ㉡ 국어학상 초간본과 중간본이 약 150년의 차이가 있어 임란 전후의 국어의 변화를 살피는 데 중요한 자료가 된다.

④ 초간본과 중간본의 차이

구분		초간본	중간본
간행 연대		성종 12년(1481)	인조 10년(1632)
간행자		유윤겸, 조위, 의침	오숙, 김상복
판본		활판본(活版本)	목판본(木版本)
표기법		연철(連綴)	간혹 분철도 보임
방점		사용됨	없어짐
음운 변화	ㅿ, ㆁ	사용됨	'ㅇ'으로 바뀜
	자음 동화	두드러지지 않음	자주 나타남
	모음 조화	잘 지켜짐	파괴되어 감
	구개음화	나타나지 않음	가끔 나타남

(2) 작품의 이해

① 강촌(江村)

    ㉠ 갈래 : 서정시, 칠언 율시

    ㉡ 주제 : 강촌 생활의 한가함

    ㉢ 배경 : 성도에서 초당을 짓고 한가로이 지내던 여름

② 절구(絶句)

    ㉠ 갈래 : 서정시, 기·승·전·결의 오언 절구

    ㉡ 주제 : 고향에 돌아가지 못하는 아쉬움, 향수(鄕愁), 수구초심(首邱初心)

    ㉢ 특징

      • 대구(기구와 승구), 색채(靑과 紅)의 대조

      • 선경후정(先景後情) : 봄을 맞는 푸른 강, 푸른 산의 정경과 시적 자아의 심상

02 운문 문학과 산문 문학

❶ 운문 문학

(1) 고대 가요

① 구지가(龜旨歌)

    ㉠ 갈래 : 4구체, 한역 시가

    ㉡ 연대 : 신라 유리왕 19년(42)

    ㉢ 주제 : 수로왕의 강림 기원

    ㉣ 성격 : 주술요, 노동요, 집단 무가

    ㉤ 의의 : 현재 전하는 가장 오래된 집단 무가이며 주술성을 가진 현전 최고의 노동요이다.

    ㉥ 작자 : 구간(九干)

② 공무도하가(公無渡河歌)

    ㉠ 갈래 : 한역가(漢譯歌), 서정시, 개인적인 서정 가요

    ㉡ 연대 : 고조선(古朝鮮)

    ㉢ 주제 : 임을 여읜 슬픔, 남편의 죽음을 애도

    ㉣ 성격 : 개인적, 서정적

    ㉤ 의의 : 황조가와 함께 우리나라 최고의 서정 가요이며 원시적·집단적 서사시에서 서정시로 옮아가는 과도기적 작품이다.

    ㉥ 작자 : 백수 광부(白首狂夫)의 처(妻)

③ 정읍사(井邑詞)

　　㉠ 갈래 : 백제 가요, 속요(俗謠)

　　㉡ 연대 : 백제 시대(고려 시대로 보는 설도 있음)

　　㉢ 주제 : 행상 나간 남편의 무사귀환을 기원

　　㉣ 성격 : 민요적

　　㉤ 의의

　　　• 현전 유일의 백제 노래이다.

　　　• 한글로 기록되어 전하는 가장 오래된 노래이다.

　　　• 시조 형식의 원형을 가진 노래이다(4음보의 형태).

　　㉥ 작자 … 어느 행상의 처

(2) 향가

① 서동요(薯童謠)

　　㉠ 갈래 : 4구체 향가

　　㉡ 연대 : 신라 진평왕 때

　　㉢ 주제 : 선화 공주의 은밀한 사랑, 선화 공주를 꾀어내기 위한 참요

　　㉣ 성격 : 참요(讖謠 – 있지도 않은 사실을 날조하여 헐뜯는 노래), 동요(童謠)

　　㉤ 의의

　　　• 현전 최고(最古)의 향가 작품이다.

　　　• 배경 설화에 신화적인 요소가 있는 향가이다.

　　　• 향가 중 민요체를 대표하는 작품이다.

　　㉥ 작자 : 서동(백제 무왕)

② 제망매가(祭亡妹歌)

　　㉠ 갈래 : 10구체 향가

　　㉡ 연대 : 신라 경덕왕 때

　　㉢ 주제 : 죽은 누이에 대한 추모의 정

　　㉣ 성격 : 추도가(追悼歌), 애상적, 종교적(불교적)

　　㉤ 의의

　　　• 향가 중 찬기파랑가와 함께 표현 기교 및 서정성이 뛰어나다.

　　　• 불교의 윤회 사상이 기저를 이루고 있다.

　　　• 정제된 10구체 향가로 비유성이 뛰어나 문학성이 높다.

　　㉥ 작자 : 월명사

(3) 고려 가요

① 가시리
    ㉠ 갈래 : 고려 가요
    ㉡ 연대 : 고려 시대
    ㉢ 주제 : 이별의 정한
    ㉣ 형태 : 전 4 연의 연장체(분연체)
    ㉤ 운율 : 3 · 3 · 2조의 3음보
    ㉥ 성격 : 이별의 노래, 민요풍
    ㉦ 의의 : 이별의 애달픔을 소박한 정조로 노래한 이별가의 절조
    ㉧ 작자 : 미상

② 청산별곡
    ㉠ 갈래 : 고려 가요, 장가, 서정시
    ㉡ 연대 : 고려 시대
    ㉢ 주제 : 삶의 고뇌와 비애, 실연의 애상, 삶의 고통과 그 극복에의 지향성, 현실에의 체념
    ㉣ 형태 : 전 8 연의 분절체, 매연 4구 3 · 3 · 2조의 3음보
    ㉤ 성격 : 평민 문학, 도피 문학
    ㉥ 의의 : 고려 가요 중 서경별곡과 함께 비유성과 문학성이 가장 뛰어나며, 고려인들의 삶의 애환을 반
        영한 작품이다.
    ㉦ 작자 : 미상

(4) 가사

① 상춘곡(賞春曲)
    ㉠ 갈래 : 강호 가사, 양반 가사, 정격 가사
    ㉡ 연대 : 창작 – 성종(15세기), 표기 – 정조(18세기)
    ㉢ 주제 : 봄 경치의 완상과 안빈낙도(安貧樂道)
    ㉣ 형태 : 39행, 79구, 매행 4음보(단, 제 12 행은 6음보)의 정형 가사로, 4음보 연속체
    ㉤ 성격 : 묘사적, 예찬적, 서정적
    ㉥ 의의 : 가사 문학의 효시, 송순의 면앙정가에 영향을 주었다.
    ㉦ 작자 : 정극인(1401 ~ 1481) – 성종 때의 학자. 문인. 호는 불우헌

② 관동별곡(關東別曲)
    ㉠ 갈래 : 기행 가사, 정격 가사, 양반 가사
    ㉡ 연대 : 창작 – 선조 13년(1580), 표기 – 숙종
    ㉢ 주제 : 관동 지방의 절경과 풍류

㉣ 형태 : 3 · 4조의 4음보(295구)

　　㉤ 문체 : 가사체, 운문체, 화려체

　　㉥ 의의 : 서정적인 기행 가사로 우리말의 아름다움을 승화시킨 작품이다.

　　㉦ 작자 : 정철(1536 ~ 1593) – 시인. 호는 송강

❷ 산문 문학

(1) 설화

① 단군 신화

　　㉠ 갈래 : 건국 신화

　　㉡ 사상 : 숭천 사상, 동물숭배 사상

　　㉢ 성격 : 설화적

　　㉣ 주제 : 단군의 건국 내력과 홍익인간의 이념

　　㉤ 의의 : 홍익인간의 건국이념과, 천손의 혈통이라는 민족적 긍지가 나타나 있다.

② 조신의 꿈

　　㉠ 갈래 : 설화(전설), 사원 연기 설화

　　㉡ 사상 : 불교적, 서사적, 교훈적

　　㉢ 성격 : 액자식 환몽 구조

　　㉣ 주제 : 인생무상

　　㉤ 의의 : 환몽 소설의 연원이 되는 설화로 후에 김만중의 구운몽 및 이광수의 꿈이라는 소설에 영향을 주었고. 동일 모티브에 의한 다양한 변이 과정을 확인해 볼 수 있다.

③ 바리데기

　　㉠ 갈래 : 무가, 서사 무가

　　㉡ 성격 : 무속적, 주술적

　　㉢ 주제 : 바리데기가 겪는 고난과 성취의 일생을 통한 무속신의 내력

　　㉣ 의의 : 전통 사회의 남성 우월 사상에 대해 비판적이다.

　　㉤ 특징 : 5단 구성의 영웅 설화적 구조이며, 판소리와 유사한 말과 창의 반복이 나타난다.

(2) 가전체

① 화왕계

　　㉠ 작자 : 설총

　　㉡ 갈래 : 설화

　　㉢ 성격 : 우언적, 풍자적

② 주제 : 임금에 대한 경계(또는 간언)
　　⑩ 의의 : 최초의 창작 설화로 가전체 문학의 효시가 된다.
　　⑪ 출전 : 삼국사기

② 국선생전
　　㉠ 작자 : 이규보
　　㉡ 갈래 : 가전
　　㉢ 성격 : 전기적, 교훈적
　　㉣ 주제 : 위국 충절의 교훈
　　㉤ 의의 : 의인화 기법
　　㉥ 출전 : 동문선

(3) 고대 소설

① 구운몽(九雲夢)
　　㉠ 갈래 : 고대 소설, 국문 소설, 염정 소설, 몽자류 소설, 영웅 소설
　　㉡ 연대 : 숙종 15년(1689) 남해 유배시
　　㉢ 주제 : 인생무상의 자각과 불법에의 귀의
　　㉣ 배경 : 당나라 때, 중국
　　㉤ 시점 : 전지적 작가 시점
　　㉥ 의의 : 몽자류 소설의 효시
　　㉦ 근원 설화 : 조신 설화
　　㉧ 사상 : 유 · 불 · 선 사상
　　㉨ 작자 : 김만중(1637 ~ 1692)

② 허생전(許生傳)
　　㉠ 갈래 : 고대 소설, 한문 소설, 풍자 소설, 단편 소설, 액자 소설
　　㉡ 연대 : 정조 4년(1780) 중국 여행 후
　　㉢ 주제 : 양반 및 위정자들의 무능력에 대한 비판과 자아 각성의 제시
　　㉣ 배경 : 17세기 효종 때, 서울을 중심으로 한반도 전역, 장기, 무인도
　　㉤ 시점 : 전지적 작가 시점
　　㉥ 의의 : 조선 시대 사실주의 소설의 전형을 보여 주고 있다.
　　㉦ 작자 : 박지원(1737 ~ 1805)

③ 춘향전(春香傳)
　　㉠ 갈래 : 고대 소설, 염정 소설, 판소리계 소설
　　㉡ 주제 : 신분을 초월한 남녀 간의 사랑, 지배 계층에 대한 서민의 항거

ⓒ 배경 : 조선 후기, 전라도 남원

　　　ⓔ 시점 : 전지적 작가 시점

　　　ⓜ 의의 : 고대 소설 중 가장 사실적이며, 풍자적 · 해학적이다.

(4) 고대 수필

① 아기설(啞器說)

　　　ⓐ 갈래 : 설(設), 고대 수필

　　　ⓑ 주제 : 때에 맞게 말을 할 줄 아는 지혜의 필요성

　　　ⓒ 성격 : 교훈적, 풍자적, 비판적

　　　ⓔ 작자 : 안정복(1712 ~ 1791)

② 동명일기(東溟日記)

　　　ⓐ 갈래 : 고대 수필(여류 수필), 기행문

　　　ⓑ 주제 : 귀경대에서 본 일출의 장관

　　　ⓒ 성격 : 묘사적, 사실적, 주관적

　　　ⓔ 의의 : 순 한글 기행 수필로 세밀한 관찰과 사실적 묘사가 뛰어나다.

　　　ⓜ 작자 : 의유당(1727 ~ 1823)

(5) 판소리

① 흥보가

　　　ⓐ 갈래 : 판소리

　　　ⓑ 성격 : 풍자적, 해학적

　　　ⓒ 주제 : 형제간의 우애, 인고와 이타를 통한 빈부의 갈등 극복

　　　ⓔ 특징

　　　　• 3 · 4, 4 · 4조의 가락을 중심으로 리듬감 있게 표현하였다.

　　　　• 인물의 성격과 사건의 진행을 풍자와 해학을 통해 표현하였다.

　　　　• 일상적인 언어와 현재형의 문장을 통해 사실적으로 표현하였다.

　　　ⓜ 출전 : 신재효 정리(성두본)

② 적벽가

　　　ⓐ 갈래 : 판소리 소설

　　　ⓑ 문체 : 가사체

　　　ⓒ 연대 : 조선 후기

　　　ⓔ 제재 : 삼국지연의의 적벽대전

　　　ⓜ 주제 : 가족에 대한 그리움

　　　ⓗ 출전 : 박봉술 창본

③ 춘향가

    ㉠ **갈래** : 판소리 사설

    ㉡ **문체** : 서사적, 운율적, 해학적, 풍자적

    ㉢ **연대** : 조선 후기

    ㉣ **배경** : 조선 숙종 때 전라도 남원과 한양

    ㉤ **주제** : 신분을 초월한 남녀 간의 사랑, 신분 갈등의 극복을 통한 인간 해방의 이상

    ㉥ **특징**

- 서민들의 현실적인 생활을 주로 그리고 있다.
- 창가의 내용에는 극적 요소가 많고, 민속적이며 그 체제는 희곡적이며 문체는 운문체이다.
- 풍자와 해학 등 골계적인 내용과 비장미, 숭고미 등이 다양하게 드러나 있다.
- 판소리는 구비문학이기 때문에 부분의 독자성이 성립한다.
- 평민계층이 사용하는 욕설이나 비속어 등과 양반계층이 주로 사용하는 한문구나 한자 성어 등이 공존한다.

(6) 민속극

① 꼭두각시 놀음

    ㉠ **갈래** : 전통 인형극

    ㉡ **성격** : 풍자적 · 골계적

    ㉢ **구성** : 전 8막, 2마당

    ㉣ **주제** : 일반 계층의 도덕적 허위와 횡포에 대한 비판과 풍자

    ㉤ **의의** : 우리나라 유일의 전통 인형극

② 봉산탈춤

    ㉠ **갈래** : 민속극, 가면극, 탈춤 대본, 전통극

    ㉡ **주제** : 무능한 양반에 대한 풍자

    ㉢ **성격** : 해학적, 풍자적, 서민적

    ㉣ **특징**

- 양반에 대한 풍자와 희롱, 도전적이고 공격적인 언어 표현이 나타난다.
- 서민적인 비속어와 양반투의 어려운 한자어를 동시에 구사하고 있다.
- 자유분방한 열거와 대구, 인용, 반어, 언어 유희, 익살, 과장 등이 풍부하게 나타나고 있다.

출제 예상 문제

1 다음 중 고전문학의 특징으로 가장 적절한 것은?

① 주로 서민층을 중심으로 창작되었으며, 귀족 계층의 관심을 받지 못했다.
② 한문 문학이 주류를 이루었으나, 국문 문학도 점차 발전하였다.
③ 고전문학은 구비문학과 달리 한 번 정해진 형태에서 변형되지 않는다.
④ 현실을 반영하기보다는 판타지적 요소만을 중심으로 전개된다.

TIP 고전문학에서는 한문 문학이 중요한 비중을 차지했지만, 조선 후기로 갈수록 국문 문학도 활발하게 발전했다.

2 다음 중 밑줄 친 ㉠과 같은 의미로 사용된 것은?

나·랏 ㉠ :말ᄊᆞ·미 中듕國·귁·에 달·아, 文문字ᄍᆞ·와·로 서르 ᄉᆞᄆᆞᆺ·디 아·니ᄒᆞᆯ·ᄊᆡ·
이런 젼·ᄎᆞ·로 어·린 百·ᄇᆡᆨ姓·셩·이 니르·고·져 ·홇 배 이·셔·도, ᄆᆞ·ᄎᆞᆷ:내 제·
ᄠᅳ·들 시·러 펴·디 :몯 ᄒᆞᆯ ·노·미 하·니·라. ·내·이·ᄅᆞᆯ 爲·윙·ᄒᆞ·야 :어엿·비
너·겨, ·새·로 ·스·믈여·듧 字·ᄍᆞ·ᄅᆞᆯ 밍·ᄀᆞ노·니, :사ᄅᆞᆷ:마·다 :히·ᅇᅧ:수·ᄫᅵ니·
·겨·날·로·ᄡᅮ·메 便뼌安한·킈 ᄒᆞ·고·져 ᄒᆞᆯ ᄯᆞᄅᆞ·미니·라.

① 발 없는 <u>말</u>이 천리를 간다.
② 부모님의 <u>말씀</u>을 잘 들어야 한다.
③ 선생님의 <u>말씀</u>을 전혀 이해할 수 없다.
④ 나는 중국인의 <u>말</u>을 알아들을 수 없다.

TIP ㉠의 '나·랏 :말ᄊᆞᆷ'은 우리나라 말, 곧 국어를 가리킨다. 여기서 '말씀'은 민족 고유의 '언어'를 뜻한다.

Answer 1.② 2.④

3 다음 가사 중 창작계층이 다른 하나는?

① 상춘곡

② 관동별곡

③ 일동장유가

④ 용부가

TIP ④ 여성들의 비행에 대한 비판과 경계, 여자가 지녀야 할 바람직한 태도에 대한 깨우침을 주는 작품으로 계녀가사이며, 창작계층이 평민이다.
①②③ 창작계층이 양반인 작품이다.

4 다음 중 성격상 가장 이질적인 것은?

① 가시리

② 한림별곡

③ 청산별곡

④ 서경별곡

TIP ② 최초의 경기체가
①③④ 고려속요(가요)
※ 한림별곡
ㄱ 형식 : 경기체가
ㄴ 성격 : 귀족문학
ㄷ 주제 : 귀족들의 사치스런 생활상과 향락적이고 퇴영적인 기풍, 신진사류들의 의욕적 기개를 영탄
ㄹ 의의 : 고려 고종 때 한림학사(翰林學士)들이 합작한 경기체가의 시초 작품으로 귀족의 생활감정을 표현, 이후의 가사문학에 영향을 줌
ㅁ 구성 : 고려가요인 청산별곡과 같이 모두 8장[시부(詩賦)·서적(書籍)·명필(名筆)·명주(名酒)·화훼(花卉)·음악(音樂)·누각(樓閣)·추천(鞦韆)]으로 되어 있으며, 각 장은 크게 전대절과 후소절로 이루어진 6구체로 기본 음수율은 3·3·4조임
ㅂ 출전 : 악학궤범과 악장가사에 국한문으로 '고려사', '악지'에는 한문과 이두로 각각 실려 전함

Answer 3.④ 4.②

5 다음 밑줄 친 '이것'에 해당하는 소설 형식은?

> <u>이것</u>은 기이한 내용 전하는 이야기라는 뜻이다. <u>이것</u>은 대표적으로 금오신화, 삼설기, 금령전, 안락국전 등이 있다. 몽환의 세계, 신선의 세계 등을 표현한 소설로 작자의 개성이 뚜렷하게 드러난다.

① 통속소설
② 전기소설
③ 가문소설
④ 본격소설

> **TIP** ① 통속소설 : 예술적 가치보다는 흥미 위주의 소설로 대중소설과 비슷함
> ③ 가문소설 : 고전소설 중 하나로 가문 내 구성원간의 갈등, 애정문제 등을 주제로 한 소설
> ④ 본격소설 : 일상적 세태와 같은 것을 주제로 삼아 인간의 심리묘사를 주력하는 소설

6 다음 중 여성 작가의 작품이 아닌 것은?

① 조침문
② 은세계
③ 한중록
④ 동명일기

> **TIP** ② 은세계 : 이인직의 신소설로 미국에 유학 중인 남매를 통하여 국민의 동등한 권리와 자주독립을 고취한 정치소설이다.
> ① 조침문 : 일찍 과부가 된 유씨 부인(지은이)이 슬하에 자녀 없이 오직 바느질에 재미를 붙이고 지내다가, 시삼촌께서 주신 바늘 중 마지막 것을 부러뜨리고는 그 섭섭하고 안타까운 심정을 제문형식을 빌어서 쓴 수필이다. 여성 특유의 섬세한 감정과 치밀함이 엿보이며 미망인의 한이 자구(字句)마다 서려 있다.
> ③ 한중록 : 혜경궁 홍씨가 궁중의 비극적인 사건을 극적이고 서사적으로 그린 작품으로 여성 특유의 우아한 표현과 인간 내면에 흐르는 섬세한 정서가 드러나서 내간체의 전형적 문장으로 꼽힌다.
> ④ 동명일기 : 의유당 관북유람일기에 실려 있는 글로 의유당 남씨가 함흥 판관으로 부임해 가는 남편을 따라가 함흥의 명승고적을 살피고 느낀 바를 적은 순한글로 된 대표적인 내간체의 기행수필이다. 귀경대에서 일출을 구경하기까지의 여정이 사실적으로 묘사되어 있는 세련된 문체를 보이는 글이다.

Answer 5.② 6.②

7 박지원의 작품 중 직업에는 귀천이 없음을 드러내며 서민들에게 큰 힘을 주었던 작품으로 옳은 것은?

① 허생전, 양반전
② 예덕선생전, 광문자전
③ 호질, 열하일기
④ 역학대로전

> **TIP** 예덕선생전과 광문자전
> ㉠ 예덕선생전 : 인분수거꾼인 예덕선생을 통해서 하층민의 삶을 조명하고, 신분이 인간의 덕성을 가리지 못함을 이야기하고 있다.
> ㉡ 광문자전 : 걸인이지만 선하고 신의가 있는 광문을 통해서 신분중심 사회를 벗어난 새로운 인간상을 제시하고 있다.

8 다음 중 고대소설의 작가와 작품이 잘못 짝지어진 것은?

① 박지원 – 양반전
② 남효온 – 창선감의록
③ 김만중 – 구운몽
④ 김시습 – 금오신화

> **TIP** 창선감의록은 조선 숙종 때 조성기(趙聖期)의 작품이다.

9 다음 중 연결이 옳지 않은 것은?

① 죽부인전 – 이곡 – 대나무 – 절개
② 국순전 – 임춘 – 술 – 간사한 관료 풍자
③ 공방전 – 임춘 – 엽전 – 재물욕 경계
④ 정시자전 – 석식영암 – 거북이 – 경솔한 행동

> **TIP** 정시자전(丁侍者傳)은 지팡이를 의인화하여 인재를 알아볼 줄 모르는 당시의 사회상을 풍자한 설화이다. 정(丁)이란 지팡이를 가리키는 말이고, 시자(侍者)란 귀한 사람을 모시는 사람을 뜻한다. 거북을 의인화한 가전체 문학은 청강사자현부전이다.

Answer 7.② 8.② 9.④

05 한자 · 한문

01 한자

① 한자어

(1) 동자이음어(同字異音語)

- 覺 ┌ 깨달을 각 : 覺醒(각성)
      └ 꿈깰 교 : 覺眼(교안)

- 降 ┌ 내릴 강 : 降等(강등)
      └ 항복할 항 : 降服(항복)

- 更 ┌ 다시 갱 : 更新(갱신)
      └ 고칠 경 : 變更(변경)

- 乾 ┌ 하늘 건 : 乾坤(건곤)
      └ 마를 간 : 乾物(간물)

- 見 ┌ 볼 견 : 見學(견학)
      └ 드러날 현 : 謁見(알현)

- 句 ┌ 글귀 구 : 文句(문구)
      └ 글귀 귀 : 句節(귀절)

- 龜 ┌ 거북 귀 : 龜趺(귀부)
      └ 땅이름 구 : 龜浦(구포)

- 金 ┌ 쇠 금 : 金庫(금고)
      └ 성씨 김 : 金氏(김씨)

- 內 ┌ 안 내 : 室內(실내)
      └ 궁궐 나 : 內人(나인)

- 丹 ┌ 붉을 단 : 丹靑(단청)
      └ 꽃이름 란 : 牡丹(모란)

- 單 ┌ 홀로 단 : 簡單(간단)
      └ 오랑캐임금 선 : 單于氏(선우씨)

- 宅 ┌ 집안 댁 : 宅內(댁내)
      └ 집 택 : 住宅(주택)

- 度 ┌ 법도 도 : 制度(제도)
      └ 헤아릴 탁 : 忖度(촌탁)

- 讀 ┌ 읽을 독 : 讀書(독서)
      └ 구절 두 : 句讀(구두)

- 洞 ┌ 동리 동 : 洞里(동리)
      └ 구멍 동 : 洞窟(동굴)

- 樂 ┌ 즐길 락 : 娛樂(오락)
      └ 좋아할 요 : 樂山(요산)

- 率 ┌ 비례 률 : 比率(비율)
      └ 거느릴 솔 : 統率(통솔)

- 木 ┌ 나무 목 : 草木(초목)
      └ 모과 모 : 木瓜(모과)

- 反 ┌ 돌이킬 반 : 反擊(반격)
      └ 뒤침 번 : 反沓(번답)

- 復 ┌ 회복할 복 : 復舊(복구)
      └ 다시 부 : 復活(부활)

- 否 ┌ 아니 부 : 否定(부정)
      └ 막힐 비 : 否運(비운)

- 北 ┌ 북녘 북 : 南北(남북)
      └ 패할 배 : 敗北(패배)

(2) 상대어(相對語)·반대어(反對語)

- 强(굳셀 강) ↔ 弱(약할 약)
- 開(열 개) ↔ 閉(닫을 폐)
- 去(갈 거) ↔ 來(올 래)
- 建(세울 건) ↔ 壞(무너뜨릴 괴)
- 傑(뛰어날 걸) ↔ 拙(못날 졸)
- 儉(검소할 검) ↔ 奢(사치할 사)
- 輕(가벼울 경) ↔ 重(무거울 중)
- 京(서울 경) ↔ 鄕(시골 향)
- 屈(굽을 곡) ↔ 沆(대항할 항)
- 貴(귀할 귀) ↔ 賤(천할 천)
- 勤(부지런할 근) ↔ 怠(게으를 태)
- 禽(날짐승 금) ↔ 獸(길짐승 수)
- 難(어려울 난) ↔ 易(쉬울 이)
- 斷(끊을 단) ↔ 繼(이을 계)
- 貸(빌릴 대) ↔ 借(빌 차)
- 同(같을 동) ↔ 異(다를 이)
- 鈍(둔할 둔) ↔ 敏(민첩할 민)
- 得(얻을 득) ↔ 失(잃을 실)
- 諾(승락할 낙) ↔ 拒(물리칠 거)
- 瞭(밝을 료) ↔ 曖(희미할 애)
- 忙(바쁠 망) ↔ 閑(한가할 한)
- 賣(팔 매) ↔ 買(살 매)
- 問(물을 문) ↔ 答(답할 답)
- 美(아름다울 미) ↔ 醜(추할 추)
- 潑(활발할 발) ↔ 萎(시들 위)
- 悲(슬플 비) ↔ 喜(기쁠 희)
- 貧(가난할 빈) ↔ 富(넉넉할 부)
- 勝(이길 승) ↔ 敗(패할 패)
- 視(볼 시) ↔ 聽(들을 청)
- 新(새 신) ↔ 舊(옛 구)
- 深(깊을 심) ↔ 淺(얕을 천)
- 逆(거스를 역) ↔ 順(좇을 순)
- 厭(싫을 염) ↔ 樂(좋아할 요)
- 凹(오목할 요) ↔ 凸(볼록할 철)
- 優(뛰어날 우) ↔ 劣(못날 렬)
- 友(벗 우) ↔ 敵(원수 적)
- 隱(숨을 은) ↔ 顯(나타날 현)
- 陰(그늘 음) ↔ 陽(볕 양)
- 利(이로울 리) ↔ 害(해로울 해)
- 因(까닭 인) ↔ 果(결과 과)
- 戰(싸울 전) ↔ 和(화목할 화)
- 絕(끊을 절) ↔ 續(이을 속)
- 靜(고요할 정) ↔ 騷(시끄러울 소)
- 淨(깨끗할 정) ↔ 汚(더러울 오)
- 統(합칠 통) ↔ 分(나눌 분)
- 虛(빌 허) ↔ 實(찰 실)
- 賢(어질 현) ↔ 愚(어리석을 우)
- 好(좋을 호) ↔ 惡(미워할 오)
- 禍(재앙 화) ↔ 福(복 복)
- 興(일어날 흥) ↔ 亡(망할 망)
- 可決(가결) ↔ 否決(부결)
- 謙遜(겸손) ↔ 傲慢(오만)
- 謙虛(겸허) ↔ 倨慢(거만)
- 供給(공급) ↔ 需要(수요)
- 屈服(굴복) ↔ 抗拒(항거)
- 歸納(귀납) ↔ 演繹(연역)
- 漠然(막연) ↔ 確然(확연)
- 模糊(모호) ↔ 分明(분명)
- 反目(반목) ↔ 和睦(화목)
- 潑剌(발랄) ↔ 萎縮(위축)
- 非凡(비범) ↔ 平凡(평범)
- 勝利(승리) ↔ 敗北(패배)
- 昇進(승진) ↔ 左遷(좌천)
- 永劫(영겁) ↔ 刹那(찰나)
- 愚昧(우매) ↔ 賢明(현명)
- 漸進(점진) ↔ 急進(급진)

(3) 한자 성어

- 刻骨難忘(각골난망) : 입은 은혜에 대한 고마움을 뼛속 깊이 새기어 잊지 않음
- 刻舟求劍(각주구검) : 판단력이 둔하여 세상일에 어둡고 어리석다는 말
- 甘吞苦吐(감탄고토) : 달면 삼키고 쓰면 뱉는다는 뜻으로 신의(信義)를 돌보지 않고 사리(私利)를 꾀한다는 말
- 隔靴搔癢(격화소양) : 신을 신은 채 가려운 발바닥을 긁음과 같이 일의 효과를 나타내지 못함을 이르는 말
- 見物生心(견물생심) : 물건을 보면 욕심이 생긴다는 말
- 見危致命(견위치명) : 나라의 위태로움을 보고는 목숨을 아끼지 않고 나라를 위하여 싸움
- 結草報恩(결초보은) : 죽어 혼령이 되어도 은혜를 잊지 않고 갚음
- 鷄卵有骨(계란유골) : 달걀 속에도 뼈가 있다는 뜻으로 뜻밖에 장애물이 생김을 이르는 말
- 孤掌難鳴(고장난명) : 손바닥 하나로는 소리가 나지 않는다는 뜻으로 상대가 없이 혼자 힘으로 일하기 어렵다는 말
- 過猶不及(과유불급) : 지나친 것은 미치지 못한 것과 같다는 말
- 管鮑之交(관포지교) : 제(薺)나라 관중(管仲)과 포숙(鮑叔)의 사귐이 매우 친밀했다는 고사에서 유래한 말로, 친구끼리의 매우 두터운 사귐을 이르는 말
- 刮目相對(괄목상대) : 눈을 비비고 다시 본다는 말로, 다른 사람의 학문이나 덕행이 크게 진보한 것을 말함
- 矯角殺牛(교각살우) : 뿔을 고치려다 소를 죽인다는 뜻으로, 작은 일에 힘쓰다 큰 일을 망친다는 말
- 敎學相長(교학상장) : 가르쳐 주거나 배우거나 다 나의 학업을 증진시킨다는 뜻
- 九折羊腸(구절양장) : 아홉 번 꼬부라진 양의 창자라는 뜻으로, 산길 따위가 몹시 험하게 꼬불꼬불한 것을 이르는 말
- 群鷄一鶴(군계일학) : 닭의 무리 속에 끼어 있는 한 마리의 학이란 뜻으로 평범한 사람 가운데서 뛰어난 사람을 일컫는 말
- 爛商公論(난상공론) : 여러 사람들이 잘 의논함
- 難兄難弟(난형난제) : 누구를 형이라 하고 누구를 동생이라 해야 할지 분간하기 어렵다는 뜻으로 사물의 우열이 없다는 말
- 南柯一夢(남가일몽) : 꿈과 같이 헛된 한때의 부귀영화
- 男負女戴(남부여대) : 남자는 짐을 등에 지고 여자는 짐을 머리에 인다는 뜻으로 가난에 시달린 사람들이 살 곳을 찾아 떠돌아 사는 것을 이르는 말
- 囊中之錐(낭중지추) : 주머니 속에 든 송곳이라는 뜻으로 재주가 뛰어난 사람은 숨어 있어도 저절로 사람들이 알게 됨을 이르는 말
- 綠衣紅裳(녹의홍상) : 연두 저고리에 다홍 치마라는 뜻으로 곱게 차려 입은 젊은 아가씨의 복색을 이르는 말
- 多岐亡羊(다기망양) : 길이 여러 갈래여서 양을 잃는다는 뜻으로 학문의 길이 다방면이어서 진리를 깨치기 어려움을 이르는 말
- 簞食瓢飮(단사표음) : 도시락 밥과 표주박 물, 즉 변변치 못한 살림을 가리키는 말로 청빈한 생활을 이름
- 大器晩成(대기만성) : 큰 그릇은 이루어짐이 더디다는 뜻으로 크게 될 사람은 성공이 늦다는 말
- 塗炭之苦(도탄지고) : 진흙탕이나 숯불에 빠졌다는 뜻으로 몹시 고생스러움을 일컬음
- 同病相憐(동병상련) : 처지가 서로 비슷한 사람끼리 서로 동정하고 도움

- 同床異夢(동상이몽) : 같은 처지와 입장에서 저마다 딴 생각을 함
- 登高自卑(등고자비) : 높은 곳에 오르려면 낮은 곳에서부터 오른다는 뜻으로, 일을 순서대로 하여야 함을 이르는 말
- 燈下不明(등하불명) : 등잔 밑이 어둡다는 뜻으로 가까이 있는 것이 오히려 알아내기 어려움을 이르는 말
- 磨斧爲針(마부위침) : 아무리 이루기 힘든 일이라도 끊임없는 노력과 끈기 있는 인내가 있으면 성공하고야 만다는 뜻
- 馬耳東風(마이동풍) : 남의 말을 귀담아 듣지 않고 흘려 버림
- 萬頃蒼波(만경창파) : 한없이 넓고 푸른 바다
- 明若觀火(명약관화) : 불을 보는 듯이 환하게 분명히 알 수 있음
- 矛盾撞着(모순당착) : 같은 사람의 문장이나 언행이 앞뒤가 서로 어그러져서 모순됨
- 目不忍見(목불인견) : 차마 눈 뜨고 볼 수 없는 참상이나 꼴불견
- 門前成市(문전성시) : 권세를 드날리거나 부자가 되어 집문 앞이 찾아오는 손님들로 가득 차서 시장을 이룬 것 같음
- 拍掌大笑(박장대소) : 손바닥을 치면서 크게 웃음
- 拔本塞源(발본색원) : 폐단의 근원을 아주 뽑아서 없애 버림
- 傍若無人(방약무인) : 언행이 방자하고 제멋대로 행동하는 사람
- 背恩忘德(배은망덕) : 은혜를 잊고 도리어 배반함
- 白骨難忘(백골난망) : 죽어서도 잊지 못할 큰 은혜를 입음
- 百年河淸(백년하청) : 아무리 세월이 가도 일을 해결할 희망이 없음
- 夫唱婦隨(부창부수) : 남편이 창을 하면 아내도 따라 하는 것이 부부 화합의 도리라는 것
- 附和雷同(부화뇌동) : 제 주견이 없이 남이 하는 대로 그저 무턱대고 따라함
- 氷炭之間(빙탄지간) : 얼음과 숯불처럼 서로 화합될 수 없음
- 四面楚歌(사면초가) : 한 사람도 도우려는 자가 없이 고립되어 곤경에 처해 있음
- 事必歸正(사필귀정) : 무슨 일이든지 결국은 옳은 대로 돌아간다는 뜻
- 死後藥方文(사후약방문) : 이미 때가 늦음
- 殺身成人(살신성인) : 절개를 지켜 목숨을 버림
- 三顧草廬(삼고초려) : 유비가 제갈량을 세 번이나 찾아가 군사로 초빙한 데에서 유래한 말로 인재를 얻기 위해 끈기 있게 노력한다는 말
- 三遷之敎(삼천지교) : 맹자의 어머니가 아들의 교육을 위하여 세 번 거처를 옮겼다는 고사에서 유래하는 말로 생활 환경이 교육에 있어 큰 구실을 한다는 말
- 桑田碧海(상전벽해) : 뽕나무밭이 변하여 바다가 된다는 뜻으로 세상일의 변천이 심하여 사물이 바뀜을 비유하는 말
- 塞翁之馬(새옹지마) : 세상일은 복이 될지 화가 될지 예측할 수 없다는 말
- 雪上加霜(설상가상) : 눈 위에 또 서리가 덮인다는 뜻으로 불행이 엎친 데 덮친 격으로 거듭 생김을 이르는 말
- 說往說來(설왕설래) : 서로 변론(辯論)을 주고 받으며 옥신각신함
- 首丘初心(수구초심) : 고향을 그리워하는 마음을 일컫는 말
- 水深可知 人心難知(수심가지 인심난지) : 물의 깊이는 알 수 있으나 사람의 속마음은 헤아리기가 어렵다는 뜻
- 水魚之交(수어지교) : 교분이 매우 깊은 것을 말함[君臣水魚(군신수어)]

- 脣亡齒寒(순망치한) : 입술이 없으면 이가 시린 것처럼 서로 돕던 이가 망하면 다른 한쪽 사람도 함께 위험하다는 말
- 是是非非(시시비비) : 옳고 그름을 가림
- 識字憂患(식자우환) : 아는 것이 탈이라는 말로 학식이 있는 것이 도리어 근심을 사게 됨을 이름
- 十匙一飯(십시일반) : 열 사람이 한 술씩 보태면 한 사람 먹을 분량이 된다는 뜻으로 여러 사람이 힘을 합하면 한 사람을 쉽게 도울 수 있다는 말
- 我田引水(아전인수) : 제 논에 물대기. 자기에게 유리하도록 행동하는 것
- 安貧樂道(안빈낙도) : 빈궁한 가운데 편안하게 생활하여 도(道)를 즐김
- 羊頭狗肉(양두구육) : 양의 머리를 내걸고 개고기를 판다는 뜻으로 겉모양은 훌륭하나 속은 변변치 않음을 이르는 말
- 漁父之利(어부지리) : 도요새가 조개를 쪼아 먹으려다가 둘 다 물리어 서로 다투고 있을 때 어부가 와서 둘을 잡아갔다는 고사에서 나온 말로 둘이 다투는 사이에 제3자가 이득을 보는 것
- 言中有骨(언중유골) : 예사로운 말 속에 깊은 뜻이 있음
- 緣木求魚(연목구어) : 나무에 올라가 물고기를 구하듯 불가능한 일을 하고자 할 때를 비유하는 말
- 烏飛梨落(오비이락) : 까마귀 날자 배 떨어진다는 뜻으로 공교롭게도 어떤 일이 같은 때에 일어나 남의 의심을 받게 됨을 이르는 말
- 傲霜孤節(오상고절) : 서릿발 속에서도 굴하지 않고 외로이 지키는 절개라는 뜻으로 국화를 두고 하는 말
- 牛耳讀經(우이독경) : 쇠 귀에 경 읽기라는 뜻으로 아무리 가르치고 일러 주어도 알아듣지 못함을 이르는 말[牛耳誦經 何能諦聽(우이송경 하능체청)]
- 有備無患(유비무환) : 어떤 일에 미리 준비가 있으면 걱정이 없다는 말
- 以心傳心(이심전심) : 마음과 마음이 서로 통함
- 李下不整冠(이하부정관) : 자두나무 아래에서는 갓을 고쳐 쓰지 말라는 뜻으로 남에게 의심받을 일을 하지 않도록 주의하라는 말
- 益者三友(익자삼우) : 사귀어 이롭고 보탬이 되는 세 벗으로 정직한 사람, 신의 있는 사람, 학식 있는 사람을 가리킴
- 一擧兩得(일거양득) : 하나의 행동으로 두 가지의 성과를 거두는 것
- 日就月將(일취월장) : 나날이 다달이 진보함
- 張三李四(장삼이사) : 장씨(張氏)의 삼남(三男)과 이씨(李氏)의 사남(四男)이라는 뜻으로 평범한 사람을 가리키는 말
- 賊反荷杖(적반하장) : 도둑이 도리어 매를 든다는 뜻으로 잘못한 사람이 도리어 잘한 사람을 나무라는 경우에 쓰는 말
- 轉禍爲福(전화위복) : 화를 바꾸어 복이 되게 한다는 뜻으로 궂은 일을 당하였을 때 그것을 잘 처리하여 좋은 일이 되게 하는 것
- 切磋琢磨(절차탁마) : 학문과 덕행을 갈고 닦음을 가리키는 말
- 頂門一鍼(정문일침) : 정수리에 침을 놓는다는 뜻으로 따끔한 비판이나 충고를 뜻함
- 井底之蛙(정저지와) : 우물 안 개구리. 견문이 좁고 세상 형편을 모름
- 朝三暮四(조삼모사) : 간사한 꾀로 사람을 속여 희롱함. 눈앞에 당장 나타나는 차별만 알고 그 결과가 같음을 모름
- 走馬加鞭(주마가편) : 달리는 말에 채찍을 더한다는 뜻으로 잘하는 사람에게 더 잘하도록 하는 것을 일컬음
- 竹馬故友(죽마고우) : 죽마를 타고 놀던 벗, 즉 어릴 때 같이 놀던 친한 친구

- 地鹿爲馬(지록위마) : 중국 진나라의 조고(趙高)가 이세 황제(二世皇帝)의 권력을 농락하려고 일부러 사슴을 말이라고 속여 바쳤다는 고사에서 유래한 것으로 윗사람을 농락하여 권세를 마음대로 함을 가리킴
- 進退維谷(진퇴유곡) : 앞으로 나아갈 수도 뒤로 물러설 수도 없이 꼼짝할 수 없는 궁지에 빠짐[進退兩難(진퇴양난)]
- 滄海桑田(창해상전) : 푸른 바다가 뽕밭이 된다는 뜻으로 세상일이 덧없이 바뀜을 이르는 말[桑田碧海(상전벽해)]
- 天高馬肥(천고마비) : 하늘이 높고 말이 살찐다는 뜻으로 가을철을 일컫는 말
- 千慮一得(천려일득) : 아무리 바보같은 사람일지라도 한 가지쯤은 좋은 생각이 있다는 말
- 千慮一失(천려일실) : 여러 번 생각하여 신중하고 조심스럽게 한 일에도 때로는 한 가지 실수가 있음을 이르는 말
- 千載一遇(천재일우) : 천 년에나 한번 만날 수 있는 기회, 즉 좀처럼 얻기 어려운 기회
- 靑出於藍(청출어람) : 쪽에서 우러난 푸른 빛이 쪽보다 낫다는 뜻으로 제자가 스승보다 더 뛰어남을 이르는 말
- 草綠同色(초록동색) : 풀과 녹색은 같은 빛임. 같은 처지나 같은 유의 사람들은 그들끼리 함께 행동한다는 말
- 寸鐵殺人(촌철살인) : 조그만 쇠붙이로 사람을 죽인다는 뜻으로 간단한 말이나 문장으로 사물의 가장 요긴한 데를 찔러 듣는 사람을 감동하게 하는 것
- 針小棒大(침소봉대) : 바늘을 몽둥이라고 말하듯 과장해서 말하는 것
- 他山之石(타산지석) : 다른 산에서 나는 하찮은 돌도 자기의 옥(玉)을 가는 데에 도움이 된다는 뜻으로 다른 사람의 하찮은 언행일지라도 자기의 지덕을 연마하는 데에 도움이 된다는 말
- 卓上空論(탁상공론) : 실현성이 없는 허황된 이론
- 吐盡肝膽(토진간담) : 솔직한 심정을 숨김없이 모두 말함
- 破竹之勢(파죽지세) : 대를 쪼개는 것처럼 거침없이 나아가는 세력
- 風樹之嘆(풍수지탄) : 부모가 이미 세상을 떠나 효도할 수 없음을 한탄함
- 風前燈火(풍전등화) : 바람 앞의 등불처럼 매우 위급한 경우에 놓여 있음을 일컫는 말
- 匹夫匹婦(필부필부) : 평범한 남자와 평범한 여자
- 下石上臺(하석상대) : 아랫돌을 빼서 윗돌을 괴고 윗돌을 빼서 아랫돌을 괸다는 뜻으로 임시변통으로 이리저리 둘러 맞춤을 말함
- 夏爐冬扇(하로동선) : 여름의 화로와 겨울의 부채라는 뜻으로 쓸모없는 재능을 말함
- 鶴首苦待(학수고대) : 학의 목처럼 목을 길게 늘여 몹시 기다린다는 뜻
- 漢江投石(한강투석) : 한강에 돌 던지기라는 뜻으로 지나치게 미미하여 전혀 효과가 없음을 비유하는 말
- 虎死留皮(호사유피) : 범이 죽으면 가죽을 남김과 같이 사람도 죽은 뒤 이름을 남겨야 한다는 말[豹死留皮(표사유피)]
- 浩然之氣(호연지기) : 잡다한 일에서 해방된 자유로운 마음. 하늘과 땅 사이에 넘치게 가득찬 넓고도 큰 원기. 공명정대하여 조금도 부끄러울 바 없는 도덕적 용기
- 換骨奪胎(환골탈태) : 얼굴이 이전보다 더 아름다워짐. 선인의 시나 문장을 살리되, 자기 나름의 새로움을 보태어 자기 작품으로 삼는 일
- 會者定離(회자정리) : 만나면 반드시 헤어짐
- 後生可畏(후생가외) : 후진들이 젊고 기력이 있어 두렵게 여겨짐
- 興盡悲來(흥진비래) : 즐거운 일이 다하면 슬픔이 옴, 즉 흥망과 성쇠가 엇바뀜을 일컫는 말

출제 예상 문제

1 다음 중 한자의 구성 원리가 같은 것끼리 짝지어진 것은?

① 上 - 百   ② 左 - 前

③ 年 - 時   ④ 分 - 土

TIP ③ 형성 - 형성
① 지사 - 형성
② 회의 - 형성
④ 회의 - 상형

2 다음 중 반의어가 바르게 연결되지 않은 것은?

① 開 - 閉   ② 歡 - 哀

③ 單 - 福   ④ 得 - 失

TIP 單(홑 단) ↔ 複(겹칠 복), 福(복 복) ↔ 禍(재앙 화)

3 다음 중 한자 숙어의 뜻으로 옳지 않은 것은?

① 정족지세(鼎足之勢) : 두 세력이 맞서 대립한 형세
② 번문욕례(繁文縟禮) : 규칙이나 예절이 지나치게 형식적이어서 번거롭고 까다로움
③ 사문난적(斯文亂賊) : 교리에 어긋나는 언동으로 유교를 어지럽히는 사람
④ 교주고슬(膠柱鼓瑟) : 고지식하여 융통성이 없음

TIP 정족지세(鼎足之勢) … 솥발처럼 셋이 맞서 대립한 형세를 이르는 말이다.

Answer 1.③ 2.③ 3.①

4 다음 중 호칭이 바르지 않은 것은?

① 仁兄 – 벗을 높이어 부를 때
② 萱堂 – 살아계신 자기 어머니
③ 家親 – 살아계신 자기 아버지
④ 春府丈 – 살아계신 남의 아버지

TIP 萱堂(훤당) … 살아계신 남의 어머니를 높여 부르는 말이다.

5 다음 한자표기와 뜻이 알맞지 않은 것은?

① 부패(腐敗) : 정치, 사상, 의식 따위가 타락함
② 부정(不定) : 올바르지 아니하거나 옳지 못함
③ 빈부(貧富) : 가난함과 부유함을 아울러 이르는 말
④ 보존(保存) : 잘 보호하고 간수하여 남김

TIP 부정(不定) … 일정하지 아니함을 뜻한다. 올바르지 아니하거나 옳지 못함은 부정(不正)이다.

6 밑줄 친 한자 성어의 쓰임이 옳지 않은 것은?

① 황제는 논공행상(論功行賞)을 통해 그의 신하를 벌하였다.
② 그들은 산야를 떠돌며 초근목피(草根木皮)로 목숨을 이어 나갔다.
③ 부모를 반포지효(反哺之孝)로 모시는 것은 자식의 마땅한 도리이다.
④ 오늘의 영광은 각고면려(刻苦勉勵)의 결과이다.

TIP ① 논공행상(論功行賞) : 공로를 논하여 그에 맞는 상을 준다는 의미로 보기의 문장과는 어울리지 않는다.
② 초근목피(草根木皮) : 풀뿌리와 나무껍질이라는 뜻으로 곡식이 없어 산나물 따위로 만든 험한 음식을 이르거나 영양가가 적은 음식을 이르는 말로 쓰인다.
③ 반포지효(反哺之孝) : 까마귀가 다 자란 뒤에 자신의 늙은 부모에게 먹이를 물어다 주는 효성을 나타낸 말로 자식이 자라 부모를 봉양함을 의미한 말이다.
④ 각고면려(刻苦勉勵) : 몸과 마음을 괴롭히고 노력함. 매우 고생하여 힘써 정성을 들임을 의미하는 말이다.

Answer 4.② 5.② 6.①

7 '쇠 귀에 경 읽기'를 의미하는 한자성어로 옳은 것은?

① 설상가상(雪上加霜)　　　　　② 우이독경(牛耳讀經)

③ 정문일침(頂門一鍼)　　　　　④ 침소봉대(針小棒大)

> **TIP** ① 설상가상(雪上加霜) : 엎진 데 덮친 격으로 겹듭 불행이 생기는 것을 의미한다.
> ③ 정문일침(頂門一鍼) : 정수리에 침을 놓는다는 것으로 따끔한 비판이나 충고를 의미한다.
> ④ 침소봉대(針小棒大) : 바늘을 몽둥이라고 말하듯이 과장해서 말하는 것을 의미한다.

8 나쁜 일의 근원을 완전히 없애고 다시는 그런 일이 생기지 않도록 한다는 의미의 사자성어로 옳은 것은?

① 전전반측(輾轉反側)

② 권불십년(權不十年)

③ 발본색원(拔本塞源)

④ 방약무인(傍若無人)

> **TIP** ① 전전반측(輾轉反側) : 이리저리 뒤척인다는 뜻으로 사모(思慕)하여 잠을 이루지 못함을 이르는 표현이다.
> ② 권불십년(權不十年) : 권세는 10년을 넘지 못한다는 뜻으로 권력은 오래가지 못하고 늘 변함을 이르는 표현이다.
> ④ 방약무인(傍若無人) : 곁에 아무도 없는 것처럼 여긴다는 뜻으로 주위에 있는 다른 사람을 의식하지 않고 제멋대로 행동하는 것을 이르는 표현이다.

9 아무리 이루기 힘들어도 인내하면 성공한다는 의미를 가진 한자성어는?

① 다기망양(多岐亡羊)　　　　　② 단사표음(簞食瓢飮)

③ 마부위침(磨斧爲針)　　　　　④ 빙탄지간(氷炭之間)

> **TIP** ① 다기망양(多岐亡羊) : 길이 여러 갈래여서 양을 잃어버린다는 것을 의미한다.
> ② 단사표음(簞食瓢飮) : 변변하지 못한 살림살이를 의미한다.
> ④ 빙탄지간(氷炭之間) : 얼음과 숯불처럼 화합될 수 없음을 의미한다.

Answer　7.② 8.③ 9.③

10 다음 중 성격이 다른 '욕'은?

① 사리사욕

② 극벌원욕

③ 사욕편정

④ 지족불욕

> **TIP** ④ **지족불욕**(知足不辱) : 모든 일에 분수를 알고 만족하면 모욕을 받지 않음
> ① **사리사욕**(私利私慾) : 사사로운 이익과 욕심
> ② **극벌원욕**(克伐怨慾) : 네 가지 악덕. 남을 이기기를 즐기는 일. 자기의 재능을 자랑하는 일. 원한을 품는 일. 욕심을 내고 탐내는 일
> ③ **사욕편정**(邪慾偏情) : 그릇되고 온당하지 못한 여러 가지 정욕

11 다음 중 한자의 독음이 바르지 못한 것이 들어 있는 것은?

① 交易(교역), 葛藤(갈등)

② 隘路(애로), 桎梏(질곡)

③ 悅樂(열락), 忖度(촌탁)

④ 遊說(유설), 邁進(매진)

> **TIP** 遊說(유설) → 遊說(유세)

12 〈보기〉의 빈칸에 들어갈 한자성어는?

> 열명(說命)은 은나라(殷) 고종(高宗)이 부열(傳說)이란 어진 재상(宰相)을 얻게 되는 경위와 부열의 어진 정사(政事)에 대한 의견(意見)과 그 의견(意見)을 실천하게 하는 내용(內容)을 기록(記錄)한 글이다. (   )이란 부열이 고종(高宗) 임금에게 한 말 가운데 들어 있다. "생각이 옳으면 이를 행동(行動)으로 옮기되 그 옮기는 것을 시기에 맞게 하십시오. 그 能(능)한 것을 자랑하게 되면 그 功(공)을 잃게 됩니다. 오직 모든 일은 다 그 갖춘 것이 있는 법이니 갖춘 것이 있어야만 근심이 없게 될 것입니다"

① 유비무환(有備無患)

② 수어지교(水魚之交)

③ 호가호위(狐假虎威)

④ 면종복배(面從腹背)

> **TIP** ① **유비무환**(有備無患) : 미리 준비가 되어 있으면 우환을 당하지 아니함. 또는 뒷걱정이 없다는 뜻이다.
> ② **수어지교**(水魚之交) : '물과 물고기의 관계'라는 뜻으로 서로 떨어질 수 없는 매우 친밀한 사이
> ③ **호가호위**(狐假虎威) : '여우가 호랑이의 위세를 빌려 호기를 부린다'는 뜻으로 남의 세력을 빌어 위세를 부림
> ④ **면종복배**(面從腹背) : 겉으로는 순종하는 체하고 속으로는 딴 마음을 먹음

Answer   10.④   11.④   12.①

일반적으로 조선시대 ~ 근현대사에서 주로 출제된다. 고대국가에서는 잘 나오지 않는 편이므로 시간이 급박할 때에는 삼국시대와 조선시대에서부터 근현대사까지를 중점적으로 학습하는 것이 유리하다. 과목 중에서 난이도는 높은 편으로 연도를 정확히 알지 못하면 거의 대부분 풀 수 없는 경우가 많으므로 시대별 사건 및 발생 순서에 대한 명확한 암기가 필요하다. 25% 출제 비중을 차지하는 과목으로, 암기하며 학습을 하지 않는다면 틀릴 수밖에 없는 문제가 많이 포진되어 있다. 시대별 주요 사건과 인물에 대한 암기가 필요하다.

출제 빈도	출제 난이도

근현대사	50%
조선시대	40%
고대국가	10%

PART

03

한국사

01 선사시대의 문화와 국가의 형성

01 선사시대의 전개

① 구석기시대

(1) 생활

주먹도끼·찍개·팔매돌 등은 사냥도구이고, 긁개·밀개 등은 대표적인 조리도구이며, 뗀석기와 동물의 뼈나 뿔로 만든 뼈도구를 사용하여 채집과 사냥을 하면서 생활하였다.

(2) 주거

동굴이나 바위 그늘에서 살거나 강가에 막집을 짓고 살았는데 후기의 막집에는 기둥자리, 담자리, 불땐 자리가 남아 있고 집터의 규모는 작은 것은 3 ~ 4명, 큰 것은 10명이 살 수 있을 정도의 크기였다.

(3) 사회

무리생활을 했으며 평등한 공동체적 생활을 하였다.

(4) 종교, 예술

풍성한 사냥감을 얻기 위한 주술적 의미로서 석회암이나 동물의 뼈 또는 뿔 등에 고래와 물고기를 새긴 조각품을 만들었다.

② 신석기시대

(1) 경제

활이나 창을 이용한 사냥과 작살, 돌이나 뼈로 만든 낚시 등을 이용한 고기잡이를 하였으며, 또한 가락바퀴나 뼈바늘이 출토되는 것으로 의복이나 그물을 제작하였다.

(2) 토기

이른 민무늬토기, 덧무늬토기, 눌러찍기토기 등이 발견되며 빗살무늬토기는 밑모양이 뾰족하며 크기가 다양하고, 전국 각지에 널리 분포되어 있다.

(3) 주거

바닥이 원형 또는 둥근 네모꼴인 움집에서 4 ~ 5명 정도의 가족이 거주하였다. 남쪽으로 출입문을 내었으며, 화덕이나 출입문 옆에는 저장구덩을 만들어 식량이나 도구를 저장하였다.

(4) 사회

혈연을 바탕으로 한 씨족이 족외혼을 통해 부족을 형성하였고, 평등한 사회였다.

(5) 원시신앙의 출현

애니미즘, 영혼 및 조상을 숭배, 샤머니즘, 토테미즘이 있다.

02 국가의 형성

❶ 고조선과 청동기문화

(1) 청동기의 보급

① 사회 변화 … 청동기 제작과 관련된 전문 장인의 출현, 사유재산제도와 계급이 발생하게 되었다.

② 유물 : 석기(반달돌칼, 바퀴날도끼, 홈자귀), 청동기(비파형 동검과 화살촉 등의 무기류, 거친무늬거울, 토기(미송리식 토기, 민무늬토기, 붉은간토기), 무덤(고인돌, 돌널무덤, 돌무지무덤)이 있다.

(2) 철기의 사용

① 철기문화의 보급 … 철제 농기구의 사용으로 농업이 발달하여 경제 기반이 확대되었으며, 철제 무기와 철제 연모의 사용으로 청동기는 의식용 도구로 변하였다.

② 유물 … 명도전, 오수전, 반량전을 통하여 중국과의 활발한 교류를 알 수 있으며 경남 창원 다호리 유적에서 나온 붓을 통해 한자를 사용했음을 알 수 있다.

③ 청동기의 독자적 발전 … 비파형 동검은 세형동검으로, 거친무늬거울은 잔무늬거울로 형태가 변하였으며 거푸집도 전국의 여러 유적에서 발견되고 있다.

(3) 청동기 · 철기시대의 생활

① 경제생활의 발전 … 조, 보리, 콩, 수수 등 밭농사 중심이었지만 일부 저습지에서 벼농사가 시작되었다. 농경의 발달로 점차 사냥과 고기잡이의 비중이 줄어들었고 돼지, 소, 말 등의 가축의 사육이 증가되었다.

② 주거생활의 변화
　㉠ 집터 유적 : 대체로 앞쪽에는 시냇물이 흐르고 뒤쪽에는 북서풍을 막아 주는 나지막한 야산이 있는 곳에 우물을 중심으로 자리 잡고 있다.
　㉡ 정착생활의 규모의 확대 : 집터는 넓은 지역에 많은 수가 밀집되어 취락형태를 이루고 있으며, 이는 농경의 발달과 인구의 증가로 정착생활의 규모가 점차 확대되었음을 보여 주는 것이다.

③ **사회생활의 변화** ··· 여성은 가사노동, 남성은 농경·전쟁에 종사하였다. 생산력의 증가에 따른 잉여생산물은 빈부의 격차와 계급의 분화를 촉진하였고 이는 무덤의 크기와 껴묻거리의 내용에 반영되었다.

④ **고인돌의 출현** ··· 청동기시대의 계급사회의 발생을 보여주는 무덤으로 북방식 고인돌이 전형적인 형태이며 우리나라 전역에 걸쳐 분포되어 있다. 당시 지배층의 정치권력과 경제력을 잘 반영해 주고 있다.

⑤ **군장의 출현** ··· 정치, 경제력이 우세한 부족이 선민사상을 가지고 주변의 약한 부족을 통합하거나 정복하고 공납을 요구하였으며 군장이 출현하게 되었다.

(4) 단군과 고조선

① **고조선의 건국** ··· 족장사회에서 가장 먼저 국가로 발전한 고조선은 단군왕검이 건국(B.C. 2333)하였다.

② **고조선의 발전** ··· 초기에는 요령지방, 후기에는 대동강 유역의 왕검성 중심으로 독자적인 문화를 이룩하면서 발전하였다. 부왕, 준왕 같은 강력한 왕이 등장하여 왕위를 세습하였고 상(相), 대부(大夫), 장군 등의 관직을 두었으며 요서지방을 경계로 하여 연(燕)과 대립하였다.

③ **8조법과 고조선의 사회상** ··· 권력과 경제력의 차이 및 사유 재산의 발생은 형벌과 노비가 생겨나게 하였다.

(5) 위만의 집권

① **위만 조선의 성립 및 발전** ··· 준왕을 축출하고 중국 유이민 집단인 위만이 왕이 되었으며 지리적인 이점을 이용한 중계무역의 이득을 독점하기 위해 한과 대립하였다.

② **고조선의 멸망** ··· 위만 조선에 위협을 느낀 한의 무제는 대규모 침략을 강행하였으나 고조선은 한의 군대에 맞서 완강하게 대항하여 장기간의 전쟁으로 지배층의 내분이 일어나 왕검성이 함락되어 멸망(B.C. 108)하였다. 고조선이 멸망하자 한은 고조선의 일부 지역에 군현을 설치하여 지배하고자 하였으나 고구려의 공격으로 소멸되었다.

❷ 여러 나라의 성장

(1) 부여

① 정치
　　㉠ 왕 아래에는 가축의 이름을 딴 마가, 우가, 저가, 구가와 대사자, 사자 등의 관리가 있었다.
　　㉡ 가(加)는 저마다 따로 행정구획인 사출도를 다스리고 있어서 왕이 직접 통치하는 중앙과 합쳐 5부를 이루었다.
　　㉢ 왕의 권력이 미약하여 제가들이 왕을 추대·교체하기도 하였고, 수해나 한해로 농사가 잘 되지 않으면 그 책임을 왕에게 묻기도 하였다. 그러나 왕이 나온 대표 부족의 세력은 매우 강해서 궁궐, 성책, 감옥, 창고 등의 시설을 갖추고 있었다.

② 풍습

　　㉠ 순장 : 왕이 죽으면 많은 사람들을 껴묻거리와 함께 묻는 순장의 풍습이 있었다.

　　㉡ 흰 옷을 좋아했고, 형사취수와 일부다처제 풍습이 있고 은력(殷曆)을 사용하였다.

　　㉢ 제천행사 : 12월에 하늘에 제사를 지내고 노래와 춤을 즐기는 영고를 열었다.

　　㉣ 우제점복 : 소를 죽여 그 굽으로 길흉을 점치기도 하였다.

(2) 고구려

① 정치 … 왕 아래 상가, 고추가 등의 대가들이 있었으며, 대가들은 독립적인 세력을 유지하였다. 이들은 각기 사자, 조의, 선인 등의 관리를 거느리고 있었다.

② 풍속

　　㉠ 서옥제 : 혼인을 정한 뒤 신부집의 뒤꼍에 조그만 집을 짓고 거기서 자식을 낳고 장성하면 아내를 데리고 신랑집으로 돌아가는 제도이다.

　　㉡ 제천행사 : 10월에는 추수감사제인 동맹을 성대하게 열었다.

　　㉢ 조상신 제사 : 건국 시조인 주몽과 그 어머니 유화부인을 조상신으로 섬겨 제사를 지냈다.

(3) 옥저와 동예

① 옥저 … 비옥한 토지를 바탕으로 농사를 지었으며, 어물과 소금 등 해산물이 풍부하였으며 민며느리제와 골장제(가족공동무덤)가 유행하였다.

② 동예

　　㉠ 경제 … 단궁(활)과 과하마(조랑말), 반어피(바다표범의 가죽) 등이 유명하였다.

　　㉡ 풍속 … 무천이라는 제천행사를 10월에 열었으며 족외혼을 엄격하게 지켰다. 또한 각 부족의 영역을 함부로 침범하지 못하게 하고 만약 침범하면 노비와 소, 말로 변상하게 하였다(책화)

(4) 삼한

① 진(辰)의 성장과 발전 … 고조선 남쪽지역에는 일찍부터 진이 성장하고 있었는데 고조선 사회의 변동에 따라 대거 남하해 온 유이민에 의하여 새로운 문화가 보급되어 토착문화와 융합되면서 진이 발전하여 마한, 변한, 진한의 연맹체들이 나타나게 되었다.

② 삼한의 제정 분리 … 정치적 지배자 외에 제사장인 천군이 있었다. 그리고 신성지역으로 소도가 있었는데, 이곳에서 천군은 농경과 종교에 대한 의례를 주관하였다.

③ 삼한의 경제 · 사회상

　　㉠ 두레조직을 통하여 여러 가지 공동작업을 하였다.

　　㉡ 제천행사 : 5월의 수릿날과 10월에 계절제를 열어 하늘에 제사를 지냈다.

　　㉢ 변한의 철 생산 : 철이 많이 생산되어 낙랑, 왜 등에 수출하였고 교역에서 화폐처럼 사용되기도 하였다. 마산의 성산동 등지에서 발견된 야철지는 제철이 성하였음을 보여주고 있다.

출제 예상 문제

1 밑줄 친 '이 시대'의 사회 모습으로 옳은 것은?

> <u>이</u> 시대의 황해도 봉산 지탑리와 평양 남경 유적에서 탄화된 좁쌀이 발견되는 것으로 보아 잡곡류 경작이 이루어졌음을 알 수 있다. 농경의 발달로 수렵과 어로가 경제 생활에서 차지하는 비중이 줄 어들기 시작하였지만, 여전히 식량을 얻는 중요한 수단이었다. 한편 가락바퀴나 뼈바늘을 이용하여 옷이나 그물을 만드는 등 원시적인 수공업 생산이 이루어지기 시작하였다.

① 생산물의 분배 과정에서 사유 재산 제도가 등장하였다.
② 마을 주변에 방어 및 의례 목적으로 환호(도랑)를 두르기도 하였다.
③ 흑요석의 출토 사례로 보아 원거리 교류나 교역이 있었음을 알 수 있다.
④ 집자리는 주거용 외에 창고, 작업장, 집회소, 공공 의식 장소 등도 확인되었다.

> **TIP** 밑줄 친 이 시대는 신석기 시대이다.
> ①②④ 청동기

2 다음 유물이 만들어진 시대의 사회상으로 옳은 것은?

> • 충북 청주 산성동 출토 가락바퀴   • 경남 통영 연대도 출토 치레걸이
> • 인천 옹진 소야도 출토 조개껍데기 가면   • 강원 양양 오산리 출토 사람 얼굴 조각상

① 한자의 전래로 붓이 사용되었다.
② 무덤은 일반적으로 고인돌이 사용되었다.
③ 조, 피 등을 재배하는 농경이 시작되었다.
④ 반량전, 오수전 등의 중국 화폐가 사용되었다.

> **TIP** 가락바퀴, 치레걸이, 조개껍데기 가면, 사람 얼굴 조각상과 같은 유물들은 모두 신석기시대를 대표하는 유물들이다. 또한 신석기시대 부터 농경이 시작되었다.

Answer 1.③ 2.③

3 고조선의 세력 범위가 요동반도에서 한반도에 걸쳐 있었음을 알게 해 주는 유물을 모두 고르면?

> ㉠ 조개 껍데기 가면　　　　　　　　㉡ 거친무늬 거울
> ㉢ 비파형 동검　　　　　　　　　　　㉣ 미송리식 토기

① ㉠㉡　　　　　　　　　　　　　　② ㉡㉢
③ ㉠㉡㉢　　　　　　　　　　　　　④ ㉡㉢㉣

TIP 요령지방에서 출토된 비파형동검을 조형으로 한 세형동검이 B.C. 3C 초부터 대동강 일대에서 나타나는 사실로서 알 수 있으며, 고인돌과 비파형동검, 미송리식 토기 등이 대표적인 고조선의 유물에 해당한다.

4 고조선 성립의 역사적 사실 중 밑줄 친 부분이 나타내는 사회상은?

> 옛날 환인(桓因)의 아들 환웅(桓雄)이 천하에 자주 뜻을 두어 인간세상을 구하고자 하였다. 이에 천부인 3개와 3천의 무리를 이끌고 태백산 신단수(神壇樹) 밑에 내려왔는데 이곳을 신시(神市)라 하였다. 풍백(風伯), 우사(雨師), 운사(雲師)로 하여금 곡(穀), 명(命), 병(病), 형(刑), 선(善), 악(惡) 등 무릇 인간의 360여 가지 일을 주관하게 하였다. 이로써 인간세상을 교화시키고 인간을 널리 이롭게 하였다. 이때 곰과 호랑이가 사람이 되기를 원하므로 환웅이 쑥과 마늘을 주고 "이것을 먹으면서 100일간 햇빛을 보지 않는다면 곧 사람이 될 것이다"라고 하였다. 곰은 금기를 지켜 삼칠일(三七日)만에 여자로 태어났고 환웅과 혼인하여 아들을 낳았는데, 이가 곧 단군 왕검(檀君 王儉)이다.

① 선민사상을 나타낸다.　　　　　　② 농경 중시 사회를 나타낸다.
③ 토템사상을 나타낸다.　　　　　　④ 제정일치 사회를 나타낸다.

TIP 풍백(風伯), 우사(雨師), 운사(雲師)는 농경을 주관하는 날씨를 상징하며, 농경 중시 사회를 나타낸다.
　※ 단군 신화로 알 수 있는 사회상
　　㉠ 환인(桓因)의 아들 환웅(桓雄) : 하늘의 자손을 내세워 우월성을 강조하고 지배를 정당화하는 선민사상을 나타낸다.
　　㉡ 풍백(風伯), 우사(雨師), 운사(雲師) : 농경을 주관하는 날씨를 상징하며, 농경 중시 사회를 나타낸다.
　　㉢ 인간세상을 교화시키고 인간을 널리 이롭게 하였다 : 홍익인간의 통치 이념을 나타낸다.
　　㉣ 곰은 금기를 지켜 삼칠일(三七日) 만에 여자로 태어났고 환웅과 혼인하여 : 동물을 숭배하는 토템사상과 곰을 숭배하는 부족과 환웅 부족의 연합(족외혼)을 나타낸다.
　　㉤ 단군 왕검(檀君 王儉) : 단군은 제사장, 왕검은 군장(정치적 지배자)로 제정일치 사회를 나타낸다.

Answer 3.④　4.②

5 다음 중 신석기 시대에 대한 설명으로 옳지 않은 것은?

① 토기를 사용하여 음식을 조리하고 저장하게 되었다.

② 움집생활을 하였으며 중앙에 화로를 두었다.

③ 주식으로 쌀을 먹었다.

④ 조, 피, 수수 등의 잡곡류의 경작과 개, 돼지 등을 목축하였다.

TIP 신석기 시대의 유적지인 황해도 봉산 지탑리와 평양 남경의 유적에서 탄화된 좁쌀이 발견된 것으로 보아 잡곡류를 경작하였다는 것을 알 수 있다.

6 다음이 설명하는 국가의 특징으로 옳지 않은 것은?

> 은력(殷曆) 정월에 하늘에 제사를 지내는데 나라 안에 사람들이 많이 모여 며칠 동안 계속 먹고 마시고 노래를 부르며 춤춘다. 이를 영고(靈鼓)라고 한다. 이때 형옥을 중단하고 죄수들을 풀어주었다.

① 형사취수제 풍습이 있었다.

② 수해나 한해로 오곡이 익지 않으면 왕에게 책임을 물었다.

③ 살인자는 사형에 처하고, 가족은 데려다 노비로 삼았다.

④ 소도에 죄인이 숨어도 잡아가지 못했다.

TIP 부여의 제천행사 영고(靈鼓)에 대한 설명이다. 소도는 삼한의 신성 지역으로, 이곳에는 군장의 세력이 미치지 못하여 죄인이 숨어들어도 잡아가지 못했으며 이곳에서 천군(제사장)이 농경과 종교에 대한 의례를 주관하였다.

Answer 5.③ 6.④

7 청동기시대에 등장한 신앙은?

① 토테미즘   ② 애니미즘

③ 선민사상   ④ 샤머니즘

TIP ③ 선민사상 : 청동기시대에 농경이 발달하고 사유재산이 형성되면서 계급이 등장하게 되었다. 이때 지배계층은 자신들이 신의 선택을 받은 특별한 존재라고 여겼다.
① 토테미즘 : 신석기시대의 신앙으로 특정한 동물이나 식물을 자신의 부족과 연결하여 숭배하는 것이다.
② 애니미즘 : 신석기시대의 자연물에 영혼이 존재한다는 사상으로 태양과 물에 대한 숭배가 두드러졌다.
④ 샤머니즘 : 인간과 영혼을 연결시켜주는 주술사와 그의 주술을 믿는 것으로 신석기시대에 발생하였으며 여전히 숭배의 대상이다.

8 위만 조선이 한나라의 침입으로 왕검성이 함락되어 멸망하게 된 직접적인 원인으로 옳은 것은?

① 독자적인 문화를 발전시키지 못하였다.

② 철기 문화를 수용하지 못하여 군사력이 약하였다.

③ 상업과 무역이 발달하지 못하여 폐쇄적인 자급자족의 경제였다.

④ 예와 진의 무역을 막고 중계무역의 이득을 독점하였다.

TIP 위만 조선 … 본격적으로 철기문화를 수용하고 철기의 사용에 따른 무기생산과 농업이 발달하여 이에 따른 상업과 무역이 융성하였다. 중앙정치조직을 갖추고 우세한 무력을 기반으로 영토를 확장했으며 지리적 이점을 이용하여 예와 진이 직접 중국과 교역하는 것을 막고 중계무역의 이득을 독점하려 하였다. 이에 한나라의 무제는 대규모 공격을 감행하였는데 장기간의 전쟁으로 인한 고조선 지배층의 내분이 원인이 되어 B.C. 108년에 왕검성이 함락되면서 멸망하였다.

Answer   7.③   8.④

9 다음이 설명하는 혼인 풍속은?

> 그 나라의 혼인하는 풍속은 여자의 나이가 열 살이 되면 서로 혼인을 약속하고, 남자의 집에서는 여자를 맞이하여 장성하도록 길러 아내로 삼는다. 여자가 성인이 되면 다시 친정으로 돌아가게 한다. 여자의 친정에서는 돈을 요구하는데, 남자 집에서 돈을 지불하여야 다시 신랑 집으로 가게 된다.

① 민며느리제
② 서옥제
③ 형사취수제
④ 일부일처제

TIP ① **민며느리제** : 결혼을 전제로 여자아이를 남자의 집에 데려와 키우다가 성인이 되면 혼인시키는 옥저의 혼인 풍속이다.
② **서옥제** : 혼인을 약속하면 여자의 집에서는 본채 뒤에 작은 별채(서옥)를 지어 사위가 머물게 한다. 자식이 장성하면 아내를 데리고 남편의 집으로 돌아가는 고구려의 혼인 풍습이다.
③ **형사취수제** : 형이 죽으면 동생이 형수에게 장가를 드는 제도로 고구려와 부여에 있던 혼인 풍습이다.
④ **일부일처제** : 한 남편이 한 아내만 두는 혼인 제도이다.

Answer 9.①

10 다음의 지문으로 알 수 있는 국가의 통치형태로 옳은 것은?

> 나라에는 임금이 있다. 모두 여섯 종류의 짐승 이름으로 벼슬아치 이름을 삼는다. 마가(馬加)·우가(牛加)·저가(豬加)·구가(狗加)·대사(大使)·대사자(大使者)·사자(使者)가 있다. 읍락에는 우두머리가 있다. 신분이 낮은 백성들은 모두 머슴이라고 부른다. 제가(諸加)들은 각자 사출도(四出道)를 맡는다. 큰 구역(道大)을 맡은 이는 수천 집을 다스리고 작은 구역을 맡은 이는 수백 집을 다스린다. … (중략) … 가뭄이 계속되어 오곡이 익지 않으면 그 허물을 왕에게 돌려 각 가(加)들이 '왕을 바꾸어야 한다'고 하거나 '왕을 죽여야 한다'고 하였다.
>
> −삼국지 위서 동이전−

① 부족 국가

② 연맹 왕국

③ 군장 국가

④ 중앙 집권 국가

TIP 위 지문은 부여에 대한 설명으로, 부여는 5부족 연맹 왕국이었다. 연맹왕국은 왕이 존재하나 왕권이 미약했다. 연맹 왕국 국가로는 부여, 고구려 등이 있다.
① **부족 국가**: 원시 사회에서 부족을 중심으로 형성된 국가다.
③ **군장 국가**: 연맹 왕국 이전의 단계, 즉 왕 없이 군장이 개별적으로 다스리는 형태로 옥저, 동예, 삼한 등이 있다.
④ **중앙 집권 국가**: 통치 권력이 중앙 정부에 집중되어 있는 통치 형태다. 연맹 왕국의 왕이 주변 지역을 정복하면서 영역을 확대하고, 경제력과 군사력의 증대로 이어지면서 왕권이 강화되었다. 왕권이 성장하면서 왕위를 세습하고, 지역 세력들이 중앙의 귀족으로 흡수, 중앙 정부가 관등제를 통해 서열화했다.

02 통치구조와 정치활동

01 고대의 정치

① 고대국가의 성립

(1) 초기의 고구려

① **성장** : 졸본성에서 주변 소국을 통합하여 성장하였으며, 국내성으로 도읍을 옮겼다.

② **지배체제의 정비**

    ㉠ **태조왕**(1세기 후반) : 옥저와 동예를 복속하고, 독점적으로 왕위를 세습하였으며 통합된 여러 집단들은 5부 체제로 발전하였다.

    ㉡ **고국천왕**(2세기 후반) : 부족적인 전통의 5부가 행정적 성격의 5부로 개편되었고 왕위가 형제상속에서 부자상속으로 바뀌었으며, 족장들이 중앙귀족으로 편입하는 등 중앙집권화와 왕권 강화가 진전되었다.

(2) 초기의 백제

① **건국**(B.C. 18) : 한강 유역의 토착민과 고구려 계통의 북방 유이민의 결합으로 성립되었는데, 우수한 철기문화를 보유한 유이민 집단이 지배층을 형성하였다.

② **고이왕**(3세기 중엽) : 한강 유역을 완전히 장악하고, 중국의 문물을 수용하였다. 율령을 반포하였으며 관등제를 정비하고 관복제를 도입하는 등 지배체제를 정비하였다.

(3) 초기의 신라

① **건국**(B.C. 57) : 경주의 토착집단과 유이민집단의 결합으로 건국되었다.

② **발전** : 박·석·김의 3성이 번갈아 왕위를 차지하다가 주요 집단들이 독자적인 세력 기반을 유지하면서 유력 집단의 우두머리는 왕(이사금)으로 추대되었다.

③ **지배체제의 정비**(내물왕, 4세기) : 활발한 정복활동을 통해 낙동강 유역으로 영역을 확장하고 김씨가 왕위를 세습하였으며 마립간의 칭호를 사용하였다.

(4) 초기의 가야

① **위치** : 낙동강 하류의 변한지역에서는 철기문화를 토대로 한 정치집단들이 등장하였다.

② **전기 가야연맹**(금관가야 중심) : 김해를 주축으로 하여 경남해안지대에 소국연맹체를 형성하였는데 농경문화의 발달과 철의 생산(중계무역 발달)으로 경제적인 발전을 이루었다. 그러나 백제와 신라의 팽창으로 세력이 약화되어(4세기 초) 고구려군의 가야지방 원정으로 몰락하게 되었다. 이에 따라 중심세력이 해체되어 낙동강 서쪽 연안으로 축소되었다.

❷ 삼국의 발전과 통치체제

(1) 삼국의 정치적 발전

① **고구려** ⋯ 4세기 미천왕 때 서안평을 점령하고 낙랑군을 축출하여 압록강 중류를 벗어나 남쪽으로 진출할 수 있는 발판을 마련하였고, 고국원왕 때는 전연과 백제의 침략으로 국가적 위기를 맞기도 하였다. 4세기 후반 소수림왕 때에는 불교의 수용, 태학의 설립, 율령의 반포로 중앙집권국가로의 체제를 강화하였다.

② **백제** ⋯ 4세기 후반 근초고왕은 마한의 대부분을 정복하였으며, 황해도 지역을 두고 고구려와 대결하기도 하였다. 또한 낙동강 유역의 가야에 지배권을 행사하였고, 중국의 요서지방과 산둥지방, 일본의 규슈지방까지 진출하였으며 왕위의 부자상속이 시작되었다.

③ **신라** ⋯ 6세기 초 지증왕 때 국호(사로국 → 신라)와 왕의 칭호(마립간 → 왕)를 변경하고, 수도와 지방의 행정구역을 정리하였으며 대외적으로 우산국(울릉도)을 복속시켰다. 6세기 중엽 법흥왕 때는 병부의 설치, 율령의 반포, 공복의 제정 등으로 통치질서를 확립하였다. 또한 골품제도를 정비하고, 새로운 세력을 포섭하고자 불교를 공인하였다. 독자적 연호인 건원을 사용하여 자주국가로서의 위상을 높였고 금관가야를 정복하여 영토를 확장시켜 중앙집권체제를 완비하였다.

(2) 삼국 간의 항쟁

① 고구려의 대제국 건설

  ㉠ **광개토대왕**(5세기) : 영락이라는 연호를 사용하였고 만주지방에 대한 대규모 정복사업을 단행하였으며, 백제를 압박하여 한강 이남으로 축출하였다. 또한 신라에 침입한 왜를 격퇴함으로써 한반도 남부에까지 영향력을 확대하였다.

  ㉡ **장수왕**(5세기) : 남북조의 교류 및 평양 천도(427)를 단행하여 백제의 수도인 한성을 함락하였다. 죽령 ~ 남양만 이북을 확보(광개토대왕비와 중원고구려비 건립)하여 한강 유역으로 진출하였는데 만주와 한반도에 걸친 광대한 영토를 차지하여 중국과 대등한 지위의 대제국을 건설하였다.

② 백제의 중흥

　　㉠ 5세기 후반 문주왕은 고구려의 남하정책으로 대외팽창이 위축되고 무역활동이 침체되어 서울을 웅진으로 천도하게 되고, 동성왕은 신라와 동맹을 강화하여 고구려에 대항, 무령왕은 지방의 22담로에 왕족을 파견하여 지방통제를 강화하는 등 체제를 정비하고자 하였다.

　　㉡ 성왕(6세기 중반) : 사비로 천도하고, 남부여로 국호를 개칭하고 중앙은 22부, 수도는 5부, 지방은 5방으로 정비하였다. 불교를 진흥시키고, 일본에 전파하였으며, 중국의 남조와 교류하였다.

③ 신라의 발전(진흥왕, 6세기)

　　㉠ 체제 정비 : 화랑도를 국가적 조직으로 개편하고, 불교를 통해 사상적 통합을 꾀하였다.

　　㉡ 영토 확장 : 한강 유역을 장악하여 경제적 기반을 강화하고 전략적 거점을 확보할 수 있었고 중국 교섭의 발판이 되었다. 북으로는 함경도, 남으로는 대가야를 정복하였다(단양적성비, 진흥왕순수비).

(3) 삼국의 통치체제

① 통치조직의 정비 … 삼국의 초기에는 부족 단위 각 부의 귀족들이 독자적으로 관리를 거느리는 방식으로 귀족회의에서 국가의 중요한 일을 결정하였는데 후에는 왕을 중심으로 한 통치체제로 왕의 권한이 강화되었고, 관등제와 행정구역이 정비되어 각 부의 귀족들은 왕권 아래 복속되고, 부족적 성격이 행정적 성격으로 개편되었다.

② 관등조직 및 중앙관제

구분	관등	수상	중앙관서	귀족합의제
고구려	10여 관등	대대로(막리지)		제가회의
백제	16관등	상좌평	6좌평, 22부(시비천도 이후)	정사암회의
신라	17관등	상대등	병부, 집사부	화백회의

③ 지방제도

　　㉠ 지방조직

구분	관등	수상	중앙관서	귀족합의제
고구려	5부	5부(욕살)	3경(평양성, 국내성, 한성)	제가회의
백제	5부	5방(방령)	22담로(지방 요지)	정사암회의
신라	5부	6주(군주)	2소경[중원경(충주), 동원경(강릉)]	화백회의

　　㉡ 지방제도의 정비 : 최상급 지방행정단위로 부와 방 또는 주를 두고 지방장관을 파견하였고, 그 아래의 성이나 군에도 지방관을 파견하여 지방민을 직접 지배하였으나, 말단 행정단위인 촌은 지방관을 파견하지 않고 토착세력을 촌주로 삼았다. 그러나 대부분의 지역은 중앙정부의 지배가 강력히 미치지 못하여 지방세력가들이 지배하게 되었다.

❸ 대외항쟁과 신라의 삼국통일

(1) 고구려와 수 · 당의 전쟁

① **수와의 전쟁** … 고구려가 요서지방을 선제공격하자 수의 문제와 양제는 고구려를 침입해왔는데 을지문덕이 살수에서 큰 승리(612)를 거두었다.

② **당과의 전쟁** … 당 태종은 요동의 여러 성을 공격하고 전략상 가장 중요한 안시성을 공격하였으나 고구려에 의해 패(645)하였다.

(2) 백제와 고구려의 멸망

① **백제의 멸망** … 정치질서의 문란과 지배층의 향락으로 국방이 소홀해진 백제는 황산벌에서 신라에게 패하면서 결국 사비성이 함락되고 말았다. 복신과 흑치상지, 도침 등은 주류성과 임존성을 거점으로 하여 사비성과 웅진성을 공격하였으나 나 · 당연합군에 의하여 진압되었다.

③ **고구려의 멸망** … 지배층의 분열과 국력의 약화로 정치가 불안정한 틈을 타고 나 · 당연합군의 침입으로 평양성이 함락(668)되었다. 검모잠과 고연무 등은 한성과 오골성을 근거지로 평양성을 탈환하였으나 결국 실패하였다.

(3) 신라의 삼국통일

① **과정** … 당은 한반도에 웅진도독부, 안동도호부, 계림도독부를 설치하여 한반도를 지배하려 하였으나 신라 · 고구려 · 백제 유민의 연합으로 당 주둔군을 공격하여 매소성과 기벌포싸움에서 승리를 거두게 되고 당군을 축출하여 삼국통일을 이룩(676)하였다.

② **삼국통일의 의의와 한계** … 당의 축출로 자주적 성격을 인정할 수 있으며 고구려와 백제 문화의 전통을 수용하여 민족문화 발전의 토대를 마련하였다는 점에서 큰 의의가 있으나 외세의 협조를 받았다는 점과 대동강에서 원산만 이남에 국한된 불완전한 통일이라는 점에서 한계성을 가진다.

❹ 남북국시대의 정치 변화

(1) 통일신라의 발전

① 왕권의 전제화

    ㉠ **무열왕** : 통일과정에서 왕권을 강화하였으며 이후 직계자손이 왕위를 계승하게 되었다.

    ㉡ **유교정치이념의 수용** : 통일을 전후하여 유교정치이념이 도입되었고, 중앙집권적 관료정치의 발달로 왕권이 강화되어 갔다.

    ㉢ **집사부 시중의 기능 강화** : 상대등의 세력을 억제하였고 왕권의 전제화가 이루어졌다.

    ㉣ **신문왕** : 관료전의 지급, 녹읍의 폐지, 국학을 설립하여 유교정치이념을 확립시켰다.

② 정치세력의 변동 … 6두품은 학문적 식견을 바탕으로 왕의 정치적 조언자로 활동하거나 행정실무를 총괄하였다. 이들은 전제왕권을 뒷받침하고, 학문·종교분야에서 활약하였다.

③ 전제왕권의 동요 … 8세기 후반부터 진골귀족세력의 반발로 녹읍제가 부활하고, 사원의 면세전이 증가되어 국가재정의 압박을 가져왔다. 귀족들의 특권적 지위 고수 및 향락과 사치가 계속되자 농민의 부담은 가중되었다.

(2) 발해의 건국과 발전

① 건국 … 고구려 출신의 대조영이 길림성에 건국하였으며 지배층은 고구려인, 피지배층은 말갈인으로 구성되었으나 일본에 보낸 국서에 고려 또는 고려국왕이라는 칭호를 사용하였고, 고구려 문화와 유사성이 있다는 점에서 고구려 계승의식이 나타나고 있다.

② 발해의 발전

    ㉠ **영토 확장(무왕)** : 동북방의 여러 세력을 복속시켜 북만주 일대를 장악하였고, 당의 산둥반도를 공격하고, 돌궐·일본과 연결하여 당과 신라에 대항하였다.

    ㉡ **체제 정비(문왕)** : 당과 친선관계를 맺고 문물을 수입하였는데 중경에서 상경으로 천도하였고, 신라와의 대립관계를 해소하려 상설교통로를 개설하였으며 천통(고왕), 인안(무왕), 대흥(문왕), 건흥(선왕) 등 독자적인 연호를 사용하였다.

    ㉢ **중흥기(선왕)** : 요동지방으로 진출하였으며 남쪽으로는 신라와 국경을 접할 정도로 넓은 영토를 차지하고, 지방제도를 완비하였다. 당에게서 '해동성국'이라는 칭호를 받았다.

    ㉣ **멸망** : 거란의 세력 확대와 귀족들의 권력투쟁으로 국력이 쇠퇴하자 거란에 멸망당하였다.

(3) 남북국의 통치체제

① 통일신라

    ㉠ **중앙정치체제** : 전제왕권의 강화를 위해 집사부 시중의 지위 강화 및 집사부 아래에 위화부와 13부를 두고 행정업무를 분담하였으며 관리들의 비리와 부정 방지를 위한 감찰기관인 사정부를 설치하였다.

    ㉡ **유교정치이념의 수용** : 국학을 설립하였다.

    ㉢ **지방행정조직의 정비**(신문왕) : 9주 5소경으로 정비하여 중앙집권체제를 강화하였으며 지방관의 감찰을 위하여 외사정을 파견하였고 상수리제도를 실시하였으며, 향·부곡이라 불리는 특수행정구역도 설치하였다.

    ㉣ **군사조직의 정비**

      • 9서당 : 옷소매의 색깔로 표시하였는데 부속민에 대한 회유와 견제의 양면적 성격이 있다.

      • 10정 : 9주에 각 1정의 부대를 배치하였으나 한산주에는 2정(남현정, 골내근정)을 두었다.

② 발해

    ㉠ **중앙정치체계** : 당의 제도를 수용하였으나 명칭과 운영은 독자성을 유지하였다.

      • 3성 : 정당성(대내상이 국정 총괄), 좌사정, 우사정(지·예·신부)

      • 6부 : 충부, 인부, 의부, 자부, 예부, 신부

      • 중정대(감찰), 문적원(서적 관리), 주자감(중앙의 최고교육기관)

    ㉡ **지방제도** : 5경 15부 62주로 조직되었고, 촌락은 주로 말갈인 촌장이 지배하였다.

    ㉢ **군사조직** : 중앙군(10위), 지방군

(4) 신라 말기의 정치 변동과 호족세력의 성장

① **전제왕권의 몰락** … 진골귀족들의 반란과 왕위쟁탈전이 심화되고 집사부 시중보다 상대등의 권력이 더 커졌으며 지방민란의 발생으로 중앙의 지방통제력이 더욱 약화되었다.

② **농민의 동요** … 과중한 수취체제와 자연재해는 농민의 몰락을 가져오고, 신라 정부에 저항하게 되었다.

③ **호족세력의 등장** … 지방의 행정·군사권과 경제적 지배력을 가진 호족세력은 성주나 장군을 자처하며 반독립적인 세력으로 성장하였다.

④ **개혁정치** … 6두품 출신의 유학생과 선종의 승려가 중심이 되어 골품제 사회를 비판하고 새로운 정치이념을 제시하였다. 지방의 호족세력과 연계되어 사회 개혁을 추구하였다.

02 중세의 정치

❶ 중세사회의 성립과 전개

(1) 고려의 성립과 민족의 재통일

① **고려의 건국** … 왕건은 송악의 호족으로서 처음에는 궁예 휘하에서 후백제를 견제하다가 궁예의 실정을 계기로 정권을 장악하고, 고구려의 후계자임을 강조하여, 국호를 고려라 하고 송악에 도읍을 세웠다.

② **민족의 재통일** … 중국의 혼란기를 틈타 외세의 간섭 없이 통일이 성취되었다.

(2) 태조의 정책

① **취민유도(取民有度)정책** … 조세경감, 노비해방 및 빈민구제기관인 흑창을 설치하였다.

② **통치기반 강화**
　㉠ **관제 정비** : 태봉의 관제를 중심으로 신라와 중국의 제도를 참고하여 정치제도를 만들고, 개국공신과 호족을 관리로 등용하였다.
　㉡ **호족 통합** : 호족과 정략결혼을 하였으며 그들의 향촌지배권을 인정하고, 공신들에게는 역분전을 지급하였다.
　㉢ **호족 견제** : 사심관제도(우대)와 기인제도(감시)를 실시하였다.
　㉣ **통치 규범** : 정계, 계백료서를 지어 관리들이 지켜야 할 규범을 제시하였고, 후손들이 지켜야 할 교훈이 담긴 훈요 10조를 남겼다.

③ **북진정책** … 고구려를 계승하였음을 강조하여 국호를 고려라 하고 국가의 자주성을 강조하기 위해 천수(天授)라는 연호를 사용하였다.

(3) 광종의 개혁정치

왕권의 안정과 중앙집권체제를 확립하기 위하여 노비안검법, 과거제도 실시, 공복제도, 불교 장려, 제위보의 설치, 독자적인 연호 사용 및 송과의 문화적 · 경제적 목적에서 외교관계를 수립하였으나, 군사적으로는 중립적 자세를 취하였다.

(4) 유교적 정치질서의 강화

① **최승로의 시무 28조** … 유교정치이념을 강조하고 지방관의 파견과 문벌귀족 중심의 정치를 이루게 되었다.

② **성종의 중앙집권화** … 6두품 출신의 유학자를 등용, 12목에 지방관의 파견, 향리제도 실시, 국자감과 향교의 설치 및 과거제도를 실시하고 중앙통치기구는 당, 태봉, 신라, 송의 관제를 따랐다.

❷ 통치체제의 정비

(1) 중앙의 통치조직

① 정치조직(2성 6부)

 ㉠ 2성
- 중서문하성 : 중서성과 문하성의 통합기구로 문하시중이 국정을 총괄하였다.
  - 재신 : 2품 이상의 고관으로 백관을 통솔하고 국가의 중요정책을 심의·결정하였다.
  - 낭사 : 3품 이하의 관리로 정책을 건의하거나, 정책 집행의 잘못을 비판하는 일을 담당하였다.
- 상서성 : 실제 정무를 나누어 담당하는 6부를 두고 정책의 집행을 담당하였다.

 ㉡ 중추원(추부) : 군사기밀을 담당하는 2품 이상의 추밀과 왕명 출납을 담당하는 3품의 승선으로 구성되었다.

 ㉢ 삼사 : 화폐와 곡식의 출납에 대한 회계업무만을 담당하였다.

 ㉣ 어사대 : 풍속을 교정하고 관리들의 비리를 감찰하는 감찰기구이다.

 ㉤ 6부 : 상서성에 소속되어 실제 정무를 분담하던 관청으로 각 부의 장관은 상서, 차관은 시랑이었다.

② 귀족 중심의 정치

 ㉠ 귀족합좌 회의기구(중서문하성의 재신, 중추원의 추밀)
- 도병마사 : 재신과 추밀이 함께 모여 회의로 국가의 중요한 일을 결정하는 곳이다. 국방문제를 담당하는 임시기구였으나, 도평의사사(도당)로 개편되면서 구성원이 확대되고 국정 전반에 걸친 중요사항을 담당하는 최고정무기구로 발전하였다.
- 식목도감 : 임시기구로서 재신과 추밀이 함께 모여 국내 정치에 관한 법의 제정 및 각종 시행규정을 다루던 회의기구였다.

 ㉡ 대간(대성)제도 : 어사대의 관원과 중서문하성의 낭관으로 구성되었다. 비록 직위는 낮았지만 왕, 고위관리들의 활동을 지원하거나 제약하여 정치 운영의 견제와 균형을 이루었다.
- 서경권 : 관리의 임명과 법령의 개정이나 폐지 등에 동의하는 권리
- 간쟁 : 왕의 잘못을 말로 직언하는 것
- 봉박 : 잘못된 왕명을 시행하지 않고 글로 써서 되돌려 보내는 것

(2) 지방행정조직의 정비

① 정비과정

 ㉠ 초기 : 호족세력의 자치로 이루어졌다.

 ㉡ 성종 : 12목을 설치하여 지방관을 파견하였다.

 ㉢ 현종 : 4도호부 8목으로 개편되어 지방행정의 중심이 되었고, 그 후 전국을 5도와 양계, 경기로 나눈 다음 그 안에 3경·4도호부·8목을 비롯하여 군·현·진을 설치하였다.

② 지방조직
  ㉠ 5도(일반행정구역) : 상설 행정기관이 없는 일반 행정 단위로서 안찰사를 파견하여 도내의 지방을 순찰하게 하였다. 도에는 주와 군(지사)·현(현령)이 설치되고, 주현에는 지방관을 파견하였지만 속현에는 지방관을 파견하지 않았다.
  ㉡ 양계(군사행정구역) : 북방의 국경지대에는 동계와 북계의 양계를 설치하여 병마사를 파견하고, 국방상의 요충지에 군사특수지역인 진을 설치하였다.
  ㉢ 8목 4도호부 : 행정과 군사적 방비의 중심적인 역할을 맡은 곳이다.
  ㉣ 특수행정구역
    • 3경 : 풍수설과 관련하여 개경(개성), 서경(평양), 동경(경주, 숙종 이후 남경)에 설치하였다.
    • 향·소·부곡 : 천민의 집단거주지역이었다.
  ㉤ 지방행정 : 실제적인 행정사무는 향리가 실질적으로 처리하여 지방관보다 영향력이 컸다(속현, 향, 소, 부곡 등).

(3) 군역제도와 군사조직

① 중앙군
  ㉠ 2군 6위 : 국왕의 친위부대인 2군과 수도 경비와 국경 방어를 담당하는 6위로 구성되었다.
  ㉡ 직업군인 : 군적에 올라 군인전을 지급받고 군역을 세습하였으며, 군공을 세워 신분을 상승시킬 수 있는 중류층이었다. 이들은 상장군, 대장군 등의 무관이 지휘하였다.

② 지방군
  ㉠ 주진군(양계) : 상비군으로 좌군, 우군, 초군으로 구성되어 국경을 수비하는 의무를 지녔다.
  ㉡ 주현군(5도) : 지방관의 지휘를 받아 치안과 지방방위·노역에 동원되었고 농민으로 구성하였다.

(4) 관리임용제도

① 과거제도(법적으로 양인 이상이면 응시가 가능)
  ㉠ 제술과 : 문학적 재능과 정책을 시험하는 것이다.
  ㉡ 명경과 : 유교경전에 대한 이해능력을 시험하는 것이다.
  ㉢ 잡과 : 기술관을 선발하는 것으로 백정이나 농민이 응시하였다.
  ㉣ 한계와 의의 : 능력 중심의 인재 등용과 유교적 관료정치의 토대 마련의 계기가 되었으나 과거출신자보다 음서출신자가 더 높이 출세할 수 밖에 없었고, 무과는 실시하지 않았다.

② 음서제도 … 공신과 종실의 자손 외에 5품 이상의 고관의 자손은 과거를 거치지 않고 관직에 진출할 수 있는 제도이다.

❸ 문벌귀족사회의 성립과 동요

(1) 문벌귀족사회의 성립

① 지방호족 출신이 중앙관료화된 것으로, 신라 6두품 계통의 유학자들이 과거를 통해 관직에 진출하여 성립되었으며, 대대로 고위관리가 되어 중앙정치에 참여하게 되고, 과거와 음서를 통해 관직을 독점하였다.

② 문벌귀족사회의 모순
    ㉠ 문벌귀족의 특권 : 정치적으로 과거와 음서제를 통해 고위 관직을 독점하며 경제적으로 과전, 공음전, 사전 등의 토지 겸병이 이루어지고, 사회적으로 왕실 및 귀족들 간의 중첩된 혼인관계를 이루었다.
    ㉡ 측근세력의 대두 : 과거를 통해 진출한 지방 출신의 관리들이 국왕을 보좌하면서 문벌귀족과 대립하였다.
    ㉢ 이자겸의 난, 묘청의 서경천도운동 : 문벌귀족과 측근세력의 대립으로 발생한 사건들이다.

(2) 이자겸의 난과 서경천도운동

① **이자겸의 난**(인종, 1126) … 문종 ~ 인종까지 경원 이씨가 80여년간 권력을 독점하였다. 여진(금)의 사대관계 요구에 이자겸 정권은 굴복하여 사대관계를 유지하였으나, 인종의 척준경 회유로 이자겸의 왕위 찬탈반란은 실패로 돌아가게 되었다. 그 결과 귀족사회의 동요가 일어나고 묘청의 서경천도운동의 계기가 되었다.

② **묘청의 서경천도운동**(1135) … 서경(평양) 천도, 칭제건원, 금국 정벌을 주장하였으나 문벌귀족의 반대에 부딪혔으며, 김부식이 이끄는 관군에 의해 진압되고 말았다.

(3) 무신정권의 성립

① **무신정변**(1170) … 숭문천무정책으로 인한 무신을 천시하는 풍조와 의종의 실정이 원인이 되어 문신 중심의 귀족사회에서 관료체제로 전환되는 계기가 되었으며 전시과체제가 붕괴되고 무신에 의해 토지의 독점이 이루어져 사전과 농장이 확대되었다.

② **사회의 동요** … 무신정권에 대한 반발로 김보당의 난과 조위총의 난이 일어났으며, 신분해방운동으로 농민(김사미 · 효심의 난) · 천민의 난(망이 · 망소이의 난)이 일어났다.

③ **최씨 정권**
    ㉠ 최씨 정권의 기반
      • 정치적 : 교정도감(최충헌)과 정방(최우), 서방(최우)을 중심으로 전개되었다.
      • 경제적 : 광대한 농장을 소유하였다.
      • 군사적 : 사병을 보유하고 도방을 설치하여 신변을 경호하였다.
    ㉡ 한계 : 정치적으로 안정되었지만 국가통치질서는 오히려 약화되었다.

❹ 대외관계의 변화

(1) 거란의 침입과 격퇴

① **고려의 대외정책** ⋯ 친송배요 정책으로 송과는 친선관계를 유지했으나 거란은 배척하였다.

② **거란의 침입과 격퇴**

    ㉠ **1차 침입** : 서희의 담판으로 강동 6주를 확보하였으며, 거란과 교류관계를 맺었다.

    ㉡ **2차 침입** : 고려의 친송정책과 강조의 정변을 구실로 침입하여 개경이 함락되었고, 현종의 입조(入朝)를 조건으로 퇴군하였다.

    ㉢ **3차 침입** : 현종의 입조(入朝)를 거부하여 다시 침입하였으나 강감찬이 귀주대첩으로 큰 승리를 거두어 양국은 강화를 맺었다.

    ㉣ **결과 및 영향** : 고려, 송, 거란 사이의 세력 균형을 유지되고 고려는 나성과 천리장성(압록강 ~ 도련포)을 축조하여 수비를 강화하였다.

(2) 여진 정벌과 9성 개척

기병을 보강한 윤관의 별무반이 여진을 토벌하여 동북 9성을 축조하였으나 고려를 침략하지 않고 조공을 바치겠다는 조건을 수락하면서 여진에게 9성을 돌려주었다. 그러나 여진은 더욱 강해져 거란을 멸한 뒤 고려에 대해 군신관계를 요구하자 현실적인 어려움으로 당시의 집권자 이자겸은 금의 요구를 받아들였다.

(3) 몽고와의 전쟁

① **몽고와의 전쟁**

    ㉠ **원인** : 몽고의 과중한 공물 요구와, 몽고의 사신 저고여가 피살되는 사건이 일어났다.

    ㉡ **몽고의 침입**

        • 제1차 침입(1231) : 몽고 사신의 피살을 구실로 몽고군의 침입으로 강화가 체결되고 철수되었다.

        • 제2차 침입(1232) : 최우는 강화로 천도하고, 용인의 김윤후가 몽고의 장군을 죽여 몽고 군대를 쫓아냈다.

        • 제3차 ~ 제8차 침입 : 농민, 노비, 천민들의 활약으로 몽고를 끈질기게 막아냈다.

    ㉢ **결과** : 전 국토가 황폐화되고 민생이 도탄에 빠졌으며 대장경(초판)과 황룡사의 9층탑이 소실되었다.

② **삼별초의 항쟁(1270 ~ 1273)** ⋯ 몽고와의 굴욕적인 강화를 맺는 데 반발하여 진도로 옮겨 저항한다. 여·몽연합군의 공격으로 진도가 함락되자 제주도에서 김통정의 지휘 아래에 계속 항쟁하였으나 여·몽연합군에 의해 진압되었다.

(4) 홍건적과 왜구의 침입

① **홍건적의 격퇴** ⋯ 제1차 침입은 모거경 등 4만군이 서경을 침입하였으나, 이승경, 이방실 등이 격퇴하였으며 제2차 침입은 사유 등 10만군이 개경을 함락하였으나, 정세운, 안우, 이방실 등이 격퇴하였다.

② **왜구의 침략** ⋯ 잦은 왜구의 침입에 따른 사회의 불안정은 시급히 해결해야 할 국가적 과제였다. 왜구를 격퇴하고 이 문제를 해결하는 과정에서 신흥무인세력이 성장하였다.

❺ 고려후기의 정치 변동

(1) 원(몽고)의 내정 간섭

① 정치적 간섭

　　㉠ 일본 원정 : 두 차례의 원정에 인적·물적 자원이 수탈되었으나 실패하였다.

　　㉡ 영토의 상실과 수복

　　　• 쌍성총관부 : 원은 화주(영흥)에 설치하여 철령 이북 땅을 직속령으로 편입하였는데, 공민왕(1356) 때 유인우가 무력으로 탈환하였다.

　　　• 동녕부 : 자비령 이북 땅에 차지하여 서경에 두었는데, 충렬왕(1290) 때 고려의 간청으로 반환되었다.

　　　• 탐라총관부 : 삼별초의 항쟁을 평정한 후 일본 정벌 준비를 위해 제주도에 설치하고(1273) 목마장을 두었다. 충렬왕 27년(1301)에 고려에 반환하였다.

　　㉢ 관제의 개편 : 관제를 격하시키고(3성 → 첨의부, 6부 → 4사) 고려를 부마국 지위의 왕실호칭을 사용하게 하였다.

　　㉣ 원의 내정 간섭

　　　• 다루가치 : 1차 침입 때 설치했던 몽고의 군정지방관으로 공물의 징수·감독 등 내정간섭을 하였다.

　　　• 정동행성 : 일본 원정준비기구로 설치된 정동행중서성이 내정간섭기구로 남았다. 고려·원의 연락기구였다.

　　　• 이문소 : 정동행성에 설립된 사법기구로 고려인을 취조·탄압하였다.

　　　• 응방 : 원에 매를 생포하여 조달하는 기구였으나 여러 특권을 행사해 폐해가 심하였다.

② 사회·경제적 수탈 … 금·은·베·인삼·약재·매 등의 막대한 공물의 부담을 가졌으며, 몽고어·몽고식 의복과 머리가 유행하고, 몽고식 성명을 사용하는 등 풍속이 변질되었다.

(2) 공민왕의 개혁정치

① 반원자주정책 … 친원세력의 숙청, 정동행서 이문소를 폐지, 몽고식 관제의 폐지, 원의 연호·몽고풍을 금지, 쌍성총관부를 공격하여 철령 이북의 땅을 수복하고 요동지방을 공격하여 요양을 점령하였다.

② 왕권강화책 … 정방을 폐지, 성균관을 통한 유학교육을 강화 및 과거제도를 정비하고 신돈을 등용하여 전민변정도감을 설치한 개혁은 권문세족들의 경제기반을 약화시키고 국가재정수입의 기반을 확대하였다.

③ 개혁의 실패원인 … 개혁추진세력인 신진사대부 세력이 아직 결집되지 못한 상태에서 권문세족의 강력한 반발을 효과적으로 제어하지 못하였고, 원나라의 간섭 등으로 인해 실패하고 말았다.

(3) 고려의 멸망

우왕 말에 명은 쌍성총관부가 있던 땅에 철령위를 설치하여 명의 땅으로 편입하겠다고 통보하였다. 이에 최영은 요동정벌론을, 이성계는 4불가론을 주장하여 대립하였는데 최영의 주장에 따라 요동정벌군이 파견되었으나 위화도 회군으로 이성계가 장악하였다. 결국 급진개혁파(혁명파)는 정치적 실권을 장악하고 온건개혁파를 제거 한 후 도평의사사를 장악하여 공양왕의 왕위를 물려받아 조선을 건국하였다.

03 근세의 정치

① 근세사회의 성립과 전개

(1) 국왕 중심의 통치체제정비와 유교정치의 실현

① 태조 … 국호를 '조선'이라 하고 수도를 한양으로 천도하였으며 3대 정책으로 숭유억불정책, 중농억상정책, 사대교린정책을 실시하였다.

② 태종 … 왕권 확립을 위해 개국공신세력을 견제하고 숙청하였으며 6조직계제를 실시, 사간원을 독립시켜 대신들을 견제하고, 신문고의 설치, 양전사업의 실시 및 호패법을 시행하고 사원전의 몰수, 노비 해방, 사병을 폐지하였다.

③ 세종 … 집현전을 설치, 한글 창제 및 6조직계제를 폐지하고 의정부서사제(재상합의제)로 정책을 심의하였으며, 국가행사를 오례에 따라 거행하였다.

(2) 문물제도의 정비

① 세조 … 왕권의 재확립과 집권체제의 강화를 위하여 6조직계제를 실시하고 집현전과 경연을 폐지하였으며, 경국대전의 편찬에 착수하였다.

② 성종 … 홍문관의 설치, 경연의 활성화 및 경국대전의 완성·반포를 통하여 조선의 기본통치방향과 이념을 제시하였다.

② 통치체제의 정비

(1) 중앙정치체제

① 양반관료체제의 확립 … 경국대전으로 법제화하고 문·무반이 정치와 행정을 담당하게 하였으며, 18품계로 나누어 당상관(관서의 책임자)과 당하관(실무 담당)으로 구분하였다.

② 의정부와 6조
  ㉠ 의정부 : 최고 관부로서 재상의 합의로 국정을 총괄하였다.
  ㉡ 6조 : 직능에 따라 행정을 분담하였다.
  • 이조 : 문관의 인사(전랑이 담당), 공훈, 상벌을 담당하였다.
  • 호조 : 호구, 조세, 회계, 어염, 광산, 조운을 담당하였다.
  • 예조 : 외교, 교육, 문과과거, 제사, 의식 등을 담당하였다.
  • 병조 : 국방, 통신(봉수), 무과과거, 무관의 인사 등을 담당하였다.
  • 형조 : 형률, 노비에 대한 사항을 담당하였다.
  • 공조 : 토목, 건축, 수공업, 도량형, 파발에 대한 사항을 담당하였다.

③ 언론학술기구 ⋯ 삼사로 정사를 비판하고 관리들의 부정을 방지하였다.
   ㉠ **사간원(간쟁)·사헌부(감찰)** : 서경권을 행사하였다(관리 임명에 동의권 행사).
   ㉡ **홍문관** : 학문적으로 정책 결정을 자문하는 기구이다.
④ **왕권강화기구** ⋯ 왕명을 출납하는 승정원과 큰 죄인을 다스리는 국왕 직속인 의금부, 서울의 행정과 치안을 담당하는 한성부가 있다.

(2) 지방행정조직

① **지방조직** ⋯ 전국을 8도로 나누고, 하부에 부·목·군·현을 설치하였다.
   ㉠ **관찰사(감사)** : 8도의 지방장관으로서 행정, 군사, 감찰, 사법권을 행사하였다. 수령에 대한 행정을 감찰하는 역할을 담당하였다.
   ㉡ **수령** : 부, 목, 군, 현에 임명되어 지방관으로서 행정·사법·군사권을 행사하였다.
   ㉢ **향리** : 6방에 배속되어 향역을 세습하면서 수령을 보좌하였다(아전).

② **향촌사회**
   ㉠ **면·리·통** : 향민 중에서 책임자를 선임하여, 인구 파악과 부역 징발을 주로 담당하게 하였다.
   ㉡ **양반 중심의 향촌사회질서 확립**
    • 경재소 : 유향소와 정부간 연락을 통해 유향소를 통제하여 중앙집권을 효율적으로 강화하였다.
    • 유향소(향청) : 향촌양반의 자치조직으로 좌수와 별감을 선출하고, 향규를 제정하며, 향회를 통한 여론의 수렴과 백성에 대한 교화를 담당하였다.

(3) 군역제도와 군사조직

① **군역제도**
   ㉠ **양인개병제** : 양인(현직 관료와 학생을 제외한 16세 이상 60세 이하의 남자)의 신분이면 누구나 병역의 의무를 지는 제도이다.
   ㉡ **보법** : 정군(현역 군인)과 보인(정군의 비용 부담)으로 나눈다.
   ㉢ **노비** : 권리가 없으므로 군역이 면제되고, 특수군(잡색군)으로 편제되었다.

② **군사조직**
   ㉠ **중앙군(5위)** : 궁궐과 서울을 수비하며 정군을 중심으로 갑사(시험을 거친 직업군인)나 특수병으로 지휘 책임을 문관관료가 맡았다.
   ㉡ **지방군** : 병영(병마절도사)과 수영(수군절도사)으로 조직하였다.
   ㉢ **잡색군** : 서리, 잡학인, 신량역천인(신분은 양인이나 천한 일에 종사), 노비 등으로 조직된 일종의 예비군으로 유사시에 향토방위를 담당한다(농민은 제외).

③ **교통·통신체계의 정비**
   ㉠ **봉수제(통신)** : 군사적 목적으로 설치하였으며, 불과 연기를 이용하여 급한 소식을 알렸다.
   ㉡ **역참** : 물자 수송과 통신을 위해 설치되어 국방과 중앙집권적 행정 운영이 한층 쉬워졌다.

❸ 사림의 대두와 붕당정치

(1) 훈구와 사림

① **훈구세력** ⋯ 조선 초기 문물제도의 정비에 기여하였으며 고위관직을 독점 및 세습하고, 왕실과의 혼인으로 성장하였다.

② **사림세력** ⋯ 여말 온건파 사대부의 후예로서 길재와 김종직에 의해 영남과 기호지방에서 성장한 세력으로 대부분이 향촌의 중소지주이다.

(2) 사림의 정치적 성장

① **사화의 발생**
  - ㉠ **무오사화(1498)·갑자사화(1504)** : 연산군의 폭정으로 발생하였으며 영남 사림은 몰락하게 되었다.
  - ㉡ **조광조의 개혁정치** : 현량과를 실시하여 사림을 등용하여 급진적 개혁을 추진하였다. 위훈삭제사건으로 훈구세력을 약화시켰으며, 공납의 폐단을 시정, 불교와 도교행사를 폐지하고, 소학교육을 장려하고, 향약을 보급하였다. 그러나 훈구세력의 반발을 샀으며 기묘사화(1519)로 조광조는 실각되고 말았다.
  - ㉢ **을사사화(명종, 1545)** : 중종이 다시 사림을 등용하였으나 명종 때 외척 다툼으로 을사사화가 일어나고 사림은 축출되었다.

② **결과** ⋯ 사림은 정치적으로 위축되었으나 중소지주를 기반으로 서원과 향약을 통해 향촌에서 세력을 회복하게 되었다.

(3) 붕당의 출현(사림의 정계 주도)

① **동인과 서인** ⋯ 척신정치의 잔재를 청산하기 위한 방법을 둘러싸고 대립행태가 나타났다.
  - ㉠ **동인** : 신진사림 출신으로서 정치 개혁에 적극적이며 수기(修己)를 강조하고 지배자의 도덕적 자기 절제를 강조하고 이황, 조식, 서경덕의 학문을 계승하였다.
  - ㉡ **서인** : 기성사림 출신으로서 정치 개혁에 소극적이며 치인(治人)에 중점을 두고 제도 개혁을 통한 부국 안민에 힘을 썼고 이이, 성혼의 문인들을 중심으로 구성되었다.

② **붕당의 성격과 전개** ⋯ 정파적 성격과 학파적 성격을 지닌 붕당은 초기에는 강력한 왕권으로의 형성이 불가능하였으나, 중기에 이르러 왕권이 약화되고 사림정치가 전개되면서 붕당이 형성되었다.

(4) 붕당정치의 전개

① 동인의 분당은 정여립의 모반사건을 계기로 세자책봉문제를 둘러싸고 시작되었다. 남인은 온건파로 초기에 정국을 주도하였으며 북인은 급진파로 임진왜란이 끝난 뒤부터 광해군 때까지 정권을 장악하였다.

② 광해군의 개혁정치 … 명과 후금 사이의 중립외교를 펼쳤으며, 전후복구사업을 추진하였으나 무리한 전후복구사업으로 민심을 잃은 광해군과 북인세력은 서인이 주도한 인조반정으로 몰락하였다.

③ 주로 서인이 집권하여 남인 일부가 연합하고, 상호비판 공존체제가 수립되었던 것이 서인과 남인의 경신환국으로 정치 공존이 붕괴되었다.

(5) 붕당정치의 성격

비변사를 통한 여론 수렴이 이루어졌으며, 3사의 언관과 이조전랑의 정치적 비중이 증대되었고 재야의 여론이 수렴되어 재야의 공론주도자인 산림이 출현하였고, 서원과 향교를 통한 수렴이 이루어졌다. 그러나 국가의 이익보다는 당파의 이익을 앞세워 국가 발전에 지장을 주기도 하였고, 현실문제보다는 의리와 명분에 치중하였으며 지배층의 의견만을 정치에 반영하였다.

❹ 조선 초기의 대외관계

(1) 명과의 관계

명과의 관계에서는 사대외교를 중국 이외의 주변 민족에게는 교린정책을 기본으로 하였다.

(2) 여진과의 관계

① 대여진정책 … 회유책으로 귀순을 장려하였고, 북평관을 세워 국경무역과 조공무역을 허락하였으며 강경책으로 본거지를 토벌하고 국경지방에 자치적 방어체제를 구축하여 진 · 보를 설치하였다.

② 북방개척
  ㉠ 4군 6진 : 최윤덕, 김종서 등은 압록강에서 두만강에 이르는 4군 6진을 설치하였다.
  ㉡ 사민정책 : 삼남지방의 주민을 강제로 이주시켜 북방 개척과 국토의 균형 있는 발전을 꾀하였다.
  ㉢ 토관제도 : 토착인을 하급관리로 등용하는 것이다.

(3) 일본 및 동남아시아와의 관계

① 대일관계
  ㉠ 왜구의 토벌 : 수군을 강화하고 화약무기를 개발해 오던 조선은 왜구가 무역을 요구해오자 제한된 무역을 허용하였으나 왜구의 계속된 약탈로 이종무가 쓰시마섬을 토벌하였다(세종).
  ㉡ 교린정책 : 3포(부산포, 제포, 염포)를 개항하여, 계해약조를 맺고 조공무역을 허용하였다.

② 동남아시아와의 교역 … 조공, 진상의 형식으로 물자 교류를 하고 특히 불경, 유교경전, 범종, 부채 등을 류큐(오키나와)에 전해주어 류큐의 문화 발전에 기여하였다.

❺ 양 난의 극복과 대청관계

(1) 왜군의 침략

① 조선의 정세
- ㉠ 왜구 약탈 : 3포왜란(임신약조) → 사량진왜변(정미약조) → 을묘왜변(교역 중단)
- ㉡ 국방대책 : 3포왜란 이후 군사문제를 전담하는 비변사가 설치되었다.
- ㉢ 16세기 말 : 사회적 혼란이 가중되면서 국방력이 약화되어 방군수포현상이 나타났다

② 임진왜란(1592) … 왜군 20만이 기습하고 정발과 송상현이 분전한 부산진과 동래성의 함락과 신립의 패배로 국왕은 의주로 피난하였다. 왜군은 평양, 함경도까지 침입하였고 명에 파병을 요청하였다.

(2) 수군과 의병의 승리

① 수군의 승리
- ㉠ 이순신(전라좌수사)의 활약 : 판옥선과 거북선을 축조하고, 수군을 훈련시켰다.
- ㉡ 남해의 재해권 장악 : 옥포(거제도)에서 첫 승리를 거두고, 사천(삼천포, 거북선을 이용한 최초의 해전), 당포(충무), 당항포(고성), 한산도대첩(학익진 전법) 등지에서 승리를 거두어 남해의 제해권을 장악하였고 전라도지방을 보존하였다.

② 의병의 항쟁
- ㉠ 의병의 봉기 : 농민이 주축이 되어 전직관리, 사림, 승려가 주도한 자발적인 부대였다.
- ㉡ 전술 : 향토지리와 조건에 맞는 전술을 사용하였다. 매복, 기습작전으로 아군의 적은 희생으로 적에게 큰 타격을 주었다.
- ㉢ 의병장 : 곽재우(의령), 조헌(금산), 고경명(담양), 정문부(길주), 서산대사 휴정(평양, 개성, 한성 등), 사명당 유정(전후 일본에서 포로 송환) 등이 활약하였다.
- ㉣ 전세 : 관군이 편입되어 대일항전이 조직화되고 전력도 강화되었다.

(3) 광해군의 중립외교

① 내정개혁 … 양안(토지대장)과 호적을 재작성하여 국가재정기반을 확보하고, 산업을 진흥하였으며 동의보감(허준)을 편찬하고 소실된 사고를 5대 사고로 재정비하였다.

② 대외정책 … 임진왜란 동안 조선과 명이 약화된 틈을 타 여진이 후금을 건국하였다(1616). 후금은 명에 대하여 전쟁을 포고하고, 명은 조선에 원군을 요청하였으나, 조선은 명의 원군 요청을 적절히 거절하면서 후금과 친선정책을 꾀하는 중립적인 정책을 취하였다. 광해군의 중립외교는 국내에 전쟁의 화가 미치지 않아 왜란 후의 복구사업에 크게 기여하였다.

(5) 호란의 발발과 전개

① **정묘호란(1627)** … 이괄의 잔당이 후금에 건너가 조선 정벌을 요구한 것으로 발생하였다. 후금의 침입에 정봉수, 이립 등이 의병으로 활약하였다. 후금의 제의로 정묘조약을 맺고 후금의 군대는 철수하였다.

② **병자호란(1636)** … 후금의 군신관계 요구에 조선이 거부한 것이 발단이 되어 발생하였으며, 삼전도에서 항복하고 청과 군신관계를 맺게 되었으며 소현세자와 봉림대군이 인질로 끌려갔다.

(6) 북벌운동의 전개

① 서인세력(송시열, 송준길, 이완 등)은 군대를 양성하는 등의 계획을 세웠으나 실천하지 못하였다.

② **효종의 북벌계획** … 이완을 훈련대장으로 임명하고 군비를 확충하였으나 효종의 죽음으로 중단되었다.

04 정치상황의 변동

❶ 통치체제의 변화

(1) 정치구조의 변화

① **비변사의 기능 강화** … 중종 초 여진족과 왜구에 대비하기 위해 설치한 임시기구였으나, 임진왜란을 계기로 문무고관의 합의기구로 확대되었다. 군사뿐만 아니라 외교, 재정, 사회, 인사 등 거의 모든 정무를 총괄하였으며, 왕권의 약화, 의정부 및 6조 기능의 약화를 초래하였다.

② **정치 운영의 변질** … 3사는 공론을 반영하기보다 각 붕당의 이해관계를 대변하기에 급급하고 이조·병조의 전랑 역시 상대 붕당을 견제하는 기능으로 변질되어 붕당 간의 대립을 격화시켰다.

(2) 군사제도의 변화

① 중앙군(5군영)

    ㉠ **훈련도감** : 삼수병(포수·사수·살수)으로 구성되었으며, 직업적 상비군이었다.

    ㉡ **어영청** : 효종 때 북벌운동의 중추기관이 되었다. 기·보병으로 구성되며, 지방에서 교대로 번상하였다.

    ㉢ **총융청** : 북한산성 등 경기 일대의 방어를 위해 속오군으로 편성되었다.

    ㉣ **수어청** : 정묘호란 후 인조 때 설치되어 남한산성을 개축하고 이를 중심으로 남방을 방어하기 위해 설치되었다.

    ㉤ **금위영** : 숙종 때 수도방위를 위해 설치되었다. 기·보병 중심의 선발 군사들로 지방에서 교대로 번상케 하였다.

② 지방군(속오군)

　㉠ 지방군제의 변천

　　• 진관체제 : 세조 이후 실시된 체제로 외적의 침입에 효과가 없었다.

　　• 제승방략체제(16세기) : 유사시에 필요한 방어처에 각 지역의 병력을 동원하여 중앙에서 파견되는 장수가 지휘하게 하는 방어체제이다.

　　• 속오군체제 : 진관을 복구하고 속오법에 따라 군대를 정비하였다.

　㉡ 속오군 : 양천혼성군(양반, 농민, 노비)으로서, 농한기에 훈련하고 유사시에 동원되었다.

(3) 수취제도의 개편

① 전세제도의 개편 … 전세를 풍흉에 관계없이 1결당 미곡 4두로 고정시키는 영정법은 전세율이 다소 낮아졌으나 농민의 대다수인 전호들에게는 도움이 되지 못하였고, 전세 외에 여러 가지 세가 추가로 징수되어 조세의 부담은 증가하였다.

② 공납제도의 개편 … 방납의 폐단으로 토지의 결수에 따라 미, 포, 전을 납입하는 대동법을 시행하였는데 그 결과 농민의 부담을 감소하였으나 지주에게 부과된 대동세가 소작농에게 전가되는 경우가 있었으며, 조세의 금납화 촉진, 국가재정의 회복 및 상공업의 발달과 상업도시의 발전을 가져왔다. 그러나 진상·별공은 여전히 존속하였다.

③ 군역제도의 개편 … 균역법(군포 2필에서 1필로 내게 함)의 실시로 일시적으로 농민부담은 경감되었으나 폐단의 발생으로 인하여 전국적인 저항을 불러왔다.

❷ 정쟁의 격화와 탕평정치

(1) 영조의 탕평정치

① 탕평파를 육성하고, 붕당의 근거지인 서원을 정리하였으며, 이조전랑의 후임자 천거제도를 폐지하였다. 그 결과 정치권력은 국왕과 탕평파 대신에게 집중되었다. 또한 균역법의 시행, 군영의 정비, 악형의 폐지 및 사형수에 대한 삼심제 채택, 속대전을 편찬하였다.

② 한계 … 왕권으로 붕당 사이의 다툼을 일시적으로 억제하기는 하였으나 소론 강경파의 변란(이인좌의 난, 나주괘서사건)획책으로 노론이 권력을 독점하게 되었다.

(2) 정조의 탕평정치

① 정치세력의 재편 … 탕평책을 추진하여 벽파를 물리치고 시파를 고루 기용하여 왕권의 강화를 꾀하였다. 또한 영조 때의 척신과 환관 등을 제거하고, 노론과 소론 일부, 남인을 중용하였다.

② 왕권 강화 정책 … 규장각의 육성, 초계문신제의 시행, 장용영의 설치, 수원 육성, 수령의 권한 강화, 서얼과 노비의 차별 완화, 금난전권 폐지, 대전통편, 동문휘고, 탁지지 등을 편찬하였다.

❸ 정치질서의 변화

(1) 세도정치의 전개(19세기)
정조가 죽은 후 정치세력 간의 균형이 다시 깨지고 몇몇 유력가문 출신의 인물들에게 집중되었다. 순조 때에는 정순왕후가 수렴청정을 하면서 노론 벽파가 정권을 잡았으나, 정순왕후가 죽자 순조의 장인인 김조순을 중심으로 안동 김씨의 세도정치가 시작되었으며 헌종, 철종 때까지 풍양조씨, 안동 김씨의 세도정치가 이어졌다.

(2) 세도정치의 폐단
① 수령직의 매관매직으로 탐관오리의 수탈이 극심해지고 삼정(전정, 군정, 환곡)이 문란해졌으며, 그 결과 농촌경제는 피폐해지고, 상품화폐경제는 둔화되었다.

② 세도정치의 한계 ··· 고증학에 치중되어 개혁의지를 상실하였고 지방의 사정을 이해하지 못했다.

❹ 대외관계의 변화

(1) 청과의 관계
① **북벌정책** ··· 17세기 중엽, 효종 때 추진한 것으로 청의 국력 신장으로 실현가능성이 부족하여 정권 유지의 수단이 되기도 하였으나 양난 이후의 민심 수습과 국방력 강화에 기여하였다.

② **북학론의 대두** ··· 청의 국력 신장과 문물 융성에 자극을 받아 18세기 말 북학파 실학자들은 청의 문물 도입을 주장을 하였으며 사신들은 천리경, 자명종, 화포, 만국지도, 천주실의 등의 신문물과 서적을 소개하였다.

(2) 일본과의 관계
① **대일외교관계**
  ㉠ **기유약조(1609)** : 임진왜란 이후 도쿠가와 막부의 요청으로 부산포에 왜관을 설치하고, 대일무역이 행해졌다.
  ㉡ **조선통신사 파견** : 17세기 초 이후부터 200여 년간 12회에 걸쳐 파견하였다. 외교사절의 역할뿐만 아니라 조선의 선진학문과 기술을 일본에 전파하였다.

② **울릉도와 독도** ··· 안용복이 일본으로 건너가(숙종) 일본 막부에게 울릉도와 독도가 조선 영토임을 확인받고 돌아왔다. 그 후 조선 정부는 울릉도의 주민 이주를 장려하였고, 울릉도에 군을 설치하고 관리를 파견하여 독도까지 관할하였다.

출제 예상 문제

1 다음의 사건이 있었던 시기의 지배 세력에 대한 설명으로 옳은 것은?

> 우리나라가 여러 대를 내려오면서 귀국에 충근한 지 무릇 80여 년이 되는데 해마다 빠짐없이 예물을 보냈으며 나는 일찍이 세자로 있을 때 숙위로 입시하였다가 황제실과 혼인하게 되어 황제와 장인 · 사위 관계를 맺게까지 되었으니…
>
> —고려사—

① 주로 과거를 통해 관직에 진출하였다.

② 국정 운영을 위한 교정도감이 설치되었다.

③ 성리학을 받아들여 사회모습을 개혁하고자 하였다.

④ 도평의사사를 중심으로 권력을 장악했다.

> **TIP** ④ 원 간섭기 지배계층은 원의 세력을 등에 업고 성장한 권문세족으로, 이들은 도평의사사를 장악하여 국정을 마음대로 하였다.
> ① 권문세족은 주로 음서를 통해 관직에 진출하였다.
> ② 무신 집권기에 최충헌이 국정 운영을 위해 교정도감을 설치하였다.
> ③ 신진사대부는 성리학을 받아들여 권문세족을 비판하고, 사회모순을 개혁하고자 하였다.

2 왕과 왕의 업적이 바르게 연결된 것은?

① 조선 현종 – 진대법

② 고려 성종 – 문신월과법

③ 조선 세조 – 경국대전 반포

④ 신라 문무왕 – 녹읍 폐지

> **TIP** 문신월과법은 고려 성종이 문신들에게 시부(시와 문장)를 지어 바치게 한 제도이다.
> ① 진대법 우리나라 최초 빈민 구제 제도로 을파소의 건의에 따라 고구려 고국천왕이 실현함
> ③ 경국대전은 세조 때 편찬 작업을 시작하여 성종 때 반포됨
> ④ 녹읍은 관료에게 직무의 대가로 지급한 논밭으로 신라 신문왕이 689년 폐지함

Answer 1.④ 2.②

3 고구려와 신라의 관계를 다음과 같이 알려주고 있는 삼국시대의 금석문은?

> • 고구려의 군대가 신라 영토에 주둔했던 것으로 이해할 수 있는 기록이 보인다.
> • 고구려가 신라의 왕을 호칭할 때 '동이 매금(東夷 寐錦)'이라고 부르고 있다.
> • 고구려가 신라의 왕과 신하들에게 의복을 하사하는 의식을 거행한 것으로 보인다.

① 광개토왕비　　　　　　　　　　② 집안고구려비
③ 중원고구려비　　　　　　　　　　④ 영일냉수리비

> **TIP** 중원고구려비 … 충청북도 충주시에 있는 고구려의 고비(古碑)로서 현재 국보 제205로 지정되어 있다. 이 비는 고구려 비(碑) 중 한 반도에서 발견된 유일한 예로 고구려가 당시 신라를 「동이(東夷)」라 칭하면서 신라왕에게 종주국으로서 의복을 하사했다는 내용이 실려 있는데 이는 「삼국사기(三國史記)」를 비롯한 여러 문헌에는 실려 있지 않은 사실이다. 또한 '신라토내당주(新羅土內幢主)'하는 직명으로 미루어 신라 영토 안에 고구려 군대가 주둔하였음을 확인할 수 있는 등의 내용이 담겨 있어 고구려사를 연구하는 데 많은 영향을 주었다.

4 (개) ~ (대)는 고려시대 대외관계와 관련된 자료이다. 이를 시기 순으로 바르게 나열한 것은?

> (개) 윤관이 "신이 여진에게 패한 이유는 여진군은 기병인데 우리는 보병이라 대적할 수 없었기 때문입니다."라고 아뢰었다.
> (내) 서희가 소손녕에게 "우리나라는 고구려의 옛 땅이오. 그러므로 국호를 고려라 하고 평양에 도읍하였으니, 만일 영토의 경계로 따진다면, 그대 나라의 동경이 모두 우리 경내에 있거늘 어찌 침식이라 하리요."라고 주장하였다.
> (대) 유승단이 "성곽을 버리며 종사를 버리고, 바다 가운데 있는 섬에 숨어 엎드려 구차히 세월을 보내면서, 변두리의 백성으로 하여금 장정은 칼날과 화살 끝에 다 없어지게 하고, 노약자들은 노예가 되게 함은 국가를 위한 좋은 계책이 아닙니다."라고 반대하였다.

① (개) → (내) → (대)　　　　　　　② (내) → (개) → (대)
③ (내) → (대) → (개)　　　　　　　④ (대) → (내) → (개)

> **TIP** (내) 서희(942~998)는 거란의 침입(993) 때 활약했던 인물이다.
> (개) 윤관(?~1111)은 1107년 20만 대군을 이끌고 여진을 정복하고 고려의 동북 9성을 설치하여 고려의 영토를 확장시킨 인물이다.
> (대) 유승단(1168~1232)은 1232년 최우가 재추회의를 소집하여 강화도로 천도를 논의할 때 반대했던 인물이다.

Answer　3.③　4.②

5 고려의 대외관계에 대한 설명으로 옳지 않은 것은?

① 송과는 문화적 · 경제적으로 밀접한 유대를 맺었다.

② 거란의 침입에 대비하여 광군을 조직하기도 하였다.

③ 송의 판본은 고려의 목판인쇄 발달에 영향을 주었다.

④ 고려는 송의 군사적 제의에 응하여 거란을 협공하였다.

TIP 송은 고려에 대하여 정치 · 군사적 목적을 고려는 송에 대하여 경제 · 문화적 외교 목적을 갖고 있었다. 즉, 송의 국자감에 유학생을 파견한다든가 의술 및 약재 수입, 불경 · 경서 · 사서 등의 서적 구입에 대외관계를 구축하는 등 경제 · 문화 관계는 유지하였으나 군사적으로 송을 지원하지는 않았다.

6 다음 여러 왕들의 정책들과 정치적 목적이 가장 유사한 것은?

> • 신라 신문왕 : 문무 관리에게 관료전을 지급하고 녹읍을 폐지하였다.
> • 고려 광종 : 과거 제도를 시행하고 관리의 공복을 제정하였다.
> • 조선 태종 : 6조 직계제를 확립하고 사병을 혁파하였다.

① 집사부 시중보다 상대등의 권력을 강화하였다.

② 향약과 사창제를 실시하고 서원을 설립하였다.

③ 장용영을 설치하고 규장각을 확대 개편하였다.

④ 중방을 실질적인 최고 권력 기관으로 만들었다.

TIP ㉠ 신문왕은 왕권 강화의 차원으로 녹읍제를 폐지하고 관료전의 지급을 실시하였다.

㉡ 광종은 신진관료 양성을 통한 왕권의 강화를 목적으로 하여 무력이 아닌 유교적 학식을 바탕으로 정치적 식견과 능력을 갖춘 관료층의 형성을 위해 과거제도를 실시하였으며 공복을 제정하여 관료제도의 질서를 통한 왕권의 확립을 꾀하였다.

㉢ 태종은 국정운영체제를 도평의사사에서 의정부서사제로, 다시 이를 6조직계제로 고쳐 왕권을 강화하였으며, 사원의 토지와 노비를 몰수하여 전제개혁을 마무리하고, 개인의 사병을 혁파하고 노비변정도감이라는 임시관청을 통해 수십만의 노비를 해방시키는 등 국가 재정과 국방을 강화하기 위한 노력을 하였다.

Answer 5.④ 6.③

7 일본에 사신을 보내면서 스스로를 '고려국왕 대흠무'라고 불렀던 발해 국왕대에 있었던 통일신라의 상황으로 옳은 것은?

① 귀족세력의 반발로 녹읍이 부활되었다.

② 9주 5소경 체제의 지방행정조직을 완비하였다.

③ 의상은 당에서 귀국하여 영주에 부석사를 창건하였다.

④ 장보고는 청해진을 설치하고 남해와 황해의 해상무역권을 장악하였다.

TIP 발해 문왕(737 ~ 793)은 스스로를 황제라 칭하였으며, 이 시기 통일신라에서는 757년 경덕왕 시절 내외관의 월봉인 관료전이 폐지되고 녹읍이 부활하였다.
②③ 7C
④ 신라 하대

8 다음 중 고려의 대간제도에 대한 설명으로 옳은 것은?

① 왕권 보좌의 역할만을 담당하였다.

② 서경과 간쟁의 권한을 행사하였다.

③ 재신과 추밀들로 구성되었다.

④ 법제 · 격식문제를 협의하였다.

TIP ① 왕권의 보좌뿐만 아니라 견제의 역할까지 담당하였다.
③ 도병마사와 관련 있다.
④ 식목도감에서 담당하였다.

9 고구려가 삼국항쟁의 주도권을 장악하고 있던 시기의 사실로 옳은 것은?

① 나 · 제동맹이 강화되었다.

② 수나라가 고구려를 침공하였다.

③ 화랑도가 국가조직으로 확대되었다.

④ 집사부가 설치되었다.

TIP 고구려 장수왕의 남하정책을 막기 위해 신라(눌지왕)와 백제(비유왕)는 433년에 처음으로 나 · 제동맹을 맺었고, 동부여를 복속시켜 고구려의 최대의 영토를 확보한 문자왕 2년에 서로 결혼동맹(신라 소지왕, 백제 동성왕)을 맺음으로써 동맹을 강화하였다.

Answer 7.① 8.② 9.①

10 다음 설명하는 '왕'의 재위기간에 있었던 사실로 옳은 것은?

> 이 왕은 장희빈을 왕비로 책봉하였다. 환국을 직접 주도하면서 정국을 이끌었다.

① 붕당정치 폐해를 경계하고자 탕평책을 실시하였다.
② 금위영을 설치하여 5군영 체제를 확립하였다.
③ 일본과의 무역을 재개하기 위해 기유약조를 체결하였다.
④ 균역법을 실시하여 농민의 군역 부담을 덜어주었다.

TIP 설명하고 있는 왕은 숙종이다.
① 탕평책은 영조가 당쟁을 해소하기 위해 실시한 정책
③ 기유약조는 광해군 때 일본과 맺은 조약
④ 균역법은 영조 때 군역의 부담을 덜어주기 위해 만든 세법

11 영조 집권 초기에 일어난 다음 사건과 관련된 설명으로 옳지 않은 것은?

> 충청도에서 정부군과 반란군이 대규모 전투를 벌였으며 전라도에서도 반군이 조직되었다. 반란에 참가한 주동자들은 비록 정쟁에 패하고 관직에서 소외되었지만, 서울과 지방의 명문 사대부 가문 출신이었다. 반군은 청주성을 함락하고 안성과 죽산으로 향하였다.

① 주요 원인 중의 하나는 경종의 사인에 대한 의혹이다.
② 반란군이 한양을 점령하고 왕이 피난길에 올랐다.
③ 탕평책을 추진하는 데 더욱 명분을 제공하였다.
④ 소론 및 남인 강경파가 주동이 되어 일으킨 것이다.

TIP 이인좌의 난(1728년, 영조 4)…경종이 영조 임금에게 독살되었다는 경종 독살설을 주장하며 소론과 남인의 일부가 영조의 왕통을 부정하여 반정을 시도한 것이다. 영조의 즉위와 함께 실각 당하였던 노론이 다시 집권하고 소론 대신들이 처형을 당하자 이에 불만을 품은 이인좌 등이 소론·남인세력과 중소상인, 노비를 규합하여 청주에서 대규모 반란을 일으켜 한성을 점령하려고 북진하다가 안성과 죽산전투에서 오명환이 지휘한 관군에게 패하여 그 목적이 좌절되었다.

Answer 10.② 11.②

12 18세기 조선 사상계의 동향에 대한 설명으로 옳지 않은 것은?

① 북학사상은 인물성동론을 철학적 기초로 하였다.

② 낙론은 대의명분을 강조한 북벌론으로 발전되어 갔다.

③ 인물성이론은 대체로 충청도지역 노론학자들이 주장했다.

④ 송시열의 유지에 따라 만동묘를 세워 명나라 신종과 의종을 제사지냈다.

> **TIP** 북벌의 대의명분을 강조한 것은 호론에 해당한다.
>
> ※ **낙론**⋯ 화이론을 극복하고 북학사상의 내재적 요인으로 인간과 짐승이 본질적으로 같은 품성을 갖는다고 파악하였다. 또한 인간과 자연 사이에 도덕적 일체화를 요구하여 심성위주의 사고에서 벗어나 새로운 물론을 성립시켰으며 이로 인해 자연관의 변화, 경제지학, 상수학 등에 대한 관심을 증대시키고 이를 기반으로 북학사상을 수용하였다. 성인과 범인의 마음이 동일하다는 것을 강조하고 당시 성장하는 일반민의 실체를 현실로 인정하며 이들을 교화와 개혁책으로 지배질서에 포섭하여 위기를 타개해 나가려 하였다.

13 태조 왕건이 지방세력 견제를 위해 실시한 왕권강화 정책은?

① 조세 경감　　　　　　　　② 흑창 설치

③ 노비안검법　　　　　　　　④ 혼인 정책

> **TIP** ①② 태조의 민생안정 정책이다.
> ③ 광종의 왕권강화 정책

14 공민왕의 반원 자주정책으로 옳지 않은 것은?

① 친원파(기철 일파) 숙청　　② 쌍성총관부 수복

③ 몽골풍 폐지　　　　　　　④ 전민변정도감 설치

> **TIP** 신돈의 주도로 전민변정도감을 설치하여 권문세족이 불법으로 차지한 토지를 원래 주인에게 돌려주고 억울하게 노비가 된 사람을 양민으로 해방시켰다.

Answer 12.② 13.④ 14.④

15 조선을 다른 시대와 구분하여 근세라고 부르는 근본적인 이유는?

① 양인의 수가 더욱 증가하고 권익이 더욱 신장되었다.

② 강한 민족의식이 성장하였다.

③ 모든 지역에 지방관을 파견하여 중앙집권적 통치를 하였다.

④ 민족의 독창적 문화를 형성하였다.

TIP 봉건적 중세사회와 비교해 볼 때 조선을 근세사회로 구분 지울 수 있는 가장 근본적인 이유는 양인의 수적 증가와 권익신장이다.
  ※ 근세사회의 특징
    ㉠ 정치면
      • 왕권중심으로 권력구조를 바꾸고, 중앙집권적으로 제도를 개편하여 관료체제의 기틀을 마련하였다.
      • 중앙집권체제의 원만한 운영을 위해 왕권과 신권의 조화에 노력하여 모범적인 유교정치를 추구하였다.
    ㉡ 사회면
      • 양인의 수가 증가하고 양인의 권익이 더욱 신장되었을 뿐 아니라, 자영농의 수가 전보다 더 늘어났고, 경작권이 보장되었다.
      • 과거제도가 정비되면서 능력이 보다 존중되었다.
    ㉢ 문화면 : 교육의 기회가 확대되었고, 민족적 자각을 바탕으로 민족문화의 확고한 기반을 마련하였다.

16 발해를 우리 민족사의 증거로 제시할 수 있는 내용으로 옳은 것은?

> ㉠ 발해의 왕이 일본에 보낸 외교문서에서 '고(구)려국왕'을 자처하였다.
> ㉡ 발해 피지배층은 말갈족이었다.
> ㉢ 발해 건국주체세력은 고구려 지배계층이었던 대씨, 고씨가 주류를 이루었다.
> ㉣ 수도상경에 주작 대로를 만들었다.

① ㉠㉣   ② ㉠㉢

③ ㉠㉡   ④ ㉠㉣

TIP 발해가 건국된 지역은 고구려 부흥운동이 활발하게 일어난 요동지역이었다. 발해의 지배층 대부분은 고구려 유민이었으며 발해의 문화는 고구려적 요소를 많이 포함하고 있었다.

Answer 15.① 16.②

17 삼국통일 후에 신라는 다음과 같은 정책을 실시하게 된 궁극적인 목적으로 옳은 것은?

> • 문무왕은 고구려, 백제인에게도 관직을 내렸다.
> • 옛 고구려, 백제 유민을 포섭하려 노력했다.
> • 고구려인으로 이루어진 황금서당이 조직되었다.
> • 말갈인으로 이루어진 흑금서당이 조직되었다.

① 민족융합정책　　　　　　　　② 전제왕권강화

③ 농민생활안정　　　　　　　　④ 지방행정조직의 정비

TIP 삼국통일 이후 신라의 9서당은 중앙군사조직에 신라인뿐만 아니라 고구려·백제인·말갈인 등 다른 국민까지 포함시켜 조직함으로써 다른 국민에 대한 우환을 경감시키고 중앙병력을 강화할 수 있었다. 그러나 가장 궁극적인 목적은 민족융합에 있었다고 할 수 있다.

※ **황금서당과 흑금서당**

　㉠ 황금서당(黃衿誓幢) : 통일 신라 시대에 둔 구서당의 하나로 신문왕 3년(683)에 고구려의 포로 및 투항자(投降者)로 편성하였으며, 군복 깃의 빛깔은 황적색이었다.

　㉡ 흑금서당(黑衿誓幢) : 통일 신라 시대에 둔 구서당의 하나로 말갈(靺鞨) 사람으로 편성하였으며 군복 깃의 빛깔은 흑적색이었다.

18 다음 설명하는 ㉠ 왕의 업적으로 옳지 않은 것은?

> ___㉠___ 은/는 한명회, 권람 등과 함께 일으킨 정변을 통해 왕위에 올랐으며 김종서, 황보인 등 재상에게 정치의 실권을 넘어가자 어린 왕을 내쫓고 왕이 되었다.

① 현직 관리에게만 수조권을 지급하는 직전법을 실시하였다.

② 영토 개척을 위해 4군 6진을 설치하였다.

③ 국방력 강화를 위해 호패법을 시행하였다.

④ 경국대전 편찬 작업을 진행하였다.

TIP ㉠ 왕은 세조이다. 세종 때 여진족을 몰아내기 위해 설치된 4군 6진은 왕권강화 목적으로 세조가 6조 직계제로 바꾸었다.

　① 직전법은 새로운 관리에게 지급할 토지가 부족해지는 상황이 나타나자 실시하였다.

　③ 호패법은 조세 징수와 군역 부과를 효과적으로 하기위해 시행하였다.

　④ 당시까지의 모든 법을 전체적으로 조화시켜 경국대전 편찬 작업을 시작하였다.

Answer 17.① 18.②

19 원 간섭기 때의 설명으로 옳지 않은 것은?

① 왕권이 원에 의해 유지되면서 통치 질서가 무너져 제기능을 수행하기 어려워졌다.

② 충선왕은 사림원을 통해 개혁정치를 실시하면서, 우선적으로 충렬왕의 측근세력을 제거하고 관제를 바꾸었다.

③ 공민왕 때에는 정치도감을 통해 개혁정치가 이루어지면서 대토지 겸병 등의 폐단이 줄어들었다.

④ 고려는 일 년에 한 번 몽고에게 공물의 부담이 있었다.

> **TIP** 정치도감을 통한 개혁정치는 충목왕이었다.
> ※ **공민왕의 개혁정치** … 공민왕은 반원자주정책과 왕권 강화를 위하여 개혁정치를 펼쳤다. 친원세력을 숙청하고 정동행성을 폐지하였으며 관제를 복구하였다. 몽고풍을 금지하고 쌍성총관부를 수복하고 요동을 공격하였다. 그리고 정방을 폐지하고 전민변정도감을 설치하였으며 성균관을 설치하여 유학을 발달시키고 신진사대부를 등용하였다.

20 다음 보기와 같은 시대의 왕의 업적으로 옳지 않은 것은?

> 적극적인 탕평책을 추진하여 벽파를 물리치고 시파를 고루 기용하여 왕권의 강화를 꾀하였다. 또한 영조 때의 척신과 환관 등을 제거하고, 노론과 소론 일부, 남인을 중용하였다.

① 군역 부담의 완화를 위하여 균역법을 시행하였다.

② 붕당의 비대화를 막고 국왕의 권력과 정책을 뒷받침하는 기구인 규장각을 육성하였다.

③ 신진 인물과 중·하급 관리를 재교육한 후 등용하는 초계문신제를 시행하였다.

④ 수령이 군현 단위의 향약을 직접 주관하게 하여 지방 사림의 영향력을 줄이고 국가의 백성에 대한 통치력을 강화하였다.

> **TIP** 군역 부담을 줄이기 위하여 균역법을 시행한 것은 영조의 치적이다.
> ※ 정조의 개혁정치
> ㉠ 규장각의 육성
> ㉡ 초계문신제의 시행
> ㉢ 장용영의 설치
> ㉣ 수원 육성
> ㉤ 수령의 권한 강화
> ㉥ 서얼과 노비의 차별을 완화
> ㉦ 통공정책으로 금난전권을 폐지
> ㉧ 대전통편, 동문휘고, 탁지지 등을 편찬

Answer 19.③ 20.①

21 다음 사건이 일어난 순서대로 나열한 것은?

㉠ 세조를 비방한 조의제문을 사초에 기록한 것을 트집잡아 훈구파가 연산군을 충동질하여 사림파를 제거하였다.

㉡ 연산군의 생모 윤씨의 폐출사건을 들추어서 사림파를 제거하였다.

㉢ 조광조 등이 현량과를 실시하여 사림을 등용하여 급진적 개혁을 추진하자 이에 대한 훈구세력의 반발로 조광조는 실각되고 말았다.

㉣ 인종의 외척인 윤임과 명종의 외척인 윤형원의 왕위계승 문제가 발단이 되었는데, 왕실 외척인 척신들이 윤임을 몰아내고 정국을 주도하여 사림의 세력이 크게 위축되었다.

---

① ㉠ → ㉡ → ㉢ → ㉣

② ㉠ → ㉢ → ㉡ → ㉣

③ ㉡ → ㉣ → ㉠ → ㉢

④ ㉠ → ㉣ → ㉡ → ㉢

TIP ㉠ 무오사화(1498년, 연산군 4) → ㉡ 갑자사화(1504년, 연산군 10) → ㉢ 기묘사화(1519년, 중종 14) → ㉣ 을사사화(1545년, 명종 즉위년)

22 다음은 후대 왕들의 귀감을 위해 만든 10가지 유훈이다. 이를 남긴 왕은?

첫째.   불교의 힘으로 나라를 세웠으니 불교를 장려할 것

둘째.   모든 사원은 풍수 사상에 따라 개창하였으니, 함부로 짓지 말 것

셋째.   왕위 계승은 적자적손을 원칙으로 하되, 장자가 자격이 없을 때에는 인망 있는 자가 대통을 이을 것

넷째.   중국 풍속을 따르지 말고, 거란 등 야만국 풍속을 배격할 것

다섯째. 서경을 중시할 것

여섯째. 연등회 · 팔관회 등의 중요한 행사를 소홀히 하지 말 것

아홉째. 모든 관료의 녹봉을 제도에 따라 공적으로 정할 것

열째.   널리 경전과 역사서를 보아 온고지신의 교훈으로 삼을 것

---

① 효종

② 태조

③ 세종

④ 문종

TIP 태조가 남긴 후대 왕들이 지켜야 할 방향을 제시한 훈요10조다.

Answer 21.① 22.②

03 경제구조와 경제활동

01 고대의 경제

❶ 삼국의 경제생활

(1) 삼국의 경제정책

① **정복활동과 경제정책** ··· 정복지역의 지배자를 내세워 공물을 징수하였고 전쟁포로들은 귀족이나 병사에게 노비로 지급하였다.

② **수취체제의 정비** ··· 노동력의 크기로 호를 나누어 곡물·포·특산물 등을 징수하고 15세 이상 남자의 노동력을 징발하였다.

③ **농민경제의 안정책** ··· 철제 농기구를 보급하고, 우경이나·황무지의 개간을 권장하였으며, 저수지를 축조하였다.

④ **수공업** ··· 노비들이 무기나 장신구를 생산하였으며, 수공업 생산을 담당하는 관청을 설치하였다.

⑤ **상업** ··· 도시에 시장이 형성되었으며, 시장을 감독하는 관청을 설치하였다.

⑥ **국제무역** ··· 왕실과 귀족의 수요품을 중심으로 공무역의 형태로 이루어졌다. 고구려는 남북조와 북방민족을 대상으로 하였으며 백제는 남중국, 왜와 무역하였고 신라는 한강 확보 이전에는 고구려, 백제와 교류하였으나 한강 확보 이후에는 당항성을 통하여 중국과 직접 교역하였다.

(2) 경제생활

① **귀족의 경제생활** ··· 자신이 소유한 토지와 노비, 국가에서 지급받은 녹읍과 식읍을 바탕으로 하였으며 귀족은 농민의 지배가 가능하였으며, 기와집, 창고, 마구간, 우물, 주방을 설치하여 생활하였다.

② **농민의 경제생활** ··· 자기 소유의 토지(민전)나 남의 토지를 빌려 경작하였으며, 우경이 확대되었다. 그러나 수취의 과중한 부담으로 생활개선을 위해 농사기술을 개발하고 경작지를 개간하였다.

❷ 남북국시대의 경제적 변화

(1) 통일신라의 경제정책

① 수취체제의 변화

　　㉠ 조세 : 생산량의 10분의 1 정도를 수취하였다.

　　㉡ 공물 : 촌락 단위로 그 지역의 특산물을 징수하였다.

　　㉢ 역 : 군역과 요역으로 이루어져 있었으며, 16 ~ 60세의 남자를 대상으로 하였다.

② 민정문서

　　㉠ 작성 : 정부가 농민에 대한 조세와 요역 부과 자료의 목적으로 작성된 것으로 추정되며, 자연촌 단위
　　　로 매년 변동사항을 조사하여 3년마다 촌주가 작성하였다. 토지의 귀속관계에 따라 연수유전답, 촌
　　　주위답, 관모전답, 내시령답, 마전 등으로 분류되어 있다.

　　㉡ 인구조사 : 남녀별, 연령별로 6등급으로 조사하였다. 양인과 노비, 남자와 여자로 나누어 기재되어 있다.

　　㉢ 호구조사 : 9등급으로 구분하였다.

③ 토지제도의 변화

　　㉠ 관료전 지급(신문왕) : 식읍을 제한하고, 녹읍을 폐지하였으며 관료전을 지급하였다.

　　㉡ 정전 지급(성덕왕) : 왕토사상에 의거 백성에게 정전을 지급하고, 구휼정책을 강화하였다.

　　㉢ 녹읍 부활(경덕왕) : 녹읍제가 부활되고 관료전이 폐지되었다.

(2) 통일신라의 경제

① 경제 발달

　　㉠ 경제력의 성장

　　　• 중앙 : 동시(지증왕) 외에 서시와 남시(효소왕)가 설치되었다.

　　　• 지방 : 지방의 중심지나 교통의 요지에서 물물교환이 이루어졌다.

　　㉡ 무역의 발달

　　　• 대당 무역 : 나 · 당전쟁 이후 8세기 초(성덕왕)에 양국관계가 재개되면서 공무역과 사무역이 발달하였다.
　　　　수출품은 명주와 베, 해표피, 삼, 금 · 은세공품 등이었고 수입품은 비단과 책 및 귀족들이 필요로 하는
　　　　사치품이었다.

　　　• 대일 무역 : 초기에는 무역을 제한하였으나, 8세기 이후에는 무역이 활발하였다.

　　　• 국제무역 : 이슬람 상인이 울산을 내왕하였다.

　　　• 청해진 설치 : 장보고가 해적을 소탕하였고 남해와 황해의 해상무역권을 장악하여 당, 일본과의 무역을
　　　　독점하였다.

② 귀족의 경제생활
　　㉠ **귀족의 경제적 기반** : 녹읍과 식읍을 통해 농민을 지배하여 조세와 공물을 징수하고, 노동력을 동원하였으며 국가에서 지급한 것 외에도 세습토지, 노비, 목장, 섬을 소유하기도 하였다.
　　㉡ **귀족의 일상생활** : 사치품(비단, 양탄자, 유리그릇, 귀금속)을 사용하였으며 경주 근처의 호화주택과 별장을 소유하였다(안압지, 포석정 등).

③ 농민의 경제생활
　　㉠ **수취의 부담** : 전세는 생산량의 10분의 1 정도를 징수하였으나, 삼베·명주실·과실류를 바쳤고, 부역이 많아 농사에 지장을 초래하였다.
　　㉡ **농토의 상실** : 8세기 후반 귀족이나 호족의 토지 소유 확대로 토지를 빼앗겨 남의 토지를 빌려 경작하거나 노비로 자신을 팔거나, 유랑민이나 도적이 되기도 하였다.
　　㉢ **향·부곡민** : 농민보다 많은 부담을 가졌다.
　　㉣ **노비** : 왕실, 관청, 귀족, 사원(절) 등에 소속되어 물품을 제작하거나, 일용 잡무 및 경작에 동원되었다.

(3) 발해의 경제 발달

① **수취제도**
　　㉠ **조세** : 조·콩·보리 등의 곡물을 징수하였다.
　　㉡ **공물** : 베·명주·가죽 등 특산물을 징수하였다.
　　㉢ **부역** : 궁궐·관청 등의 건축에 농민이 동원되었다.

② **귀족경제의 발달** ··· 대토지를 소유하였으며, 당으로부터 비단과 서적을 수입하였다.

③ **농업** ··· 밭농사가 중심이 되었으며 일부지역에서 철제 농기구를 사용하고, 수리시설을 확충하여 논농사를 하기도 하였다.

④ **목축·수렵·어업** ··· 돼지·말·소·양을 사육하고, 모피·녹용·사향을 생산 및 수출하였으며 고기잡이도구를 개량하고, 숭어, 문어, 대게, 고래 등을 잡았다.

⑤ **수공업** ··· 금속가공업(철, 구리, 금, 은), 직물업(삼베, 명주, 비단), 도자기업 등이 발달하였다.

⑥ **상업** ··· 도시와 교통요충지에 상업이 발달하고, 현물과 화폐를 주로 사용하였으며, 외국 화폐가 유통되기도 하였다.

⑦ **무역** ··· 당, 신라, 거란, 일본 등과 무역하였다.
　　㉠ **대당 무역** : 산둥반도의 덩저우에 발해관을 설치하였으며, 수출품은 토산품과 수공업품(모피, 인삼, 불상, 자기)이며 수입품은 귀족들의 수요품인 비단, 책 등이었다.
　　㉡ **대일 무역** : 일본과의 외교관계를 중시하여 활발한 무역활동을 전개하였다.
　　㉢ **신라와의 관계** : 필요에 따라 사신이 교환되고 소극적인 경제, 문화 교류를 하였다.

02 중세의 경제

1 경제 정책

(1) 전시과 제도

① **전시과제도의 특징** … 토지소유권은 국유를 원칙으로 하나 사유지가 인정되었으며 수조권에 따라 공·사전을 구분하여 수조권이 국가에 있으면 공전, 개인·사원에 속해 있으면 사전이라 하였으며 경작권은 농민과 외거노비에게 있었다. 관직 복무와 직역에 대한 대가로 지급되었기 때문에 세습이 허용되지 않았다.

② **토지제도의 정비과정**
  - ㉠ **역분전(태조)** : 후삼국 통일과정에서 공을 세운 사람들에게 충성도와 인품에 따라 경기지방에 한하여 지급하였다.
  - ㉡ **시정전시과(경종)** : 관직이 높고 낮음과 함께 인품을 반영하여 역분전의 성격을 벗어나지 못하였고 전국적 규모로 정비되었다.
  - ㉢ **개정전시과(목종)** : 관직만을 고려하여 지급하는 기준안을 마련하고, 지급량도 재조정하였으며, 문관이 우대되었고 군인전도 전시과에 규정하였다.
  - ㉣ **경정전시과(문종)** : 현직 관리에게만 지급하고, 무신에 대한 차별대우가 시정되었다.
  - ㉤ **녹과전(원종)** : 무신정변으로 전시과체제가 완전히 붕괴되면서 관리의 생계 보장을 위해 지급하였다.
  - ㉥ **과전법(공양왕)** : 권문세족의 토지를 몰수하여 공전에 편입하고 경기도에 한해 과전을 지급하였다. 이로써 신진사대부의 경제적 토대가 마련되었다.

(2) 토지의 소유

고려는 국가에 봉사하는 대가로 관료에게 전지와 시지를 차등있게 나누어 주는 전시과와 개인 소유의 토지인 민전을 근간으로 운영하였다.

2 경제활동

(1) 귀족의 경제생활

대대로 상속받은 토지와 노비, 과전과 녹봉 등이 기반이 되었으며 노비에게 경작시키거나 소작을 주어 생산량의 2분의 1을 징수하고, 외거노비에게 신공으로 매년 베나 곡식을 징수하였다.

(2) 농민의 경제생활

민전을 경작하거나, 국유지나 공유지 또는 다른 사람의 토지를 경작하여, 품팔이를 하거나 가내 수공업에 종사하였다. 삼경법이 일반화되었고 시비법의 발달, 윤작의 보급 및 이앙법이 남부지방에서 유행하였다.

(3) 수공업자의 활동

① **관청수공업** … 공장안에 등록된 수공업자와 농민 부역으로 운영되었으며, 주로 무기, 가구, 세공품, 견직물, 마구류 등을 제조하였다.

② **소(所)수공업** … 금, 은, 철, 구리, 실, 각종 옷감, 종이, 먹, 차, 생강 등을 생산하여 공물로 납부하였다.

③ **사원수공업** … 베, 모시, 기와, 술, 소금 등을 생산하였다.

④ **민간수공업** … 농촌의 가내수공업이 중심이 되었으며(삼베, 모시, 명주 생산), 후기에는 관청수공업에서 제조하던 물품(놋그릇, 도자기 등)을 생산하였다.

(4) 상업활동

① **도시의 상업활동** … 개경, 서경(평양), 동경(경주) 등 대도시에 서적점, 약점, 주점, 다점 등의 관영상점이 설치되었고 비정기 시장도 활성화되었으며 물가조절 기구인 경사서가 설치되었다.

② **지방의 상업활동** … 관아 근처에서 쌀이나 베를 교환할 수 있는 시장이 열렸으며 행상들의 활동도 두드러졌다.

③ **사원의 상업활동** … 소유하고 있는 토지에서 생산한 곡물과 승려나 노비들이 만든 수공업품을 민간에 판매하였다.

④ **고려 후기의 상업활동** … 벽란도가 교통로와 산업의 중심지로 발달하였고, 국가의 재정수입을 늘리기 위하여 소금의 전매제가 실시되었고, 관청·관리 등은 농민에게 물품을 강매하거나, 조세를 대납하게 하였다.

(5) 화폐 주조와 고리대의 유행

① **화폐 주조 및 고리대의 성행** … 자급자족적 경제구조로 유통이 부진하였고 곡식이나 삼베가 유통의 매개가 되었으며, 장생고라는 서민금융기관을 통해 사원과 귀족들은 폭리를 취하여 부를 확대하였는데 이로 인하여 농민은 토지를 상실하거나 노비가 되기도 하였다.

② **보(寶)** … 일정한 기금을 조성하여 그 이자를 공적인 사업의 경비로 충당하는 것을 말한다.
　㉠ **학보(태조)** : 학교 재단
　㉡ **광학보(정종)** : 승려를 위한 장학재단
　㉢ **경보(정종)** : 불경 간행
　㉣ **팔관보(문종)** : 팔관회 경비
　㉤ **제위보(광종)** : 빈민 구제
　㉥ **금종보** : 현화사 범종주조 기금

(6) 무역활동

① 공무역을 중심으로 발전하였으며, 벽란도가 국제무역항으로 번성하게 되었다.

② 고려는 문화적 · 경제적 목적으로 송은 정치적 · 군사적 목적으로 친선관계를 유지하였으며 거란과 여진 과는 은과 농기구, 식량을 교역하였다. 일본과는 11세기 후반부터 김해에서 내왕하면서 수은 · 유황 등 을 가지고 와서 식량 · 인삼 · 서적 등과 바꾸어 갔으며 아라비아(대식국)는 송을 거쳐 고려에 들어와 수 은 · 향료 · 산호 등을 판매하였다. 또한 이 시기에 고려의 이름이 서방에 알려졌다.

③ 원 간섭기의 무역 ··· 공무역이 행해지는 한편 사무역이 다시 활발해졌고, 상인들이 독자적으로 원과 교 역하면서 금, 은, 소, 말 등이 지나치게 유출되어 사회적으로 물의가 일어날 정도였다.

03 근세의 경제

❶ 경제정책

(1) 과전법의 시행과 변화

① **과전법의 시행** ··· 국가의 재정기반과 신진사대부세력의 경제기반을 확보하기 위해 시행되었는데 경기지 방의 토지에 한정되었고 과전을 받은 사람이 죽거나 반역을 한 경우에는 국가에 반환하였고 토지의 일 부는 수신전, 휼양전, 공신전 형태로 세습이 가능하였다.

② **과전법의 변화** ··· 토지가 세습되자 신진관리에게 나누어 줄 토지가 부족하게 되었다.
  ㉠ 직전법(세조) : 현직 관리에게만 수조권을 지급하였고 수신전과 휼양전을 폐지하였다.
  ㉡ 관수관급제(성종) : 관청에서 수조권을 행사하고, 관리에게 지급하여 국가의 지배권이 강화하였다.
  ㉢ 직전법의 폐지(16세기 중엽) : 수조권 지급제도가 없어졌다.

③ **지주제의 확산** ··· 직전법이 소멸되면서 고위층 양반들이나 지방 토호들은 토지 소유를 늘리기 시작하여 지주전호제가 일반화되고 병작반수제가 생겼다.

(2) 수취체제의 확립

① **역** ··· 16세 이상의 정남에게 의무가 있다.
  ㉠ 군역 : 정군은 일정 기간 군사복무를 위하여 교대로 근무했으며, 보인은 정군이 복무하는 데에 드는 비용을 보조하였다. 양반, 서리, 향리는 군역이 면제되었다.
  ㉡ 요역 : 가호를 기준으로 정남의 수를 고려하여 뽑았으며, 각종 공사에 동원되었다. 토지 8결당 1인이 동원되었고, 1년에 6일 이내로 동원할 수 있는 날을 제한하였으나 임의로 징발하는 경우도 많았다.

② **조세** … 토지 소유자의 부담이었으나 지주들은 소작농에게 대신 납부하도록 강요하는 경우가 많았다.

　　㉠ **과전법** : 수확량의 10분의 1을 징수하고, 매년 풍흉에 따라 납부액을 조정하였다.

　　㉡ **전분6등법 · 연분9등법(세종)** : 1결당 최고 20두에서 최하 4두를 징수하였다.

　　　• 전분6등법

　　　　– 토지의 비옥한 정도에 따라 6등급으로 나누고 그에 따라 1결의 면적을 달리하였다.

　　　　– 모든 토지는 20년마다 측량하여 대장을 만들어 호조, 각도, 각 고을에 보관하였다.

　　　• 연분9등법

　　　　– 한 해의 풍흉에 따라 9등급으로 구분하였다.

　　　　– 작황의 풍흉에 따라 1결당 최고 20두에서 최하 4두까지 차등을 두었다.

　　㉢ **조세 운송** : 군현에서 거둔 조세는 조창(수운창 · 해운창)을 거쳐 경창(용산 · 서강)으로 운송하였으며, 평안도와 함경도의 조세는 군사비와 사신접대비로 사용하였다.

③ **공납** … 중앙관청에서 각 지역의 토산물을 조사하여 군현에 물품과 액수를 할당하여 징수하는 것으로 납부기준에 맞는 품질과 수량을 맞추기 어려워 농민들의 부담이 컸다.

④ **국가재정** … 세입은 조세, 공물, 역 이외에 염전, 광산, 산림, 어장, 상인, 수공업자의 세금으로 마련하였으며, 세출은 군량미나 구휼미로 비축하고 왕실경비, 공공행사비, 관리의 녹봉, 군량미, 빈민구제비, 의료비 등으로 지출하였다.

❷ 양반과 평민의 경제활동

(1) 양반 지주의 생활

농장은 노비의 경작과 주변 농민들의 병작반수의 소작으로 행해졌으며 노비는 재산의 한 형태로 구매, 소유 노비의 출산 및 혼인으로 확보되었고, 외거노비는 주인의 땅을 경작 및 관리하고 신공을 징수하였다.

(2) 농민생활의 변화

① **농업기술의 발달**

　　㉠ **밭농사** : 조 · 보리 · 콩의 2년 3작이 널리 행해졌다.

　　㉡ **논농사** : 남부지방에 모내기 보급과 벼와 보리의 이모작으로 생산량이 증가되었다.

　　㉢ **시비법** : 밑거름과 덧거름을 주어 휴경제도가 거의 사라졌다.

　　㉣ **농기구** : 쟁기, 낫, 호미 등의 농기구도 개량되었다.

　　㉤ **수리시설의 확충**

② **상품 재배** … 목화 재배가 확대되어 의생활이 개선되었고, 약초와 과수 재배가 확대되었다.

(3) 수공업 생산활동

① **관영수공업** … 관장은 국역으로 의류, 활자, 화약, 무기, 문방구, 그릇 등을 제작하여 공급하였고, 국역 기간이 끝나면 자유로이 필수품을 제작하여 판매할 수 있었다.

② **민영수공업** … 농기구 등 물품을 제작하거나, 양반의 사치품을 생산하는 일을 맡았다.

③ **가내수공업** … 자급자족 형태로 생활필수품을 생산하였다.

(4) 상업활동

① **시전 상인** … 왕실이나 관청에 물품을 공급하는 특정 상품의 독점판매권(금난전권)을 획득하였으며, 육 의전(시전 중 명주, 종이, 어물, 모시, 삼베, 무명을 파는 점포)이 번성하였다. 또한 경시서를 설치하여 불법적인 상행위를 통제하였고 도량형을 검사하고 물가를 조절하였다.

② **장시** … 서울 근교와 지방에서 농업생산력 발달에 힘입어 정기 시장으로 정착되었으며, 보부상이 판매와 유통을 주도하였다.

③ **화폐** … 화(태종, 조선 최초의 지폐)와 조선통보(세종)를 발행하였으나 유통이 부진하였다. 농민에겐 쌀 과 무명이 화폐역할을 하였다.

④ **대외무역** … 명과는 공무역과 사무역을 허용하였으며, 여진과는 국경지역의 무역소를 통해 교역하였고 일본과는 동래에 설치한 왜관을 통해 무역하였다.

(5) 수취제도의 문란

① **공납의 폐단 발생** … 중앙관청의 서리들이 공물을 대신 납부하고 수수료를 징수하는 것을 방납이라 하는데 방납 이 증가할수록 농민의 부담이 증가되었다. 이에 이이·유성룡은 공물을 쌀로 걷는 수미법을 주장하였다.

② **군역의 변질**

　㉠ 군역의 요역화 : 농민 대신에 군인을 각종 토목공사에 동원시키게 되어 군역을 기피하게 되었다.

　㉡ 대립제 : 보인들에게서 받은 조역가로 사람을 사서 군역을 대신시키는 현상이다.

　㉢ 군적수포제 : 장정에게 군포를 받아 그 수입으로 군대를 양성하는 직업군인제로서 군대의 질이 떨어 지고, 모병제화되었으며 농민의 부담이 가중되는 결과를 낳았다.

③ **환곡** … 농민에게 곡물을 빌려 주고 10분의 1 정도의 이자를 거두는 제도로서 지방 수령과 향리들이 정 한 이자보다 많이 징수하는 폐단을 낳았다.

04 경제상황의 변동

1 수취체제의 개편

(1) 영정법의 실시(1635)

① 배경 … 15세기의 전분 6등급과 연분 9등급은 매우 번잡하여 제대로 운영되지 않았고, 16세기에는 아예 무시된 채 최저율의 세액이 적용되게 되었다.

② 내용 … 풍흉에 관계 없이 전세로 토지 1결당 미곡 4두를 징수하였다.

③ 결과 … 전세율은 이전보다 감소하였으나 여러 명목의 비용을 함께 징수하여 농민의 부담은 다시 증가하였으며 또한 지주전호제하의 전호들에겐 적용되지 않았다.

(2) 공납의 전세화

① 방납의 폐단을 시정하고 농민의 토지 이탈을 방지하기 위해서 대동법을 실시하였다. 과세기준이 종전의 가호에서 토지의 결 수로 바뀌어 농민의 부담이 감소하였다.

② 영향 … 공인의 등장, 농민부담의 경감, 장시와 상공업의 발달, 상업도시의 성장, 상품·화폐경제의 성장, 봉건적 양반사회의 붕괴 등에 영향을 미쳤으나 현물 징수는 여전히 존속하였다.

③ 의의 … 종래의 현물 징수가 미곡, 포목, 전화 등으로 대체됨으로써 조세의 금납화 및 공납의 전세화가 이루어졌다.

(3) 균역법의 시행

① 균역법의 실시 … 농민 1인당 1년에 군포 1필을 부담 하였으며 지주에게는 결작으로 1결당 미곡 2두를 징수하고, 상류층에게 선무군관이라는 창호로 군포 1필을 징수하였으며 어장세, 선박세 등 잡세 수입으로 보충하였다.

② 결과 … 농민의 부담은 일시적으로 경감하였지만 농민에게 결작의 부담이 강요되었고 군적의 문란으로 농민의 부담이 다시 가중되었다.

❷ 서민경제의 발전

(1) 양반 지주의 경영 변화
상품화폐경제의 발달로 소작인의 소작권을 인정하고, 소작료 인하 및 소작료를 일정액으로 정하는 추세가 등장하게 되었으며, 토지 매입 및 고리대로 부를 축적하거나, 경제 변동에 적응하지 못한 양반이 등장하게 되었다.

(2) 농민경제의 변화
① **모내기법의 확대** ⋯ 이모작으로 인해 광작의 성행과 농민의 일부는 부농으로 성장하였다.

② **상품작물의 재배** ⋯ 장시가 증가하여 상품의 유통(쌀, 면화, 채소, 담배, 약초 등)이 활발해졌다.

③ **소작권의 변화** ⋯ 소작료가 타조법에서 도조법으로 변화하였고, 곡물이나 화폐로 지불하였다.

④ **몰락 농민의 증가** ⋯ 부세의 부담, 고리채의 이용, 관혼상제의 비용 부담 등으로 소작지를 잃은 농민은 도시에서 상공업에 종사하거나, 광산이나 포구의 임노동자로 전환되었다.

(3) 민영수공업의 발달
① **민영수공업** ⋯ 관영수공업이 쇠퇴하고 민영수공업이 증가하였다.

② **농촌수공업** ⋯ 전문적으로 수공업제품을 생산하는 농가가 등장하여, 옷감과 그릇을 생산하였다.

③ **수공업 형태의 변화** ⋯ 상인이나 공인으로부터 자금이나 원료를 미리 받고 제품을 생산하는 선대제수공업이나 독자적으로 제품을 생산하고 판매하는 독립수공업의 형태로 변화하였다.

(4) 민영 광산의 증가
① **광산 개발의 증가** ⋯ 민영수공업의 발달로 광물의 수요가 증가, 대청 무역으로 은의 수요가 증가, 상업 자본의 채굴과 금광 투자가 증가하고, 잠채가 성행하였다.

② **조선 후기의 광업** ⋯ 덕대가 상인 물주로부터 자본을 조달받아 채굴업자와 채굴노동자, 제련노동자 등을 고용하여 분업에 토대를 둔 협업으로 운영하였다.

❸ 상품화폐경제의 발달

(1) 사상의 대두

① **상품화폐경제의 발달** … 농민의 계층 분화로 도시유입인구가 증가되어 상업활동은 더욱 활발해졌으며 이는 공인과 사상이 주도하였다.

② **사상의 성장** … 초기의 사상은 농촌에서 도시로 유입된 인구의 일부가 상업으로 생계를 유지하여 시전에서 물건을 떼어다 파는 중도아(中都兒)가 되었다가, 17세기 후반에는 시전상인과 공인이 상업활동에서 활기를 띠자 난전이라 불리는 사상들도 성장하였고 시전과 대립하였다. 이후 18세기 말, 정부는 육의전을 제외한 나머지 시전의 금난전권을 폐지하였다.

(2) 장시의 발달

① 15세기 말 개설되기 시작한 장시는 18세기 중엽 전국에 1,000여개 소가 개설되었으며, 보통 5일마다 열렸는데 일부 장시는 상설 시장이 되기도 하였으며, 인근의 장시와 연계하여 하나의 지역적 시장권을 형성하였다.

② **보부상의 활동** … 농촌의 장시를 하나의 유통망으로 연결하여 생산자와 소비자를 이어주는 데 큰 역할을 하였고, 자신들의 이익을 지키기 위하여 보부상단 조합을 결성하였다.

(3) 포구에서의 상업활동

① **포구의 성장**
　㉠ 수로 운송 : 도로와 수레가 발달하지 못하여 육로보다 수로를 이용하였다.
　㉡ 포구의 역할 변화 : 세곡과 소작료 운송기지에서 상업의 중심지로 성장하였다.
　㉢ 선상, 객주, 여각 : 포구를 거점으로 상행위를 하는 상인이 등장했다.

② **상업활동**
　㉠ 선상 : 선박을 이용하여 포구에서 물품을 유통하였다.
　㉡ 경강상인 : 대표적인 선상으로 한강을 근거지로 소금, 어물과 같은 물품의 운송과 판매를 장악하여 부를 축적하였고 선박의 건조 등 생산분야에까지 진출하였다.
　㉢ 객주, 여각 : 선상의 상품매매를 중개하거나, 운송 · 보관 · 숙박 · 금융 등의 영업을 하였다.

(4) 중계무역의 발달

① 대청 무역 … 7세기 중엽부터 활기를 띠었으며, 공무역에는 중강개시, 회령개시, 경원개시 등이 있고, 사무역에는 중강후시, 책문후시, 회동관후시, 단련사후시 등이 있었다. 주로 수입품은 비단, 약재, 문방구 등이며 수출품은 은, 종이, 무명, 인삼 등이었다.

② 대일 무역 … 왜관개시를 통한 공무역이 활발하게 이루어졌고 조공무역이 이루어졌다. 조선은 수입한 물품들을 일본에게 넘겨 주는 중계무역을 하고 일본으로부터 은, 구리, 황, 후추 등을 수입하였다.

③ 상인들의 무역활동 … 의주의 만상, 동래의 내상 개성의 송상 등이 있다.

(5) 화폐 유통

① 화폐의 보급 … 인조 때 동전이 주조되어, 개성을 중심으로 유통되다가 효종 때 널리 유통되었다. 18세기 후반에는 세금과 소작료도 동전으로 대납이 가능해졌다.

② 동전 부족(전황) … 지주, 대상인이 화폐를 고리대나 재산 축적에 이용하자 전황이 생겨 이익은 폐전론을 주장하기도 하였다.

③ 신용화폐의 등장 … 상품화폐경제의 진전과 상업자본의 성장으로 대규모 상거래에 환·어음 등의 신용화폐를 이용하였다.

출제 예상 문제

1 신라사 연구의 중요한 자료인 민정문서에 대한 설명으로 옳은 것은?

① 천민집단 및 노비의 노동력은 기록하지 않았다.

② 인구를 연령별로 6등급으로 조사 · 기록하였다.

③ 소백산맥 동쪽에 있는 중원경의 촌락기록이다.

④ 5년마다 촌락의 노동력과 생산력을 지방관이 조사 · 기록하였다.

> **TIP** ① 평민 이외에 향 · 부곡민 및 노비의 노동력을 철저히 기록하여 국가부역과 조세기준을 마련하였다.
> ② 인정(人丁)은 연령과 성별에 따라 6등급으로 구분되었다.
> ③ 신라장적은 서원경과 부근 3개촌의 민정문서이다.
> ④ 평민 이외에 향 · 부곡민 및 노비의 노동력을 철저히 기록하여 국가의 부역과 조세기준을 마련하였다.

2 고려의 수취제도에 대한 설명으로 옳은 것은?

① 어민과 상인은 수취에서 제외되었다.

② 조세는 비옥도에 관계없이 면적에 따라 징수하였다.

③ 지방에서 거둔 조세는 조운을 통해 개경으로 옮겨졌다.

④ 국가가 백성의 노동력을 동원할 때에는 반드시 대가를 지불하였다.

> **TIP** ③ 고려는 수취를 통해 거둔 조세를 각 군현의 농민을 동원하여 조창까지 옮긴 다음, 조운을 통해서 개경의 좌우창으로 운반하여 보관하였다.
> ① 어민에게 어염세를 걷거나 상인에게 상세를 거두어 재정에 사용하였다.
> ② 조세는 논과 밭으로 나누고 비옥한 정도에 따라 3등급으로 나누어 부과하였다.
> ④ 역은 국가에서 백성의 노동력을 무상으로 동원하였다.

Answer 1.② 2.③

3 고려시대의 경제 활동에 대한 설명으로 옳지 않은 것은?

① 전기에는 관청 수공업과 소 수공업 중심으로 발달하였다.
② 상업은 촌락을 중심으로 발달하였다.
③ 대외 무역에서 가장 큰 비중을 차지한 것은 송과의 무역이었다.
④ 사원에서는 베, 모시, 기와, 술, 소금 등의 품질 좋은 제품을 생산하였다.

TIP 고려시대에는 상품화폐경제가 발달하지 못하였고 상업은 촌락이 아니라 도시를 중심으로 발달하였다.

4 다음과 같은 문화 활동을 전후한 시기의 농업 기술 발달에 관한 내용으로 옳은 것을 모두 고르면?

> • 서예에서 간결한 구양순체 대신에 우아한 송설체가 유행하였다.
> • 고려 태조에서 숙종 대까지의 역대 임금의 치적을 정리한 「사략」이 편찬되었다.

> ㉠ 2년 3작의 윤작법이 점차 보급되었다.
> ㉡ 원의 「농상집요」가 소개되었다.
> ㉢ 우경에 의한 심경법이 확대되었다.
> ㉣ 상품 작물이 광범위하게 재배되었다.

① ㉠㉡
② ㉡㉢
③ ㉠㉡㉢
④ ㉡㉢㉣

TIP 구양순체는 고려 전기의 유행서체이며 송설체가 유행한 시기는 고려 후기에 해당한다. 또한 13세기 후반 성리학의 수용으로 대의명분과 정통의식을 고수하는 성리학과 사관이 도입되었는데 이제현의 「사략」은 이 시기의 대표적인 역사서이다. 따라서 고려 후기의 농업기술 발달에 관한 내용을 선택하여야 하며 상품작물이 광범위하게 재배된 것은 조선 후기의 특징에 해당하므로 제외하여야 한다.
※ **고려 후기의 농업 발달**
㉠ 밭농사에 2년 3작의 윤작법이 보급되었다.
㉡ 원의 사농사에서 편찬한 화북지방의 농법 「농상집요」를 전통적인 것을 보다 더 발전시키려는 노력의 일단으로 소개 보급하였다.
㉢ 소를 이용한 심경법이 널리 보급되었다.

Answer 3.② 4.③

5 보기의 세 사람이 공통적으로 주장한 내용으로 옳은 것은?

• 유형원	• 이익	• 정약용

① 자영농을 육성하여 민생을 안정시키자고 주장하였다.
② 상공업의 진흥과 기술혁신을 주장하였다.
③ 개화기의 개화사상가들에 의해 계승되었다.
④ 농업부문에서 도시제도의 개혁보다는 생산력 증대를 중요시 하였다.

TIP 중농학파(경세치용)
㉠ 농촌 거주의 남인학자들에 의해 발달
㉡ 국가제도의 개편으로 유교적 이상국가의 건설을 주장
㉢ 토지제도의 개혁을 강조하여 자영농의 육성과 농촌경제의 안정을 도모
㉣ 대원군의 개혁정치, 한말의 애국계몽사상, 일제시대의 국학자들에게 영향

6 조선시대 토지제도에 대한 설명이다. 변천순서로 옳은 것은?

㉠ 국가의 재정기반과 신진사대부세력의 경제기반을 확보하기 위해 시행되었다.
㉡ 현직관리에게만 수조권을 지급하였다.
㉢ 관청에서 수조권을 행사하여 백성에게 조를 받아, 관리에게 지급하였다.
㉣ 국가가 관리에게 현물을 지급하는 급료제도이다.

① ㉠ – ㉡ – ㉢ – ㉣
② ㉡ – ㉠ – ㉢ – ㉣
③ ㉢ – ㉡ – ㉠ – ㉣
④ ㉣ – ㉡ – ㉢ – ㉠

TIP 토지제도의 변천
㉠ 통일신라시대 : 전제왕권이 강화되면서 녹읍이 폐지되고 신문왕 관료전이 지급되었다.
㉡ 고려시대 : '역분전 → 시정전시과 → 개정전시과 → 경정전시과 → 녹과전 → 과전법'으로 토지제도가 변천되었다.
㉢ 조선시대 : '과전법 → 직전법 → 관수관급제 → 직전법의 폐지와 지주제의 확산'으로 이루어졌다.

Answer 5.① 6.①

7 영조 때 실시된 균역법에 대한 설명으로 옳지 않은 것은?

① 군포를 1년에 2필에서 1필로 경감시켰다.

② 균역법의 실시로 모든 양반에게도 군포를 징수하였다.

③ 균역법의 시행으로 감소된 재정은 어장세 · 염전세 · 선박세로 보충하였다.

④ 결작이라 하여 토지 1결당 미곡 2두를 부과하였다.

TIP 균역법의 시행으로 감소된 재정은 결작(토지 1결당 미곡 2두)을 부과하고 일부 상류층에게 선무군관이라는 칭호를 주어 군포 1필을 납부하게 하였으며 선박세와 어장세, 염전세 등으로 보충하였다.

8 통일신라 경덕왕 때 토지제도로 옳은 것은?

① 관료전 지급

② 정전 지급

③ 식읍 제한

④ 녹읍 부활

TIP ④ 경덕왕(757) 때 귀족들의 반발로 녹읍이 부활했다.
①③ 신문왕(687) 때 토지제도로 관리에게 관료전을 지급하고 식읍 제한 및 녹읍을 폐지했다.
② 성덕왕(722) 때 토지제도로 일반 백성에게 정전을 지급했다.

9 신문왕(687) 때 지급된 관료전에 대한 설명으로 옳은 것은?

① 세습이 가능한 공음전이 있었다.

② 관리에서 토지 소유권을 지급하였다.

③ 관리의 힘이 강해지고 왕권이 약화되었다.

④ 관료전을 지급받은 관리들은 농민의 노동력을 징발할 수 없었다.

TIP ③④ 관료전은 토지로부터 조세만 수취하고 사람들을 지배할 권한이 없었기 때문에 관리의 힘은 약해지고 왕권을 강화되었다. 관리는 관직에서 물러나면 관료전을 반납해야 한다.
① 공음전은 고려 시대에 지급되었다.
② 관리에게 토지의 수조권을 지급하는 것이다.

Answer 7.② 8.④ 9.④

10 다음 중 통일신라의 무역활동과 관계 없는 것은?

① 한강 진출로 당항성을 확보하여 중국과의 연결을 단축시켰다.

② 산둥반도와 양쯔강 하류에 신라인 거주지가 생기게 되었다.

③ 통일 직후부터 일본과의 교류가 활발해졌다.

④ 장보고가 청해진을 설치하고 남해와 황해의 해상무역권을 장악하였다.

TIP 일본과의 무역은 통일 직후에는 일본이 신라를 견제하고, 신라도 일본의 여·제 유민을 경계하여 경제교류가 활발하지 못하였으나 8세기 이후 정치의 안정과 일본의 선진문화에 대한 욕구로 교류가 활발해졌다.

11 삼국시대의 수공업 생산에 대한 설명으로 옳은 것은?

① 국가가 관청을 두고 기술자를 배치하여 물품을 생산하였다.

② 도자기가 생산되어 중국에 수출하였다.

③ 수공업의 발달은 상품경제의 성장을 촉진하였다.

④ 노예들은 큰 작업장에 모여 공동으로 생산활동을 하였다.

TIP 초기에는 기술이 뛰어난 노비에게 국가가 필요로 하는 물품을 생산하게 하였으나, 국가체제가 정비되면서 수공업 제품을 생산하는 관청을 두고 수공업자를 배치하여 물품을 생산하였다.

Answer 10.③ 11.①

12 다음에서 발해의 경제생활에 대한 내용으로 옳은 것을 모두 고르면?

> ㉠ 밭농사보다 벼농사가 주로 행하였다.
> ㉡ 제철업이 발달하여 금속가공업이 성행하였다.
> ㉢ 어업이 발달하여 먼 바다에 나가 고래를 잡기도 하였다.
> ㉣ 가축의 사육으로 모피, 녹용, 사향 등이 생산되었다.

① ㉠㉡

② ㉠㉢

③ ㉠㉣

④ ㉡㉢㉣

TIP ㉠ 발해의 농업은 기후가 찬 관계로 콩, 조 등의 곡물 생산이 중심을 이루었고 밭농사가 중심이 되었다.

04 사회구조와 사회생활

01 고대의 사회

① 신분제 사회의 성립

(1) 삼국시대의 계층구조

왕족을 비롯한 귀족·평민·천민으로 구분되며, 지배층은 특권을 유지하기 위하여 율령을 제정하고, 신분은 능력보다는 그가 속한 친족의 사회적 위치에 따라 결정되었다.

(2) 귀족·평민·천민의 구분

① **귀족** ··· 왕족을 비롯한 옛 부족장 세력이 중앙의 귀족으로 재편성되어 정치권력과 사회·경제적 특권을 향유하였다.

② **평민** ··· 대부분 농민으로서 신분적으로 자유민이었으나, 조세를 납부하고 노동력을 징발당하였다.

③ **천민** ··· 노비들은 왕실과 귀족 및 관청에 예속되어 신분이 자유롭지 못하였다.

② 삼국사회의 풍습

(1) 고구려

① **형법** ··· 반역 및 반란죄는 화형에 처한 뒤 다시 목을 베었고, 그 가족들은 노비로 삼았다. 적에게 항복한 자나 전쟁 패배자는 사형에 처했으며, 도둑질한 자는 12배를 배상하도록 하였다.

② **풍습** ··· 형사취수제, 서옥제가 있었고 자유로운 교제를 통해 결혼하였다.

(2) 백제

① **형법** ··· 반역이나 전쟁의 패배자는 사형에 처하고, 도둑질한 자는 귀양을 보내고 2배를 배상하게 하였으며, 뇌물을 받거나 횡령을 한 관리는 3배를 배상하고 종신토록 금고형에 처하였다.

② **귀족사회** ··· 왕족인 부여씨와 8성의 귀족으로 구성되었다.

(3) 신라

① **화백회의** … 여러 부족의 대표들이 함께 모여 정치를 운영하던 것이 기원이 되어, 국왕 추대 및 폐위에 영향력을 행사하면서 왕권을 견제 및 귀족들의 단결을 굳게 하였다.

② **골품제도** … 관등 승진의 상한선이 골품에 따라 정해져 있어 개인의 사회활동과 정치활동의 범위를 제한하는 역할을 하였다.

③ **화랑도**

　ⓒ **구성** : 귀족의 자제 중에서 선발된 화랑을 지도자로 삼고, 귀족은 물론 평민까지 망라한 많은 낭도들이 그를 따랐다.

　ⓒ **국가조직으로 발전** : 진흥왕 때 국가적 차원에서 그 활동을 장려하여 조직이 확대되었고, 원광은 세속 5계를 가르쳤으며, 화랑도 활동을 통해 국가가 필요로 하는 인재가 양성되었다.

❸ 남북국시대의 사회

(1) 통일신라와 발해의 사회

① **통일 후 신라 사회의 변화**

　ⓒ **신라의 민족통합책** : 백제와 고구려 옛 지배층에게 신라 관등을 부여하였고, 백제와 고구려 유민들을 9서당에 편성시켰다.

　ⓒ **통일신라의 사회모습** : 전제왕권이 강화 되었고 6두품이 학문적 식격과 실무 능력을 바탕으로 국왕을 보좌하였다.

② **발해의 사회구조** … 지배층은 고구려계가 대부분이었으며, 피지배층은 대부분이 말갈인으로 구성되었다.

(2) 통일신라 말의 사회모순

① **호족의 등장** … 지방의 유력자들을 중심으로 무장조직이 결성되었고, 이들을 아우른 큰 세력가들이 호족으로 등장하였다.

② **빈농의 몰락** … 토지를 상실한 농민들은 소작농이나 유랑민, 화전민이 되었다.

③ **농민봉기** … 국가의 강압적인 조세 징수에 대하여 전국 각지에서 농민봉기가 일어나게 되었다.

02 중세의 사회

1 고려의 신분제도

(1) 귀족

① **귀족의 특징** ··· 음서나 공음전의 혜택을 받으며 고위 관직을 차지하여 문벌귀족을 형성하였으며, 가문을 통해 특권을 유지하고, 왕실 등과 중첩된 혼인관계를 맺었다.

② **귀족층의 변화** ··· 무신정변을 계기로 종래의 문벌귀족들이 도태되면서 무신들이 권력을 장악하게 되었으나 고려 후기에는 무신정권이 붕괴되면서 등장한 권문세족이 최고권력층으로서 정계 요직을 장악하였다.

③ **신진사대부** ··· 경제력을 토대로 과거를 통해 관계에 진출한 향리출신자들이다.

(2) 중류

중앙관청의 서리, 궁중 실무관리인 남반, 지방행정의 실무를 담당하는 향리, 하급 장교 등이 해당되며, 통치체제의 하부구조를 맡아 중간 역할을 담당하였다.

(3) 양민

① **양민** ··· 일반 농민인 백정, 상인, 수공업자를 말한다.

② **백정** ··· 자기 소유의 민전을 경작하거나 다른 사람의 토지를 빌려 경작하였다.

③ **특수집단민**

　ㄱ **향·부곡** : 농업에 종사하였다.

　ㄴ **소** : 수공업과 광업에 종사하였다.

　ㄷ **역과 진의 주민** : 육로교통과 수로교통에 종사하였다.

(4) 천민

① **공노비** ··· 공공기관에 속하는 노비이다.

② **사노비** ··· 개인이나 사원에 예속된 노비이다.

③ **노비의 처지** ··· 매매·증여·상속의 대상이며, 부모 중 한 쪽이 노비이면 자식도 노비가 될 수밖에 없었다.

❷ 백성들의 생활모습

(1) 농민의 공동조직

① **공동조직** … 일상의례와 공동노동 등을 통해 공동체의식을 함양하였다.

② **향도** … 불교의 신앙조직으로, 매향활동을 하는 무리들을 말한다.

(2) 사회시책과 사회제도

① **사회시책** … 농번기에 잡역을 면제하여 농업에 전념할 수 있도록 배려하였고, 재해 시 조세와 부역을 감면해 주었다. 또한 법정 이자율을 정하여 고리대 때문에 농민이 몰락하는 것을 방지하였다. 황무지나 진전을 개간할 경우 일정 기간 면세해 주었다.

② **사회제도**
  ㉠ **의창** : 흉년에 빈민을 구제하는 춘대추납제도이다.
  ㉡ **상평창** : 물가조절기관으로 개경과 서경 및 각 12목에 설치하였다.
  ㉢ **의료기관** : 동 · 서대비원, 혜민국을 설치하였다.
  ㉣ **구제도감, 구급도감** : 재해 발생 시 백성을 구제하였다.
  ㉤ **제위보** : 기금을 조성하여 이자로 빈민을 구제하였다.

(3) 법률과 풍속 및 가정생활

① **법률과 풍속** … 중국의 당률을 참작한 71개조의 법률이 시행되었으나 대부분은 관습법을 따랐고, 장례와 제사에 대하여 정부는 유교적 의례를 권장하였으나, 민간에서는 토착신앙과 융합된 불교의 전통의식과 도교의 풍습을 따랐다.

② **혼인과 여성의 지위** … 일부일처제가 원칙이었으며, 왕실에서는 근친혼이 성행하였고 부모의 유산은 자녀에게 골고루 분배되었으며, 아들이 없을 경우 딸이 제사를 받들었다.

❸ 고려 후기의 사회 변화

(1) 무신집권기 하층민의 봉기
수탈에 대한 소극적 저항에서 대규모 봉기로 발전하였으며, 만적의 난, 공주 명학소의 망이 · 망소이의 봉기, 운문 · 초전의 김사미와 효심의 봉기 등이 대표적이다.

(2) 몽고의 침입과 백성의 생활
최씨무신정권은 강화도로 서울을 옮기고 장기항전 태세를 갖추었으며, 지방의 주현민은 산성이나 섬으로 들어가 전쟁에 대비하였으나 몽고군들의 살육으로 백성들은 막대한 희생을 당하였다.

(3) 원 간섭기의 사회 변화
① **신흥귀족층의 등장** … 원 간섭기 이후 전공을 세우거나 몽고귀족과의 혼인을 통해서 출세한 친원세력이 권문세족으로 성장하였다.

② **원의 공녀 요구** … 결혼도감을 통해 공녀로 공출되었고 이는 고려와 원 사이의 심각한 사회문제로 대두되었다.

③ **왜구의 출몰(14세기 중반)** … 원의 간섭하에서 국방력을 제대로 갖추기 어려웠던 고려는 초기에 효과적으로 왜구의 침입을 격퇴하지 못하였으며, 이들을 소탕하는 과정에서 신흥무인세력이 성장하였다.

03 근세의 사회

❶ 양반관료 중심의 사회

(1) 양반
문무양반만 사족으로 인정하였으며 현직 향리층, 중앙관청의 서리, 기술관, 군교, 역리 등은 하급 지배신분인 중인으로 격하시켰다. 고위 관직을 독점, 각종 국역이 면제, 법률과 제도로써 신분적 특권이 보장되었다.

(2) 중인
좁은 의미로는 기술관, 넓은 의미로는 양반과 상민의 중간계층을 의미하며 전문기술이나 행정실무를 담당하였다.

(3) 상민
평민, 양인으로도 불리며 백성의 대부분을 차지하는 농민, 수공업자, 상인을 말한다. 과거응시자격은 있으나 과거 준비에는 많은 시간과 비용이 들었으므로 상민이 과거에 응시하는 것은 사실상 어려웠다.

(4) 천민
천민의 대부분은 비자유민으로 재산으로 취급되어 매매 · 상속 · 증여의 대상이 되었다.

❷ 사회정책과 사회시설

(1) 사회정책 및 사회제도

① **목적** ⋯ 성리학적 명분론에 입각한 사회신분질서의 유지와 농민의 생활을 안정시켜 농본정책을 실시하는 데 그 목적이 있다.

② **사회시책** ⋯ 지주의 토지 겸병을 억제하고, 농번기에 잡역의 동원을 금지시켰으며, 재해시에는 조세를 감경해 주기도 하였다.

③ **환곡제 실시** ⋯ 춘궁기에 양식과 종자를 빌려 준 뒤에 추수기에 회수하는 제도로 의창과 상평창을 실시하여 농민을 구휼하였다.

④ **사창제** ⋯ 향촌의 농민생활을 안정시켜 양반 중심의 향촌질서가 유지되었다.

⑤ **의료시설** ⋯ 혜민국, 동 · 서대비원, 제생원, 동 · 서활인서 등이 있었다.

(2) 법률제도

① **형법** ⋯ 대명률에 의거하여 당률의 5형 형벌과 반역죄와 강상죄와 같은 중죄에는 연좌제가 적용되었다.

② **민법** ⋯ 지방관이 관습법에 따라 처리하였다.

③ **상속** ⋯ 종법에 따라 처리하였으며, 제사와 노비의 상속을 중요시하였다.

④ **사법기관**
   ㉠ **중앙** : 사헌부 · 의금부 · 형조(관리의 잘못이나 중대사건을 재판), 한성부(수도의 치안), 장례원(노비에 관련된 문제)이 있다.
   ㉡ **지방** : 관찰사와 수령이 사법권을 행사하였다.

❸ 향촌사회의 조직과 운영

(1) 향촌사회의 모습

① **향촌의 편제** … 행정구역상 군현의 단위인 향은 중앙에서 지방관을 파견하였으며, 촌에는 면·리가 설치되었으나 지방관은 파견되지 않았다.

② **향촌자치**

    ㉠ **유향소** : 수령을 보좌, 향리를 감찰, 향촌사회의 풍속교정기구이다.

    ㉡ **경재소** : 중앙정부가 현직 관료로 하여금 연고지의 유향소를 통제하게 하는 제도이다.

    ㉢ **유향소의 변화** : 경재소가 혁파되면서 향소·향청으로 명칭이 변경, 향안 작성, 향규를 제정하였다.

③ **향약의 보급** … 면리제와 병행된 향약조직이 형성되었고, 중종 때 조광조에 의하여 처음 시행되었으며, 군현 내에서 지방 사족의 지배력 유지수단이 되었다.

(2) 촌락의 구성과 운영

① **촌락** … 농민생활 및 향촌구성의 기본 단위로서 동과 리(里)로 편제되었으며 면리제와 오가작통법을 실시하였다.

② **촌락의 신분 분화**

    ㉠ **반촌** : 주로 양반들이 거주하였으며, 18세기 이후에 동성 촌락으로 발전하였다.

    ㉡ **민촌** : 평민과 천민으로 구성되었고 지주의 소작농으로 생활하였다.

③ **촌락공동체**

    ㉠ **사족** : 동계·동약을 조직하여 촌락민을 신분적, 사회·경제적으로 지배하였다.

    ㉡ **일반 백성** : 두레·향도 등 농민조직을 형성하였다.

④ **촌락의 풍습**

    ㉠ **석전(돌팔매놀이)** : 상무정신 함양 목적, 국법으로는 금지하였으나 민간에서 계속 전승되었다.

    ㉡ **향도계·동린계** : 남녀노소를 불문하고 며칠 동안 술과 노래를 즐기는 일종의 마을 축제였는데, 점차 장례를 도와주는 기능으로 전환되었다.

❹ 성리학적 사회질서의 강화

(1) 예학과 족보의 보급

① 예학 … 성리학적 도덕윤리를 강조하고, 신분질서의 안정을 추구하였다.

　　㉠ 기능 : 가부장적 종법질서를 구현하여 성리학 중심의 사회질서 유지에 기여하였다.

　　㉡ 역할 : 사림은 향촌사회에 대한 지배력 강화, 정쟁의 구실로 이용, 양반 사대부의 신분적 우월성 강조, 가족과 친족공동체의 유대를 통해서 문벌을 형성하였다.

② 보학 … 가족의 내력을 기록하고 암기하는 것으로 종족의 종적인 내력과 횡적인 종족관계를 확인시켜 준다.

(2) 서원과 향약

① 서원

　　㉠ 목적 : 성리학을 연구하고 선현의 제사를 지내며, 교육을 하는 데 그 목적이 있다.

　　㉡ 기능 : 유교를 보급하고 향촌 사림을 결집시켰으며, 지방유학자들의 위상을 높이고 선현을 봉사하는 사묘의 기능이 있었다.

② 향약

　　㉠ 역할 : 풍속의 교화, 향촌사회의 질서 유지, 치안을 담당하고 농민에 대한 유교적 교화 및 주자가례의 대중화에 기여하였다.

　　㉡ 문제점 : 토호와 향반 등 지방 유력자들의 주민 수탈 위협의 수단이 되었고, 향약 간부들의 갈등을 가져와 풍속과 질서를 해치기도 하였다.

04 사회의 변동

① 사회구조의 변동

(1) 신분제의 동요

① 조선의 신분제 … 법제적으로 양천제를, 실제로는 양반, 중인, 상민, 노비의 네 계층으로 분화되어 있었다.

② 양반층의 분화 … 권력을 장악한 일부의 양반을 제외한 다수의 양반(향반, 잔반)이 몰락하였다.

③ 신분별 구성비의 변화 … 양반의 수는 증가하고, 상민과 노비의 수는 감소하였다.

(2) 중간계층의 신분상승운동

① 서얼 … 임진왜란 이후 납속책과 공명첩을 통한 관직 진출, 집단상소를 통한 청요직에의 진출을 요구, 정조 때 규장각 검서관으로 진출하기도 하였다.

② 중인 … 신분 상승을 위한 소청운동을 전개하였다. 역관들은 청과의 외교업무에 종사하면서 서학 등 외래 문물의 수용을 주도하고 성리학적 가치 체계에 도전하는 새로운 사회의 수립을 추구하였다.

(3) 노비의 해방

① 노비 신분의 변화 … 군공과 납속 등을 통한 신분 상승의 움직임 및 국가에서는 공노비를 입역노비에서 신공을 바치는 납공노비로 전환시켰다.

② 공노비 해방 … 노비의 도망과 합법적인 신분 상승으로 순조 때 중앙관서의 노비를 해방시켰다.

③ 노비제의 혁파 … 사노비의 도망이 일상적으로 일어나던 것이 갑오개혁(1894) 때 노비제는 폐지되었다.

(4) 가족제도의 변화와 혼인

① 가족제도의 변화
  ㉠ 조선 중기 … 혼인 후 남자가 여자 집에서 생활하는 경우가 있었으며 아들과 딸이 부모의 재산을 똑같이 상속받는 경우가 많았다.
  ㉡ 17세기 이후 : 성리학적 의식과 예절의 발달로 부계 중심의 가족제도가 확립되었다. 제사는 반드시 장자가 지내야 한다는 의식이 확산되었고, 재산 상속에서도 큰 아들이 우대를 받았다.
  ㉢ 조선 후기 : 부계 중심의 가족제도가 더욱 강화되었으며, 양자 입양이 일반화되었다.

② 가족윤리 … 효와 정절을 강조하였고, 과부의 재가는 금지되었으며, 효자와 열녀를 표창하였다.

③ 혼인풍습 … 일부일처를 기본으로 남자의 축첩이 허용되었고, 서얼의 차별이 있었다.

❷ 사회 변혁의 움직임

(1) 사회불안의 심화

정치기강이 문란해지고, 재난과 질병이 거듭되어 굶주려 떠도는 백성이 속출하였으나 지배층의 수탈은 점점 심해지면서 농민의식이 향상되어 곳곳에서 적극적인 항거운동이 발생하였다.

(2) 예언사상의 대두

비기·도참을 이용한 말세의 도래, 왕조의 교체 및 변란의 예고 등 낭설이 횡행하였으며 현세의 어려움을 미륵신앙에서 해결하려는 움직임과 미륵불을 자처하며 서민을 현혹하는 무리가 등장하였다.

(3) 천주교의 전파

① 17세기에 중국을 방문한 우리나라 사신들에 의해 서학으로 소개되었다.

② 초기 활동 … 18세기 후반 남인계열의 실학자들이 신앙생활을 하게 되었으며, 이승훈이 베이징에서 영세를 받고 돌아온 이후 신앙 활동이 더욱 활발해졌다.

③ 천주교 신앙의 전개와 박해
  ㉠ 초기 : 제사 거부, 양반 중심의 신분질서 부정, 국왕에 대한 권위 도전을 이유로 사교로 규정하였다.
  ㉡ 정조 때 : 시파의 집권으로 천주교에 관대하여 큰 탄압이 없었다.
  ㉢ 순조 때 : 벽파의 집권으로 대탄압을 받았으며 실학자와 양반계층이 교회를 떠나게 되었다.
  ㉣ 세도정치기 : 탄압의 완화로 백성들에게 전파, 조선 교구가 설정되었다.

(4) 동학의 발생

① 창시 … 1860년 경주의 몰락양반 최제우가 창시하였다.

② 교리와 사상 … 신분 차별과 노비제도의 타파, 여성과 어린이의 인격 존중을 추구하였다. 유불선을 바탕으로 주문과 부적 등 민간신앙의 요소들이 결합되었고 사회모순의 극복 및 일본과 서양국가의 침략을 막아내자고 주장하였다.

③ 정부의 탄압 … 혹세무민을 이유로 최제우를 처형하였다.

(5) 농민의 항거

① 배경 … 사회 불안이 고조되자 유교적 왕도정치가 점점 퇴색되었고 탐관오리의 부정, 삼정의 문란, 극도에 달한 수령의 부정은 중앙권력과 연결되어 갈수록 심해져 갔다.

② 홍경래의 난 : 몰락한 양반 홍경래의 지휘 아래 영세농민과 중소상인, 광산노동자들이 합세하여 일으킨 봉기였으나 5개월 만에 평정되었다.

③ 임술농민봉기(1862) : 진주에서 시작되어 탐관오리와 토호가 탐학에 저항하였으며 한때 진주성을 점령하기도 하였다.

출제 예상 문제

1 통일신라 말의 사회상황에 대한 설명으로 옳지 않은 것은?

① 귀족들의 농장이 확대됨에 따라 자영농이 몰락하였다.

② 지방의 유력자들을 중심으로 무장조직이 결성되었고, 이들을 아우른 큰 세력가들이 호족으로 등장하였다.

③ 정부는 자연재해가 심한 지역에 조세를 면해주고 굶주리는 농민을 구휼하여 큰 효과를 거두었다.

④ 토지를 상실한 농민들은 소작농이나 유랑민, 화전민이 되었으며, 일부는 노비가 되기도 하였다.

TIP 정부는 수리시설을 정비하고 자연재해가 심한 지역에 조세를 면해주었으며, 굶주리는 농민을 구휼하였으나 큰 효과를 거두지는 못하였다.

2 다음에서 설명하는 신라의 제도는?

> • 씨족사회의 전통을 발전시켰다.
> • 사회적 대립과 갈등을 조절하였다.
> • 민간문화의 수준을 한층 높였다.
> • 계급 간의 대립과 갈등을 완화하였다.

① 화랑도   ② 골품제

③ 화백제   ④ 집사부

TIP 화랑도는 원시사회의 청소년 집단에서 유래하였다. 귀족의 자제 중에서 선발된 화랑을 지도자로 삼고 귀족은 물론 평민까지 많은 낭도들이 따랐다. 여러 계층이 같은 조직에서 일체감을 갖고 활동함으로써 계층 간의 대립과 갈등을 조절하고 완화시켰다.

Answer   1.③   2.①

3 다음 글을 남긴 국왕의 재위 기간에 일어난 사실로 옳은 것은?

> 보잘 것 없는 나, 소자가 어린 나이로 어렵고 큰 유업을 계승하여 지금 12년이나 되었다. 그러나 나는 덕이 부족하여 위로는 천명(天命)을 두려워하지 못하고 아래로는 민심에 답하지 못하였으므로, 밤낮으로 잊지 못하고 근심하며 두렵게 여기면서 혹시라도 선대왕께서 물려주신 소중한 유업이 잘못되지 않을까 걱정하였다. 그런데 지난번 가산(嘉山)의 토적(土賊)이 변란을 일으켜 청천강 이북의 수많은 생령이 도탄에 빠지고 어육(魚肉)이 되었으니 나의 죄이다.
>
> — 비변사등록 —

① 최제우가 동학을 창도하였다.
② 공노비 6만 6천여 명을 양인으로 해방시켰다.
③ 미국 상선 제너럴셔먼호가 격침되었다.
④ 삼정 문제를 해결하기 위해 삼정이정청을 설치하였다.

TIP 위의 글은 1811년(순조 12) 12월부터 이듬해 4월까지 약 5개월 동안 일어난 홍경래의 난에 대한 내용으로 순조는 1801년(순조 1)에 궁방과 관아에 예속되어 있던 공노비를 혁파하였다.

4 다음의 자료에 나타난 나라에 대한 설명으로 옳은 것은?

> 큰 산과 깊은 골짜기가 많고 평원과 연못이 없어서 계곡을 따라 살며 골짜기 물을 식수로 마셨다. 좋은 밭이 없어서 힘들여 일구어도 배를 채우기는 부족하였다.
>
> — 삼국지 위서 동이전 —

① 국동대혈에서 제사를 지내는 의례가 있었다.
② 가족 공동의 무덤인 목곽에 쌀을 부장하였다.
③ 특산물로는 단궁 · 과하마 · 반어피 등이 유명하였다.
④ 남의 물건을 훔쳤을 때에는 50만 전을 배상토록 하였다.

TIP ① 고구려 ② 옥저 ③ 동예 ④ 고조선

Answer　3.② 4.①

5 조선 전기의 상업 활동에 대한 설명으로 옳은 것은?

① 공인(貢人)의 활동이 활발해졌다.

② 시전이 도성 내 특정 상품 판매의 독점권을 보장받기도 하였다.

③ 개성의 손상, 의주의 만상은 대외 무역을 통해 대상인으로 성장하였다.

④ 경강상인들은 경강을 중심으로 매점 활동을 통해 부유한 상업 자본가로 성장하였다.

> **TIP** ①③④ 조선 후기의 상업 활동에 대한 설명이다.
>
> ※ 조선 전기의 상업 활동
>   ㉠ 통제 경제와 시장 경제를 혼합한 형태로 장시의 전국적 확산과 대외무역에서 사무역이 발달하였다.
>   ㉡ 지주제의 발달, 군역의 포납화, 농민층의 분화와 상인 증가, 방납의 성행 등으로 장시와 장문이 발달하게 되었다.
>   ㉢ 시정세, 궁중과 부중의 관수품조달 등의 국역을 담당하는 대가로 90여종의 전문적인 특정 상품에 대한 독점적 특권을 차지한 어용상인인 시전이 발달하였다.
>   ㉣ 5일마다 열리는 장시에서 농산물, 수공업제품, 수산물, 약제 같은 것을 종·횡적으로 유통시키는 보부상이 등장하였다.

6 다음의 내용과 관련있는 것은?

> 향촌의 덕망있는 인사들로 구성되어 지방민의 자치를 허용하고 자율적인 규약을 만들었고, 중집권과 지방자치는 효율적으로 운영하였다.

㉠ 승정원	㉡ 유향소
㉢ 홍문관	㉣ 경재소

① ㉠㉡   ② ㉡㉣

③ ㉠㉢   ④ ㉠㉣

> **TIP** ㉡ **유향소**: 수령을 보좌하고 향리를 감찰하며, 향촌사회의 풍속을 교정하기 위한 기구이다.
>   ㉣ **경재소**: 중앙정부가 현직 관료로 하여금 연고지의 유향소를 통제하게 하는 제도로서, 중앙과 지방의 연락업무를 맡거나 수령을 견제하는 역할을 하였다.

7 고려시대의 신분에 대한 내용으로 옳은 것은?

① A는 정 3품의 아버지에게서 공음전을 세습 받았다.

② B는 백정으로 소를 잡는 직업에 종사하였다.

③ C는 솔거노비로 지방에 거주하며 농업에 종사하였다.

④ D는 부곡민으로 양민에 비해 세금혜택을 받는 대신 다른 지역으로 자유로운 이주가 가능했다.

TIP ② 고려시대의 백정은 일반 주·부·군현에 거주하며 농업에 종사하는 일반 농민을 가리켰다.
③ 솔거노비는 사노비로서 주인집에 거주하며 독립적인 재산을 소유하는 것이 불가능했다.
④ 향·부곡·소민은 일반 양민에 비해 더 많은 세금을 부담하였으며 다른 지역으로의 이주가 금지되어있었다.

8 고려말 농장에 대한 설명으로 옳지 않은 것은?

① 농장의 경작인은 모두 노비였다.

② 농장은 면세, 탈세, 면역과 관련이 깊었다.

③ 농장은 무인정권과 몽고지배하에서 더욱 확대되었다.

④ 농장은 부역동원과 국가재정에 많은 지장을 초래하였다.

TIP 농장의 경작은 노비뿐만 아니라 토지를 잃은 농민이나 군역을 피하려는 사람들이 농장에 들어감으로써 농장의 소작인이 되었다. 그들은 귀족의 비호 아래 군역, 요역 등이 면제되었으므로 국가재정을 파탄시켰다.

9 서원에 대한 설명으로 옳지 않은 것은?

① 국가로부터 토지와 노비를 받는 관학기관이었다.

② 지방문화의 발전과 확대에 기여하였다.

③ 학파 및 당파의 결속을 강화하는 구실을 하였다.

④ 선현을 제사하고 유생들이 학문을 논하는 기관이었다.

TIP 서원은 중종 38년 풍기군수 주세붕이 고려 유신 안향을 모시기 위해 세운 백운동 서원이 효시이다. 사액서원의 경우 서적, 토지, 노비 등을 주는 것이 관례이지만, 이것은 양반들 스스로 조직한 것이지 관학기관은 아니었다.

Answer 7.① 8.① 9.①

11 다음의 제도에 대한 설명으로 옳지 않은 것은?

> 공복에 있어서 진골은 자색, 6두품은 비색, 5두품은 청색, 4두품은 황색으로 구분되었다. 집의 각 방 길이와 넓이도 진골은 24척을 넘지 못하고, 6두품은 21척, 5두품은 18척, 4두품은 15척을 넘지 못하게 하였다. 느릅나무를 쓰지 못하고, 우물천장을 만들지 못하며, 당 기와를 덮지 못한다. … (중략) … 담장은 6척을 넘지 못하고, 또 보를 가설하지 않으며, 석회를 칠하지 못한다. 대문과 사방문을 만들지 못하고, 마구간에는 말 2마리를 둘 수 있다.
>
> — 삼국사기 —

① 개인의 사회 활동과 정치 활동 범위를 엄격히 제한한다.
② 가옥의 규모와 복색 등 일상생활까지 규제한다.
③ 출신 성분에 따라 등급이 나누어진다.
④ 계층 간 대립과 갈등을 조절하기 위한 제도다.

TIP 제시문은 신라의 골품제도에 대한 설명이다. 골품제도는 출신 성분에 따라 골(骨)과 품(品)으로 등급을 나누는 신분 제도로, 관직 진출 상한선, 일상생활 규제 등의 역할을 했다. 한편, 화랑도는 진흥왕 때 국가적 조직으로 정비하여 화랑(귀조)과 낭도(귀족과 평민)으로 구성했는데, 이는 계층 간 대립 및 갈등을 조절하기 위함이었다.

12 동학사상에 대한 설명으로 옳지 않은 것은?

① 철학적으로는 주기론, 종교적으로는 샤머니즘과 도교에 가까운 편이었다.
② 서학을 배격하고 서양과 일본의 침투를 경계하여 정부로부터 환영을 받았다.
③ 전통적인 민족신앙을 토대로 유·불·도교 사상 등을 종합하였다.
④ 인내천사상과 운수사상을 바탕으로 봉건적 사회체제에 반대하였다.

TIP 동학사상 … 인간평등사상을 제창하고, 운수사상을 내세워 조선 왕조를 부정하였기 때문에 정부는 교주인 최제우를 혹세무민의 죄목으로 처형하였다.

13 조선 후기 가족제도에 관한 설명으로 옳은 것은?

① 남귀여가혼이 일반적으로 행해졌다.

② 아들과 딸이 부모 재산을 똑같이 상속받았다.

③ 제사는 형제가 돌아가면서 지내거나 책임을 분담하였다.

④ 아들이 없는 집안에서는 양자를 들이는 것이 일반화되었다.

> **TIP** 조선 후기의 가족제도
> ㉠ 조선 초기 ~ 중기 : 혼인 후 여자 집에서 생활(남귀여가혼), 자녀균분상속, 제사의 자녀분담
> ㉡ 17세기 이후 : 부계 중심의 가족제도의 확립, 친영제도의 정착, 장자 우대
> ㉢ 조선 후기 : 부계 중심의 가족제도 강화, 서얼차별, 과부재가 금지

14 조선시대의 신분제도에 대한 설명으로 옳은 것은?

① 양반은 과거가 아니면 관직에 진출할 수 없었다.

② 농민은 법제적으로는 관직에 진출하는 것이 가능하였다.

③ 향리는 과거를 통하여 문반직에 오를 수 있었고, 지방의 행정실무를 담당하였다.

④ 서얼도 문과에 응시할 수 있었다.

> **TIP** 조선의 신분제 … 법제적으로 양천제를 채택하였지만, 실제로는 양반, 중인, 상민, 노비의 네 계층으로 분화되어 있었다. 양인은 직업에
> 따른 권리와 의무에 차등이 있었다. 농민은 과거응시권이 있었으나, 공인과 상인은 불가능 하였다. 과거의 응시제한계층은 공인, 상인,
> 승려, 천민, 재가녀의 자, 탐관오리의 자손, 국사범의 자손, 전과자 등이었다.

15 다음으로 인하여 나타난 변화로 옳은 것은?

> • 조선 후기 이앙법이 전국적으로 시행되면서 광작이 가능해졌으며, 경영형 부농이 등장하였다.
> • 대동법의 시행으로 도고가 성장하였으며, 상업자본이 축적되었다.

① 정부의 산업 주도

② 양반의 지위 하락

③ 신분구조의 동요

④ 국가 재정의 확보

> **TIP** 조선 후기에 이르러 경제상황의 변동으로 부를 축적한 상민들이 신분을 매매하여 양반이 되는 등 신분제의 동요가 발생하였다.

Answer 13.④ 14.② 15.③

05 민족문화의 발달

01 고대의 문화

❶ 학문과 사상·종교

(1) 한자의 보급과 교육

① 한자의 전래 ··· 한자는 철기시대부터 지배층을 중심으로 사용되었다가 삼국시대에는 이두·향찰이 사용되었다.

② 교육기관의 설립과 한자의 보급
  ㉠ 고구려 : 태학(수도)에서는 유교경전과 역사서를 가르쳤으며 경당(지방)에서는 청소년에게 한학과 무술을 가르쳤다.
  ㉡ 백제 : 5경 박사·의박사·역박사에서는 유교경전과 기술학 등을 가르쳤으며, 사택지적 비문에는 불당을 세운 내력을 기록하고 있다.
  ㉢ 신라 : 임신서기석을 통해 청소년들이 유교경전을 공부하였던 사실을 알 수 있다.

③ 유학의 교육
  ㉠ 삼국시대 : 학문적으로 깊이 있게 연구된 것이 아니라, 충·효·신 등의 도덕규범을 장려하는 정도였다.
  ㉡ 통일신라 : 신문왕 때 국학이라는 유학교육기관을 설립하였고, 경덕왕 때는 국학을 태학이라고 고치고 박사와 조교를 두어 논어와 효경 등 유교경전을 가르쳤으며, 원성왕 때 학문과 유학의 보급을 위해 독서삼품과를 마련하였다.
  ㉢ 발해 : 주자감을 설립하여 귀족 자제들에게 유교경전을 교육하였다.

(2) 역사 편찬과 유학의 보급

① 삼국시대 ··· 학문이 점차 발달되고 중앙집권적 체제가 정비됨에 따라 왕실의 권위를 높이고 백성들의 충성심을 모으기 위해 편찬 하였으며 고구려에는 유기, 이문진의 신집 5권, 백제에는 고흥의 서기, 신라에는 거칠부의 국사가 있다.

② 통일신라

    ㉠ **김대문** : 화랑세기, 고승전, 한산기를 저술하여 주체적인 문화의식을 드높였다.

    ㉡ **6두품 유학자** : 강수(외교문서를 잘 지은 문장가)나 설총(화왕계 저술)이 활약하여 도덕적 합리주의를 제시하였다.

    ㉢ **도당 유학생** : 김운경, 최치원이 다양한 개혁안을 제시하였다. 특히 최치원은 당에서 빈공과에 급제하고 계원필경 등 뛰어난 문장과 저술을 남겼으며, 유학자이면서도 불교와 도교에 조예가 깊었다.

③ **발해** … 당에 유학생을 파견하였고 당의 빈공과에 급제한 사람도 여러 명 나왔다.

(3) 불교의 수용

① **수용** … 고구려는 소수림왕(372), 백제는 침류왕(384), 신라는 법흥왕(527) 때 수용되었다.

② **불교의 영향**

    ㉠ 새로운 국가정신의 확립과 왕권 강화의 결과를 가져왔다.

    ㉡ 신라 시대의 불교는 업설, 미륵불신앙이 중심교리로 발전하였다.

(4) 불교사상의 발달

① **원효** … 불교의 사상적 이해기준을 확립시켰고(금강삼매경론, 대승기신론소), 종파 간의 사상적인 대립을 극복하고 조화시키려 애썼으며, 불교의 대중화에 이바지하였다(아미타신앙).

② **의상** … 화엄일승법계도를 통해 화엄사상을 정립하였고, 현세에서 고난을 구제한다는 관음사상을 외치기도 하였다.

③ **혜초** … 인도에 가서 불교를 공부하였으며, 왕오천축국전을 저술하기도 하였다.

(5) 선종과 풍수지리설

① **선종** … 참선을 중시했고 실천적 경향이 강하였으며, 호족세력과 결합하였다.

② **풍수지리설** … 신라말기의 도선과 같은 선종 승려들이 중국에서 풍수지리설을 들여왔다.

    ㉠ 성격 : 도읍, 주택, 묘지 등을 선정하는 인문지리적 학설을 말하며, 도참사상과 결합하기도 하였다.

    ㉡ 국토를 지방 중심으로 재편성하는 주장으로 발전하였다.

❷ 과학기술의 발달

(1) 천문학과 수학

① 천문학의 발달 ··· 농경과 밀접한 관련이 있었으며, 고구려의 천문도·고분벽화, 신라의 천문대를 통해 천문학이 발달했음을 알 수 있다.

② 수학의 발달 ··· 수학적 지식을 활용한 조형물을 통해 높은 수준으로 발달했음을 알 수 있다.
　　㉠ 고구려 : 고분의 석실과 천장의 구조
　　㉡ 백제 : 정림사지 5층 석탑
　　㉢ 신라 : 황룡사지 9층 목탑, 석굴암의 석굴구조, 불국사 3층 석탑, 다보탑

(2) 목판인쇄술과 제지술의 발달

① 배경 ··· 불교의 발달로 불경의 대량인쇄를 위해 목판인쇄술과 제지술이 발달하였다.

② 무구정광대다라니경 ··· 세계에서 가장 오래된 목판인쇄물이며, 닥나무 종이를 사용하였다.

(3) 금속기술의 발달

① 고구려 ··· 철의 생산이 중요한 국가적 산업이었으며, 우수한 철제 무기와 도구가 출토되었다. 고분벽화에는 철을 단련하고 수레바퀴를 제작하는 기술자의 모습이 묘사되어 있다.

② 백제 ··· 금속공예기술이 발달하였다(칠지도, 백제 금동대향로).

③ 신라 ··· 금세공기술이 발달하고(금관), 금속주조기술도 발달하였다(성덕대왕 신종).

(4) 농업기술의 혁신

① 철제 농기구의 보급으로 농업생산력이 증가하였다.

② 삼국의 농업기술 ··· 쟁기, 호미, 괭이 등의 농기구가 보급되어 농업 생산이 증가되었다.

❸ 고대인의 자취와 멋

(1) 고분과 고분벽화

① 고구려 ··· 초기에는 돌무지무덤으로, 장군총이 대표적이며 후기에는 굴식 돌방무덤으로 무용총(사냥그림), 강서대묘(사신도), 쌍영총, 각저총(씨름도) 등이 대표적이다.

② 신라 ··· 거대한 돌무지 덧널무덤을 만들었으며, 삼국통일 직전에는 굴식 돌방무덤도 만들었다.

③ **백제** … 한성시대에는 계단식 돌무지무덤으로서 서울 석촌동에 있는 무덤은 고구려 초기의 고분과 유사하며 웅진시대에는 굴식 돌방무덤과 벽돌무덤이 유행하였다. 사비시대에는 규모는 작지만 세련된 굴식 돌방무덤을 만들었다.

④ **통일신라** … 굴식 돌방무덤과 화장이 유행하였으며, 둘레돌에 12지 신상을 조각하였다.

⑤ **발해** … 정혜공주묘(굴식 돌방무덤 · 모줄임 천장구조), 정효공주묘(묘지 · 벽화)가 유명하다.

(2) 건축과 탑

① **삼국시대**
  ㉠ **사원** : 신라의 황룡사는 진흥왕의 팽창의지를 보여주고, 백제의 미륵사는 무왕이 추진한 백제의 중흥을 반영하는 것이다.
  ㉡ **탑** : 불교의 전파와 함께 부처의 사리를 봉안하여 예배의 주대상으로 삼았다.
    • 고구려 : 주로 목탑 건립(현존하는 것은 없음)
    • 백제 : 목탑형식의 석탑인 익산 미륵사지 석탑, 부여 정림사지 5층 석탑
    • 신라 : 몽고의 침입 때 소실된 황룡사 9층 목탑과 벽돌모양의 석탑인 분황사탑

② **통일신라**
  ㉠ **건축** : 불국토의 이상을 조화와 균형감각으로 표현한 사원인 불국사, 석굴암 및 인공 연못인 안압지는 화려한 귀족생활을 보여 준다.
  ㉡ **탑** : 감은사지 3층 석탑, 불국사 석가탑, 양양 진전사지 3층 석탑이 있다.
  ㉢ **승탑과 승비** : 신라 말기에 선종이 유행하면서 승려들의 사리를 봉안하는 승탑과 승비가 유행하였다.

③ **발해** … 외성을 쌓고, 주작대로를 내고, 그 안에 궁궐과 사원을 세웠다.

(3) 불상 조각과 공예

① **삼국시대** … 불상으로는 미륵보살반가상을 많이 제작하였다. 그 중에서도 금동미륵보살반가상은 날씬한 몸매와 자애로운 미소로 유명하다.

② **통일신라** … 석굴암의 본존불과 보살상, 태종 무열왕릉비의 받침돌, 불국사 석등, 법주사 쌍사자 석등, 상원사 종, 성덕대왕 신종 등이 유명하다.

③ **발해** … 흙을 구워 만든 불상과 부처 둘이 앉아 있는 불상, 벽돌과 기와무늬, 석등이 유명하다. 자기공예가 독특하게 발전하였고 당에 수출하기도 했다.

(4) 글씨 · 그림과 음악

① **서예** … 광개토대왕릉 비문(웅건한 서체), 김생(독자적인 서체)이 유명하다.

② **그림** … 천마도(신라의 힘찬 화풍), 황룡사 벽에 그린 소나무 그림(솔거)이 유명하다.

③ **음악과 무용** … 신라의 백결선생(방아타령), 고구려의 왕산악(거문고), 가야의 우륵(가야금)이 유명하다.

❹ 일본으로 건너간 우리 문화

(1) 삼국문화의 일본 전파

① 백제 … 아직기는 한자 교육, 왕인은 천자문과 논어 보급, 노리사치계는 불경과 불상을 전래하였다.

② 고구려 : 담징(종이 먹의 제조방법을 전달, 호류사 벽화), 혜자(쇼토쿠 태자의 스승), 혜관(불교 전파)을 통해 문화가 전파되었다.

③ 신라 … 축제술과 조선술을 전해주었다.

④ 삼국의 문화는 야마토 정권과 아스카 문화의 형성에 큰 영향을 주었다.

(2) 일본으로 건너간 통일신라 문화

① 원효, 강수, 설총이 발전시킨 유교와 불교문화는 일본 하쿠호문화의 성립에 기여하였다.

② 심상에 의하여 전해진 화엄사상은 일본 화엄종의 토대가 되었다.

02 중세의 문화

❶ 유학의 발달과 역사서의 편찬

(1) 유학의 발달

① 고려 초기의 유학 … 유교주의적 정치와 교육의 기틀이 마련되었다.
　　㉠ 태조 때 : 신라 6두품 계열의 유학자들이 활약하였다.
　　㉡ 광종 때 : 유학에 능숙한 관료를 등용하는 과거제도를 실시하였다.
　　㉢ 성종 때 : 최승로의 시무 28조를 통해 유교적 정치사상이 확립되고 유학교육기관이 정비되었다.

② 고려 중기 … 문벌귀족사회의 발달과 함께 유교사상이 점차 보수적 성격을 띠게 되었다.
　　㉠ 최충 : 9재학당 설립, 훈고학적 유학에 철학적 경향을 가미하기도 하였다.
　　㉡ 김부식 : 보수적이고 현실적인 성격의 유학을 대표하였다.

(2) 교육기관

① 초기(성종) … 지방에는 지방관리와 서민의 자제를 교육시키는 향교를, 중앙에는 국립대학인 국자감이 설치되었다.

② 중기
  ㉠ 최충의 9재 학당 등의 사학 12도가 융성하여 관학이 위축되었다.
  ㉡ 관학진흥책 : 7재 개설 및 서적포, 양현고, 청연각을 설치하였고, 개경에서는 경사 6학과 향교를 중심으로 지방교육을 강화시켰다.
③ 후기 ⋯ 교육재단인 섬학전을 설치하고, 국자감을 성균관으로 개칭하였으며, 공민왕 때에는 성균관을 순수 유교교육기관으로 개편하였다.

(3) 역사서의 편찬

① **삼국사기(김부식)** ⋯ 기전체로 서술되었고, 신라 계승의식과 유교적 합리주의 사관이 짙게 깔려 있다.

② **해동고승전(각훈)** ⋯ 삼국시대의 승려 30여명의 전기를 수록하였다.

③ **동명왕편(이규보)** ⋯ 고구려 동명왕의 업적을 칭송한 영웅 서사시로서, 고구려 계승의식을 반영하고 고구려의 전통을 노래하였다.

④ **삼국유사(일연)** ⋯ 단군의 건국 이야기를 수록하였고, 불교사를 중심으로 서술되었다.

⑤ **제왕운기(이승휴)** ⋯ 우리나라 역사를 단군으로부터 서술하면서 우리 역사를 중국사와 대등하게 파악하려 하였다.

(4) 성리학의 전래

① **성리학** ⋯ 송의 주희가 집대성한 성리학은 인간의 심성과 우주의 원리문제를 철학적으로 탐구하는 신유학이었다.

② 영향
  ㉠ 현실 사회의 모순을 시정하기 위한 개혁사상으로 신진사대부들은 성리학을 수용하게 되었다.
  ㉡ 권문세족과 불교의 폐단을 비판(정도전의 불씨잡변)하였다.
  ㉢ 국가사회의 지도이념이 불교에서 성리학으로 바뀌게 되었다.

❷ 불교사상과 신앙

(1) 불교정책

① **태조** ⋯ 훈요 10조에서 불교를 숭상하고, 연등회와 팔관회 등 불교행사를 개최하였다.

② **광종** ⋯ 승과제도, 국사 · 왕사제도를 실시하였다.

③ **사원** ⋯ 국가가 토지를 지급했으며, 승려에게 면역의 혜택을 부여하였다.

(2) 불교통합운동과 천태종

① 화엄종, 법상종 발달 ··· 왕실과 귀족의 지원을 받았다.

② 천태종 ··· 대각국사 의천이 창시하였다.
　ㄱ 교단통합운동 : 화엄종 중심으로 교종통합, 선종의 통합을 위해 국청사를 창건하여 천태종을 창시하였다.
　ㄴ 교관겸수 제창 : 이론의 연마와 실천을 강조하였다.

③ 무신집권 이후의 종교운동
　ㄱ 지눌 : 당시 불교계의 타락을 비판하고, 조계종 중심의 선·교 통합, 돈오점수·정혜쌍수를 제창하였다.
　ㄴ 혜심 : 유불일치설을 주장하고 심성의 도야를 강조하였다.

(3) 대장경 간행

① 초조대장경 ··· 현종 때 거란의 퇴치를 염원하며 간행하였으나 몽고의 침입으로 소실되었다.

② 속장경(의천) ··· 교장도감을 설치하여 속장경을 간행하였는데, 몽고 침입시 소실되었다.

③ 팔만대장경(재조대장경) ··· 대장도감을 설치하여 부처의 힘으로 몽고의 침입을 극복하고자 하였다.

(4) 도교와 풍수지리설

① 도교 ··· 국가의 안녕과 왕실의 번영을 기원하였는데 교단이 성립되지 못하여 민간신앙으로 전개되었다.

② 풍수지리설 ··· 서경천도와 북진정책 추진의 이론적 근거가 되었으며, 개경세력과 서경세력의 정치적 투쟁에 이용되어 묘청의 서경천도운동을 뒷받침하기도 하였다.

3 과학기술의 발달

(1) 천문학과 의학

① 천문학 ··· 사천대를 설치하여 관측업무를 수행하였고, 당의 선명력이나 원의 수시력 등 역법을 수용하였다.

② 의학 ··· 태의감에서 의학을 교육하였고, 의과를 시행하였으며, 향약구급방과 같은 자주적 의서를 편찬하였다.

(2) 인쇄술의 발달

① 목판인쇄술 ··· 대장경을 간행하였다.

② 금속활자인쇄술 ··· 직지심체요절(1377)은 현존하는 세계 최고(最古)의 금속 활자본이다.

③ 제지술의 발달 ··· 닥나무의 재배를 장려하고, 종이 제조의 전담관서를 설치하여 우수한 종이를 제조하여 중국에 수출하기도 하였다.

(3) 농업기술의 발달

① **권농정책** ··· 농민생활의 안정과 국가재정의 확보를 위해 실시하였다.

② **농업기술의 발달** : 1년 1작이 기본이었으며 논농사의 경우는 직파법을 실시하였으나, 말기에 남부 일부 지방에 이앙법이 보급되어 실시되기도 하였다. 밭농사는 2년 3작의 윤작법과 우경에 의한 깊이갈이가 보급되어 휴경기간의 단축과 생산력의 증대를 가져왔다.

③ **농서의 도입** : 이암은 원의 농상집요를 소개 · 보급하였다.

(4) 화약무기의 제조와 조선기술

① 최무선은 화통도감을 설치하여 화약과 화포를 제작하였고 진포싸움에서 왜구를 격퇴하였다.

② 대형 범선이 제조되었고 대형 조운선이 등장하였다.

❹ 귀족문화의 발달

(1) 문학의 성장

① **전기**

　⊙ **한문학** : 광종 때부터 실시한 과거제로 한문학이 크게 발달하였고, 성종 이후 문치주의가 성행함에 따라 한문학은 관리들의 필수교양이 되었다.

　ⓒ **향가** : 균여의 보현십원가가 대표적이며, 향가는 점차 한시에 밀려 사라지게 되었다.

② **중기** ··· 당의 시나 송의 산문을 숭상하는 풍조가 나타났다.

③ **무신집권기** ··· 현실도피적 경향의 수필문학(임춘의 국숭전, 이인로의 파한집)이 유행하였다.

④ **후기** ··· 신진사대부와 민중이 주축이 되어 수필문학, 패관문학, 한시가 발달하였으며, 사대부문학인 경기체가 및 서민의 감정을 자유분방하게 표현한 속요가 유행하였다.

(2) 건축과 조각

① **건축** ··· 궁궐과 사원이 중심이 되었으며, 주심포식 건물(안동 봉정사 극락전, 영주 부석사 무량수전, 예산 수덕사 대웅전)과 다포식 건물(사리원 성북사 응진전)이 건축되었다.

② **석탑** ··· 신라 양식을 계승하였으나 독자적인 조형감각을 가미하여 다양한 형태로 제작되었다(불일사 5층 석탑, 월정사 팔각 9층 석탑, 경천사 10층 석탑).

③ **승탑** ··· 선종의 유행과 관련이 있다(고달사지 승탑, 법천사 지광국사 현묘탑).

④ **불상** ··· 균형을 이루지 못하여 조형미가 다소 부족한 것이 많았다(광주 춘궁리 철불, 관촉사 석조 미륵 보살 입상, 안동 이천동 석불, 부석사 소조아미타여래 좌상).

(3) 청자와 공예

① 자기공예 ··· 상감청자가 발달하였다.

② 금속공예 ··· 은입사 기술이 발달하였다(청동 은입사 포류수금문 정병, 청동향로).

③ 나전칠기 ··· 경함, 화장품갑, 문방구 등이 현재까지 전해진다.

(4) 글씨 · 그림과 음악

① 서예 ··· 전기에는 구양순체가 유행했으며 탄연의 글씨가 뛰어났고, 후기에는 송설체가 유행했으며, 이암이 뛰어났다.

② 회화 ··· 전기에는 예성강도, 후기에는 사군자 중심의 문인화가 유행하였다.

③ 음악
  ㉠ 아악 : 송에서 수입된 대성악이 궁중음악으로 발전된 것이다.
  ㉡ 향악(속악) : 우리 고유의 음악이 당악의 영향을 받아 발달한 것으로 동동 · 대동강 · 한림별곡이 유명하다.

03 근세의 문화

❶ 민족문화의 융성

(1) 한글의 창제

① 배경 ··· 한자음의 혼란을 방지하고 피지배층에 대한 도덕적인 교화에 목적이 있었다.

② 보급 ··· 용비어천가 · 월인천강지곡 등을 제작하고, 불경, 농서, 윤리서, 병서 등을 간행하였다.

(2) 역사서의 편찬

① 건국 초기 ··· 왕조의 정통성을 확보하고 성리학적 통치규범을 정착시키기 위한 것이었다. 정도전의 고려국사와 권근의 동국사략이 대표적이다.

② 15세기 중엽 ··· 고려역사를 자주적 입장에서 재정리하였고 고려사, 고려사절요, 동국통감이 간행되었다.

③ 16세기 ··· 사림의 정치 · 문화 의식을 반영하였고, 박상의 동국사략이 편찬되었다.

④ 실록의 편찬 ··· 국왕 사후에 실록청을 설치하여 편찬하였다.

(3) 지리서의 편찬

① 목적 … 중앙 집권과 국방 강화를 위하여 지리지와 지도의 편찬에 힘썼다.

② 지도 … 혼일강리역대국도지도, 팔도도, 동국지도, 조선방역지도 등이 있다.

③ 지리지 … 신찬팔도지리지, 동국여지승람, 신증동국여지승람, 해동제국기 등이 있다.

(4) 윤리 · 의례서와 법전의 편찬

① 윤리 · 의례서 … 유교적인 사회질서 확립을 위해 편찬하였으며, 삼강행실도, 이륜행실도, 동몽수지 등의 윤리서와 의례서로는 국조오례의가 있다.

② 법전의 편찬
　　㉠ 초기 법전 : 정도전의 조선경국전, 경제문감, 조준의 경제육전이 편찬되었다.
　　㉡ 경국대전 : 구성된 법전으로 유교적 통치 질서와 문물제도가 완성되었음을 의미한다.

❷ 성리학의 발달

(1) 조선 초의 성리학

① 관학파(훈구파) … 정도전, 권근 등의 관학파는 다양한 사상과 종교를 포용하고, 주례를 중시하였다.

② 사학파(사림파) … 길재 등은 고려말의 온건개혁파를 계승하여 교화에 의한 통치를 강조하였고, 성리학적 명분론을 중시하였다.

(2) 성리학의 융성

① 이기론의 발달
　　㉠ 주리론 : 기(氣)보다는 이(理)를 중심으로 이론을 전개하였다.
　　㉡ 주기론 : 이(理)보다는 기(氣)를 중심으로 세계를 이해하였다.

② 성리학의 정착
　　㉠ 이황
　　　• 인간의 심성을 중시하였고, 근본적이며 이상주의적 성격이 강하였다.
　　　• 주자서절요, 성학십도 등을 저술하여 이기이원론을 더욱 발전시켜 주리철학을 확립하였다.
　　㉡ 이이
　　　• 기를 강조하여 일원론적 이기이원론을 주장하였으며 현실적이고 개혁적인 성격이 강하였다.
　　　• 동호문답, 성학집요 등을 저술하였다.

(3) 학파의 형성과 대립

① 동인

    ㉠ 남인 : 이황학파, 서인과 함께 인조반정에 성공하였다.

    ㉡ 북인 : 서경덕학파, 조식학파, 광해군 때 사회개혁을 추진하였다.

② 서인 … 이이학파 · 성혼학파로 나뉘고, 인조반정으로 집권하였으며, 송시열 이후 척화론과 의리명분론을 강조하였다.

(4) 예학의 발달

① 성격 … 유교적 질서를 유지하였고, 예치를 강조하였다.

② 영향 … 각 학파 간 예학의 차이가 예송논쟁을 통해 표출되었다.

❸ 불교와 민간신앙

(1) 불교의 정비

① 불교 정책 … 사원의 토지와 노비를 회수하고, 사찰 및 승려 수를 제한하였으며, 도첩제를 실시하였다.

② 정비과정 … 선 · 교 양종에 모두 36개 절만 인정하였고, 사람들의 적극적인 불교비판으로 불교는 산속으로 들어가게 되었다.

(2) 도교와 민간신앙

① 도교 … 소격서를 설치하고 참성단에서 일월성신에 대해 제사를 지내는 초제를 시행하였다.

② 풍수지리설과 도참사상 … 한양 천도에 반영되었고, 산송문제를 야기하기도 하였다.

③ 민간신앙 … 무격신앙, 산신신앙, 삼신숭배, 촌락제가 성행하게 되었다.

❹ 과학기술의 발달

(1) 천문 · 역법과 의학

① 각종 기구의 발명 · 제작 : 천체관측기구인 혼의, 간의가 있다. 시간측정기구인 해시계(앙부일구), 물시계(자격루)가 있다. 강우량측정기구인 세계 최초로 만들어진 측우기가 있다. 토지측량기구인 인지의, 규형(토지 측량과 지도 제작에 활용)가 있다.

② 역법 … 중국의 수시력과 아라비아의 회회력을 참고한 칠정산을 발달시켰다.

③ 의학분야 … 향약집성방과 의방유취가 편찬되었다.

(2) 농서의 편찬과 농업기술의 발달

① 농서의 편찬
    ㉠ **농사직설** : 최초의 농서로서 독자적인 농법을 정리(씨앗의 저장법 · 토질의 개량법 · 모내기법)하였다.
    ㉡ **금양잡록** : 금양(시흥)지방을 중심으로 경기지방의 농사법을 정리하였다.

② **농업기술의 발달** … 2년 3작(밭농사), 이모작 · 모내기법(논농사), 시비법, 가을갈이가 실시되었다.

(3) 병서 편찬과 무기 제조

① **병서의 편찬** … 총통등록, 병장도설이 편찬되었다.

② **무기 제조** … 최해산은 화약무기를 제조하였고, 화포가 만들어졌다.

③ **병선 제조** … 태종 때에는 거북선과 비거도선을 제조하여 수군의 전투력을 향상시켰다.

❺ 문학과 예술

(1) 다양한 문학

① **15세기** … 격식을 존중하고, 질서와 조화를 내세웠다.
    ㉠ **악장과 한문학** : 용비어천가, 월인천강지곡, 동문선
    ㉡ **시조문학** : 김종서 · 남이(패기 넘침)
    ㉢ **설화문학** : 관리들의 기이한 행적, 서민들의 풍속 · 감정 · 역사의식을 담았다(서거정의 필원잡기, 김사습의 금오신화)

② **16세기** … 사림문학이 주류를 이루었다.
    ㉠ **시조문학** : 황진이, 윤선도(오우기 · 어부사시사)
    ㉡ **가사문학** : 송순, 정철(관동별곡 · 사미인곡 · 속미인곡)

(2) 왕실과 양반의 건축

① **15세기** … 궁궐 · 관아 · 성곽 · 성문 · 학교건축이 중심이 되었고, 건물은 건물주의 신분에 따라 일정한 제한을 두었다.

② **16세기** … 서원건축은 가람배치양식과 주택양식이 실용적으로 결합된 독특한 아름다움을 지녔으며, 옥산서원(경주) · 도산서원(안동)이 대표적이다.

(3) 분청사기 · 백자와 공예

① 분청사기 … 안정된 그릇모양이었으며 소박하였다.

② 백자 … 깨끗하고 담백하며 선비취향이었다.

③ 공예 … 목공예, 화각공예, 자개공예가 주류를 이루었다.

(4) 그림과 글씨

① 그림
   ㉠ 15세기 : 안견(몽유도원도), 강희안(고사관수도), 강희맹 등이 있다.
   ㉡ 16세기 : 산수화와 사군자가 유행하였으며, 이암, 이정, 황집중, 어몽룡, 신사임당 등이 있다.

② 글씨 … 안평대군(송설체), 양사언(초서), 한호(석봉체)가 유명하였다.

04 문화의 새 기운

❶ 성리학의 변화

(1) 성리학의 교조화 경향

① 서인의 의리명분론 강화 … 송시열은 주자중심의 성리학을 절대화하였다.

② 성리학 비판
   ㉠ 윤휴 : 유교경전에 대한 독자적으로 해석하였다.
   ㉡ 박세당 : 양명학과 조장사상의 영향을 받아 주자의 학설을 비판하였으나 사문난적으로 몰렸다.

③ 성리학의 발달
   ㉠ 이기론 중심 : 이황학파의 영남 남인과 이이학파인 노론 사이에 성리학의 이기론을 둘러싼 논쟁이 치열하게 전개되었다.
   ㉡ 심성론 중심 : 인간과 사물의 본성이 같은가, 다른가 등의 문제를 둘러싸고 충청도 지역의 호론과 서울 지역의 낙론이 대립하였다.

(2) 양명학의 수용

① 성리학의 교조화와 형식화를 비판하였고, 실천성을 강조하였다.

② 강화학파의 형성 … 18세기 초 정제두가 양명학 연구와 제자 양성에 힘써 강화학파라 불리는 하나의 학파를 이루었으나 제자들이 정권에서 소외된 소론이었기 때문에 그의 학문은 집안의 후손들과 인척을 중심으로 가학(家學)의 형태로 계승되었다.

② 실학의 발달

(1) 실학의 등장
- ① 배경 … 사회모순의 해결이 필요했으며, 성리학의 한계가 나타났다.
- ② 새로운 문화운동 … 현실적 문제를 연구했으며, 이수광의 지봉유설, 한백겸의 동국지리지가 편찬되었다.
- ③ 성격 … 민생안정과 부국강병이 목표였고, 비판적·실증적 논리로 사회개혁론을 제시하였다.

(2) 농업 중심의 개혁론(경세치용학파)
① 특징 … 농민의 입장에서 토지제도의 개혁을 추구하였다.

② 주요 학자와 사상
- ㉠ 유형원 : 반계수록을 저술, 균전론 주장, 양반문벌제도·과거제도·노비제도의 모순을 비판하였다.
- ㉡ 이익 : 이익학파를 형성하고 한전론을 주장, 6종의 폐단을 지적했다.
- ㉢ 정약용 : 실학을 집대성, 목민심서·경세유표를 저술, 여전론을 주장하였다.

(3) 상공업 중심의 개혁론(이용후생학파, 북학파)
① 특징 … 청나라 문물을 적극적으로 수용하여 부국 강병과 이용 후생에 힘쓰자고 주장하였다.

② 주요 학자와 사상
- ㉠ 유수원 : 우서를 저술, 상공업 진흥·기술혁신을 강조, 사농공상의 직업평등과 전문화를 주장하였다.
- ㉡ 홍대용 : 임하경륜·의산문답을 저술, 기술혁신과 문벌제도를 철폐, 성리학 극복을 주장하였다.
- ㉢ 박지원 : 열하일기를 저술, 상공업의 진흥 강조(수레와 선박의 이용·화폐유통의 필요성 주장), 양반 문벌제도의 비생산성 비판, 농업 생산력 증대에 관심(영농방법의 혁신·상업적 농업의 장려·수리시설의 확충)을 가졌다.
- ㉣ 박제가 : 북학의를 저술, 청과의 통상 강화, 수레와 선박 이용, 소비권장을 주장하였다.

(4) 국학 연구의 확대
① 국사
- ㉠ 이익 : 실증적·비판적 역사서술, 중국 중심의 역사관을 비판하였다.
- ㉡ 안정복 : 동사강목을 저술하였고 고증사학의 토대를 닦았다.
- ㉢ 이긍익 : 조선시대의 정치와 문화를 정리하여 연려실기술을 저술하였다.
- ㉣ 이종휘와 유득공 : 이종휘의 동사와 유득공의 발해고는 각각 고구려사와 발해사 연구를 중심으로 연구 시야를 만주지방까지 확대하여 한반도 중심의 협소한 사관을 극복하고자 했다.
- ㉤ 김정희 : 금석과안록을 지어 북한산비가 진흥왕순수비임을 고증하였다.

③ 국토에 대한 연구

  ㉠ 지리서 : 한백겸의 동국지리지, 정약용의 아방강역고, 이중환의 택리지가 편찬되었다.

  ㉡ 지도 : 동국지도(정상기), 대동여지도(김정호)가 유명하다.

④ **언어에 대한 연구** … 신경준의 훈민정음운해, 유희의 언문지, 이의봉의 고금석립이 편찬되었다.

⑤ **백과사전의 편찬** … 이수광의 지봉유설, 이익의 성호사설, 서유구의 임원경제지, 홍봉한의 동국문헌비고가 편찬되었다.

❸ 과학기술의 발달

(1) 천문학과 지도제작기술의 발달

① **천문학** … 김석문 · 홍대용의 지전설은 근대적 우주관으로 성리학적 세계관을 비판하였다.

② **역법과 수학** … 시헌력(김육)과 유클리드 기하학을 도입하였다.

③ **지리학** … 곤여만국전도(세계지도)가 전래되어 세계관이 확대되었다.

(2) 의학의 발달과 기술의 개발

① **의학** … 허준은 동의보감, 허임은 침구경험방, 정약용은 마과회통, 이제마는 동의수세보원을 저술하였다.

② **정약용의 기술관** … 한강에 배다리를 설계하고, 수원 화성을 설계 및 축조하였다(거중기 사용)

(3) 농서의 편찬과 농업기술의 발달

① 농서의 편찬

  ㉠ 신속의 농가집성 : 벼농사 중심의 농법이 소개되고, 이앙법 보급에 기여하였다.

  ㉡ 박세당의 색경 : 곡물재배법, 채소, 과수, 원예, 축산, 양잠 등의 농업기술을 소개하였다.

  ㉢ 홍만선의 산림경제 : 농예, 의학, 구황 등에 관한 농서이다.

  ㉣ 서유구 : 해동농서와 농촌생활 백과사전인 임원경제지를 편찬하였다.

② 농업기술의 발달

  ㉠ 이앙법, 견종법의 보급으로 노동력이 절감되고 생산량이 증대되었다.

  ㉡ 쟁기를 개선하여 소를 이용한 쟁기를 사용하기 시작하였다.

  ㉢ 시비법이 발전되어 여러 종류의 거름이 사용됨으로써 토지의 생산력이 증대되었다.

  ㉣ 수리시설의 개선으로 저수지를 축조(당진의 합덕지, 연안의 남대지 등)하였다.

  ㉤ 황무지 개간(내륙 산간지방)과 간척사업(해안지방)으로 경지면적을 확대시켰다.

❹ 문학과 예술의 새 경향

(1) 서민문화의 발달

① 배경 ⋯ 서당교육이 보급되고, 서민의 경제적 · 신분적 지위가 향상되었다.

② 서민문화의 대두 ⋯ 중인층(역관 · 서리), 상공업 계층, 부농층, 상민, 광대들의 활동이 활발하였다.

③ 문학상의 특징 ⋯ 인간감정을 적나라하게 표현하고 양반들의 위선적인 모습을 비판하며, 사회의 부정과 비리를 풍자 · 고발하였다. 서민적 주인공이 등장했으며, 현실세계를 배경으로 설정하였다.

(2) 판소리와 탈놀이

① 판소리 ⋯ 서민문화의 중심이 되었으며, 직접적이고 솔직하게 감정을 표현하였다. 다섯마당(춘향가 · 심청가 · 홍보가 · 적벽가 · 수궁가)이 대표적이며, 신재효는 판소리 사설을 창작하고 정리하였다.

② 탈놀이 · 산대놀이 ⋯ 승려들의 부패와 위선을 풍자하고, 양반의 허구를 폭로하였다.

(3) 한글소설과 사설시조

① 한글소설 ⋯ 홍길동전, 춘향전, 별주부전, 심청전, 장화홍련전 등이 유명하였다.

② 사설시조 ⋯ 남녀 간의 사랑, 현실에 대한 비판을 거리낌없이 표현하였다.

③ 한문학 ⋯ 정약용은 삼정의 문란을 폭로하는 한시를 썼고, 박지원은 양반전, 허생전, 호질을 통해 양반 사회의 허구성을 지적하며 실용적 태도를 강조하였다.

(4) 진경산수화와 풍속화

① 진경산수화 ⋯ 우리나라의 고유한 자연을 표현하였고, 정선의 인왕제색도 · 금강전도가 대표적이다.

② 풍속화 ⋯ 김홍도는 서민생활을 묘사하였고, 신윤복은 양반 및 부녀자의 생활과 남녀 사이의 애정을 표현하였다.

③ 민화 ⋯ 민중의 미적 감각과 소박한 정서를 표현하였다.

④ 서예 ⋯ 이광사(동국진체), 김정희(추사체)가 대표적이었다.

(5) 백자 · 생활공예와 음악

① 자기공예 ⋯ 백자가 민간에까지 널리 사용되었고, 청화백자가 유행하였으며 서민들은 옹기를 많이 사용하였다.

② 생활공예 ⋯ 목공예와 화각공예가 발전하였다.

③ 음악 ⋯ 다양한 음악이 출현하였다. 양반층은 가곡 · 시조, 서민들은 민요를 애창하였다.

출제 예상 문제

1 신라 하대 불교계의 새로운 경향을 알려주는 다음의 사상에 대한 설명으로 옳은 것은?

> 불립문자(不立文字)라 하여 문자를 세워 말하지 않는다고 주장하고, 복잡한 교리를 떠나서 심성(心性)을 도야하는 데 치중하였다. 그러므로 이 사상에서 주장하는 바는 인간의 타고난 본성이 곧 불성(佛性)임을 알면 그것이 불교의 도리를 깨닫는 것이라는 견성오도(見性悟道)에 있었다.

① 전제왕권을 강화해주는 이념적 도구로 크게 작용하였다.
② 지방에서 새로이 대두한 호족들의 사상으로 받아들여졌다.
③ 왕실은 이 사상을 포섭하려는 노력에 관심을 기울이지 않았다.
④ 인도에까지 가서 공부해 온 승려들에 의해 전파되었다.

TIP 신라 하대에 유행한 선종(禪宗)에 관한 설명으로 선종은 문자에 의존하지 않고 오직 좌선만을 통해 부처의 깨달음에 이르려는 종파이다. 6세기 초에 인도에서 중국으로 건너 온 보리달마를 초조(初祖)로 한다. 선종사상은 절대적인 존재인 부처에 귀의하려는 것이 아니라 각자가 가지고 있는 불성(佛性)의 개발을 중요시하는 성향을 지녔기에 신라 하대 당시 중앙정부의 간섭을 배제하면서 지방에서 독자적인 세력을 구축하려 한 호족들의 의식구조와 부합하였다. 이로 인해 신라 말 지방호족의 도움으로 선종은 크게 세력을 떨치며 새로운 사회의 사상적 토대를 마련하였다.

2 조선 후기 천주교와 관련된 설명으로 옳지 않은 것은?

① 기해사옥 때 흑산도로 유배를 간 정약전은 그 지역의 어류를 조사한 「자산어보」를 저술하였다.
② 안정복은 성리학의 입장에서 천주교를 비판하는 「천학문답」을 저술하였다.
③ 1791년 윤지충은 어머니 상(喪)에 유교 의식을 거부하여 신주를 없애고 제사를 지내 권상연과 함께 처형을 당하였다.
④ 신유사옥 때 황사영은 군대를 동원하여 조선에서 신앙의 자유를 보장받게 해달라는 서신을 북경에 있는 주교에게 보내려다 발각되었다.

TIP 정약전은 신유사옥(1801)으로 인해 흑산도로 귀양을 간 후 그 곳에서 자산어보를 지었다.

Answer 1.② 2.①

3 다음 중 학자에 대한 설명과 대표저서의 연결이 옳은 것은?

① 유수원의 「우서」 – 절약보다 소비를 권장하였다.
② 홍대용의 「의산문답」 – 기술의 혁신과 문벌제도의 철폐 및 지전설을 주장하였다.
③ 박지원의 「열하일기」 – 상공업의 진흥과 기술혁신, 사농공상의 직업평등화를 주장하였다.
④ 박제가의 「북학의」 – 양반 문벌 제도의 비생산성을 비판하였다.

> **TIP** ① 유수원은 상공업의 진흥과 기술혁신, 사농공상의 직업평등화를 주장하였다.
> ③ 박지원은 상공업의 진흥과 수레 · 선박 · 화폐 이용의 주장 및 양반 문벌제도의 비생산성을 비판하였다.
> ④ 박제가는 청과의 통상을 주장하며 절약보다 적절한 소비를 권장하였다.

4 다음이 설명하는 문화유산으로 옳은 것은?

> 백제 말 무왕(639년)에 세워졌으며, 1962년에 국보로 지정되었다. 우리나라 석탑 중 가장 규모가 크고 창건시기가 명확하게 밝혀진 석탑 중 가장 이른 시기에 건립된 것이다. 원래는 9층으로 추정되고 있으나 반파된 상태로 6층 일부까지만 남아있었다. 창건당시의 정확한 원형은 알 수 없으며, 17 ~ 18세기 이전 1층 둘레에 석축이 보강되고 1915년 일본인들이 무너진 부분에 콘크리트를 덧씌운 상태로 전해졌다.

① 미륵사지석탑
② 정혜사지 십삼층석탑
③ 정림사지 오층석탑
④ 분황사 모전석탑

> **TIP** ② 정혜사지 십삼층석탑 : 경주 정혜사터에 세워져 있는 탑으로, 통일신라시대인 9세기 즈음에 세워졌을 것으로 추측된다.
> ③ 정림사지 오층석탑 : 부여 정림사터에 세워져 있는 석탑으로, 익산 미륵사지 석탑과 함께 2기만 남아있는 백제시대의 석탑이라는 점에서도 귀중한 자료로 평가된다.
> ④ 분황사 모전석탑 : 현재 남아있는 신라 석탑 가운데 가장 오래된 것으로, 돌을 벽돌 모양으로 다듬어 쌓아올린 모전석탑(模塼石塔)이다. 원래 9층이었다는 기록이 있으나 지금은 3층만 남아있다. 선덕여왕 3년(634) 분황사의 창건과 함께 건립된 것으로 추측된다.

Answer 3.② 4.①

5 다음 중 삼국사기와 삼국유사에 대한 비교로서 옳지 않은 것은?

① 전자는 관찬사서이고, 후자는 사찬사서이다.

② 전자에 비하여 후자는 민족의식이 강하게 나타났다.

③ 두 사서는 삼국시대의 역사를 다룬 점에서 일치한다.

④ 전자는 정치사 중심이고, 후자는 문화사적인 내용을 많이 다루었다.

TIP ㉠ 삼국사기 : 인종 때 김부식이 중국 「사기」의 체제를 모방하여 유교사관의 입장에서 삼국시대의 역사를 정리한 것이다. 정사체인 기
전체 사서로 본기·열전·지·표로 구분 저술하였는데. 삼국 가운데 신라를 정통으로 삼았다(전 50권으로 사대주의적 기술).
㉡ 삼국유사 : 충렬왕 때(1285) 일연이 불교사의 입장에서 저술한 것으로 단군의 이야기를 최초로 수록하여 민족의 자주성을 강조하
였다. 향가 14수가 수록되었으며 「삼국사기」에서 찾아볼 수 없는 고대문화에 관계되는 중요한 사실을 수록하고 있다.

6 신라의 독서삼품과에 대한 설명으로 옳은 것은?

① 이 제도는 적절하게 실시되어 유학의 발달에 큰 공헌을 하였다.

② 6두품을 관리로 선발하려는 목적에서 시행되었다.

③ 골품보다 유학실력에 따라 관리를 채용하려는 제도이다.

④ 이 제도의 실시로 골품이 낮은 사람이나 평민이 관리로 많이 채용되었다.

TIP 신라하대(원성왕 때)에 들어와서 실시된 독서삼품과는 학문성적에 따라 관리를 임명하는 새로운 제도였다.

7 다음 중 고려 문화의 성격으로 옳지 않은 것은?

① 법전 편찬이 활발하였다.

② 지방문화의 생명은 소박성에 있었다.

③ 불교·유교문화가 융합되었다.

④ 유학과 한문학이 발달하였다.

TIP 법전의 편찬이 활발했던 것은 조선시대이다. 고려 문화는 기록에 의한 문학활동이 크게 확대되었으며, 불교미술 및 공예가 발달하였다.

Answer 5.③ 6.③ 7.①

8 다음이 설명하는 고려 건축물은?

> 이 건물은 주심포 양식에 맞배지붕 건물로 기둥은 배흘림 양식이다. 1972년 보수 공사 중에 공민왕 때 중창하였다는 상량문이 나와 우리나라에서 가장 오래된 목조 건물로 보고 있다.

① 봉정사 극락전
② 부석사 무량수전
③ 해인사 장경판전
④ 성불사 응진전

TIP ② 주심포 양식으로 지어졌으나 부석사 무량수전은 맞배지붕이 아닌 팔작지붕 양식이다.
③ 조선시대에 세워진 건축물이다.
④ 공포가 기둥 사이에도 있으며 웅장한 지붕이나 건물을 화려하게 꾸밀 때 쓰는 다포 양식으로 건축되었다.

06 근현대사의 이해

01 국제 질서의 변동과 근대 국가 수립 운동

① 제국주의 열강의 침략과 조선의 대응

(1) 흥선대원군의 개혁 정치

① 흥선 대원군 집권 당시 국내외 정세
- ㉠ 국내 정세 : 세도 정치의 폐단→삼정의 문란으로 인한 전국적 농민 봉기 발생, 평등사상 확산(천주교, 동학)
- ㉡ 국외 정세 : 제국주의 열강의 침략적 접근→이양선 출몰, 프랑스, 미국 등 서구열강의 통상 요구

② 흥선 대원군의 내정 개혁
- ㉠ 목표 : 세도정치 폐단 시정→전제 왕권 강화, 민생 안정
- ㉡ 정치 개혁
  - 세도 정치 타파 : 안동 김씨 세력의 영향력 축소, 당파와 신분을 가리지 않고 능력별 인재 등용
  - 관제 개혁 : 비변사 기능 축소(이후 철폐)→의정부와 삼군부의 기능 부활
  - 법전 편찬 : 통치 체제 재정비→'대전회통', '육전조례'
- ㉢ 경복궁 중건
  - 왕실의 권위 회복→재원 조달을 위해 원납전 강제 징수, 당백전 발행, 부역 노동 강화, 양반 묘지림 벌목
  - 결과 : 물가 폭등(당백전 남발), 부역 노동 강화로 인한 민심 악화 등으로 양반과 백성 반발 초래

③ 민생 안정을 위한 노력
- ㉠ 서원 철폐
  - 지방 양반세력의 근거지로서 면세 혜택 부여→국가 재정 악화 문제 초래, 백성 수탈 심화
  - 전국의 서원 중 47개소만 남기고 모두 철폐→양반층 반발, 국가 재정 확충에 기여
- ㉡ 수취 체제의 개편 : 삼정의 문란 시정
  - 전정 : 양전 사업 시행→은결을 찾아내어 조세 부과, 불법적 토지 겸병 금지
  - 군정 : 호포제(호 단위로 군포 징수) 실시→양반에게 군포 징수
  - 환곡 : 사창제 실시, 마을(里) 단위로 사창 설치→지방관과 아전의 횡포 방지

(2) 통상 수교 거부 정책과 양요

① 배경 ··· 서구 열강의 통상 요구, 러시아가 청으로부터 연해주 획득, 천주교 교세 확장 → 열강에 대한 경계심 고조

② 병인양요(1866)

    ㉠ 배경 : 프랑스 선교사의 국내 활동(천주교 확산), 흥선 대원군이 프랑스를 이용하여 러시아를 견제하려 하였으나 실패 → 병인박해(1866)로 천주교 탄압

    ㉡ 전개 : 병인박해를 계기로 로즈 제독이 이끄는 프랑스 함대가 강화도 침략 → 문수산성(한성근), 정족산성(양헌수) 전투에서 프랑스군에 항전

    ㉢ 결과 : 프랑스군은 외규장각 도서를 비롯한 각종 문화재 약탈

③ 오페르트 도굴 사건(1868)

    ㉠ 배경 : 독일 상인 오페르트의 통상 요구를 조선이 거절

    ㉡ 전개 : 오페르트 일행이 흥선 대원군 아버지 묘인 남연군 묘 도굴을 시도하였으나 실패

    ㉢ 결과 : 서양에 대한 반감 고조, 조선의 통상 수교 거부 정책 강화

④ 신미양요(1871)

    ㉠ 배경 : 평양(대동강)에서 미국 상선 제너널 셔먼호의 통상 요구 → 평안도 관찰사 박규수의 통상 거부 → 미국 선원들의 약탈 및 살상 발생 → 평양 군민들이 제너널 셔먼호를 불태움

    ㉡ 전개 : 미국이 제너널 셔먼호을 계기로 배상금 지불, 통상 수교 요구 → 조선 정부 거부 → 미국 함대의 강화도 침략 → 초지진, 덕진진 점령 → 광성보 전투(어재연) → 미군 퇴각(어재연 수(帥)자기 약탈)

    ㉢ 결과 : 흥선 대원군은 전국에 척화비 건립 (통상 수교 거부 의지 강화)

② 문호 개방과 근대적 개화 정책의 추진

(1) 조선의 문호 개방과 불평등 조약 체결

① 통상 개화론의 대두와 흥선 대원군의 하야

    ㉠ 통상 개화론 : 북학파 실학 사상 계승 → 박규수, 오경석, 유홍기 등이 문호 개방과 서양과의 교류 주장 → 개화파에 영향 : 통상 개화론의 영향을 받아 급진 개화파(김옥균, 박영효, 홍영식, 서광범 등), 온건 개화파(김홍집, 김윤식, 어윤중 등)로 분화

    • 온건개화파 : 점진적 개혁 추구(청의 양무운동 모방) → 동도서기론 주장

    • 급진개화화 : 급진적 개혁 추구(일본의 메이지유신 모방) → 문명개화론 주장, 갑신정변을 일으킴

    ㉡ 흥선 대원군 하야 : 고종이 친정을 실시하며 통상 수교 거부 정책 완화

② 강화도 조약(조·일수호 조규, 1876)

　　㉠ 배경 : 일본의 정한론(조선 침략론) 대두와 운요호 사건(1875)

　　㉡ 내용 : 외국과 체결한 최초의 근대적 조약, 불평등 조약

　　　• '조선은 자주국' : 조선에 대한 청의 종주권 부정, 일본의 영향력 강화

　　　• '부산 이외에 2개 항구 개항' : 경제적, 군사적, 정치적 목적을 위해 각각 부산, 원산, 인천항 개항

　　　• '해안 측량권 허용 및 영사 재판권(치외법권) 인정' : 불평등 조약

　　㉢ 부속 조약

　　　• 조·일 수호 조규 부록 : 개항장에서 일본 화폐 사용, 일본인 거류지 설정(간행이정 10리)을 규정

　　　• 조·일 무역 규칙 : 양곡의 무제한 유출 허용, 일본 상품에 대한 무관세 적용

③ 서구 열강과의 조약 체결

　　㉠ 조·미 수호 통상 조약(1882)

　　　• 제2차 수신사로 파견된 김홍집이 황준헌의 '조선책략 유입·유포, 청의 알선

　　　• 내용 : 치외 법권(영사 재판권)과 최혜국 대우 인정, 수출입 상품에 대한 관세 부과, 거중 조정

　　　• 성격 : 서양과 맺은 최초의 조약이자 불평등 조약

　　　• 영향 : 미국에 보빙사 파견, 다른 서구 열강과 조약 체결에 영향

　　㉡ 다른 서구 열강과의 조약 체결

　　　• 영국(1882), 독일(1882), 러시아(1884), 프랑스(1886)

　　　• 성격 : 최혜국 대우 등을 인정한 불평등 조약

(2) 개화 정책의 추진

① 외교 사절단 파견

　　㉠ 수신사 : 일본에 외교 사절단 파견 → 제1차 김기수(1876), 제2차 김홍집(1880) 파견

　　㉡ 조사시찰단(1881) : 일본의 근대 문물 시찰, 개화 정책에 대한 정보 수집을 목적으로 파견 – 비밀리에 파견(박정양, 어윤중, 홍영식)

　　㉢ 영선사(1881) : 청의 근대 무기 제조술 습득을 목적으로 파견(김윤식) → 귀국 후 기기창 설치

　　㉣ 보빙사(1883) : 조미수호통상조약 체결 후 미국 시찰 → 민영익, 홍영식, 유길준 등

② 정부의 개화 정책

　　㉠ 통리기무아문(1880) 및 12사 설치 : 개화 정책 총괄

　　㉡ 군제 개편 : 신식 군대인 별기군 창설(일본인 교관 초빙), 구식 군대인 5군영은 2영(무위영, 장어영)으로 개편

　　㉢ 근대 시설 : 기기창(근대 신식 무기 제조), 박문국(한성순보 발행), 전환국(화폐 발행), 우정총국(우편)

(3) 개화 정책에 대한 반발

① 위정척사 운동의 전개 … 성리학적 질서를 회복하고 서양 문물의 유입 반대 → 양반 유생 중심(반외세)
    ㉠ 통상 반대 운동(1860년대) : 서구 열강의 통상 요구 거부 → 이항로, 기정진 등
    ㉡ 개항 반대 운동(1870년대) : 강화도 조약 체결을 전후로 개항 반대 주장 → 최익현(왜양일체론 주장)
    ㉢ 개화 반대 운동(1880년대) : '조선책략' 유포 반대, 미국과의 수교 거부(영남만인소) → 이만손, 홍재학
    ㉣ 항일 의병 운동(1890년대) : 을미사변, 단발령(을미개혁)에 반발 → 유인석, 이소응 등

② 임오군란(1882) … 반외세, 반정부 운동
    ㉠ 배경 : 개항 이후 일본으로의 곡물 유출로 물가가 폭등하여 민생 불안정, 구식군인에 대한 차별대우
    ㉡ 전개 : 구식 군인의 봉기, 도시 빈민 합세 → 별기군 일본 교관 살해, 일본 공사관과 궁궐 습격 → 명
    성 황후 피신 → 흥선대원군의 재집권(신식 군대 및 개화 기구 폐지) → 청군 개입(흥선 대원군을 청
    으로 납치) → 민씨 정권 재집권(친청 정권 수립)
    ㉢ 결과
      • 제물포 조약 체결(1882) : 일본에 배상금 지불, 일본 공사관 경비를 위해 일본군의 조선 주둔 허용
      • 청의 내정 간섭 심화 : 청군의 주둔 허용, 청의 고문 파견(마건상과 묄렌도르프)
      • 조·청 상민 수륙 무역 장정 체결(1882) : 청 상인의 내지 통상권 허용 → 청의 경제적 침투 강화

(4) 갑신정변(1884)

① 배경 … 친청 정권 수립과 청의 내정 간섭 심화로 개화 정책 후퇴, 급진 개화파 입지 축소, 청·프 전쟁

② 전개 … 급진 개화파가 우정총국 개국 축하연에 정변 일으킴 → 민씨 고관 살해 → 개화당 정부 수립 →
    14개조 개혁 정강 발표 → 청군의 개입으로 3일 만에 실패 → 김옥균, 박영효는 일본 망명

③ 갑신정변 14개조 개혁 정강 … 위로부터의 개혁
    ㉠ 정치적 개혁 : 친청 사대 정책 타파, 내각 중심의 정치 → 입헌 군주제 지향
    ㉡ 경제적 개혁 : 모든 재정의 호조 관할(재정 일원화), 지조법(토지세) 개정, 혜상공국 혁파, 환곡제 개혁
    ㉢ 사회적 개혁 : 문벌 폐지, 인민 평등권 확립, 능력에 따른 인재 등용 → 신분제 타파 주장

④ 결과
    ㉠ 청의 내정 간섭 심화, 개화 세력 약화, 민씨 재집권
    ㉡ 한성 조약(1884) : 일본인 피살에 대한 배상금 지불, 일본 공사관 신축 비용 부담
    ㉢ 톈진 조약(1884) : 한반도에서 청·일 양국 군대의 공동 출병 및 공동 철수 규정

⑤ 의의와 한계
    ㉠ 의의 : 근대 국가 수립을 위한 최초의 근대적 정치·사회 개혁 운동
    ㉡ 한계 : 급진 개화파의 지나친 일본 의존적 성향과 토지 개혁의 부재 등으로 민중 지지 기반 결여

(5) 갑신정변 이후의 국내외 정세

① 거문도 사건(1885 ~ 1887) ··· 갑신정변 이후 청 견제를 위해 조선이 러시아와 비밀리에 교섭 진행 →
러시아 견제를 위해 영국이 거문도 불법 점령 → 청 중재로 영국군 철수

② 한반도 중립화론 ··· 한반도를 둘러싼 열강의 대립이 격화되자 이를 막기 위해 조선 중립화론 제시 → 독
일 영사 부들러와 유길준에 의해 제시

❸ 구국 운동과 근대 국가 수립 운동의 전개

(1) 동학 농민 운동

① 농촌 사회의 동요 ··· 지배층의 농민 수탈 심화, 일본의 경제 침탈로 곡가 상승, 수공업 타격(면직물 수입)

② 동학의 교세 확장 및 교조 신원 운동
  ㉠ 동학의 교세 확장 : 교리 정비(동경대전, 용담유사), 교단 조직(포접제)
  ㉡ 교조 신원 운동 : 교조 최제우의 억울한 누명을 풀고 동학의 합법화 주장
    • 전개 : 삼례집회(1892) → 서울 복합 상소(1893) → 보은 집회(1893)
    • 성격 : 종교적 운동 → 정치적, 사회적 운동으로 발전(외세 배척, 탐관오리 숙청 주장)

③ 동학 농민 운동의 전개
  ㉠ 고부 농민 봉기 : 고부 군수 조병갑의 횡포(만석보 사건) → 전봉준 봉기(사발통문) → 고부 관아 점령
    및 만석보 파괴 → 후임 군수 박원명의 회유로 농민 자진 해산 → 안핵사 이용태 파견
  ㉡ 제1차 봉기 : 안핵사 이용태의 농민 탄압 → 동학 농민군 재봉기하여 고부 재점령
    • 백산 집결 : 동학 농민군이 보국안민, 제폭구민의 기치를 걸고 격문 발표, 호남 창의소 설치 → 이후 황
      토현, 황룡촌 전투에서 관군 격파 → 전주성 점령(폐정개혁안 12개조 요구)
    • 전주 화약 체결 : 정부는 청에 군사 요청 → 청·일 양군 출병(톈진조약) → 전주 화약 체결(집강소 설치)
  ㉢ 제2차 봉기 : 전주 화약 체결 후 정부는 청일 양군의 철수 요구 → 일본이 거부하고 경복궁 무단 점령
    (청일전쟁)
    • 삼례 재봉기 : 일본군 축출을 위해 동학 농민군 재봉기 → 남접(전봉준)과 북접(손병희) 합세하여 서울로
      북상
    • 우금치 전투(공주) : 관군과 일본군의 화력에 열세 → 동학 농민군 패배, 전봉준을 비롯한 지도부 체포

④ 동학 농민 운동의 의의와 한계
  ㉠ 의의 : 반봉건 운동(신분제 폐지, 악습 철폐 요구), 반외세 운동(일본 및 서양 침략 반대) → 이후 동
    학 농민군의 일부 요구가 갑오개혁에 반영, 잔여 세력 일부는 항일 의병 운동에 가담
  ㉡ 한계 : 근대 사회 건설을 위한 구체적인 방안을 제시하지 못함

(2) 갑오 · 을미개혁

① 배경 … 갑신정변 및 동학 농민 운동 이후 내정 개혁의 필요성 대두 → 교정청(자주적 개혁) 설치(1894. 6)

② 제1차 갑오개혁 … 일본군의 경복궁 무단 점령, 개혁 강요 → 제1차 김홍집 내각 수립(민씨 정권 붕괴, 흥선대원군 섭정), 군국기무처 설치

    ㉠ 정치 : 왕실 사무(궁내부)와 국정 사무(의정부) 분리, 6조를 8아문으로 개편, 과거제 폐지 등

    ㉡ 경제 : 탁지아문으로 재정 일원화, 은 본위 화폐제 채택, 도량형 통일, 조세 금납화 시행

    ㉢ 사회 : 신분제 철폐(공사 노비제 혁파), 봉건적 악습 타파(조혼 금지, 과부 재가 허용), 고문 및 연좌제 폐지

③ 제2차 갑오개혁 … 청 · 일 전쟁에서 일본의 승세로 내정 간섭 강화 → 제2차 김홍집 · 박영효 연립 내각 수립(흥선대원군 퇴진, 군국기무처 폐지, 홍범 14조 반포)

    ㉠ 정치 : 내각 제도 실시(의정부), 8아문을 7부로 개편, 지방 행정 체계 개편(8도 → 23부), 지방관 권한 축소, 재판소 설치(사법권을 행정권에서 분리)

    ㉡ 군사 : 훈련대와 시위대 설치

    ㉢ 교육 : 교육입국 조서 반포, 신학제(한성 사범 학교 관제, 소학교 관제, 외국어 학교 관제) 마련

④ 을미개혁(제3차 갑오개혁)

    ㉠ 배경 : 청 · 일 전쟁에서 일본이 승리 → 일본의 랴오둥반도 차지(시모노세키 조약) → 러시아 주도의 삼국간섭 → 랴오둥반도 반환 → 조선에서는 친러내각 수립 → 을미사변(명성황후 시해) → 김홍집 내각 수립

    ㉡ 주요 개혁 내용

      • 정치 : '건양 연호 사용

      • 군사 : 시위대(왕실 호위), 친위대(중앙), 진위대(지방) 설치

      • 사회 : 태양력 사용, 소학교 설치, 우체사 설립(우편 제도), 단발령 실시

    ㉢ 결과 : 아관파천(1896) 직후 개혁 중단 → 김홍집 체포 및 군중에 피살

⑤ 갑오개혁의 의의와 한계

    ㉠ 의의 : 갑신정변과 동학 농민 운동의 요구 반영(신분제 철폐), 여러 분야에 걸친 근대적 개혁

    ㉡ 한계 : 일본의 강요에 의해 추진, 일본의 조선 침략을 용이하게 함, 국방력 강화 개혁 소홀

(3) 독립 협회

① 독립 협회의 창립
  ㉠ 배경 : 아관파천 직후 러시아를 비롯한 열강의 이권 침탈 가속화, 러·일의 대립 격화
  ㉡ 과정 : 미국에서 귀국한 서재필이 독립신문 창간 → 이후 독립문 건립을 명분으로 독립 협회 창립
    (1896)

② 독립 협회 활동 … 자주 국권, 자유 민권, 자강 개혁 운동을 통해 민중 계몽 → 강연회·토론회 개최
  ㉠ 자주 국권 운동 : 고종 환궁 요구, 러시아의 절영도 조차 저지 및 열강 이권 침탈 저지(만민 공동회
    개최)
  ㉡ 자유 민권 운동 : 언론·출판·집회·결사의 자유 주장
  ㉢ 자강 개혁 운동 : 헌의 6조 결의(관민 공동회 개최), 의회 설립 운동 전개(중추원 관제 개편)

③ 독립 협회 해산 … 보수 세력 반발(독립 협회가 공화정 도모한다고 모함) → 고종 해산 명령 → 황국협회
  의 만민공동회 습격

④ 의의와 한계 … 열강의 침략으로부터 국권 수호 노력
  ㉠ 의의 : 민중 계몽을 통한 국권 수호와 민권 신장에 기여
  ㉡ 한계 : 열강의 침략적 의도를 제대로 파악하지 못함, 외세 배척이 러시아에 한정

(4) 대한제국(1897~1910)

① 대한 제국 수립 … 아관파천으로 국가적 위신 손상 → 고종의 환궁 요구 여론 고조 → 고종이 경운궁으로
  환궁
  ㉠ 대한제국 선포 : 연호를 '광무'로 제정 → 환구단에서 황제 즉위식 거행, 국호를 '대한제국'으로 선포
  ㉡ 대한국 국제 반포(1899) : 황제의 무한 군주권(전제 군주제) 규정

② 광무개혁 … 구본신참(舊本新參)의 원칙에 따른 점진적 개혁 추구
  ㉠ 내용
    • 정치 : 황제권 강화(대한국 국제)
    • 군사 : 원수부 설치(황제가 직접 군대 통솔), 시위대·진위대 증강
    • 경제 : 양전 사업 추진(토지 소유자에게 지계 발급), 식산흥업(근대적 공장과 회사 설립), 금본위 화폐제
    • 교육 : 실업 학교 설립(상공 학교, 광무 학교), 기술 교육 강조, 해외에 유학생 파견
    • 사회 : 근대 시설 도입(전차·철도 부설, 전화 가설 등 교통·통신 시설 확충)
  ㉡ 의의와 한계
    • 의의 : 자주독립과 상공업 진흥 등 근대화를 지향한 자주적 개혁
    • 한계 : 집권층의 보수적 성향, 열강의 간섭 등으로 개혁 성과 미흡

❹ 일제의 국권 침탈과 국권 수호 운동

(1) 일제의 침략과 국권 피탈

① 러·일 전쟁(1904)과 일본의 침략

    ㉠ 한반도를 둘러싼 러·일 대립 격화 : 제1차 영·일동맹(1902), 러시아의 용암포 조차 사건(1903)

    ㉡ 러·일 전쟁(1904. 2.) : 대한제국 국외 중립 선언 → 일본이 러시아를 선제 공격

    ㉢ 일본의 한반도 침략

        • 한·일 의정서(1904. 2.) : 한반도의 군사적 요충지를 일본이 임의로 사용 가능

        • 제1차 한·일 협약(1904. 8.) : 고문 정치 실시 (외교 고문 美. 스티븐스, 재정 고문 日.메가타 파견)

    ㉣ 일본의 한국 지배에 대한 열강의 인정

        • 가쓰라·태프트 밀약(1905. 7.) : 일본은 미국의 필리핀 지배 인정, 미국은 일본의 한국 지배를 인정

        • 제2차 영·일 동맹(1905. 8.) : 일본은 영국의 인도 지배 인정, 영국은 일본의 한국 지배를 인정

    ㉤ 포츠머스 조약 체결(1905. 9.) : 러·일 전쟁에서 일본 승리 → 일본의 한국 지배권 인정

② 일제의 국권 침탈

    ㉠ 을사늑약(제2차 한일협약, 1905. 11.) : 통감 정치 실시

        • 내용 : 통감부 설치(대한제국 외교권 박탈), 초대 통감으로 이토 히로부미 부임

        • 고종의 대응 : 조약 무효 선언, 미국에 헐버트 파견, 헤이그 특사 파견(이준, 이상설, 이위종. 1907)

        • 민족의 저항 : 민영환과 황현의 자결, 장지연의 '시일야방성대곡'(황성신문), 오적 암살단 조직(나철, 오기호), 스티븐스 저격(장인환·전명운, 1908), 안중근의 이토 히로부미 처단(1909)

    ㉡ 한·일 신협약(정미 7조약, 1907. 7.) : 차관 정치 실시

        • 배경 : 헤이그 특사 파견 → 고종의 강제 퇴위, 순종 즉위

        • 내용 : 행정 각 부처에 일본인 차관 임명, 대한 제국 군대 해산(부속 각서) → 이후 기유각서(1909) 체결

    ㉢ 한국 병합 조약(1910. 8.) : 친일 단체(일진회 등)의 합방 청원 → 병합조약 체결 → 조선 총독부 설치

(2) 항일 의병 운동

① 을미의병 ⋯ 을미사변, 단발령 실시(1895)를 계기로 발생

    ㉠ 중심세력 : 유인석, 이소응 등의 양반 유생층

    ㉡ 활동 : 친일 관리 처단, 지방 관청과 일본 거류민, 일본군 공격

    ㉢ 결과 : 아관 파천 이후 고종이 단발령 철회, 의병 해산 권고 조칙 발표 → 자진 해산 → 일부는 활빈당 조직

② 을사의병 ⋯ 을사늑약 체결(1905)에 반발하며 발생, 평민 출신 의병장 등장

    ㉠ 중심세력 : 최익현·민종식(양반 유생), 신돌석(평민 출신) 등

    ㉡ 활동 : 전북 태인에서 거병(최익현), 홍주성 점령(민종식), 태백산 일대 평해·울진에서 활양(신돌석)

③ 정미의병 … 고종의 강제 퇴위, 대한 제국의 군대 해산(1907)을 계기로 발생

　　㉠ 특징 : 해산 군인의 가담으로 의병의 전투력 강화(의병 전쟁), 각국 영사관에 국제법상 교전 단체로 인정할 것 요구

　　㉡ 13도 창의군 결성(총대장 이인영, 군사장 허위) : 서울 진공 작전 전개(1908) → 일본군에 패배

③ 호남 의병 … 13도 창의군 해산 이후 호남 지역이 의병 중심지로 부상 → 일제의 '남한 대토벌 작전'(1909)으로 위축

④ 의병 운동의 의의와 한계

　　㉠ 의의 : '남한 대토벌 작전' 이후 만주와 연해주 등지로 이동하여 무장 독립 투쟁 계승

　　㉡ 한계 : 양반 유생 출신 의병장의 봉건적 신분 의식의 잔존으로 세력 약화

(3) 애국 계몽 운동

① 성격 … 사회진화론의 영향(약육강식) → 점진적 실력 양성(교육, 식산흥업)을 통한 국권 수호 추구

② 애국 계몽 운동 단체

　　㉠ 보안회(1904) : 일제의 황무지 개간권 요구 반대 운동 전개 → 성공

　　㉡ 헌정 연구회(1905) : 의회 설립을 통한 입헌 군주제 수립 추구 → 일제의 탄압

　　㉢ 대한 자강회(1906) : 헌정 연구회 계승, 전국에 지회 설치 → 고종 강제 퇴위 반대 운동 전개

　　㉣ 신민회(1907)

　　　• 조직 : 안창호, 양기탁 등을 중심으로 공화정에 입각한 근대 국가 설립을 목표로 비밀 결사 형태로 조직

　　　• 활동 : 학교 설립(오산 학교, 대성 학교), 민족 산업 육성(태극 서관, 자기 회사 운영), 국외 독립운동 기지 건설(남만주 삼원보에 신흥 강습소 설립)

　　　• 해체 : 일제가 조작한 105인 사건으로 와해(1911)

　　㉤ 언론 활동 : 대한매일신보, 황성신문 등이 일제 침략 비판, 국채 보상 운동 지원

③ 의의와 한계

　　㉠ 의의 : 국민의 애국심 고취와 근대 의식 각성, 식산흥업을 통한 경제 자립 추구, 민족 운동 기반 확대

　　㉡ 한계 : 실력 양성(교육, 식산흥업)에만 주력, 의병 투쟁에 비판적인 태도를 취함

(4) 독도와 간도

① 독도

　　㉠ 역사적 연원 : 신라 지증왕 때 이사부가 우산국 복속, 조선 숙종 때 안용복이 우리 영토임을 확인

　　㉡ 대한 제국 칙령 제41호(1900) : 울릉도를 울도군으로 승격, 독도가 우리 영토임을 선포

　　㉢ 일제의 강탈 : 러 · 일 전쟁 중 일본이 불법적으로 편입(시네마 현 고시 제 40호, 1905)

② 간도 … 백두산정계비문(1712)의 토문강 해석에 대한 조선과 청 사이의 이견 발생으로 영유권 분쟁 발생
　　㉠ 대한 제국의 대응 : 이범윤을 간도 관리사로 임명, 간도를 함경도 행정 구역으로 편입
　　㉡ 간도 협약(1909) : 남만주 철도 부설권을 얻는 대가로 일제가 간도를 청의 영토로 인정

❺ 개항 이후 경제 · 사회 · 문화의 변화

(1) 열강의 경제 침탈

① 청과 일본의 경제 침탈
　　㉠ 개항 초 일본의 무역 독점 : 강화도 조약 및 부속 조약
　　　• 치외 법권, 일본 화폐 사용, 무관세 무역 등의 특혜 독점
　　　• 거류지 무역 : 개항장 10리 이내로 제한→조선 중개 상인 활양(객주, 여각, 보부상 등)
　　　• 중계 무역 : 영국산 면제품 수입, 쌀 수출(미면 교환 경제)→곡가 폭등, 조선 가내 수공업 몰락
　　㉡ 일본과 청의 무역 경쟁 : 임오군란 이후 청 상인의 조선 진출 본격화→청 · 일 상권 경쟁 심화
　　　• 조 · 청 상민 수륙 무역 장정(1882) : 청 상인의 내지 통상권 허용(양화진과 한성에 상점 개설)
　　　• 조 · 일 통상 장정(1883) : 조 · 일 무역 규칙 개정, 관세권 설정, 방곡령 규정, 최혜국 대우 인정

② 제국주의 열강의 이권 침탈
　　㉠ 배경 : 아관 파천 이후 열강이 최혜국 대우 규정을 내세워 각종 분야(삼림, 광산, 철도 등)에서 이권 침탈
　　㉡ 일본의 재정 및 금융 지배
　　　• 재정 지배 : 차관 강요(시설 개선 등의 명목)를 통한 대한 제국 재정의 예속화 시도
　　　• 금융 지배 : 일본 제일 은행 설치(서울, 인천 등)
　　　• 화폐 정리 사업(1905) : 백동화를 일본 제일 은행권으로 교환(재정 고문 메가타 주도) → 민족 자본 몰락
　　㉢ 일본의 토지 약탈 : 철도 부지와 군용지 확보를 위해 조선의 토지 매입, 동양 척식 주식회사 설립(1908)

(2) 경제적 구국 운동

① 방곡령 선포(1889 ~ 1890) … 일본으로의 곡물 유출 심화로 곡가 폭등, 농민 경제 악화
　　㉠ 과정 : 함경도, 황해도 등지의 지방관이 방곡령을 선포함(조 · 일 통상 장정 근거)
　　㉡ 결과 : 일본이 '1개월 전 통보' 규정 위반을 빌미로 방곡령 철회 요구→방곡령 철회, 일본에 배상금 지불

② 상권 수호 운동 … 열강의 내지 진출 이후 국내 상권 위축
　　㉠ 시전 상인 : 일본과 청 상인의 시전 철수 요구, 황국 중앙 총상회 조직(1898)
　　㉡ 객주, 보부상 : 상회사 설립 → 대동 상회, 장통 상회 등
　　㉢ 민족 자본, 기업 육성 : 민족 은행과 회사를 설립(조선은행 등) → 1890년대 이후

③ 이권 수호 운동

  ㉠ 독립 협회 : 만민 공동회 개최 → 러시아의 절영도 조차 요구 저지, 한 · 러 은행 폐쇄

  ㉡ 황무지 개간권 요구 반대 운동(1904) : 일제의 황무지 개간권 요구 압력에 반대 → 농광 회사, 보안회 설립

④ 국채 보상 운동(1907) ··· 일본의 차관 강요에 의한 대한 제국 재정의 일본 예속 심화

  ㉠ 과정 : 대구에서 시작(서상돈 중심) → 국채 보상 기성회 설립(서울) → 대한매일신보 후원

  ㉡ 결과 : 전국적인 금주, 금연, 가락지 모으기 운동으로 확산 → 통감부의 탄압과 방해로 실패함

(3) 근대 시설과 문물의 수용

① 근대 시설의 도입

  ㉠ 교통 : 전차(서대문 ~ 청량리. 1889), 경인선(1899)을 시작으로 철도 부설(경부선 1905, 경의선 1906)

  ㉡ 통신 : 우편(우정총국. 1884), 전신(1885), 전화(경운궁, 1898)

  ㉢ 전기 : 경복궁에 전등 설치(1887), 한성 전기 회사 설립(1898)

  ㉣ 의료 : 광혜원(제중원으로 개칭. 1885), 세브란스 병원(1904), 대한의원(1907)

  ㉤ 서양식 건축물 : 독립문(1896), 명동성당(1898), 덕수궁 석조전(1910) 등이 만들어짐

② 언론 활동 ··· 일제의 신문지법(1907) 제정 이전까지 활발한 활동

  ㉠ 한성순보(1883) : 최초의 신문으로 관보의 성격(정부 정책 홍보)을 지님 → 순한문, 박문국에서 발행

  ㉡ 독립신문(1896) : 독립협회가 발간한 최초의 민간 사설 신문 → 한글판, 영문판 발행

  ㉢ 제국신문(1898) : 서민층과 부녀자 대상으로 한 계몽적 성격의 신문 → 순한글

  ㉣ 황성신문(1898) : 양반 지식인을 대상으로 간행, 장지연의 '시일야방성대곡' 게재 → 국한문 혼용

  ㉤ 대한매일신보(1904) : 영국인 베델과 양기탁의 공동 운영, 일제의 국권 침탈 비판 → 순한글

③ 교육 기관

  ㉠ 1880년대 : 원산 학사(최초의 근대 학교. 덕원 주민), 동문학(외국어 교육), 육영 공원(근대적 관립 학교)

  ㉡ 1890년대 : 갑오개혁(교육입국조서 반포, 한성사범학교, 소학교 설립), 대한제국(각종 관립학교 설립)

  ㉢ 1900년대 : 사립학교 설립 → 개신교(배재학당, 이화학당, 숭실학교), 민족지사(대성학교, 오산학교 등)

(4) 문화와 종교의 새 경향

① 문화의 새 경향 ··· 신소설(혈의 누 등), 신체시(해에게서 소년에게) 등장, 창가 및 판소리 유행

② 국학 연구

  ㉠ 국어 : 국문 연구소(지석영 · 주시경, 1907), 조선 광문회(최남선. 1910)

  ㉡ 국사

  • 근대 계몽 사학 발달, 민족 의식 고취

  • 위인전 간행(을지문덕전, 이순신전), 외국 역사 소개(월남 망국사 등), 신채호(독사신론, 민족주의 역사학)

③ 종교계의 변화
　　㉠ 유교 : 박은식 '유교 구신론' 저술 → 성리학의 개혁과 실천 유학 주장(양명학) 개신교 의료 · 교육 활동을 전개함
　　㉡ 불교 : 한용운 '조선불교 유신론' 저술 → 조선 불교의 개혁 주장
　　㉢ 천도교 : 손병희가 동학을 천도교로 개칭 → '만세보' 간행
　　㉣ 대종교 : 나철, 오기호가 창시 → 단군 신앙 바탕, 국권 피탈 이후 만주로 이동하여 무장 독립 투쟁 전개
　　㉤ 천주교 : 사회 사업 실시(양로원, 고아원 설립)
　　㉥ 개신교 : 교육 기관 설립, 세브란스 병원 설립

02 일제의 강점과 민족 운동의 전개

❶ 일제의 식민 통치와 경제 수탈

(1) 일제의 무단 통치와 경제 수탈(1910년대)

① 일제의 식민 통치 기관 … 조선 총독부(식민통치 최고 기관. 1910), 중추원(조선 총독부 자문 기구)

② 무단 통치 … 헌병 경찰제 도입(즉결 처분권 행사), 조선 태형령 제정, 관리 · 교원에게 제복과 착검 강요, 언론 · 집회 · 출판 · 결사의 자유 제한, 한국인의 정치 단체와 학회 해산

③ 제1차 조선 교육령 … 한국인에 대한 차별 교육 실시(고등 교육 제한), 보통 교육과 실업 교육 강조, 일본어 교육 강조, 사립학교 · 서당 탄압

④ 경제 수탈
　　㉠ 토지 조사 사업(1910 ~ 1918) : 공정한 지세 부과와 근대적 토지 소유권 확립을 명분으로 시행 → 실제로는 식민 지배에 필요한 재정 확보
　　　• 방법 : 임시 토지 조사국 설치(1910), 토지 조사령 공포(1912) → 기한부 신고제로 운영
　　　• 전개 : 미신고 토지, 왕실 · 관청 소유지(역둔토), 공유지 등을 조선 총독부로 편입 → 동양척식주식회사로 이관
　　　• 결과 : 조선 총독부의 지세 수입 증가, 일본인 이주민 증가, 조선 농민의 관습적 경작권 부정, 많은 농민들이 기한부 소작농으로 전락하거나 만주 · 연해주 등지로 이주
　　㉡ 각종 산업 침탈
　　　• 회사령 (1910) : 한국인의 회사 설립 및 민족 자본의 성장 억압 → 허가제로 운영
　　　• 자원 침탈 : 삼림령, 어업령, 광업령, 임업령, 임야 조사령 등 제정

(2) 일제의 민족 분열 통치와 경제 수탈(1920년대)

① 문화 통치
　㉠ 배경 : 3 · 1 운동(1919) 이후 무단 통치에 대한 한계 인식, 국제 여론 악화
　㉡ 목적 : 소수의 친일파를 양성하여 민족 분열의 획책을 도모한 기만적인 식민 통치
　㉢ 내용과 실상
　　• 문관 총독 임명 가능 : 실제로 문관 총독이 임명된 적 없음
　　• 헌병 경찰제를 보통 경찰제로 전환 : 경찰 수와 관련 시설, 장비 관련 예산 증액
　　• 언론 · 집회 · 출판 · 결사의 자유 부분적 허용(신문 발간 허용) : 검열 강화, 식민통치 인정하는 범위 내에서 허용
　　• 보통학교 수업 연한 연장(제2차 조선 교육령), 대학 설립 가능 : 고등교육 기회 부재, 한국인 취학률 낮음
　　• 도 · 부 · 면 평의회, 협의회 설치 : 일본인, 친일 인사만 참여(친일 자문 기구)

② 산미 증식 계획(1920 ~ 1934)
　㉠ 배경 : 일본의 공업화로 자국 내 쌀 부족 현상을 해결하기 위해 시행
　㉡ 과정 : 농토 개간(밭 → 논), 수리 시설 확충, 품종 개량, 개간과 간척 등으로 식량 증산 추진
　㉢ 결과 : 수탈량이 증산량 초과(국내 식량 사정 악화) → 한국인의 1인당 쌀 소비량 감소, 만주 잡곡 유입 증가, 식량 증산 비용의 농민 전가 → 소작농으로 전락하는 농민 증가, 소작농의 국외 이주 심화

(3) 일제의 민족 말살 통치(1930년대 이후)

① 민족 말살 통치
　㉠ 배경 : 대공황(1929) 이후 일제의 침략 전쟁 확대(만주 사변, 중 · 일 전쟁, 태평양 전쟁)
　㉡ 목적 : 한국인의 침략 전쟁 동원 → 한국인의 민족의식 말살, 황국 신민화 정책 강요
　　• 내선일체 · 일선동조론 강조, 창씨개명, 신차참배, 궁성 요배, 황국신민서사 암송, 국어 · 국사 교육 금지
　　• 병참기지화 정책 : 전쟁 물자 공급을 위해 북부 지방에 중화학 공업 시설 배치
　㉢ 결과 : 공업 생산이 북부 지역에 편중, 산업 간 불균형 심화(소비재 생산 위축)

② 경제 수탈
　㉠ 남면북양 정책 : 일본 방직 산업의 원료 확보를 위해 면화 재배와 양 사육 강요
　㉡ 농촌 진흥 운동(1932~1940) : 식민지 지배 체제의 안정을 위해 소작 조건 개선 제시 → 성과 미흡
　㉢ 국가 총동원법 제정(1938) : 중 · 일 전쟁 이후 부족한 자원 수탈을 위해 제정 → 인적 · 물적 자원 수탈 강화
　　• 인적 수탈 : 강제 징용 및 징병, 지원병제(학도 지원병제 포함), 징병제, 국민 징용령, 여자 정신 근로령
　　• 물적 수탈 : 공출제 시행(미곡, 금속류), 식량 수탈(산미 증식 계획 재개, 식량 배급제 실시 등), 국방 헌금 강요

③ 식민지 억압 통치 강화
　㉠ 민족 언론 폐간 : 조선일보 · 동아일보 폐간(1940)
　㉡ 조선어 학회 사건(1942) : 치안 유지법 위반으로 조선어 학회 회원들 구속 → 우리말 큰사전 편찬 실패

❷ 3 · 1 운동과 대한민국 임시 정부의 활동

(1) 1910년대 국내/국외 민족 운동

① 국내 민족 운동

　㉠ 일제 탄압 강화 : 남한 대토벌 작전과 105인 사건 등으로 국내 민족 운동 약화→국외로 이동

　㉡ 비밀 결사 단체

　　• 독립 의군부(1912) : 고종의 밀명을 받아 임병찬이 조직→의병 전쟁 계획, 복벽주의 추구

　　• 대한 광복회(1915) : 김좌진, 박상진이 군대식 조직으로 결성→친일파 처단, 군자금 모금, 공화정 추진

　　• 기타 : 조선 국권 회복단(단군 숭배. 1915), 송죽회, 기성단, 자립단 등이 조직됨

② 국외 민족 운동

　㉠ 만주 지역 : 북간도(서전서숙, 명동학교, 중광단), 서간도(삼원보 중심, 경학사 · 부민단, 신흥강습소 조직)

　㉡ 중국 관내 : 상하이 신한 청년당→김규식을 파리 강화 회의에 대표로 파견함

　㉢ 연해주 지역 : 신한촌 건설(블라디보스토크), 권업회 조직→이후 대한 광복군 정부(이상설, 이동휘 중심) 수립

　㉣ 미주 지역 : 대한인 국민회, 대조선 국민 군단(박용만)

(2) 3 · 1 운동(1919)

① 배경

　㉠ 국내 : 일제 무단 통치에 대한 반발 고조, 고종의 사망

　㉡ 국외 : 윌슨의 민족 자결주의 대두, 레닌의 약소민족 해방 운동 지원, 파리강화회의에 김규식 파견(신한청년당) 동경 유학생들에 의한 2 · 8 독립 선언, 만주에서 대한 독립 선언 제창

② 과정 ··· 초기 비폭력 만세 시위 운동→이후 무력 투쟁의 성격으로 전환

　㉠ 준비 : 고종 황제 독살설 확산, 종교계 및 학생 중심으로 만세 운동 준비

　㉡ 전개 : 민족 대표가 종로 태화관에서 독립 선언서 낭독→탑골공원에서 학생 · 시민들 만세 운동 전개

　㉢ 확산 : 도시에서 농촌으로 확산→농민층이 가담하면서 무력 투쟁으로 전환→일제 탄압(제암리 사건)→국외 확산

③ 의의 및 영향

　㉠ 국내 : 최대 규모의 민족 운동, 대한민국 임시 정부 수립에 영향, 식민 통치 방식 변화(무단 통치→문화 통치), 독립 운동의 분수령 역할→무장 투쟁, 노동 · 농민 운동 등 다양한 민족 운동 전개

　㉡ 국외 : 중국의 5 · 4 운동, 인도의 비폭력 · 불복종 운동 운동 등에 영향

(3) 대한민국 임시 정부 수립과 활동

① 여러 임시 정부 수립 … 3 · 1 운동 이후 조직적인 독립운동의 필요성 자각

    ㉠ 대한 국민 의회(1919. 3.) : 연해주 블라디보스토크에서 조직 → 손병희를 대통령으로 선출

    ㉡ 한성 정부(1919. 4.) : 서울에서 13도 대표 명의로 조직 → 집정관 총재로 이승만 선출

    ㉢ 상하이 임시 정부(1919. 4.) : 상하이에서 국무총리로 이승만 선출

② 대한민국 임시 정부의 수립

    ㉠ 각지의 임시 정부 통합 : 한성 정부의 정통성 계승, 외교 활동에 유리한 상하이에 임시 정부 수립

    ㉡ 형태 : 삼권 분립에 입각한 민주 공화정 → 임시 의정원(입법), 법원(사법), 국무원(행정)

    ㉢ 구성 : 대통령 이승만, 국무총리 이동휘, 국무위원

③ 대한민국 임시 정부의 활동

    ㉠ 연통제, 교통국 운영 : 국내외를 연결하는 비밀 행정 및 통신 조직

    ㉡ 군사 활동 : 광복군 사령부, 국무원 산하에 군무부 설치하고 직할 군단 편성(서로 군정서 · 북로 군정서)

    ㉢ 외교 활동 : 파리 강화 회의에 독립 청원서 제출(김규식), 미국에 구미 위원부를 설치(이승만)

    ㉣ 독립 자금 모금 : 독립 공채(애국 공채) 발행, 국민 의연금을 모금

    ㉤ 기타 : 독립신문 발간

④ 국민 대표 회의(1923)

    ㉠ 배경 : 연통제와 교통국 해체 후 자금 조달 곤란, 외교 활동 성과 미흡

     • 독립운동 방법론을 둘러싼 갈등 발생 : 외교 독립론과 무장 독립론의 갈등

     • 이승만의 국제 연맹 위임 통치 청원(1919)에 대한 내부 반발

    ㉡ 과정 : 임시 정부의 방향을 둘러싼 창조파와 개조파의 대립 심화

     • 개조파 : 현 임시 정부를 유지하며 드러난 문제점 개선 주장

     • 창조파 : 현 임시 정부의 역할 부정, 임시 정부의 위치를 연해주로 옮겨야 한다고 주장

    ㉢ 결과 : 회의가 결렬 및 독립운동가 다수 이탈

⑤ 대한민국 임시 정부의 개편

    ㉠ 배경 : 국민 대표 회의 결렬 이후 독립 운동가들의 임시 정부 이탈 심화 → 이승만 탄핵 → 제2대 대통령으로 박은식 선출 후 체제 개편 추진

    ㉡ 체제 개편 : 대통령제(1919) → 국무령 중심 내각 책임제(1925) → 국무위원 중심의 집단 지도 체제(1927) → 주석 중심제(1940) → 주석 · 부주석제(1944)

    ㉢ 임시정부 이동 : 상하이(1932) → 충칭에 정착(1940)

❸ 국내 민족 운동의 전개

(1) 실력 양성 운동

① **실력 양성 운동의 대두** … 사회 진화론의 영향→식산흥업, 교육을 통해 독립을 위한 실력 양성

② **물산 장려 운동**
- ㉠ **배경** : 회사령 폐지(1920), 일본 상품에 대한 관세 철폐(1923)로 일본 자본의 한국 침투 심화→민족 기업 육성을 통해 경제적 자립 실현하고자 함
- ㉡ **과정** : 평양에서 조선 물산 장려회 설립(조만식, 1920)→전국적으로 확산
- ㉢ **활동** : 일본 상품 배격, '내 살림 내 것으로, 조선 사람 조선 것'을 기치로 토산품 애용 장려, 금주·단연 운동 전개
- ㉣ **결과** : 토산품 가격 상승, 사회주의 계열 비판(자본가와 일부 상인에게만 이익), 일제의 탄압으로 실패

③ **민립 대학 설립 운동**
- ㉠ **배경** : 일제의 식민지 우민화 교육(보통 교육, 실업 교육 중심)→고등 교육의 필요성 제기
- ㉡ **과정** : 조선 민립 대학 기성회 조직(이상재, 1920)→모금 운동('한민족 1천만이 한 사람이 1원씩')
- ㉢ **결과** : 일제의 방해로 성과 저조→일제는 한국인들의 불만을 무마하기 위해 경성 제국 대학 설립

④ **문맹 퇴치 운동** … 문자 보급을 통한 민중 계몽 추구
- ㉠ 야학 운동(주로 노동자, 농민 대상), 한글 강습회
- ㉡ **문자 보급 운동** : 조선일보 주도→'한글 원본' 발간('아는 것이 힘, 배워야 산다')
- ㉢ **브나로드 운동** : 동아일보 주도→학생들이 참여하여 농촌 계몽 운동 전개

(2) 민족 협동 전선 운동의 전개

① **사회주의 사상 수용**
- ㉠ **배경** : 러시아 혁명 이후 약소국가에서 사회주의 사상 확산(레닌의 지원 선언)
- ㉡ **전개** : 3·1 운동 이후 청년·지식인층을 중심 사회주의 사상 수용→조선 공산당 결성(1925)
- ㉢ **영향** : 이념적 차이로 인하여 민족 운동 세력이 민족주의 계열과 사회주의 계열로 분화→이후 일제는 사회주의 세력을 탄압하기 위해 치안 유지법 제정(1925)

② **6·10 만세 운동(1926)**
- ㉠ **배경** : 일제의 수탈과 차별적인 식민지 교육에 대한 불만 고조, 사회주의 운동 확대, 순종 서거
- ㉡ **전개** : 학생과 사회주의 계열, 천도교 계열이 순종 인산일을 계기로 대규모 만세 시위 계획→시민 가담
- ㉢ **의의** : 학생들이 독립 운동의 주체 세력으로 부상, 민족주의 계열과 사회주의 계열의 연대 계기(민족유일당)

③ 신간회 결성(1927 ~ 1931)
  ㉠ 배경
    • 국내 : 친일 세력의 자치론 등장, 치안 유지법 → 민족주의와 사회주의 세력 연대의 필요성 공감
    • 국외 : 중국에서 제1차 국·공 합작 실현
  ㉡ 활동 : 정우회 선언을 계기로 비타협적 민족주의 세력과 사회주의 세력 연대 → 신간회 결성
    • 이상재를 회장으로 선출하고 전국 각지에 지회 설치
    • 강령 : 정치적·경제적 각성, 민족의 단결 강화, 기회주의 일체 배격
    • 전국적 연회·연설회 개최, 학생·농민·노동·여성 등의 운동 지원, 조선 형평 운동 지원
    • 광주 학생 항일 운동에 조사단을 파견하여 지원
  ㉢ 해체 : 일부 지도부가 타협적 민족주의 세력과 연대 시도, 코민테른 노선 변화 → 사회주의자 이탈 → 해체
  ㉣ 의의 : 민족 유일당 운동 전개, 국내에서 가장 규모가 큰 합법적 항일 민족 운동 단체

④ 광주 학생 항일 운동(1929)
  ㉠ 배경 : 차별적 식민 교육, 학생 운동의 조직화, 일본인 남학생의 한국인 여학생 희롱이 발단
  ㉡ 전개 : 광주 지역 학생들 궐기 → 신간회 및 여러 사회 단체들의 지원 → 전국적으로 확산
  ㉢ 의의 : 3·1 운동 이후 국내 최대 규모의 항일 민족 운동

⑤ 농민·노동 운동
  ㉠ 농민 운동 : 고율의 소작료 및 각종 대금의 소작인 전가로 소작농 부담 증대
    • 전개 : 조선 농민 총동맹(1927) 주도 → 소작료 인하, 소작권 이동 반대 주장 → 암태도 소작쟁의(1923)
  ㉡ 노동 운동 : 저임금, 장시간 노동 등 열악한 노동 환경에 대한 노동자 반발
    • 전개 : 조선 노동 총동맹(1927) 주도 → 노동 조건의 개선과 임금 인상 요구 → 원산 노동자 총파업(1929)
  ㉢ 1930년대 농민·노동 운동 : 사회주의 세력과 연계하여 정치적 투쟁의 성격 나타남(반제국주의)

⑥ 각계 각층의 민족 운동
  ㉠ 청년 운동 : 조선 청년 총동맹 결성
  ㉡ 소년 운동 : 천도교 소년회 중심(방정환) → 어린이날을 제정, 잡지 '어린이' 발간
  ㉢ 여성 운동 : 신간회 자매 단체로 근우회 조직 → 여성 계몽 활동 전개
  ㉣ 형평 운동 : 조선 형평사 조직 → 백정 출신에 대한 사회적 차별 반대, 평등 사회 추구

(3) 민족 문화 수호 운동

① 한글 연구
  ㉠ 조선어 연구회(1921) : 가갸날 제정함, 잡지 '한글' 간행
  ㉡ 조선어 학회(1931) : 조선어 연구회 계승, 한글 맞춤법 통일안과 표준어 제정, 우리말 큰사전 편찬
     시도 → 일제에 의한 조선어 학회 사건(1942)으로 강제 해산

② 국사 연구

　　㉠ 식민 사관 : 식민 통치의 정당화를 위해 우리 역사 왜곡→조선사 편수회→정체성론, 당파성론, 타율성론

　　㉡ 민족주의 사학 : 한국사의 독자성과 주체성 강조

　　　• 박은식 : 근대사 연구, 민족혼을 강조→'한국통사', '한국독립운동지혈사' 저술

　　　• 신채호 : 고대사 연구, 낭가사상 강조→'조선사연구초', '조선상고사' 저술

　　　• 정인보 : 조선 얼 강조, 조선학 운동 전개

　　㉢ 사회 경제 사학 : 마르크스의 유물 사관 수용

　　　• 백남운 : 식민 사관인 정체성론 비판→'조선 사회 경제사' 저술, 세계사의 보편적 발전 법칙에 따라 한국
사 이해

　　㉣ 실증 사학 : 객관적 사실 중시

　　　• 진단 학회 : 이병도, 손진태 등이 결성→'진단 학보' 발간

③ 종교 활동

　　㉠ 불교 : 일제의 사찰령으로 탄압 → 한용운이 중심이 되어 조선 불교 유신회 조직

　　㉡ 원불교 : 박중빈이 창시 → 개간 사업, 미신 타파, 저축 운동 등 새생활 운동 전개

　　㉢ 천도교 : 소년 운동 주도, 잡지 '개벽' 발행

　　㉣ 대종교 : 단군 숭배, 중광단 결성(북간도)함→이후 북로 군정서로 확대 · 개편→항일 무장 투쟁 전개

　　㉤ 개신교 : 교육 운동, 계몽 운동을 전개 → 신사 참배 거부

　　㉥ 천주교 : 사회 사업 전개(고아원, 양로원 설립), 항일 무장 투쟁 단체인 의민단 조직

④ 문화 활동

　　㉠ 문학 : 동인지 발간 및 신경향파 문학 등장(1920년대) → 저항 문학(이육사, 윤동주) · 순수 문학(1930년대)

　　㉡ 영화 : 나운규의 '아리랑(1926)'

❹ 국외 민족 운동의 전개

(1) 1920년대 무장 독립 투쟁

① 봉오동 전투와 청산리 대첩

　　㉠ 봉오동 전투(1920. 6.) : 대한 독립군(홍범도), 군무 도독부군(최진동), 국민회군(안무) 연합부대가 봉
오동에서 일본군 격파

　　㉡ 청산리 대첩(1920. 10.) : 봉오동 전투에서 패배한 일본이 만주에 대규모로 일본군 파견(훈춘사건)

　　　– 북로 군정서(김좌진), 대한 독립군(홍범도) 등 연합 부대 청산리 일대에서 일본군에게 크게 승리

② 독립군의 시련

　　㉠ 간도 참변(1920, 경신참변) : 봉오동 전투, 청산리 대첩에서 패배한 일본군의 복수→간도 이주민 학살

　　㉡ 독립군 이동 : 일본군을 피해 독립군은 밀산에 모여 대한독립군단 결성(총재 서일)→소련령 자유시로 이동

　　㉢ 자유시 참변(1921) : 독립군 내부 분열, 러시아 적군과의 갈등→적군에 의해 강제 무장 해제 당함

③ 독립군 재정비 … 간도 참변, 자유시 참변으로 약화된 독립군 재정비 필요성 대두

    ㉠ 3부 성립

        • 자치 정부의 성격 → 민정 기능과 군정 기능 수행

        • 참의부(대한민국 임시 정부 직속), 정의부, 신민부

    ㉡ 미쓰야 협정(1925) : 조선 총독부와 만주 군벌 장작림 사이에 체결 → 독립군 체포 · 인도 합의, 독립군 위축

    ㉢ 3부 통합

        • 국내외에서 민족 협동 전선 형성(민족 유일당 운동)

        • 국민부(남만주) : 조선 혁명당, 조선 혁명군(양세봉) 결성

        • 혁신의회(북만주) : 한국 독립당, 한국 독립군(지청천) 결성

(2) 1930년대 무장 독립 투쟁

① 한 · 중 연합 작전

    ㉠ 배경 : 일제가 만주 사변(1931) 후 만주국을 수립하자 중국 내 항일 감정 고조 → 한 · 중 연합 전선 형성

    ㉡ 전개

        • 남만주 : 조선 혁명군(양세봉)이 중국 의용군과 연합 → 흥경성 · 영릉가 전투 등에서 승리

        • 북만주 : 한국 독립군(지청천)이 중국 호로군과 연합 → 쌍성보 · 사도하자 · 대전자령 전투 등에서 승리

    ㉢ 결과 : 한중 연합군의 의견 대립, 일본군의 공격 등으로 세력 약화 → 일부 독립군 부대는 중국 관내로 이동

② 만주 항일 유격 투쟁

    ㉠ 사회주의 사상 확산 : 1930년대부터 조선인 사회주의자들이 중국 공산당과 연합하여 항일 운동 전개 → 동북 항일 연군 조직(1936)

    ㉡ 조국 광복회 : 동북 항일 연군 일부와 민족주의 세력이 연합 → 국내 진입(1937, 보천보 전투)

③ 중국 관내의 항일 투쟁

    ㉠ 민족 혁명당(1935) : 민족 협동 전선 아래 독립군 통합을 목표로 조직 → 한국독립당, 조선혁명군 등 참여

        • 김원봉, 지청천, 조소앙 중심(좌우 합작) → 이후 김원봉이 주도하면서 지청천, 조소앙 이탈

        • 이후 조선 민족 혁명당으로 개편 → 조선 민족 전선 연맹 결성(1937) → 조선 의용대 결성(1938)

    ㉡ 조선 의용대(1938, 한커우) : 김원봉 등이 중국 국민당 정부의 지원을 받아 조직

        • 중국 관내에서 조직된 최초의 한인 독립군 부대 → 이후 한국 광복군에 합류(1942)

        • 분화 : 일부 세력이 중국 화북 지방으로 이동 → 조선 의용군으로 개편됨(조선 독립 동맹의 군사 기반)

    ㉢ 조선 의용군(1942)

        • 조선 의용대 일부와 화북 사회주의자들이 연합하여 옌안에서 조직

        • 중국 공산당과 연합하여 항일 투쟁 전개, 해방 이후에는 북한 인민군으로 편입

(3) 의열 투쟁과 해외 이주 동포 시련

① 의열단(1919) … 김원봉을 중심으로 만주 지린에서 비밀 결사로 조직
  ㉠ 목표 : 민중의 직접 혁명을 통한 독립 추구(신채호 '조선 혁명 선언')
  ㉡ 활동 : 조선 총독부의 주요 인사·친일파 처단, 식민 통치 기구 파괴→김익상, 김상옥, 나석주 등의 의거
  ㉢ 변화 : 개별적인 무장 활동의 한계 인식→체계적 군사 훈련을 위해 김원봉을 중심으로 황푸 군관 학교 입교→이후 조선 혁명 간부 학교 설립함(독립군 간부 양성)→민족 혁명당 결성 주도

② 한인 애국단(1931) … 김구가 주도
  ㉠ 활동 : 일왕 암살 시도(이봉창), 상하이 홍커우 공원 의거(1932, 윤봉길)
  ㉡ 의의 : 대한민국 임시 정부와 독립군에 대한 중국 국민당 정부의 지원 약속→한중 연합작전의 계기

(4) 대한민국 임시정부 재정비와 건국 준비 활동

① 충칭 임시 정부 … 주석 중심제로 개헌, 전시 체제 준비
  ㉠ 한국 독립당(1940) : 김구, 지청천, 조소앙의 중심으로 결성
  ㉡ 대한민국 건국 강령 발표(1941) : 민주 공화국 수립→조소앙의 삼균주의 반영
  ㉢ 민족 협동 전선 성립 : 김원봉의 조선 의용대를 비롯한 민족혁명당 세력 합류→항일 투쟁 역량 강화

② 한국 광복군(1940)
  ㉠ 조직 : 중국 국민당 정부의 지원으로 조직된 정규군으로 조선 의용대 흡수, 총사령관에 지청천 임명
  ㉡ 활동
    • 대일 선전 포고, 연합 작전 전개(인도, 미얀마에서 선전 활동, 포로 심문 활동 전개)
    • 국내 진공 작전 준비 : 미국 전략 정보국(OSS)의 지원으로 국내 정진군 편성→일제 패망으로 작전 실패

③ 조선 독립 동맹(1942)
  ㉠ 조직 : 화북 지역의 사회주의자들 중심으로 조직→김두봉 주도
  ㉡ 활동 : 항일 무장 투쟁 전개(조선 의용군), 건국 강령 발표(민주 공화국 수립, 토지 분배 등의 원칙 수립)

④ 조선 건국 동맹(1944)
  ㉠ 조직 : 국내 좌우 세력을 통합하여 비밀리에 조직 → 여운형이 주도
  ㉡ 활동 : 국외 독립운동 세력과 연합 모색, 민주 공화국 수립 표방 → 광복 직후 조선 건국 준비 위원회로 발전

03 대한민국의 발전과 현대 세계의 변화

1 대한민국 정부 수립과 6 · 25 전쟁

(1) 광복 직후 국내 상황

① 광복 … 우리 민족의 지속적 독립운동 전재, 국제 사회의 독립 약속(카이로 회담, 얄타 회담, 포츠담 회담)

② 38도선의 확정 … 광복 후 북위 38도선을 기준으로 미군과 소련군의 한반도 주둔
- ㉠ 미군 : 38도선 이남에서 미군정 체제 실시 → 대한민국 임시 정부 부정, 조선 총독부 체제 답습
- ㉡ 소련군 : 북위 38도선 이북에서 군정 실시 → 김일성 집권 체제를 간접적으로 지원

③ 자주적 정부 수립 노력
- ㉠ 조선 건국 준비 위원회 : 조선 건국 동맹 계승 · 발전 → 여운형, 안재홍 중심의 좌우 합작 단체
  - 활동 : 전국에 지부를 설치하고 치안, 행정 담당
  - 해체 : 좌익 세력 중심으로 운영되면서 우익 세력 이탈 → 조선 인민 공화국 선포(1945. 9.) 후 해체
- ㉡ 한국 민주당 : 송진우 · 김성수를 비롯한 보수 세력이 결성 → 미 군정과 협력
- ㉢ 독립 촉성 중앙 협의회 : 이승만 중심
- ㉣ 임시 정부 요인 : 개인 자격으로 귀국 → 한국 독립당을 중심으로 김구를 비롯한 임시 정부 요인 활동

(2) 통일 정부 수립을 위한 노력

① 모스크바 3국 외상 회의(1945. 12.)
- ㉠ 결정 사항 : 민주주의 임시 정부 수립, 미 · 소 공동 위원회 설치, 최대 5년간 한반도 신탁 통치 결의
- ㉡ 국내 반응 : 신탁 통치를 둘러싼 좌 · 우익의 대립 심화로 국내 상황 혼란
  - 좌익 세력 : 초기에는 반탁 주장 → 이후 찬탁 운동으로 변화
  - 우익 세력 : 반탁 운동 전개(김구, 이승만 등)

② 제1차 미 · 소 공동 위원회(1946. 3.) … 임시 정부 수립에 참여할 단체 선정을 위해 개최 → 미 · 소 의견 대립으로 결렬

③ 좌우 합작 운동(1946)
- ㉠ 배경 : 제1차 미 · 소 공동 위원회 결렬, 이승만의 정읍 발언(남한 만의 단독 정부 수립 주장)
- ㉡ 좌우 합작 위원회 결성 : 미 군정의 지원 하에 여운형과 김규식(중도 세력) 등이 주도하여 결성
  - 좌우 합작 7원칙 발표 : 토지제도 개혁, 반민족 행위자 처벌 등을 규정
  - 결과 : 토지 개혁에 대한 좌익과 우익의 입장 차이, 여운형의 암살, 제2차 미소 공동 위원회 성과 미흡으로 실패

④ 남한 만의 단독 총선거와 남북 협상
  ㉠ 한국 문제의 유엔 상정 : 미국이 한반도 문제를 유엔에 상정
    • 유엔 총회 : 인구 비례에 따른 총선거 실시안 통과 → 유엔 한국 임시 위원단 파견 → 소련은 위원단의 입북 거절
    • 유엔 소총회 : '위원단이 접근 가능한 지역의 총선거' 결의 → 남한만의 단독 총선거 실시
  ㉡ 남북 협상(1948) : 김구와 김규식이 남한만의 단독 총선거에 반대하며 남북 정치 회담 제안
    • 과정 : 김구와 김규식이 평양 방문 → 남북 협상 공동 성명 발표(단독 정부 수립 반대, 미·소 양군 공동 철수)
    • 결과 : 성과를 거두지 못함, 김구 암살(1949. 6.) → 통일 정부 수립 노력 실패

(3) 대한민국 정부 수립

① 정부 수립을 둘러싼 갈등
  ㉠ 제주 4·3 사건(1948) : 제주도 좌익 세력 등이 단독 선거 반대, 통일 정부 수립을 내세우며 무장봉기 → 제주 일부 지역에서 선거 무산, 진압 과정에서 무고한 양민 학살
  ㉡ 여수·순천 10·19 사건(1948) : 제주 4·3 사건 진압을 여수 주둔 군대에 출동 명령 → 군대 내 좌익 세력이 반발하며 봉기

② 대한민국 정부 수립
  ㉠ 5·10 총선거(1948) : 우리나라 최초의 민주적 보통 선거 → 2년 임기의 제헌 국회의원 선출(198명)
    • 과정 : 제헌 국회에서 국호를 '대한민국'으로 결정, 제헌 헌법 제정
    • 한계 : 김구, 김규식 등의 남북 협상파와 좌익 세력이 선거에 불참
  ㉡ 제헌 헌법 공포(1948. 7. 17.) : 3·1 운동 정신과 대한민국 임시 정부의 법통을 계승한 민주 공화국 규정
    • 국회에서 정·부통령을 선출, 삼권 분립과 대통령 중심제 채택
  ㉢ 정부 수립(1948. 8. 15.) : 대통령에 이승만, 부통령에 이시영 선출

③ 북한 정부 수립
  ㉠ 북조선 임시 인민 위원회 수립(1946) : 토지 개혁과 주요 산업 국유화 추진
  ㉡ 북조선 인민 위원회 조직(1947) : 최고 인민 회의 구성과 헌법 제정 → 조선 민주주의 인민 공화국 선포(1948. 9. 9.)

(4) 제헌 국회 활동

① 친일파 청산을 위한 노력
  ㉠ 반민족 행위 처벌법 제정(1948. 9.) : 반민족 행위자(친일파) 처단 및 재산 몰수
  ㉡ 반민족 행위 특별 조사 위원회 활동 : 이승만 정부의 비협조와 방해로 친일파 청산 노력 실패

② 농지 개혁(1949) … 유상매수, 유상분배를 원칙으로 농지 개혁 시행 → 가구당 농지 소유 상한을 3정보로 제한

(5) 6 · 25 전쟁과 그 영향

① 6 · 25 전쟁 배경
    ㉠ 한반도 정세 : 38도선 일대에서 소규모 군사 충돌 발생, 미국이 애치슨 선언 선포(1950)
    ㉡ 북한의 전쟁 준비 : 소련과 중국의 지원을 받음
    ㉢ 남한의 상황 : 좌익 세력 탄압, 국군 창설, 한 · 미 상호 방위 원조 협정 체결(1950. 1.)

② 전쟁 과정
    ㉠ 전개 : 북한의 무력 남침(1950. 6. 25.) → 서울 함락 → 유엔 안전 보장 이사회의 유엔군 파견 결정 → 낙동강 전투 → 인천 상륙 작전(서울 수복) → 38도선 돌파 → 압록강 유역까지 진격 → 중국군 참전(1950. 10. 25.) → 1 · 4 후퇴 → 서울 재탈환(1951. 3.) → 38도선 일대에서 전선 고착
    ㉡ 정전 협정 : 소련이 유엔에서 휴전 제의 → 포로 교환 방식, 군사 분계선 설정 문제로 협상 지연 → 이승만 정부가 휴전 반대 성명을 발표하고 반공 포로 석방 → 협정 체결(군사 분계선 설정)

③ 영향 ··· 한 · 미 상호 방위 조약 체결(1953. 10.), 남북한의 독재 체제 강화

❷ 자유 민주주의 시련과 발전

(1) 이승만 정부

① 발췌 개헌(1952)
    ㉠ 배경 : 제2대 국회의원 선거(1950. 5.) 결과 이승만 반대 성향의 무소속 의원 대거 당선 → 국회의원에 의한 간선제 방식으로 이승만의 대통령 재선 가능성이 희박
    ㉡ 과정 : 6 · 25 전쟁 중 임시 수도인 부산에서 자유당 창당 후 계엄령 선포 → 야당 국회의원 연행 · 협박
    ㉢ 내용 및 결과 : 대통령 직선제 개헌안 통과 → 이승만이 제2대 대통령에 당선

② 사사오입 개헌(1954)
    ㉠ 배경 : 이승만과 자유당의 장기 집권 추구를 위해 대통령 중임 제한 규정의 개정 필요
    ㉡ 과정 : 개헌 통과 정족수에 1표 부족하여 개헌안 부결 → 사사오입 논리를 내세워 통과
    ㉢ 내용 및 결과 : 초대 대통령에 한해 중임 제한 규정 철폐 → 이승만이 제3대 대통령에 당선

③ 독재 체제의 강화 ··· 1956년 정 · 부통령 선거에서 민주당의 장면이 부통령에 당선, 무소속 조봉암의 선전 → 진보당 사건(조봉암 탄압), 정부에 비판적인 경향신문 폐간, 국가 보안법 개정(1958)

④ 전후 복구와 원조 경제
    ㉠ 전후 복구 : 산업 시설과 사회 기반 시설 복구, 귀속 재산 처리 등
    ㉡ 원조 경제 : 미국이 잉여 농산물 제공 → 삼백 산업(밀, 사탕수수, 면화) 발달

⑤ 북한의 변화 : 김일성 1인 독재 체제 강화하면서 반대 세력 숙청, 주체사상을 강조하였다. 사회주의 경제 체제 확립을 위해 소련 · 중국의 원조, 협동 농장 체제 수립, 모든 생산 수단 국유화하였다.

(2) 4 · 19 혁명과 장면 내각

① 4 · 19 혁명(1960)

　　㉠ 배경 : 1960년 정 · 부통령 선거에서 이승만과 이기붕을 당선시키기 위해 3 · 15 부정 선거 실행

　　㉡ 전개 : 부정 선거 규탄 시위 발생 → 마산에서 김주열 학생의 시신 발견 → 전국으로 시위 확산 → 비
　　　　상 계엄령 선포 → 대학 교수들의 시국 선언 발표 및 시위 참여 → 이승만 하야

　　㉢ 결과 : 허정 과도 정부 구성 → 내각 책임제와 양원제 국회 구성을 골자로 한 개헌 성립

　　㉣ 의의 : 학생과 시민 주도로 독재 정권을 붕괴시킨 민주 혁명

② 장면 내각(1960)

　　㉠ 성립 : 새 헌법에 따라 치른 7 · 29 총선에서 민주당 압승 → 대통령 윤보선 선출, 국무총리 장면 지정

　　㉡ 정책 : 경제 개발 계획 마련, 정부 규제 완화

　　㉢ 한계 : 부정 선거 책임자 처벌에 소극적, 민주당 구파와 신파의 대립으로 인한 정치 불안 초래

(3) 5 · 16 군사 정변과 박정희 정부

① 5 · 16 군사 정변(1961) … 박정희를 중심으로 군부 세력이 정변 일으킴 → 국가 재건 최고회의 설치

　　㉠ 정치 : 부패한 공직자 처벌, 구정치인의 활동 금지

　　㉡ 경제 : 경제 개발 5개년 계획을 추진

　　㉢ 개헌 : 대통령 중심제와 단원제 국회 구성을 주요 내용으로 하는 개헌 단행

② 박정희 정부

　　㉠ 성립 : 민주 공화당 창당 → 박정희 대통령 당선(1963)

　　㉡ 한 · 일 국교 정상화(1965) : 한 · 미 · 일 안보 체제 강화, 경제 개발에 필요한 자금을 확보 목적

　　　• 과정 : 김종필 · 오히라 비밀 각서 체결 → 한 · 일 회담 반대 시위(6 · 3 1964, 시위.) → 계엄령 선포

　　　• 결과 : 한 · 일 협정 체결

　　㉢ 베트남 전쟁 파병(1964 ~ 1973) : 미국의 요청으로 브라운 각서 체결(경제 · 군사적 지원 약속) → 경제 성장

　　㉣ 3선 개헌(1969) : 박정희가 재선 성공 후에 3선 개헌안 통과 → 개정 헌법에 따라 박정희의 3선 성공
　　　　(1971)

③ 유신 체제

　　㉠ 유신 체제 성립 과정 : 비상 계엄령 선포, 국회 해산, 정당 · 정치 활동 금지 → 유신 헌법 의결 · 공고
　　　　(1972) → 통일 주체 국민 회의에서 박정희를 대통령으로 선출

　　㉡ 유신 체제 반대 투쟁 : 개헌 청원 100만인 서명 운동 전개, 3 · 1 민주 구국 선언
　　　　→ 긴급 조치 발표, 민청학련 사건과 인혁당 사건 조작

　　㉢ 유신 체제 붕괴 : 국회의원 선거에서 야당 득표율 증가(1978), 경제위기 고조(제2차 석유 파동), YH
　　　　무역 사건 과정에서 김영삼의 국회의원 자격 박탈하면서 부 · 마 항쟁이 발생하였다. 박정희 대통령
　　　　피살(1979. 10 · 26 사태)로 유신 체제 붕괴되었다.

(4) 5 · 18 민주화 운동과 자유 민주주의의 발전

① 민주화 열망의 고조

  ㉠ 12 · 12 사태(1979) : 10 · 26 사태 직후 전두환 중심의 신군부 세력이 권력 장악

  ㉡ 서울의 봄(1980) : 시민과 학생들이 신군부 퇴진, 유신 헌법 폐지를 요구하며 시위 전개

    → 비상계엄령 선포 및 전국 확대

② 5 · 18 민주화 운동(1980)

  ㉠ 배경 : 신군부 세력 집권과 비상계엄 확대에 반대하는 광주 시민들을 계엄군이 과잉 무력 진압

  ㉡ 의의 : 1980년대 민주화 운동의 기반이 됨

③ 전두환 정부

  ㉠ 신군부 집권 과정 : 국가 보위 비상 대책 위원회(국보위) 설치 → 삼청교육대 설치, 언론 통폐합 등

  ㉡ 전두환 집권 : 통일주체 국민회의에서 전두환을 11대 대통령으로 선출(1980. 8.)

  • 개헌 : 대통령을 선거인단에 의해 선출, 대통령 임기는 7년 단임제 적용

  • 개헌 이후 : 대통령 선거인단에서 전두환을 12대 대통령으로 선출(1981. 2.)

  ㉢ 전두환 정부 정책

  • 강압책 : 언론 통제, 민주화 운동 탄압

  • 유화책 : 두발과 교복 자율화, 야간 통행금지 해제, 프로야구단 창단, 해외여행 자유화

④ 6월 민주 항쟁(1987)

  ㉠ 배경 : 대통령 직선제 개헌 운동 고조, 박종철 고문 치사 사건 발생

  ㉡ 4 · 13 호헌 조치 : 전두환 정부는 대통령 직선제 개헌안 요구를 거부하고 간선제 유지를 발표

    → 시민들의 반발 확산, 이한열 사망 → 호헌 철폐 요구하며 시위 확산

  ㉢ 6 · 29 민주화 선언 : 민주 정의당 대통령 후보인 노태우가 대통령 직선제 개헌 요구 수용

  ㉣ 결과 : 대통령 직선제, 5년 단임제의 개헌 실현

(5) 민주화 진전

① 노태우 정부

  ㉠ 성립 : 야권 분열 과정에서 노태우가 대통령에 당선 → 이후 3당 합당(노태우, 김영삼, 김종필)

  ㉡ 성과 : 북방 외교 추진(공산권 국가들과 수교), 서울 올림픽 개최, 5공 청문회, 남북한 유엔 동시 가입

② 김영삼 정부 … 지방 자치제 전면 실시, 금융 실명제 시행, OECD(경제 협력 개발 기구) 가입, 외환위기
  (IMF) 초래

③ 김대중 정부

  ㉠ 성립 : 선거를 통한 최초의 평화적 여야 정권 교체가 이루어짐

  ㉡ 성과 : 국제 통화 기금(IMF) 지원금 조기 상환, 국민 기초 생활 보장법 제정, 대북 화해 협력 정책
  (햇볕 정책) → 제1차 남북 정상 회담 개최, 6 · 15 남북 공동 선언 채택(2000)

④ 노무현 정부 … 행정 수도 이전 추진(지역 균형 발전 정책), 권위주의 청산 지향, 제2차 남북 정상 회담 개최, 10·4 남북 공동 선언 채택(2007)

⑤ 이명박 정부 … 한·미 FTA 추진, 기업 활동 규제 완화

⑥ 문재인 정부 … 권력기관 개혁 시도, 남북정상회담 3차례 개최, 공수처 설치

❸ 경제 발전과 사회·문화의 변화

(1) 경제 발전 과정

① 경제 개발 5개년 계획
  ㉠ 제1차, 2차 경제 개발 5개년 계획(1962 ~ 1971) : 노동집약적 경공업 육성, 수출 주도형 산업 육성 정책 추진
    • 베트남 경제 특수 효과, 사회 간접 자본 확충(경부 고속 국도 건설, 1970)
    • 외채 상환 부담 증가, 노동자의 저임금, 정경 유착 등의 문제가 나타남
  ㉡ 제3차, 4차 경제 개발 5개년 계획(1972 ~ 1911) : 자본집약적 중화학 공업 육성, 수출액 100억 달러 달성(1977)

② 1980년대 경제 변화 … '3저 호황'(저유가, 저금리, 저달러) 상황 속에서 자동차, 철강 산업 등이 발전

③ 1990년대 이후 경제 변화
  ㉠ 김영삼 정부 : 경제 협력 개발 기구(OECD) 가입, 외환 위기 발생 → 국제 통화 기금(IMF)의 긴급 금융 지원
  ㉡ 김대중 정부 : 금융 기관과 대기업 구조 조정(실업률 증가), 국제 통화 기금(IMF) 지원금 조기 상환

④ 2000년대 이후 경제 변화
  ㉠ 노무현 정부 : FTA(자유무역협정) 추진, IT·반도체 산업 성장, 참여 정부 경제 정책 시행 → 수출 확대 및 경제구조 변화
  ㉡ 이명박 정부 : 4대강 사업 및 녹색성장 정책 추진, 글로벌 금융 위기 발생 → 한·미 통화스와프 체결, 재정 부담 증가
  ㉢ 박근혜 정부 : 한·중 FTA 체결, 경기 부양을 위한 저금리 정책 → 가계부채 증가
  ㉣ 문재인 정부 : 최저임금 인상 및 소득 주도 성장 정책, 코로나19 팬데믹 발생 → 복지 확대, 재정 지출 확대

(2) 사회·문화의 변화

① 급속한 산업화·도시화 … 주택 부족, 교통 혼잡, 도시 빈민 등의 사회적 문제 발생

② 농촌의 변화 … 이촌향도 현상으로 농촌 인구 감소, 고령화 문제 출현, 도농 간 소득 격차 확대

③ 새마을 운동(1970) … 농촌 환경 개선과 소득 증대 목표(근면·자조·협동)

④ 노동 문제 … 산업화로 노동자 급증, 열악한 노동 환경(저임금·장시간 노동) → 전태일 분신 사건(1970) → 6월 민주 항쟁 이후 노동 운동 활발

(3) 통일을 위한 노력

① 7 · 4 남북 공동 성명(1972) … 평화 통일 3대 원칙 합의(자주 통일, 평화 통일, 민족적 대단결)
  → 남북 조절 위원회 설치

② 전두환 정부 … 이산가족 고향 방문단과 예술 공연단 교환(1985)

③ 노태우 정부(1991) … 남북한 유엔 동시 가입, 남북 기본 합의서 채택(남북 사이 화해와 불가침, 교류와
  협력)

④ 김영삼 정부 … 북한에 경수로 원자력 발전소 건설 사업 지원

⑤ 김대중 정부 … 대북 화해 협력 정책(햇볕 정책), 금강산 관광 사업 시작, 남북 정상 회담 개최(6 · 15
  남북 공동 선언)

⑥ 노무현 정부 … 제2차 남북 정상 회담(2007) → 10 · 4 남북 공동 선언

⑦ 문재인 정부 … 3차 남북 정상 회담(2018) → 평양공동선언(전쟁 없는 한반도의 시작, 교류협력 증대 및
  민족 경제 균형 발전, 이산가족 문제 근본적 해결을 위한 인도적 협력 강화, 문화. 예술. 체육 교류 활
  성화, 한반도 비핵화 및 평화구축 노력 등)

출제 예상 문제

중요

1 밑줄 친 '그'에 대한 설명으로 옳지 않은 것은?

> 그는 집권 초에 어느 공회(公會)에서 당당한 기세로 재상들에게 말하기를, "내가 천리를 지척으로 압축시키고, 태산을 깎아 평지로 만들고, 남대문을 3층으로 높이려고 하는데 여러분의 뜻은 어떻습니까?"라고 하였다. … (중략) … 대체로 천리를 지척으로 한다는 것은 종친(宗親)을 높인다는 뜻이고, 남대문을 3층으로 한다는 것은 남인(南人)을 기용한다는 뜻이며, 태산을 평지로 만든다는 것은 노론(老論)을 억제하겠다는 뜻이다.

① 비변사를 폐지하였다.
② 서원을 47개소만 남기고 600여 개는 철폐하였다.
③ 당백전을 발행하였다.
④ 장용영을 설치하였다.

TIP '그'는 흥선대원군이다. 세도 가문의 인물을 축출하고 능력에 따른 인재를 고르게 등용하겠다는 흥선대원군의 내정 개혁을 보여주는 사료이다. 장용영은 왕의 호위군대로 정조가 왕권을 뒷받침하는 군사적 기반으로 설치하였다.
① 비변사를 폐지하고 의정부와 삼군부의 기능을 회복시켰다.
② 붕당의 근거지인 서원을 47개소만 남기고 나머지는 철폐하였다.
③ 왕권강화를 위해 경복궁을 중건하였는데, 이때 당백전을 발행하였다. 당시 당백전 한 푼은 엽전 일백 푼과 맞먹는 가치였다.

2 독립협회가 주장한 내용과 거리가 먼 것은?

① 개인의 생명과 재산의 자유권을 주장했다.
② 국민주권론을 토대로 국민참정권을 주장했다.
③ 중추원을 개편하여 의회를 설립할 것을 주장했다.
④ 군주제를 폐지하고 공화제를 실시할 것을 주장했다.

TIP 독립협회는 전제군주제를 입헌군주제로 개혁하고, 행정·재정제도를 근대적으로 개혁하며, 신교육과 산업개발의 필요성을 역설하였다.

Answer 1.④ 2.④

3 다음 밑줄 친 '이것'이 의미하는 것은?

> 이것은 고종 때 설치되었던 상설 조폐기관이다. 이것은 조선사회에 근대적 화폐제도 도입에 선구적인 역할을 했다.

① 우정총국   ② 제중원

③ 기기창   ④ 전환국

> **TIP** ① 우정총국 : 고종 21년 설치된 우체 업무를 담당하는 관청
> ② 제중원 : 고종 22년 개원한 최초의 서양식 국립병원
> ③ 기기창 : 고종 20년 설치된 무기를 제조하는 관서로 기기국 부속 공장

4 다음에 대한 설명으로 옳지 않은 것은?

> 〈14개조 정강〉
> 제1조 대원군을 가까운 시일 안에 돌아오게 하고 청에 조공하는 허례의 행사를 폐지할 것
> 제2조 문벌을 폐지하여 인민 평등의 권리를 제정하고 능력에 따라 관리를 등용할 것
> 제3조 지조법을 개혁하여 간사한 관리를 뿌리 뽑고 백성의 곤란을 구제하여 국가 재정을 넉넉하게 할 것
> 제8조 급히 순사를 두어 도둑을 막을 것
> 제9조 혜상공국(보부상 조직)을 폐지할 것
> 제12조 재정은 모두 호조에서 관할케 하고 그 밖의 재무 관청은 폐지할 것
> 제13조 대신과 참찬은 합문 안의 의정부에서 회의를 결정하고 정령을 공포해서 시행할 것

① 청과의 사대관계 폐지

② 문벌 타파와 인민 평등권 확립

③ 재정의 일원화

④ 토지 개혁

> **TIP** 1884년 갑신정변 직후 급진 개화파들이 개화당 정부 수립 후 발표한 개혁정치 내용을 담은 14개조 정강이다. 청과의 사대관계 폐지(제1조), 인민 평등권 확립(제2조), 지조법 개혁(제3조), 근대식 경찰제도 실시(제8조), 자유 상행위 보장(제9조), 재정의 일원화(제12조), 내각중심 정치 실시(제13조) 등의 내용을 담고 있으나 토지 개혁은 포함하고 있지 않다.

Answer 3.④ 4.④

5 대한민국 정부 수립 이후에 일어난 사건을 〈보기〉에서 모두 고른 것은?

─────────────── 보기 ───────────────
㉠ 반민족 행위 특별 조사 위원회 설치   ㉡ 농지 개혁법 시행
㉢ 안두희의 김구 암살   ㉣ 제주 4 · 3 사건 발생
㉤ 여수 · 순천 10 · 19 사건 발생
──────────────────────────────────

① ㉠㉡㉤   ② ㉠㉡㉢㉤
③ ㉠㉡㉣㉤   ④ ㉠㉡㉢㉣㉤

TIP ㉣ 제주 4 · 3 사건은 1948년에 일어난 사건으로 대한민국 정부 수립(1948년 8월 15일) 이전이다.
㉠ 1948년 10월
㉡ 1949년 제정, 1950 ~ 1957년 시행
㉢ 1949년 6월
㉤ 1948년 10월

6 다음 정책이 시행된 시기에 대한 내용으로 옳지 않은 것은?

┌──┐
│ 제1조 회사의 설립은 조선 총독의 허가를 받아야 한다.   │
│ 제5조 회사가 본령이나 본령에 의거하여 발하는 명령과 허가 조건에 위반하거나또는 공공질서와 선 │
│   량한 풍속에 반하는 행위를 할 때, 조선 총독은 사업의 정지와 금지, 지점의 폐쇄 또는 회사 │
│   의 해산을 명할 수 있다.   │
└──┘

① 창씨개명을 강요하였다.
② 조선 총독부가 설치되었다.
③ 토지 조사 사업을 실시하였다.
④ 3 · 1운동이 일어났다.

TIP 1910년대 무단통치가 시작되면서 조선인의 회사설립을 방해하는 목적으로 공포된 회사령이다. 창씨개명은 1940년대 민족말살통치가 시작되면서 병참 기지화 정책, 전시 동원 체제, 황국신민화의 일환으로 강제 신사 참배, 황국 신민 서사 암송, 창씨개명을 강요하였다.

Answer 5.② 6.①

7 다음 사건에 대한 설명으로 옳은 것은?

> 귀국과 우리나라의 사이에는 애당초 소통이 없었고 또 서로 은혜를 입었거나 원수진 일도 없었다. 그런데 이번 덕산(德山) 묘소에서 저지른 변고야말로 어찌 인간의 도리상 차마 할 수 있는 일이겠는가? 또 방비가 없는 것을 엿보고서 몰래 침입하여 소동을 일으키고 무기를 약탈하며 백성들의 재물을 강탈한 것도 어찌 사리상 할 수 있는 일이겠는가? 이런 지경에 이르렀기 때문에 우리나라 신하와 백성들은 단지 힘을 다하여 한마음으로 귀국과는 한 하늘을 이고 살 수 없다는 것을 다짐할 따름이다.

① 문화재와 보물을 약탈당하고 외규장각이 소실되었다.
② 이 사건을 계기로 흥선대원군의 통상 수교 정책이 강화되었다.
③ 국내 천주교 금지가 고조되면서 천주교 탄압이 이루어졌다.
④ 미국 상선이 대동강에서 통상을 요구하다 평양 주민과 충돌하였다.

TIP ② 1868년 오페르트 도굴사건 사료이다. 독일 상인 오페르트가 조선과 통상교섭에 실패하자 흥선대원군의 아버지 남연군 무덤을 도굴하려다 미수에 그쳤다. 이 사건을 계기로 서양에 대한 배척이 심화되면서 흥선대원군의 통상 수교 정책이 강화되었다.
① 병인박해를 구실로 프랑스 함대가 강화도를 점령한 병인양요(1866)가 일어났는데, 문수산성에서는 한성근, 정족산성에서는 양현수가 승리하여 40여 일만에 프랑스군이 철수하였다. 이때 외규장각 의궤를 비롯하여 문화재와 보물을 약탈당했다.
③ 1866년 국내 천주교 금지가 고조되면서 천주교 탄압이 이루어졌다. 이때 프랑스 선교사 9명과 8천여 명의 신자가 처형당하며 병인양요의 구실이 되었다.
④ 1866년 미국 상선 제너럴셔먼호가 대동강에서 통상을 요구하다가 평양 주민과 충돌하였다. 평양 감사 박규수의 지휘로 배를 불태우고 침몰시켰는데, 신미양요(1871)의 구실이 되었다.

8 다음 중 방곡령 선포에 관련된 내용으로 옳지 않은 것은?

① 일본 상인들이 농촌시장으로 침투하여 지나친 곡물을 반출해가자 곡물가격이 폭등하게 되었다.
② 방곡령은 흉년이 들면 중앙정부에서 직접 실시하였다.
③ 방곡령을 실시하기 1개월 전에 통고해야하는 조·일통상정정의 의무를 어겨 외교문제가 되었다.
④ 결국 방곡령을 철회하고 배상금을 지불하였다.

TIP 방곡령은 흉년이 들면 지방관의 직권으로 실시할 수 있었다.

Answer 7.② 8.②

9 다음 ㉠의 추진 결과 나타난 현상으로 옳지 않은 것은?

> 일본은 1910년대 이후 자본주의 경제가 급속하게 발전하면서 농민들이 도시에 몰려 식량 조달에 큰 차질이 빚어졌다. 이를 해결하기 위해 ____㉠____을 추진하였는데, 이는 토지 개량과 농사 개량을 통해 식량 생산을 대폭 늘려 일본으로 더 많은 쌀을 가져가고 우리나라 농민 생활도 안정시킨다는 목표로 추진되었다.

① 쌀 생산량의 증가보다 일본으로의 수출량 증가가 두드러졌다.

② 만주로부터 조, 수수, 콩 등의 잡곡 수입이 증가하였다.

③ 한국인의 1인당 연간 쌀 소비량이 이전보다 줄어들었다.

④ 많은 수의 소작농이 이를 통해 자작농으로 바뀌었다.

TIP ㉠은 1920년대에 실시한 산미증식계획이다. 산미증식계획으로 증산량보다 많은 양을 수탈해 갔기 때문에 조선의 식량 사정은 악화되어 만주에서 잡곡을 수입하게 되었다. 이 사업의 결과, 수리조합비와 토지개량사업비를 농민에게 전가하여 농민의 몰락이 가속화되었고 많은 수의 자작농이 소작농으로 바뀌었다.

10 다음은 일제 강점기 국외 독립운동에 관한 사실들이다. 이를 시기 순으로 바르게 나열한 것은?

> ㉠ 대한민국 임시 정부가 지청천을 총사령으로 하는 한국광복군을 창설하였다.
> ㉡ 블라디보스토크에서 이상설, 이동휘 등이 중심이 된 대한 광복군 정부가 수립되었다.
> ㉢ 홍범도가 이끄는 대한 독립군을 비롯한 연합 부대는 봉오동 전투에서 대승을 거두었다.
> ㉣ 양세봉이 이끄는 조선 혁명군은 중국 의용군과 연합하여 영릉가 전투에서 일본군을 무찔렀다.

① ㉠ - ㉣ - ㉡ - ㉢

② ㉡ - ㉢ - ㉣ - ㉠

③ ㉢ - ㉡ - ㉣ - ㉠

④ ㉣ - ㉢ - ㉠ - ㉡

TIP ㉠ 한국광복군은 1940년 중국 충칭에서 조직되었다.
㉡ 대한광복군정부는 1914년 러시아 블라디보스토크에 세워졌던 망명 정부이다.
㉢ 봉오동 전투는 1920년 6월 7일 만주 봉오동에서 홍범도의 대한독립군이 일본 정규군을 대패시킨 전투이다.
㉣ 영릉가 전투는 1932년 4월 남만주 일대에서 활동하던 조선혁명군이 중국 요령성 신빈현 영릉가에서 일본 관동군과 만주국군을 물리친 전투이다.

Answer 9.④ 10.②

11 정미칠적에 해당하지 않는 사람은?

① 임선준   ② 이완용

③ 이근택   ④ 송병준

> **TIP** 이근택은 1905년 을사늑약에 찬성한 매국노 을사오적이다. 을사오적에는 박제순(외부대신), 이지용(내부대신), 이근택(군부대신), 이완용(학부대신), 권중현(농상부대신)이 있다.
> ※ **정미칠적** … 1907년 한일신협약 체결에 찬성한 매국노 7인이다. 이완용(내각총리대신), 송병준(농상공부대신), 이병무(군부대신), 고영희(탁지부대신), 조중응(법부대신), 이재곤(학부대신), 임선준(내부대신)이 있다.

12 대한민국 임시정부가 있었던 지역이 아닌 곳은?

① 충칭   ② 난징

③ 우한   ④ 광저우

> **TIP** 대한민국 임시정부 … 1931년 3·1 운동 당시 독립선언을 계기로 건립된 임시정부로, 1919년 중국 상하이에서 시작되었으나 중일전쟁의 영향으로, 상하이(1919) → 항저우(1932) → 전장(1935) → 창사(1937) → 광저우(1938) → 류저우(1938) → 치장(1939) → 충칭(1940)로 이동했다.

13 다음의 헌법이 제정된 시기 사건으로 옳은 것은?

제1조 ① 대한민국은 민주공화국이다.
         ② 대한민국의 주권은 국민에게 있고, 국민은 그 대표자나 국민투표에 의하여 주권을 행사한다.
제39조 ① 대통령은 통일 주체 국민 회의에서 토론 없이 무기명 투표로 선거한다.
제47조 대통령의 임기는 6년으로 한다.
제59조 ① 대통령은 국회를 해산할 수 있다.

---

① 최저임금위원회가 설치되었다.

② 금융실명제가 시행되었다.

③ YH무역 노동자들의 농성을 강경진압하였다.

④ 한미 자유 무역 협정(FTA)가 체결되었다.

> **TIP** 제시된 헌법은 1972년 10월 17일에 선포된 박정희 정부의 유신헌법이다.
> ① 1987년 전두환 정부 ② 1993년 김영삼 정부 ③ 2007년 노무현 정부

Answer 11.③ 12.③ 13.③

14 신간회 특징으로 옳은 것은?

① 국권 회복과 독립자주국 건설을 목표로 하였다.
② 광주 학생 항일운동 진상조사단을 파견하였다.
③ 105인 사건으로 해체하였다.
④ 비밀단체로 활동하였다.

> **TIP** ② 신간회는 민족 유일당 민족협동전선이라는 표어 아래 민족주의를 표방하여 이상재, 안재홍 등을 중심으로 결성되었다. 광주 학생 항일운동에 진상조사단을 파견하여 일제의 탄압을 항의, 원산 노동자 총파업 지지 등의 활동을 전개했다. 민족주의와 사회주의의 결합이라는 특징을 가지며, 신간회의 자매 단체 근우회는 항일운동 및 여성의 교육과 지위 향상을 도모하였다. 창립 당시부터 내부에서 좌우 대립이 계속되어 창립 4년 만에 자진 해체하였다.
> ①③④ 신민회의 특징이다.

15 다음 중 '을사조약' 체결 당시의 사건에 대한 설명으로 옳은 것은?

① 영국은 일본의 한국에 대한 지배권을 인정하였다.
② 구식군대가 차별대우를 받았다.
③ 일본의 한국에 대한 지배권을 인정하며, 미국의 필리핀 지배를 확인하였다.
④ 러시아, 프랑스, 독일이 일본에 압력을 가했다.

> **TIP** 러·일전쟁에서 승리한 일본은 조선의 독점적 지배권을 인정받고 조선의 외교권을 박탈하고 통감부를 설치하였다. 이에 초대 통감으로 이토 히로부미가 부임하였으며 고종황제는 조약의 부당성을 알리기 위해 1907년에 개최된 헤이그 만국평화회의에 밀사를 파견하였다.

16 1906년 윤효정, 장지연, 나수연, 김상범, 임병향 등이 헌정연구회를 확대 개편하여 발족하였으며, 국민교육을 강화하고 국력을 배양하여 독립의 기초를 다지는 목적으로 설립한 민중계몽단체는?

① 대한자강회
② 대한광복회
③ 신민회
④ 신간회

> **TIP** ② 대한광복회 : 1915년 국권 회복, 공화정치 실현을 목적으로 결성된 항일독립운동 단체다.
> ③ 신민회 : 1907년 민중계몽, 국권 회복, 실력 양성을 목적으로 설립된 항일독립운동 단체다.
> ④ 신간회 : 1927년 조선민족의 정치·경제적 해방과 조선 독립을 목적으로 설립된 항일단체다.

Answer 14.② 15.① 16.①

17 다음과 같은 식민 통치의 근본적 목적으로 옳은 것은?

> • 총독은 원래 현역군인으로 임명되는 것이 원칙이었으나, 문관도 임명될 수 있게 하였다.
> • 헌병 경찰이 보통 경찰로 전환되었다.
> • 민족 신문 발행을 허가하였다.
> • 교육은 초급의 학문과 기술교육만 허용되었다.

① 소수의 친일분자를 키워 우리 민족을 이간하여 분열시키는 것이 목적이었다.
② 한반도를 대륙 침략의 병참기지로 삼고 태평양전쟁을 도발하였다.
③ 한국의 산업을 장악하여 상품시장화 하였다.
④ 1910년대의 무단통치에 대한 반성으로 시행하였다.

TIP 문화통치(1919 ~ 1931)
　ㄱ 발단 : 3 · 1운동과 국제 여론의 악화로 제기되었다.
　ㄴ 내용
　　• 문관총독의 임명을 약속하였으나 임명되지 않았다.
　　• 헌병경찰제를 보통경찰제로 바꾸었지만 경찰 수나 장비는 증가하였다.
　　• 교육은 초급의 학문과 기술교육만 허용되었다.
　ㄷ 본질 : 소수의 친일분자를 키워 우리 민족을 이간질하여 분열시켰다.

18 다음은 대한민국 임시정부에 관련된 사실들이다. 이를 시기 순으로 바르게 나열한 것은?

> ㄱ 한국광복군 창설
> ㄴ 국민대표회의 개최
> ㄷ 한인애국단 창설
> ㄹ 주석 · 부주석제 개헌
> ㅁ 국무위원제 개헌

① ㄱ － ㄷ － ㄴ － ㅁ － ㄹ 　　　② ㄱ － ㄴ － ㄷ － ㄹ － ㅁ
③ ㄴ － ㅁ － ㄷ － ㄱ － ㄹ 　　　④ ㄷ － ㄱ － ㄴ － ㄹ － ㅁ

TIP 국민대표회의 개최(1923) → 국무위원제 개헌(1927) → 한인애국단 창설(1931) → 한국광복군 창설(1940) → 주석 · 부주석제 개헌(1944)

Answer 17.① 18.③

19 다음 자료와 관련이 있는 민주화운동은?

> 첫째 대통령 직선제로 개헌하고 1988년 2월 평화적으로 정부를 이양한다.
> 둘째 대통령 선거법을 개정하여 자유로운 출마와 경쟁을 공정하게 보장한다.
> 셋째 국민화해와 대단결을 위해 시국 관련 사범을 석방한다.
> 넷째 인간의 기본권을 존중하기 위해 개헌안에 기본권 강화 조항을 보완한다.
>
> ㅡ동아연감ㅡ

① 6월 민주항쟁
② 4 · 19혁명
③ 서울의 봄
④ 5 · 18 광주민주화운동

TIP ① 제시된 자료는 대통령 직선제 개헌을 담은 6 · 29 민주화선언이다. '박종철 고문치사 사건(1987. 1.) → 4 · 13호헌 조치(직선제 개헌 거부) → 이한열 최루탄에 맞아 뇌사(1987. 6. 9.) → 6월 민주항쟁(1987. 6. 10.) → 6 · 29 민주화선언(1987. 6. 29.)'
② 4 · 19혁명 : 발췌개헌. 사사오입. 3 · 15 부정선거 등 이승만 정권의 독재에 항거하여 학생과 시민이 중심세력이 되어 일으킨 민주화운동이다.
③ 서울의 봄 : 10 · 26 사태 이후부터 비상계엄의 전국 확대 조치(1980. 5. 17.) 전까지 정치적 과도기를 의미한다.
④ 5 · 18 광주민주화운동 : 1980년 5월 18일을 전후하여 신군부의 집권 음모를 규탄하고 민주주의 실현을 요구하며 전개한 민주화운동이다.

20 민족기업에 관한 설명으로 옳지 않은 것은?

① 민족기업은 순수한 한국인만으로 운영되었다.
② 지주 출신 기업인이 지주와 거상의 자본을 모아 대규모 공장을 세웠다.
③ 대규모 공장은 평양의 메리야스공장 및 양말공장, 고무신공장들이었다.
④ 3 · 1운동 이후 민족산업을 육성하여 경제적 자립을 도모하려는 움직임이 고조되어 갔다.

TIP 메리야스 공장. 양말 공장. 고무신 공장 등은 서민 출신의 상인들이 1 ~ 2대 또는 3 ~ 4대의 기계로 제품을 생산하는 정도에 불과하였다. 1935년이 되어서야 고무신 공장은 72개에 달하였다.

Answer 19.① 20.③

제일 많이 출제되지만 난이도는 제일 쉽게 출제된다. 일반적으로 지문의 난도 또한 어렵지 않게 구성되는 편이다. 뉴스 기사나 용어사전 등을 통해 최신 용어를 자주 접한다면 대부분 틀리지 않고 많을 확률이 높다. 50%의 출제 비중을 차지하는 과목으로, 최대한 많은 용어를 접하는 것이 중요하다.

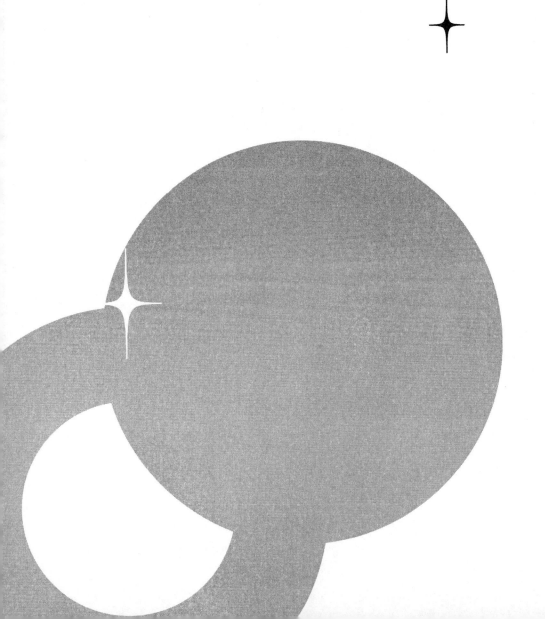

출제 빈도	출제 난이도

시사	60%
경제	30%
문화	10%

PART

04

일반상식

01 시사

01 정치 · 행정 · 외교

□ **정파성(政派性) ***

특정 정당이나 정치 이념에 편향된 태도로, 자신이 지지하는 정치적 이념이나 정당을 옹호하고 반대 의견이나 입장을 부정하고 경시하는 경향을 보인다.

□ **국가유산청 ****

국가유산기본법 시행에 따라 기존 문화재청이 국가유산청으로 출범하였다. 뿐만 아니라 천연기념물 · 지질유산 같은 자연유산의 종합적 · 전문적 보존 · 연구 · 활용을 위한 '국립자연유산원'도 설립된다. 또 현대미술품의 해외 반출 규제가 완화되고, 생성된 지 50년 미만 유산을 대상으로 하는 '예비문화유산' 제도도 시행된다. 60여 년이 지난 문화재 분류 체계가 현행 정책 범위와 시대 변화를 반영하는 데 한계가 있고, 현행 분류체계가 유네스코 기준과 서로 달라 국제 기준과 연계된 기준이 필요하며 문화재는 재화적 성격이 강하므로 미래의 가치까지 폭넓게 아우르는 유산이 적합하여, 국가유산기본법 등 13개 법률의 '문화재' 용어가 '국가유산' 등으로 일괄 변경되었다.

□ **특별자치도 ****

대한민국 행정구역으로, 관련 특별법에 근거하여 고도의 자치권을 보장받는 구역이다. 특별자치도로 지정된 지역은 중앙정부로부터 많은 권한을 위임받는다. 현재 제주특별자치도, 강원특별자치도, 전북특별자치도가 있다.

□ **응고의 원칙 ***

북방 한계선(NLL)의 경계선이 여러 관행과 역사에 따라 법 제도로 응고되었다는 원칙으로 대한민국 정부가 북방 한계선 문제에 대해 주장하는 바이다.

☆☆☆ NLL … 1953년 8월 30일 정전협정의 안정적 관리를 위해 설정된 후 우리 군이 60여 년 동안 북한의 도발을 차단하고 수차례 교전을 통해 지켜온 실질적인 해상 경계선이자 우리가 실효적으로 지배하는 관할 해역이다. 동해 NLL은 지상의 군사분계선(MDL) 연장성을 기준으로 설정, 서해 NLL은 서해 5개 도서와 북한 지역과의 중간선을 기준으로 한강하구로부터 서북쪽으로 12개 좌표를 연결하여 설정하였다.

□ **보궐선거(補闕選擧)** ***

대통령이나 국회의원, 지역구 의원 등이 그 임기 중에 사직·사망·실격함으로 인해 궐석(闕席)이 생길 경우, 그 자리를 보충하기 위하여 그 구역에 한해 실시하는 선거이다. 당선자는 전임자의 잔임기간만 재임하며, 보결선거(補缺選擧)라고도 한다.

□ **병립형 비례대표제** **

권자들이 정당에 투표하여 얻은 득표율대로 비례대표 의석을 나누는 것이다. '지역구 의원'과 '비례대표 의원'을 따로 선출하는데, 지역구에서는 한 명, 비례대표에서는 여러 명의 의원을 뽑는다. 각자 독립적으로 진행되며 서로에게 영향을 미치지 않는다.

☆☆☆ 연동형·준연동형·권역별 비례대표제

• 연동형 비례대표제 : 하나의 정당이 지역구에서 얻은 의석 비율이 비례대표 지지율보다 낮을 경우 정당의 지지율에 맞춰 비례대표 의석을 채워준다.

• 준연동형 비례대표제 : 연동형 비례대표제보다 완화된 제도로, '정당지지율과 지역구 의석비율 차이에서 절반까지만 의석수를 채워준다.

• 권역별 비례대표제 : 비례대표 선거를 지역 단위로 나누어 시행하는 방식으로, 현재 47석인 전국 단위 비례대표를 수도권 16석, 중부권 15석, 남부권 16석 등으로 나누어 선거를 치른다.

□ **하마평(下馬評)** *

새롭게 관직에 오를 후보들에 대한 세간의 소문, 즉 정계 개편이나 개각, 인사이동 등이 있을 때마다 후보자에 관하여 떠도는 풍설을 말한다. '물망에 오르다'와 같은 뜻으로 사용된다.

□ **스윙보터** **

투표를 누구에게 할지 결정하지 못한 사람을 의미한다. 지지하는 정치인이 없는 부동층을 의미한다.

□ **특례시** **

도시 행정의 특수성을 고려해 위상을 높이고 별도 구분하기 위해 편의상 적용하는 행정 명칭이다. 인구 100만 이상 대도시가 기초자치단체 지위를 유지하면서 일반시와 차별화되는 '특례시'라는 법적지위와 '광역시'에 걸맞는 행·재정적 자치권한 및 재량권을 부여받는 새로운 형태의 지방자치단체 유형이다. 특례시로 지정되더라도 권한이 달라지는 것은 없고, 도시 이름도 특별시나 광역시와 달리 기존과 동일하게 유지된다. 개정된 지방자치법이 시행되면서 수원·고양·용인·창원은 특례시의회로 거듭났다.

☆☆☆

광역시와 일반시 사이의 차별적 권한을 대폭 부여한
인구 100만 이상 도시

□ **필리버스터** *

국회(의회)에서 소수파가 다수파의 독주를 막거나 기타 필요에 따라, 합법적 수단을 동원해 의사 진행을 지연시키는 무제한 토론을 가리킨다. 우리나라를 비롯해 미국 · 영국 · 프랑스 · 캐나다 등에서 시행되고 있으며, 영국 의회에서는 '프리부터(Freebooter)'라고 한다. 우리나라 국회법은 재적의원 5분의 3 이상이 찬성하면 필리버스터를 종료하고 해당 안건에 대한 의결을 하도록 하고 있다.

□ **패스트트랙** ***

상임위에서 재적 위원 5분의 3이 찬성하면 법안을 지정하고 총 330일이 지나면 합의가 되지 않아도 법안을 통과시킬 수 있는 제도를 말한다. 국회법 제85조의 2에 규정된 내용으로 발의된 국회의 법안 처리가 무한정 표류하는 것을 막고 법안의 신속처리를 위해 마련되었다.

□ **의무투표제(義務投票制, Compulsory Voting)** ***

의무적으로 유권자에게 투표에 참여하거나 선거일에 투표장에 오도록 하는 제도를 이른다. 의무투표제에서는 유권자들에게 투표가 권리일 뿐 아니라 의무이기도 하다는 취지에서 투표 불참자에게 일정한 벌칙이나 불이익을 부과한다. 벌칙으로는 과태료 또는 투표권 박탈이 있고, 불이익으로는 공공서비스 이용을 제한하는 나라들이 있다.

☆☆☆ 의무 투표제는 오스트레일리아, 싱가포르, 페루, 튀르키예 등 약 30여 개국에서 시행하고 있다.

□ **양출제입(量出制入)** **

국가의 재정계획 작성 시 지출 규모를 사전에 정하고 수입을 맞추는 원칙이다. 정부가 한 회계연도의 지출을 먼저 결정한 후 이에 맞게 세금을 거두는 방식이다. 반면 수입을 먼저 계산한 후 지출 규모를 맞추는 원칙은 양입제출(量入制出)이라고 한다. 우리나라는 국가재정 편성 원칙으로 양출제입을 적용하고 있으나 2012년 이후 계속되는 세금 부족으로 2015년 예산안부터는 양출제입에서 양입제출로 변환되었다.

□ **사보임** **

사보임은 사임(맡고 있던 자리에서 물러남)과 보임(어떤 직책에 임명함)을 합친 말로, 국회 상임위원회나 특별위원회 위원을 교체하는 절차를 말한다. 기존 위원을 물러나게 하고 새 위원을 임명한다. 이는 원내대표의 고유 권한으로, 소속 의원들을 상임위원회에 배치, 상임위에서 물러나게 하는 권한도 있다. 사보임을 국회의장에 신청하고, 국회의장이 이를 승인하면 위원의 사보임이 완료된다.

□ **뉴 거버넌스(New Governance)** **

일반 시민사회를 정부의 영역에 포함시켜 파트너로 인정해줌으로써 정부조직, 기업, 시민사회, 세계체제 등 이들 전부가 공공서비스와 관련해 신뢰를 통한 네트워크 구축을 강조하는 개념으로 협력 체제에 중점을 두는 것이다. 정부부문과 민간부문 및 비영리부문 간 협력적 네트워크를 통한 공공서비스 전달 과정에 있어서의 효율성을 목표로 한다.

□ 레드라인 *

대북정책에서 현재의 포용정책이 실패할 경우 봉쇄정책으로 전환하는 기준선을 의미한다. 북한과의 포괄 협상을 1단계로 시도하지만 이것이 실패할 경우에는 2단계 봉쇄정책으로 전환을 검토해야 하며, 이때 정책전환을 위한 기준을 마련한 것이 레드라인이다.

□ 특별재난지역 **

태풍 · 홍수 등의 자연재해나 화재 · 붕괴 등의 대형사고와 같은 인적재난, 에너지 · 통신 · 금융 · 의료 · 수도 등 국가기반체계의 마비와 전염병 확산 등으로 인해 극심한 피해를 입었을 때 수습 및 복구를 위해 특별한 조치와 지원이 필요가 인정되는 지역이다. 특별한 조치가 필요하다고 인정되는 경우, 중앙사고대책본부장은 중앙안전대책위원회의 심의를 거쳐 특별재난지역으로 선포할 것을 대통령에게 건의할 수 있다(재난 및 안전관리기본법). 특별재난지역의 선포를 건의 받은 대통령은 당해 지역을 특별재난지역으로 선포할 수 있다. 특별재난지역으로 선포된 지역은 대통령령이 정하는 응급대책 및 재해구호와 복구에 필요한 행정 · 재정 · 금융 · 세제 등의 특별지원을 받을 수 있다.

☆☆☆ 국내 특별재난지역 선포 사례
- 1995년 7월 삼풍백화점 붕괴사고 지역
- 2000년 4월 동해안의 고성 · 삼척 · 강릉 · 동해 · 울진 등에 발생한 사상 최대의 산불피해지역
- 2002년 8월 태풍 루사 피해지역
- 2003년 2월 대구지하철 화재참사를 겪은 대구 지역
- 2003년 9월 발생한 태풍 매미 피해지역
- 2007년 12월 유조선과 해상크레인 충돌로 인한 원유유출사고 피해를 입은 충남 태안군 일대
- 2008년 7월 태풍 및 집중호우 피해를 입은 경북 봉화군 등 67개 시 · 군 · 구 등
- 2012년 태풍 산바 피해지역
- 2016년 9월 지진 피해지역인 경북 경주
- 2016년 10월 태풍 차바 피해지역
- 2017년 7월 집중호우 피해가 속출한 충북 청주 · 괴산, 충남 천안지역
- 2017년 11월 규모 5.4의 지진이 발생한 경북 포항
- 2019년 4월 강원 대형 산불로 강원 고성군 · 속초시 · 강릉시 · 동해시 · 인제군 등 5개 시 · 군
- 2020년 3월 코로나19 사태와 관련해 대구 및 경북의 일부 지역(경산, 청도, 봉화) ※ 자연재해가 아닌 감염병으로 인한 첫 선포 사례
- 2020년 8월 집중호우로 큰 피해를 본 경기 안성시, 강원 철원군, 충북 충주시 · 제천시, 음성군, 충남 천안시 · 아산시 등
- 2020년 8월 전북 남원시와 전남 나주시, 구례 · 곡성 · 담양 · 화순 · 함평 · 영광 · 장성군, 경남 하동군 · 합천군
- 2020년 8월 경기 이천시, 강원 화천군, 충북 단양군 등 20개 시 · 군 · 구와 충북 진천군 진천읍 · 백곡면, 전남 광양시 진월면 · 다압면 등 36개 읍 · 면 · 동 등
- 2022년 3월 경북 울진, 강원도 삼척 등 동해안 산불로 인한 특별재난지역 선포 ※ 대형 산불로 인한 특별재난지역은 2000년 동해안산불, 2005년 양양산불, 2019년 강원 동해안산불에 이어 4번째
- 2022년 8월 집중호우 피해로 서울 영등포구, 관악구, 경기 성남 · 광주 · 양평 등의 지역이 특별재난지역 선포
- 2022년 10월 이태원 참사로 용산 특별재난지역 선포
- 2023년 4월 강원도 강릉시 경포대 인근에서 강한 바람으로 확산된 산불피해로 특별재난지역 선포
- 2023년 7월 집중호우로 인한 세종시, 청주시, 괴산군, 논산시, 공주시, 청양군, 부여군, 익산시, 김제시죽산면, 예천군, 봉화군, 영주시, 문경시 특별재난지역 선포
- 2023년 8월 충북 · 충남 · 전북 · 전남 · 경북 27개 지자체에 호우피해로 특별재난지역 선포
- 2023년 8월 경북 · 충북 · 전남 17개 지자체에 4월에 발생한 농작물 저온 피해로 특별재난지역 선포 ※농작물 피해로 인한 첫 선포 사례

- 2023년 8월 태풍 카눈 영향으로 대구 군위군, 강원 고성군, 경북 경주시(산내면), 칠곡군(가산면)에 특별재난지역 선포
- 2024년 7월 충북·충남·전북·경북 5개 지자체에 호우피해로 특별재난지역 우선 선포
- 2024년 7월 충북·충남·전북·경북·대전 15개 지자체에 호우피해로 특별재난지역 우선 선포
- 2024년 8월 경기·충남 4개 지자체에 집중 호우 피해로 특별재난지역 선포
- 2025년 2월 경기(평택, 용인, 이천, 안성, 화성, 여주), 강원(횡성), 충북(음성), 충남(천안) 폭설로 인한 특별재난지역

□ 농르풀망의 원칙 **

망명자를 박해가 우려되는 국가로 송황해서는 안 된다는 즉, 강제송환금지의 원칙이다. 1954년에 발효된 난민의 지위에 관한 조약에 규정되어 있다. 우리나라는 이 원칙을 근거로 탈북자를 난민으로 간주하여 보호하고 있다.

□ 게티스버그 연설(Gettysburg 演說) *

1863년 11월 미국의 제16대 대통령인 링컨(A. Lincoln)이 남북전쟁 희생자의 영령을 위로하기 위해 펜실베이나아주의 게티스버그를 방문하여 그 곳에서 행한 연설이다. 그 연설 가운데 '국민의, 국민에 의한, 국민을 위한 정치(government of the people, by the people, for the people)'라는 명언을 남겼는데, 이 말은 민주주의가 무엇인가를 잘 설명해 주고 있으며, 또한 민주정치의 실천이념이 되고 있다.

□ 국정감사 **

국회가 국정 전반에 대한 조사를 행하는 것을 말한다. 이는 국회가 입법 기능뿐만 아니라 정부를 감시하고 비판하는 기능을 가지고 있는 것에서 인정된 것이다. 헌법과 국정 감사 및 조사에 관한 법률에서 정하고 있는 '국정'의 개념은 의회의 입법 작용뿐만 아니라 행정·사법을 포함하는 국가 작용 전반을 의미한다. 여기서 개인의 사생활이나 신앙 같은 사적사항은 제외된다. '국정'은 국정감사, 국정조사의 대상이 되며 국정감사는 국정의 전반, 국정조사는 국정의 특정사안을 대상으로 하게 된다. 현재 국정감사는 소관 상임위원회별로 매년 정기국회 집회일 이전의 감사 시작일 부터 30일 이내의 기간을 정하여 감사를 시행한다. 본회의 의결에 의해 정기회 기간 중에 감사를 실시 할 수 있다. 감사, 조사의 대상기관은 국가기관, 특별시, 광역시, 도, 정부투자기관, 한국은행 등, 그리고 본회의가 특히 필요하다고 의결한 감사원의 감사 대상기관이다.

□ 초치 **

상대국 때문에 문제가 발생한 경우 상대국 외교관을 외교 당국 사무실로 불러내어 항의하는 것을 말한다.

☆☆☆ 더 알아보기
- 아그레망 : 외교 사절을 파견할 때 상대국에게 얻는 사전 동의를 말한다.
- 페르소나 그라타 : 외교 사절을 받아들이는 국가에서 호의를 가지고 받아들이는 사람을 말한다.
- 페르소나 논 그라타 : 외교 사절을 받아들이는 국가에서 받아들이기를 기피하는 사람을 말한다.

□ 레임덕 현상(Lame Duck) ***

정치 지도자의 집권 말기에 나타나는 지도력 공백 현상을 말한다. 임기 만료를 앞둔 공직자의 통치력 저하를 기우뚱 걷는 절름발이 오리에 비유해 일컫는 것이다. 우리나라에서는 '권력누수현상'이라고 표현하기도 한다. 레임덕은 주요 현안에 대한 정책 결정이 늦어질 뿐만 아니라 공조직 업무능률을 저하시켜 국정 공백을 일으키는 등 나라 전체에 나쁜 영향을 끼칠 수 있는 위험한 현상이다.

☆☆☆ 정치 지도자 지도력 현상
  • 데드덕 : 권력공백 현상으로 사실상 가망이 없는 상황에서 사용된다.
  • 브로큰덕 : 권력통제 불능상태 일컫는다.
  • 시팅덕 : 어수룩하여 이용당하거나 공격받기 쉬운 대상을 일컫는다.
  • 마이티덕 : 임기가 끝날 때까지 통치력 및 지지율이 유지되는 상태를 일컫는다.

□ 컨벤션 효과(Convention Effect) ***

전당대회나 경선대회 같은 정치 이벤트에서 승리한 대선후보 또는 해당 정당의 지지율이 전에 비해 큰 폭으로 상승하는 효과를 의미하는 것으로, 전당대회 효과라고도 한다.

□ 책임총리제 **

한국은 대통령제를 채택하면서도 부통령 대신 국무총리라는 직책을 두고 있다. 헌법상 국무총리는 국정의 2인자로 행정부를 통괄하고, 국무회의 부의장으로서 국무위원의 임명·제청권, 해임 건의권 등을 행사할 수 있다. 책임총리제는 이러한 현실을 지양하고 대통령과 총리가 업무를 구체적으로 명료히 분담해 수행하는 분권형 국정운영체제의 일환이다.

□ 국정조사권(國政調査權) ***

국회가 특정한 국정사안에 관한 조사를 할 수 있는 권한이다. 국회의원의 4분의 1 이상이 요구할 경우 국회는 조사 사안에 대한 특별위원회를 구성하거나 해당 상임위에서 조사위원회를 구성하며, 조사위 의결로 국회폐회 중에도 활동할 수 있다. 그 범위는 안건의 심의와 직접 관련된 보고, 서류의 제출요구, 참고인의 출석요구 등에 국한된다.

□ 외교행낭 ***

본국과 재외공관 사이에 문서 및 공용물품을 주고받기 위해 사용되는 문서 발송 가방으로, 외교관계에 관한 비엔나 협약27조로 국제법상 각국의 권리로 인정되었다. 우리 정부는 인도 현지 한인회의 요청에 따라 산소발생기대를 외교 행낭으로 보낸 바 있다.

□ 게리맨더링(Gerrymandering) **

선거구를 특정 정당이나 후보자에게 유리하게 인위적으로 획정하는 것을 말한다. 이것은 1812년 미국의 게리 (Gerry)라는 매사추세츠 주지사가 자기의 소속 정당에 유리하게 선거구를 획정한 결과 샐러맨더(Salamander : 희랍 신화 속의 도롱뇽)와 비슷한 기형의 선거구가 된 데서 유래되었다.

□ 사전투표 *

사전투표(事前投票) 또는 조기투표(早期投票)라고도 하며, 유권자가 지정된 선거일 이전에 투표를 할 수 있도록 하는 제도를 말한다. 사전투표는 통상적으로 투표 참여율을 높이고, 선거 당일의 투표소 혼잡을 막기 위해 시행한다. 사전투표는 선거 기간 동안 투표 장소를 벗어난 곳에 있다거나, 투표 업무 종사자, 선거 운동원, 의료 일정 등의 사유로 인하여 선거일에 선거를 할 수 없는 유권자의 선거를 위해 도입되었다. 우리나라는 공직선거법에 따라서 거소투표자와 선상투표자를 제외하고 누구든지 사전투표기간 중에 사전투표소에 가서 투표가 가능하다.

□ 로그롤링(Logrolling) **

선거를 도와주고 그 대가를 받거나 이권을 얻는 행위를 의미한다. 원래는 '통나무 굴리기'라는 뜻으로, 서로 협력하여 통나무를 모은다든가 강물에 굴려 넣는 놀이에서 연유된 것이다.

□ 선거구 **

- 대선거구제(大選擧區制) : 한 선거구에서 다수(보통 5인 이상)의 대표를 선출하는 제도이다. 이 제도는 전국적으로 큰 인물이 당선되기 쉬운 장점이 있으나, 선거구가 너무 넓어서 후보자의 인물·식견을 판단하기 어렵고 비용이 많이 드는 단점이 있다.
- 중선거구제(中選擧區制) : 한 선거구에서 2 ~ 4명의 대표자를 선출하는 제도이다. 우리나라는 자치구·시·군의원 선거에서 채택하고 있다.
- 소선거구제(小選擧區制) : 한 선거구에서 한 사람의 대표를 선출하는 제도이다. 선거구가 작기 때문에 선거관리와 투표가 간단하고 비용이 비교적 덜 들며, 선거인이 후보자를 잘 알 수 있는 동시에 정국이 안정되기 쉬운 장점이 있다. 우리나라는 지역구 국회의원 및 시·도의원 선거에서 채택하고 있다.

□ 출구조사(Exit Poll) **

투표를 마치고 나오는 유권자를 대상으로 면접 조사하여 투표자 분포 및 정당·후보자별 지지율 등의 정보를 얻는 선거여론조사를 말한다. 우리나라는 텔레비전, 라디오, 일간신문사에 한하여 투표소 50m 밖에서 출구조사를 허용하고 있다. 투표 마감 후 결과가 공표되어 선거 결과를 가장 빠르게 예측할 수 있다.

□ 선거권(選擧權) **

국가기관으로서의 국민이 각종 공무원을 선임하는 권리로서 선거에 참여할 수 있는 지위 또는 자격을 말한다. 우리나라의 경우 선거권을 갖는 요건으로는 대한민국 국민이어야 하고, 선거일 현재 19세 이상이어야 한다. 소극적 요건으로는 금치산 선고를 받지 않았어야 하며, 금고 이상의 형을 선고받고 그 집행이 종료된 상태여야 하며 선거법, 정치자금부정수수죄 및 선거비용관련 위법행위에 관한 벌칙에 규정된 자 또는 대통령·국회의원·지방의회의원·지방자치단체의 장으로서 그 재임 중의 직무와 관련하여 수뢰·사전수뢰 내지 알선수뢰, 알선수재에 규정된 죄를 범한 자로서 100만 원 이상의 벌금형을 선고받고 그 형이 확정된 후 5년 또는 형의 집행유예 선고를 받고 그 형이 확정된 후 10년 이상이 경과되어야 하고, 법원의 판결 또는 다른 법률에 의하여 선거권이 정지 또는 상실되어서도 안 된다.

□ **언더독 효과** *

투견 시합에서 아래에 깔린 개를 보고 응원하게 되는 현상으로 생겨난 용어이다. 정치, 문화, 스포츠 경기 등 경쟁에서 지고 있는 약자에게 연민을 느껴 응원하고 지지하는 현상이다.

□ **플레비사이트(Plebiscite)** *

직접민주주의의 한 형태로 국민이 국가의 의사결정에 참여하는 제도로 일종의 국민투표이다. 최고통치자가 권력의 계속유지와 관련해 신임을 물을 경우 채택하는 등 주로 항구적인 정치상태를 창출하는 데 쓰인다. 특정인의 통치나 영토의 변경에 대하여 임의적으로 국민의 표결에 부치는 것이다.

□ **원내교섭단체(院內交涉團體)** *

국회에서 정당 소속 의원들이 개개인의 주장 혹은 소속 정당의 의견을 통합하여 국회가 개회되기 전 반대당과 교섭·의견조정을 하기 위하여 구성하는 의원단체를 말한다. 국회의원 20인 이상의 정당을 단위로 구성함이 원칙이나 다른 교섭단체에 속하지 않는 의원 20인 이상으로 구성할 수도 있다.

□ **매니페스토(Manifesto)** **

선거 시에 목표와 이행 가능성, 예산 확보의 근거를 구체적으로 제시한 유권자에 대한 공약을 말하며, 어원은 라틴어 마니페스투(Manifestus : 증거)이다. 공약의 달성 가능성(Achievable), 검증 가능성(Measurable), 구체성(Specific), 타당성(Relevant), 기한 명시(Timed)의 다섯 가지를 평가 기준으로 삼는다. 또 공약의 지속성(Sustainability), 자치력 강화(Empowerment), 지역성(Locality), 후속조치(Following)의 첫 글자를 딴 Self지수도 평가 기준으로 삼는다. 이 지표는 대체로 유권자와 밀접한 지방선거에서 의의를 둔다.

□ **캐스팅보트(Casting Vote)** **

의회의 표결에 있어서 가부동수(可否同數)인 경우 의장이 던지는 결정권 투표나, 2대 정당의 세력이 거의 같을 때 그 승패를 결정하는 제3당의 투표를 말한다.

□ **섀도캐비닛(Shadow Cabinet)** **

각료후보로 조직된 내각으로, 야당에서 정권을 잡는 경우를 예상하여 조직되는 것이다. 1876년에 생긴 제도로, 양당제가 잘 발달되어 있는 영국에서는 야당이 정권획득에 대비하여 총리 이하 각 각료로 예정된 멤버를 정해두고, 정권을 잡으면 그 멤버가 그대로 내각의 장관이 되는 경우가 많았다. '그늘의 내각' 또는 '그림자 내각'으로 번역되는데, 본래는 영국 야당의 최고지도부를 말하는 것이었다.

□ **엽관제(獵官制)** *

선거를 통하여 정권을 잡은 사람이나 정당이 직책을 담당하는 정치적 관행으로, 실적제도(Merit System)에 대립되는 제도를 말한다. 본래 국민의 봉사자이어야 할 공무원이 일부의 봉사자로 전락하고 직무의 계속성이 저해받는 것에 대해 비판의 소리가 높자, 이에 대한 개선책으로 전문성과 기술성에 기초한 과학적 공무원제도인 실적제가 도입되었다. 우리나라의 경우 엽관주의현상은 이승만정권의 자유당 창당(1952)을 계기로 대두되었다.

02 법률

□ **수사지휘권** **

법무부 장관은 구체적 사건에 대해 검찰총장을 지휘·감독할 수 있다'는 검찰청법 제8조에 근거하여 특정 사건에 대해 검찰 수사를 지휘·중단할 수 있는 권한을 일컫는다. 법무부장관의 첫 수사지휘권 발동은 2005년 10월 검찰의 국가보안법 수사와 관련하여 있었으며 2020년 7월에 검언유착 의혹과 관련하여 6건 발동한 바 있다.

□ **재의요구권** **

집행 기관이 의회의 의결에 이의가 있는 경우, 이의 수리를 거부하고 의회에 반송할 수 있는 권리. 집행 기관의 거부권을 의미한다.

□ **이해충돌방지법** **

국회는 2021년 4월 29일 임시회 본회의를 열어 공직자가 직무를 수행할 때 자신의 사적 이해관계로 인해 공정하고 청렴한 직무수행을 저해하는 것을 방지하기 위한 법안을 통과시켰다. 해당 법안은 지난 2013년 이른바 김영란법(부정청탁금지법)의 일부로 발의되었으나 공직자의 직무범위가 모호하다는 이유로 보류되었다. 2021년 3월 LH 직원들의 부동산 투기 사태를 계기로 법안이 처리되어 공포 후 준비 기간을 거쳐 1년 후 시행되었다.

☆☆☆ 이해충돌방지법 주요 내용
- 직무 관련자에 대한 사적 이해관계 신고
- 부정취득 이익 몰수 및 추징
- 직무상 비밀 이용 재산상 이익 취득 금지

□ **헌법재판소(憲法裁判所)** ***

헌법에 관한 분쟁 또는 의의(疑義)를 사법적으로 풀어나가는 재판소로, 1960년 제2공화국 헌법에 헌법재판소 설치가 규정되었으나 무산되고, 1987년 10월 말 공포된 개정 헌법에서 헌법위원회가 헌법재판소로 바뀌어 1988년 최초로 구성되었다. 헌법재판소는 대통령·국회·대법원장이 각각 3명의 위원을 선임해 9인의 재판관으로 구성되고 대통령이 국회의 동의를 얻어 재판관 중에서 위원장을 임명한다. 헌법재판소는 법원의 제청에 의한 법률의 위헌여부 심판, 탄핵의 심판, 정당의 해산 심판, 국가기관 상호 간과 국가기관과 지방자치단체 간 및 지방자치단체 상호 간의 권한쟁의에 관한 심판, 법률이 정하는 헌법소원에 관한 심판을 담당한다.

□ 헌법 *

헌법은 국가의 통치조직과 통치의 기본원리 그리고 국민의 기본권을 보장하는 법이다. 형식적 의미의 헌법은 성문헌법으로서 규정되어 있는 내용과 관계없이 헌법이라는 이름을 가진 규범을 말하며, 영국과 같은 불문헌법 국가에서는 형식적 의미의 헌법이 존재하지 않는다. 우리나라는 성문헌법·민정헌법·경성헌법으로서 국민주권주의, 자유민주주의, 복지국가의 원리, 국제평화주의, 조국의 평화적 통일의 지향 등을 기본으로 한다.

① 헌법의 개정절차

절차	내용
제안	대통령 : 국무회의의 심의, 국회의원 : 재적 과반수
공고	대통령이 공고, 20일 이상
국회의결	공고된 날로부터 60일 이내, 재적의원 3분의 2 이상 찬성
국민투표	국민투표로 확정, 국회의원 선거권자 과반수의 투표와 투표자 과반수의 찬성, 국회의결 후 30일 이내
공포	대통령의 공포, 즉시 공포(거부권 없음)

② 헌법의 개정과정

시기	주요 내용	공화국
제1차(1952)	대통령직선제, 국회양원제	제1공화국 (대통령제)
제2차(1954)	초대대통령 중임제한 철폐, 국민투표제 채택	제1공화국 (대통령제)
제3차(1960)	내각책임제, 대법원장·대법관선거제	제2공화국 (의원내각제)
제4차(1960)	반민주행위자·부정축재자·부정선거관련자 처벌을 위한 소급입법의 근거인 헌법 부칙 마련	제2공화국 (의원내각제)
제5차(1962)	대통령제, 단원제, 법원에 위헌법률심사권 부여	제3공화국 (대통령제)
제6차(1969)	대통령 3선 취임 허용, 대통령 탄핵소추요건 강화	제3공화국 (대통령제)
제7차(1972)	통일주체국민회의 신설, 대통령 권한 강화, 국회 권한 조정, 헌법 개정 절차 이원화	제4공화국 (유신헌법)
제8차(1980)	대통령 간선제, 단임제(7년), 구속적부심 부활, 연좌제 금지, 국정조정권 부여, 헌법 개정 절차 일원화	제5공화국 (대통령제)
제9차(1987)	대통령 직선제, 단임제(5년), 국정조사권 부활로 국회 권한 강화, 비상조치권 국회해산권 폐지로 대통령 권한 조정	제6공화국 (대통령제)

□ 헌법소원(憲法訴願) **

공권력의 행사 또는 불행사에 의해 헌법상 보장된 기본권을 침해당했다고 생각되는 개인이나 법인이 권리를 되찾기 위해 헌법재판소에 그 심판을 요구하는 것을 말한다. 이때의 공권력에는 입법·사법·행정이 모두 포함되는 것이 원칙이지만, 현행 「헌법재판소법」 법원의 판결을 대상에서 제외하고 있어 법원의 판결을 뒤엎는 헌법소원을 낼 수는 없다.

□ **위헌제청(違憲提請)** **

소송을 진행 중인 소송당사자가 당해 사건에 적용될 법률이 헌법에 위반된다고 주장하거나 법원의 직권에 의해 헌법재판소에 위헌법률심판을 제청하는 제도이다. 위헌제청의 대상은 대한민국의 모든 법률·긴급명령·조약 등이고, 대상이 되지 않는 것은 명령·규칙·조례·관습법 등이다. 법원이 위헌법률심판을 제청한 때에는 당해 소송사건은 정지되나 법원이 긴급하다고 인정하는 경우, 종국재판 외의 소송절차 진행이 가능하다. 위헌제청신청을 기각하는 결정에 대하여는 민사소송에 의한 항고나 재항고를 할 수 없다. 헌법재판소의 결정이 내려지면 제청법원은 그 결정에 따라 중단된 소송절차를 속개한다.

□ **집단소송제** *

기업의 허위공사·분식결산 등으로 피해를 입은 투자자가 손해배상 청구소송을 제기해 승소하면 같은 피해를 입은 다른 사람들도 별도의 재판절차 없이 동일한 배상을 받을 수 있도록 하는 제도이다. 원래 집단소송제는 파산·제조물책임·환경·시민권·소비자취업차별 등 광범위한 사안에 대해 적용되는 것이지만, 우리 정부는 증권거래와 관련된 사안에 대해서만 도입하였다. 구체적으로는 유가증권신고서와 공개매수신고서의 허위·부실기재, 사업보고서 및 반기·분기보고서의 허위·부실기재, 수시공시와 조회공시사항의 허위·부실공시 등이다. 대표소송제와 혼동되는 경우가 많은데 대표소송제는 회사를 대표해 경영진을 대상으로 제기하는 소송으로 승소시 보상금도 회사로 돌아가는 반면, 집단소송제는 피해를 본 투자자들이 직접 보상받는다.

□ **체계(體系)·자구(字句)심사권** ***

상임위를 통과한 법률안이 관련 법과 충돌하지 않는지(체계), 법안에 적힌 문구가 적절한지(자구) 심사하는 기능이다. 이 과정에서 법사위가 사실상 '상원' 역할을 하면서 정치적인 이유로 법안 통과를 막는 등의 비판이 끊이지 않았다. 때문에 이를 폐지하자는 국회법 개정안이 발의되었으며, 법조계에서는 폐지 시 위헌적인 법률이 늘어날 수 있다는 우려의 목소리도 있다.

□ **징벌적 손해배상** **

처벌적 손해배상이라고도 한다. 가해자가 피해자에게 무분별한 불법 행위를 저지른 경우에 민사재판에서 가해자에게 징벌을 가할 목적으로 부과하는 손해배상이다. 실제 손해액보다 훨씬 많은 금액, 단 5배가 넘지 않는 범위에서 책임을 묻는다.

□ **죄형법정주의(罪刑法定主義)** ***

어떤 행위가 범죄가 되고 또 그 범죄에 대해 어떠한 처벌을 할 것인가를 미리 법률로써 명문화시켜야 한다는 원칙이다. 이 원칙은 현대형벌제도의 기초이며, 국가권력의 남용을 방지하여 국민의 자유와 인권을 보장하려는 데에 그 목적이 있다. 관습형법금지의 원칙, 소급효금지의 원칙, 명확성의 원칙, 유추해석금지의 원칙, 적정성의 원칙을 내용으로 한다.

□ 죄수의 딜레마(Prisoner's Dilemma) **

2명 이상의 공범을 분리하여 경찰관이 취조할 경우 범인이 자백하지도, 또 끝까지 범행을 부인하지도 못하는 심리적 모순 상태를 말한다. 죄를 인정하는 자백을 할 수도 없고, 끝까지 부인하자니 다른 공범의 자백에 자신이 더 큰 피해를 당할까 두렵기 때문에 범인은 난처한 입장에 처하게 된다. 이때 대부분의 피의자들은 심리적인 갈등상태에서 자백을 선택하는 경우가 많다. 이는 각 개인이 자기의 이득만을 생각하고 의사결정을 내릴 때, 사회 전체에 손실을 야기시킬 수 있다는 것을 설명하는 좋은 예가 된다.

□ 법조브로커 *

변호사, 법무사의 법률 서비스 업무에 대해 중개를 해 주는 알선업자를 말한다. 호주와 뉴질랜드에서는 비법률가의 법조브로커가 합법이다. 한국에서는 변호사와 법무사만이 법률사무에 대한 알선, 중개를 유료로 할 수 있고, 비법률가의 알선 중개는 변호사법 위반으로 형사 처분된다.

□ 사면(赦免) ***

대통령의 고유권한으로, 형의 집행을 면제해주거나 형 선고의 효력을 없애주는 조치를 말한다. 특정죄목에 대해 일괄적으로 처벌을 면해주는 일반사면과 사면의 대상을 일일이 정해 취해지는 특별사면의 두 가지가 있다. 특별사면은 다시 가석방 또는 복역중인 피고인의 남은 형 집행을 면제해주는 조치인 잔형집행면제, 집행유예를 받은 사람에게 형의 선고를 없었던 일로 해주는 형선고실효 두 가지 방법이 있다. 또 행정처분취소는 경찰청 등 행정기관의 처분을 면해주는 조치이며, 징계사면은 말 그대로 징계받은 사실을 없던 일로 하는 것이다.

□ 국민기초생활보장법 *

근로능력이 있는 수급자에 대한 종합적인 자활·자립 지원을 목적으로 1999년 9월 7일에 제정되어 2000년 10월 1일부터 시행되고 있는 법률이다. 국민기초생활보장법에서는 국가로부터 생계지원을 받더라도 일할 능력이 있으면 자활관련 사업에 참여한다는 조건 아래 매달 생계비를 지급받도록 하고 있다.

□ 복권(復權) *

상실된 특정 권리·자격을 회복시키는 것으로 헌법 및 사면법상 대통령의 명에 의해, 형법에 의한 형의 선고, 파산법에 의한 파산선고로 상실 또는 정지된 자격을 회복시키는 것이다. 복권은 형의 집행을 종료하거나 집행면제를 받은 자에 한해서만 행해지는 것인데, 형의 선고에 의한 기성의 효과는 복권이 되어도 변경되지 않는다. 일반복권은 대통령령으로 하고, 특정한 자에 대한 복권은 대통령이 행하되 법무장관의 상신과 국무회의의 심의를 거쳐야 한다. 특별복권은 검찰총장의 신청으로, 형의 집행종료일 또는 집행이 면제된 날로부터 3년이 경과된 자에 대해 법무부장관의 상신을 거쳐 대통령이 행한다.

□ **감청영장(監聽令狀)** *

수사기관에서 공공연하게 이루어졌던 도청을 엄격히 금지하고 수사상 필요할 때에만 제한적으로 피의자 등의 통화내용을 엿들을 수 있게 한, 일종의 '합법화된 도청'을 말한다. 1993년 12월 제정된 「통신비밀보호법」에 도입해 1994년 6월부터 시행되었다.

□ **소멸시효(消滅時效)** *

권리를 행사할 수 있음에도 불구하고 권리를 행사하지 않고 일정 기간 계속함으로써 권리소멸의 효과를 생기게 하는 제도를 말한다. 시효제도(時效制度)는 사회질서의 안정, 채증(採證)의 곤란 등의 이유로 인정되고 있으나 점유권, 일정한 법률관계에 필연적으로 수반되는 상린권, 담보물권 등은 소멸시효에 걸리지 않는다.

□ **플리 바겐(Plea Bargain)** **

사전형량 조정제도를 말한다. 유죄를 인정하는 대신 형량을 경감받는 것으로 '플리 길티(Plea Guilty)'라고도 한다. 우리나라의 경우 플리 바겐에 대한 법적 근거는 없으나 기소에 대한 검사의 재량을 폭넓게 인정하는 기소편의주의와 기소독점주의를 채택하고 있어 수사의 형태가 암묵적으로 플리 바겐과 비슷하게 이루어지고 있다. 뇌물사건이나 마약범죄 등의 수사에 주로 활용된다.

□ **유추해석(類推解釋)** *

법률에 명시되어 있지 않은 사항에 대하여 그와 유사한 성질을 가지는 사항에 관한 법률을 적용하는 것을 말한다. 형벌법규의 해석에 있어서는 죄형법정주의(罪刑法定主義)의 원칙상 유추해석은 금지되며, 이를 유추해석금지의 원칙이라고 한다. 다만, 대법원은 피고인에게 유리한 유추해석은 죄형법정주의의 취지에 반하는 것이 아니므로 허용된다고 본다.

□ **심급제도(審級制度)** *

심급을 달리하는 법원에서 두 번 또는 세 번까지 재판을 받을 수 있게 하는 제도로서, 국민의 자유와 권리보호에 신중을 기하고 공정하고 정확한 재판을 받게 하기 위한 목적에서 만들어진 제도이다. 우리나라에서도 다른 민주국가와 마찬가지로 4계급 3심제이며, 제1심과 제2심은 사실심을 원칙으로 하고 제3심은 법률심이다.

□ **알선수재죄** **

돈이나 물건의 대가를 받고 다른 사람의 업무처리에 관한 것을 잘 처리해 주도록 중간에서 알선한 경우 성립하는 죄. 처벌규정은 형법상 알선수뢰죄, 특정범죄가중처벌법상 알선수재죄, 특정경제범죄가중처벌법상 알선수재죄 등 3가지 규정이 있다. 형법상 알선수뢰죄는 공무원이 지위를 이용, 다른 공무원의 직무처리에 직·간접 영향을 미쳤을 때 적용된다. 이는 다른 공무원의 직무처리에 영향을 미친다는 점에서 공무원 자신의 직무에 관한 청탁을 받는 뇌물죄와 다르다. 또 특정범죄가중처벌법상 알선수재죄는 공무원이 아니더라도 공무원처럼 영향력을 행사할 수 있는 사람이 공무원의 직무에 대해 알선하고 돈을 받았을 경우에 적용되며, 특정경제범죄가중처벌법상 알선수재죄는 알선대상이 공무원이 아니라 금융기관일 경우 적용된다.

□ **상소(上訴)** **

소송법상 법원의 판결 또는 결정에 대하여 억울하다고 생각하는 당사자가 그 재판의 확정 전에 상급법원에 대하여 다시 심판해 줄 것을 요구하는 소송행위를 말하며, 항소 · 상고 · 항고가 있다.

□ **항소(抗訴)** *

지방법원이나 그 지원(支院)에서 받은 제1심 판결에 대하여 억울하다고 생각하는 당사자가 그 재판이 확정되기 전에 고등법원이나 또는 지방법원 본원 합의부에 다시 재판을 청구하는 것을 말한다. 항소기간은 민사소송의 경우에는 2주일, 형사소송은 7일 이내이며, 항소기일이 지나면 선고는 확정된다. 또한 보통군법회의 판결에 대한 고등군법회의에서의 상소도 항소라 한다.

□ **상고(上告)** *

고등법원이나 지방법원 합의부의 제2심 판결에 대하여 억울하게 생각하는 당사자가 그 재판의 확정 전에 대법원에 다시 재판을 청구하는 것을 말한다. 상고심에서는 법심판의 법령위반만을 심사대상으로 하기 때문에 당사자는 법적 평가의 면에 한하여 불복을 신청할 수 있으므로 보통 상고심을 법률심이라고 한다. 상고를 할 수 있는 재판은 원칙적으로 항소심의 종국판결에 한하지만 불항소합의가 있을 때의 비약적 상고(민사소송법), 또는 특수한 사건에서 고등법원이 제1심이 되는 때(행정소송법)에는 예외가 인정되고 있다. 상고를 할 수 있는 자는 원판결의 파기로 이익이 있는 자에 한하며, 상고제소기간은 항소의 경우와 같은 제한이 있다.

□ **항고(抗告)** *

지방법원의 결정이나 명령에 대하여 불복(不服)이 있는 당사자 또는 제3자가 상급법원에 상소하는 것을 말한다. 불복을 신청할 수 없는 결정 · 명령이라도 헌법해석의 착오, 기타 헌법위반이 있음을 이유로 할 때는 대법원에 특별항고를 할 수도 있다.

□ **위임명령(委任命令)** *

법률 또는 상위명령에 의하여 위임된 사항을 규정하는 법규명령을 말하는 것으로, 수탁된 범위 내에서는 새로이 개인의 권리 · 의무에 관한 사항, 즉 법률사항에 관하여 규정할 수 있다.

□ **체포영장제** *

임의동행과 보호유치 등 탈법적 수사관행을 막기 위한 제도를 말한다. 체포영장제는 피의자가 죄를 범했다고 의심할 만한 상당한 이유가 있을 때 사전에 판사로부터 체포영장을 발부받아 체포하고 48시간 내에 구속영장을 청구하지 않을 경우 즉시 석방하는 제도로, 기존 긴급구속제도는 긴급체포제로 대체된다.

□ **법률행위(法律行爲)** *

사법상 법률요건의 하나로, 법에 의하여 행위자가 마음먹은 그대로의 법률효과가 인정되는 행위를 말한다. 법률행위가 성립하기 위해서는 당사자·내용·의사표시의 3개 요건을 필요로 하며, 이 성립요건이 갖추어져 있지 않으면 법률행위는 성립하지 않는다. 법률행위의 형태는 단독행위·계약·합동행위 등의 세 가지로 나뉜다.

□ **청원권(請願權)** *

국가기관이나 지방자치단체에 대하여 국민이 희망을 진술할 수 있는 권리를 말한다. 공무원의 비위 시정에 대한 징계나 처벌의 요구, 손해의 구제, 법령 또는 규칙의 제정·폐지·개정 등에 관하여 그 희망을 문서로써 진정할 수 있다. 청원을 접수한 국가기관은 공정 신속히 심사·처리하여 청원인에게 그 결과를 회답해 줄 의무가 있다. 그러나 반드시 청원의 내용대로 실행할 의무는 없다.

□ **인정사망제도(認定死亡制度)** *

수재나 화재 등 사망확률이 높은 사고의 경우, 시신이 발견되지 않더라도 이를 조사한 관공서 등이 사망으로 인정하면 별도의 재판을 거치지 않고 사망신고를 할 수 있도록 하는 제도이다.

□ **속인주의(屬人主義)** **

국민을 기준으로 하여 법을 적용하는 주의를 말한다. 즉, 한 나라 국민은 자기 나라에 있든지 외국에 있든지 그가 소속한 나라의 법에 적용을 받는다는 것이다. 우리나라 국적법은 속인주의를 원칙으로 하되, 예외적으로는 속지주의를 보충하고 있다. 국적법에서는 혈통주의라고도 한다.

☆☆☆ 속지주의(屬地主義) … 어떤 나라의 영토 안에서 태어난 사람은 그 출생지의 국적을 얻게 되는 것을 말한다.

□ **알 권리(Right To Know)** *

모든 정보원으로부터 일반적인 정보를 수집할 수 있는 권리로 국민이 정치적·사회적 문제에 관한 정보를 자유롭게 접할 수 있고 쉽게 알아볼 수 있는 권리이다. 개인의 경우 공공기관과 사회집단에 대해 정보를 공개하도록 청구할 수 있는 권리를 의미하며, 언론기관의 경우 정보를 공개하도록 청구할 권리뿐만 아니라 취재의 자유를 의미한다.

☆☆☆ 1945년 미국 AP통신사의 전무이사인 켄트 쿠퍼(Kent Cooper)가 뉴욕의 한 강연에서 "시민은 완전하고 정확하게 제시되는 뉴스에 접할 권리를 갖고 있다. 알권리에 대한 존중이 없이는 어느 한 국가나 또 세계적으로나 정치적 자유란 있을 수 없다."고 제창하면서 처음 사용되었다.

□ **액세스권(Right Of Access)** *

국민이 자신의 사상이나 의견을 발표하기 위해 언론매체에 자유로이 접근하여 이용할 수 있는 권리로, 매체접근권이라고도 한다.

□ **필요적 변론사건(必要的辯論事件)** *

법에 정해진 형량이 사형·무기 또는 최하 3년 이하의 징역·금고형인 죄목으로 피고인이 기소된 사건을 말하는 것이다. 이러한 사건들은 피고인이 유죄로 인정될 경우 무거운 처벌을 받기 때문에 형사소송법에서 변호인 없이 재판을 열 수 없도록 규정하고 있다.

□ **즉결심판** *

범증이 명백하고 죄질이 경미한 범죄사건(20만 원 이하의 벌금, 구류, 과료에 해당)에 대하여 정식 형사소송 절차를 밟지 않고 「즉결심판에 관한 절차법」에 의거, 경찰서장의 청구로 순회판사가 행하는 약식재판이다. 주로 「경범죄처벌법」 위법사범(무임승차, 무전취식, 허위신고, 음주소란, 새치기 등), 가벼운 폭행죄, 단순도박죄, 「도로교통법」상의 자동차주정차금지위반, 「향토예비군설치법」상의 예비군훈련불참자 등을 들수 있다. 즉결심판의 청구는 관할 경찰서장이 서면으로 하는데 검사의 기소독점에 대한 예외이다. 즉결심판에 있어서는 피고인의 자백만으로써 유죄를 인정할 수 있고 피고인이 피의자신문조서의 내용을 부인하더라도 유죄를 인정할 수 있도록 증거조사의 특례가 인정된다. 즉결심판에 불복하는 경우 피고인은 고지를 받은 날로부터 7일 이내에 소관 지방법원 및 지방법원 지원에 정식재판을 청구할 수 있다. 정식재판의 판결이 나면 즉결심판은 효력을 잃는다.

□ **일사부재리(一事不再理)의 원칙** *

「형사소송법」에서 일단 판결이 확정되면 같은 사건에 관하여 다시 공소의 제기가 허용되지 않는다는 원칙으로, 이에 위배된 공소는 면소판결을 받는다. 단, 「민사소송법」에서는 이 원칙이 적용되지 않는다.

□ **불고불리(不告不理)의 원칙** *

법원은 원칙적으로 검사가 공소제기를 하지 않으면 공판을 개시할 수 없고, 또 검사로부터 공소가 제기된 사건에 한하여 심리할 수 있다는 원칙이다. 다만, 준기소절차의 경우에는 예외이다.

□ **구인영장(拘引令狀)** *

법원이 심문을 목적으로 피고인이나 그 밖의 관계인을 강제로 부르기 위해 발부하는 영장이다. 구속영장의 '구속'은 구인과 구금(拘禁)을 포함하는 개념이며, 흔히 말하는 구속영장은 구금영장을 가리킨다. 이때 구금은 구치소에 인치시켜 수사하는 것이고, 구인은 구치소가 아닌 지정된 장소에서의 조사를 말하며 구금할 필요가 없다고 판단될 때에는 24시간 이내에 석방하도록 되어 있다.

□ **배임죄(背任罪)** *

타인의 사무를 맡아서 처리하는 자가 자기나 제3자의 이익을 위하여 또는 본인(주인)에게 손해를 가하기 위해서 그 임무에 위배되는 행위를 하는 죄를 말한다. 배임죄는 신임관계를 위배하여 타인의 재산권을 침해하는 것을 내용으로 하는 범죄로서 배임죄의 주체는 타인의 사무를 처리하는 지위 또는 신분이 있는 자이다. 배임죄의 본질은 본인과 행위자 사이에 신임관계가 있음에도 불구하고 이에 위배해 손해를 가했다는 점에 있다.

□ **여적죄(與敵罪)** ***

형법 제93조에 명시되어 있는 내용으로 적국과 합세하여 대한민국에 항적함으로써 성립되는 범죄이다. 여기서 말하는 적국은 대한민국에 대적하는 외국 또는 외국인단체를 포함하며 항적은 동맹국에 대한 것도 포함한다. 본죄에 있어서 고의는 적국과 합세하여 대한민국에 항적한다는 인식을 필요로 하며, 본죄의 미수 · 예비 · 음모 · 선동 · 선전 등도 처벌한다. 국가정보원은 그동안의 감청 내용과 지난 서울 합정동 모임 녹취록 등을 바탕으로 이석기 의원 등이 전쟁 시 북한을 도와 국가 내 통신 및 물류시설 등 기간시설을 파괴하려 모의했다고 판단하여 내란음모 혐의 사건을 수사한 바 있다.

□ **반의사불벌죄(反意思不罰罪)** **

친고죄와 달리 고소없이 처벌 가능하나 피해자가 처벌을 희망하지 않는다는 의사를 표시하면 처벌을 할 수 없는 범죄로, 단순존속폭행죄 · 과실상해죄 · 단순존속협박죄 · 명예훼손죄 등이 있다.

□ **명예훼손죄(名譽毀損罪)** *

형법 307조의 명예훼손죄는 공연히 구체적인 사실이나 허위 사실을 적시(摘示)하여 사람의 명예를 훼손함으로써 성립하는 범죄를 말한다. '공연히'는 불특정 다수인이 인식할 수 있는 상태를, '명예'는 사람의 인격에 대한 사회적인 평가로서 명예의 주체에는 자연인 · 법인 · 기타 단체가 있다. 오로지 공공의 이익에 관한 사실을 적시한 경우에는 처벌하지 아니하나, 진실한 사실을 적시한 경우에 2년 이하의 징역 · 금고나 500만 원 이하의 벌금에 처하고, 허위의 사실을 적시한 경우는 5년 이하의 징역 · 10년 이하의 자격정지나 1,000만 원 이하의 벌금에 처한다.

□ **미필적 고의(未必的故意)** **

어떤 결과가 발생할지도 모르나 경우에 따라서는 그렇게 되어도 상관없다고 생각하는 경우에 존재하는 고의를 가리킨다. 즉, 범죄사실이 발생할 가능성을 인식하고도 이를 용인하는 것을 말한다. 이런 경우에는 과실범이 아니라 고의범으로서 처벌된다.

□ **인 두비오 프로 레오(In Dubio Pro Reo)** *

'의심스러울 때는 피고인에게 유리하게 판결하라'는 법언(法諺)을 말한다. 형사소송에서 법원이 검사의 입증이 부족하여 유죄의 심증을 얻지 못할 경우 피고인에게 유리하게 무죄 판결을 해야 한다는 원칙이다. 유 · 무죄의 판단에 국한되며 소송법상의 사실의 존부에는 적용되지는 않는다.

□ **과태료(過怠料)** *

법률질서에 대한 위반이기는 하지만 형벌을 가할 만큼 중대한 일반 사회법익의 침해가 아니라고 인정되는 경우에 부과하는 현행 질서상의 질서벌을 말한다. 예를 들면 출생신고를 하지 않아서 「가족관계의 등록 등에 관한 법률」을 위반하였을 경우 해당 관청에 물게 되는 돈 따위를 말한다. 즉, 과태료는 행정법상 법령위반자에 대한 금전적인 벌로서 형(刑)은 아니다.

☆☆☆ 과료(科料) … 경범죄에 과하는 재산형으로 형법이 규정하는 형벌의 일종이다. 그 금액이 적고 또는 비교적 경미한 범죄인에 대해 과한다는 점에서 벌금과 차이가 있다.

□ **공동정범(共同正犯)** *

공동실행의 의사와 공동실행의 사실이 있을 때 두 사람 이상이 공모하여 죄를 범하는 경우, 누가 정범이고 종범인지를 구별할 수 없는 상태의 범죄를 말한다. 공동정범은 2인 이상이 공동의 범행결의 하에 실행행위를 분업적으로 역할 분담하여 기능적으로 행위지배를 함으로써, 전체적인 범행계획을 실현하는 것으로 실질적으로 공범이 아니라 정범이다.

□ **간접정범(間接正犯)** *

본인 스스로가 범죄를 행하지 아니하고 타인을 이용하여 간접적으로 범죄행위를 하게 하는 범인을 말한다. 예를 들면 사정을 전혀 모르는 간호사로 하여금 환자에게 약 대신 독물을 주게 한다든지, 광인(狂人)을 시켜 사람을 죽이는 행위 같은 것이다.

□ **공소시효(公訴時效)** ***

확정판결 전에 시간의 경과에 의하여 형벌권이 소멸하는 제도를 말한다. 공소시효의 기산점은 범죄행위가 종료된 때부터 시작된다. 현행법상 인정되는 공소시효는 7종류가 있으며, 공소가 제기된 범죄는 판결의 확정이 없이 공소를 제기한 때로부터 25년을 경과하면 공소시효가 완성한 것으로 간주한다. 2015년 8월 형사소송법 개정안이 시행되면서 살인죄에 대한 공소시효를 폐지했다.

□ **선고유예(宣告猶豫)** *

영미법에서 비롯된 형사정책적 제도로서 일정한 범인에 대하여 범죄를 인정함에 그치거나 또는 일정기간 유죄의 판결을 하는 것을 유예한 기간을 무사히 경과한 경우는 그 유죄의 판결을 언도하지 않는 제도를 말한다. 선고유예는 형의 선고를 유예한다는 점에서 형의 집행을 유예하는 집행유예와 다르다.

□ **집행유예(執行猶豫)** *

형사정책적 입장에서 인정한 제도로서 유죄를 인정한 정상에 의하여 일정 기간 그 형의 집행을 유예하여 유예기간 중 특별한 사고없이 그 기간을 경과한 때에는 형의 선고는 효력을 상실하게 하고 형이 없었던 것과 동일한 효과를 발생케 하는 제도이다. 집행유예는 3년 이하의 징역 또는 금고의 형을 선고할 경우 정상에 참작할 사항이 있을 때, 1년 이상 5년 이하의 기간 동안 형의 집행을 유예하는 제도이다.

□ **기소편의주의(起訴便宜主義)** **

기소에 있어 검사의 재량을 인정하는 것으로 공소제기에 필요한 정도의 혐의가 있고 또 소송조건을 구비하였다고 하더라도 반드시 기소하는 것이 아니라 검사에게 기소·불기소에 대한 재량의 여지를 인정하는 것을 말한다. 우리나라 현행법은 기소편의주의를 취하고 있으며 1심 판결 전이라면 검사는 언제든지 공소를 취소할 수 있다.

□ 국민참여재판(國民參與裁判) **

2008년 1월 1일부터 시행된 한국형 배심원 재판제도를 말한다. 배심원은 만 20세 이상의 대한민국 국민으로 해당 지방법원 관할구역에 거주하는 주민 중 무작위로 선정되어 법적 구속력이 없는 평결을 내리고, 선고 형벌에 대해 토의하는 등의 재판참여의 기회를 갖는다. 2008년 2월 12일 대구지방법원에서 처음 열렸다. 국민참여재판은 형사재판으로 특수공무집행방해치사, 뇌물, 배임수재, 특수강도강간의 사건들에 적용되며, 배제결정이 있거나 피고인이 원하지 않을 경우 해당하지 않는다. 법정형이 사형·무기징역 등에 해당할 경우 9명, 그밖의 사건은 7명, 피고인·변호인이 공소사실의 주요내용 인정 시엔 5명으로 하며, 5명 이내의 예비배심원을 둔다. 판사가 배심원과 다른 선고를 할 경우, 판사가 피고인에게 배심원의 평결 결과를 알리고, 다른 선고를 한 이유를 판결문에 밝힌다.

□ 온라인투자연계금융법(온투법) **

온라인투자연계금융업의 등록과 감독에 필요한 사항과 이용자 보호에 대한 사항을 정하는 것이다. 온라인투자와 연계된 금융업을 건전하게 육성하고 금융혁신과 국민경제 발전에 기여를 목적으로 한 법이다. 온라인투자연계금융은 온라인플랫폼을 통해 특정 차입자에게 자금을 제공할 목적으로 투자한 투자자의 자금을 투자자가 지정한 해당 차입자에게 연계대출하고 원리금수취건을 투자자에게 제공하는 것을 의미한다(온라인투자연계금융업법 제2조). 온라인투자연계금융업을 등록한 뒤에 사업을 진행해야 하며 등록요건에 따라 등록해야한다. 온투법은 대부업체로 운영되었던 P2P금융을 법제화시킨 것이다. P2P금융은 온라인을 통해 대출과 투자를 연결하는 핀테크 서비스이다.

03 사회

□ 인지적편향 **

사람이 정보를 처리하고 판단을 내리는 과정에서 발생하는 체계적인 오류다. 불완전한 정보나 불확실한 상황에서 결정을 내릴 때 발생한다. 인지적 편향은 무의식적으로 발생하며 주관적인 경험·감정, 환경의 영향을 받는다. 즉 사람의 생각과 행동이 항상 합리적이지 않음을 나타낸다.

구분	내용
확증 편향	자신의 신념이나 가설을 뒷받침하는 정보만 선택적으로 받아들이고, 반대되는 정보는 무시하고 배제하는 경향이다.
가용성 편향	최근에 접한 정보만 과대평가하여 판단하는 경향이다.
대표성 편향	특정 대상이나 상황이 고정관념 또는 전형적인 이미지에 부합한다고 생각하며 판단하는 경향이다.
후견지명 편향	어떠한 사건이 발생한 후 "그럴 줄 알았다"고 느끼며 그 사건의 결과를 과소평가하거나 쉽게 예측할 수 있었다고 착각하는 경향이다.
손실 회피 편향	이득보다는 손실을 피하려는 경향이 더 강한 것을 말한다.
앵커링	초기 정보가 이후 판단에 큰 영향을 미치는 경향이다.
자기중심 편향	성공은 자신의 능력 덕분이며 실패는 외부 요인 탓으로 돌리는 경향이다.

□ 고령사회(高齡社會) **

우리나라의 경우 고령자고용법 시행령에서 55세 이상을 고령자, 50 ~ 55세 미만을 준고령자로 규정하고 있다. UN에서는 65세 이상 노인이 전체 인구에 차지하는 비율로 고령화사회, 고령사회, 초고령사회를 구분하는데, 고령화사회는 총 인구 중 65세 이상 인구가 차지하는 비율이 7% 이상, 고령사회는 총 인구 중 65세 이상 인구가 차지하는 비율이 14% 이상, 초고령사회는 총 인구 중 65세 이상 인구가 차지하는 비율이 20% 이상이다. 우리나라는 지난 2018년 65세 이상 인구가 총 인구의 14%를 넘어 고령사회로 진입했으며 2024년 12월 23일 기준으로 65세 이상 인구가 총인구의 20%를 기록하며 초고령사회로 진입했다.

□ 노들야학 **

장애를 이유로 교육을 받지 못했던 설움과 차별을 메우기 위한 연대로, 교육의 기회를 놓친 장애인에게 교육의 기회를 제공하고 확대하기 위한 취지로 1993년도에 설립되어 현재까지고 이어지고 있다. 문해교육 사업, 검정고시 교육 사업, 평생교육 프로그램, 공동체 행사 등을 통해 사회 구성원으로서 인간다운 삶을 영위할 수 있도록 지원하고 있다. 한편 노들은 노란들판의 줄임말로 농부의 노동이 녹아난 들판에 넘실대는 결실들을 뜻한다.

☆☆☆ **노들노래공장** … 노들 야학의 권리중심 중증 장애인 공공일자리에서 일하는 노동자들이 2022년 2월부터 매주 한 번 함께 모여서 노래를 만드는 곳이다. '우리의 노래 우리가 만든다'는 기조로 하고 싶은 이야기를 노래라는 방식으로 스스로 노랫말과 가락을 지어부른다는 목표를 가지고 있다.

□ 스마트폰 디톡스 헌장 *

프랑스의 인구 2,000여 명이 안 되는 작은 시에서 주민투표를 통해 거리, 공원, 상점 등 공공장소에서의 스마트폰 사용을 금지한다는 내용의 헌장이 2024년 1월에 통과되었다. 영국 「가디언」이 보도한 내용에 따르면 법적 강제력은 없지만 연령과 관계없이 지역 주민들이 길을 걷거나 공원 벤치에 앉아 있을 때, 상점이나 카페를 이용하고 식당에서 물건을 사거나 음식을 먹을 때 등 공공장소에서 스마트 기기를 이용하는 행위를 금지한다. 강제성은 없지만 스마트폰 중독의 심각성을 환기하는 차원이다.

□ 배리어 프리(Barrier Free) ***

장애인들도 편하게 살아갈 수 있는 도시를 만들기 위해 물리적·제도적 장벽을 제거하자는 운동이다. 본래 건물이나 거주 환경에서 층을 없애는 등 장애가 있는 사람이 사회생활을 하는 데에 물리적인 장애를 제거한다는 의미로 건축계에서 사용되었다. 최근에는 물리적 장벽뿐만 아니라 제도적이고 법률적인 장벽까지 제거하자는 움직임으로 2025년 1월에는 100인 미만 사업장에 배리어 프리 키오스크 도입이 의무화되었고, 배리어 프리 영화제, 배리어 프리 한국어교육실습, 배리어 프리 스포츠, 배리어 프리 아동권리 교육 진행 등 여러 분야에서 차별 없이 동등한 사회를 위한 배리어 프리가 진행되고 있다.

□ 올드머니룩(Old Money Look) *

집안 대대로 내려오는 유산으로 부를 축적한 상류층 또는 기득권층에서 즐겨 입을 법한 패션 스타일을 의미한다. 뉴머니룩이 화려하면서 부를 과시한다면, 올드머니룩은 단정하면서도 기품있는 이미지가 일상생활에 스며들어 브랜드 로고를 전면에 드러내지 않는다는 특징을 갖는다. 승마나 테니스 등 스포츠 일상복과 명문 사립학교 교복에서 착안된 프레피룩도 올드머니룩에 해당한다. 대체로 차분한 색상인 네이비, 베이지, 블랙 등이 활용되며, 트위드 재킷, 벨벳 코트, 니트, 옥스퍼드 셔츠 등이 대표적인 올드머니룩 아이템으로 꼽힌다. 디자인이 단순해지는 대신 옷 소재에 대한 관심도가 높아지면서 고급 원단으로 꼽히는 실크나 캐시미어의 검색량과 구매량이 늘어나는 추세다.

□ 영츠하이머(Youngzheimer) **

'젊음(Young)'과 치매를 뜻하는 '알츠하이머(Alzheimer)'의 합성어로, 젊은 나이에 겪는 심각한 기억력 감퇴, 건망증 등을 의미한다. 디지털 치매라고도 하는데, 과도한 디지털기기 사용이 영츠하이머에 영향을 미치기 때문이다. 디지털 기기에 의존하면서 무언가를 외우거나 뇌를 활발하게 사용하는 일이 줄어들면서 50대 미만의 연령층에게서 잦은 건망증 등으로 나타난다. 또, 직장이나 학교생활에서 겪는 스트레스나 우울증, 음주도 영츠하이머의 원인 중 하나로, 특히 음주로 겪는 단기 기억상실(블랙아웃), 일명 필름이 끊기는 경험은 자주 겪을수록 치매 발전 가능성이 높기 때문에 주의가 필요하다.

□ 게임체인저 *

특정한 일에 결과와 흐름을 바꾸는 중요한 역할을 하는 것을 의미한다. 충격을 주는 아이디어를 통해 새로운 분야가 개척되는 것이다.

□ **노플라이 제도** ***

항공기 기내에서 폭력 및 폭언 등으로 항공기 운항 안전을 방해하거나 승무원이나 승객을 대상으로 난동을 부리는 행위, 기내에서 금하는 행위를 한 승객에게 일시적이나 영구적으로 해당 항공기 탑승을 거부하는 제도를 의미한다.

□ **도넛 현상(Doughnut)** *

대도시의 거주지역과 업무의 일부가 외곽지역으로 집중되고 도심에는 상업기관·공공기관만 남게 되어 도심은 도넛모양으로 텅 비어버리는 현상이다. 이는 도시 내의 지가상승·생활환경의 악화·교통혼잡 등이 원인이 되어 발생하는 현상으로 도심 공동화현상이라고도 한다.

□ **스프롤 현상(Sprawl)** **

도시의 급격한 팽창에 따라 대도시의 교외가 무질서·무계획적으로 주택화되는 현상을 말한다. 교외의 도시계획과는 무관하게 땅값이 싼 지역을 찾아 교외로 주택이 침식해 들어가는 현상이다.

□ **U턴 현상** **

대도시에 취직한 시골 출신자가 고향으로 되돌아가는 노동력 이동을 말한다. 대도시의 과밀·공해로 인한 공장의 지방 진출로 고향에서의 고용기회가 확대되고 임금이 높아지면서 노동력의 이동현상이 나타나고 있다.

□ **J턴 현상** *

대도시에 취직한 시골출신자가 고향으로 돌아가지 않고 지방도시로 직장을 옮기는 형태의 노동력이동을 말한다. U턴 현상에 비해 이 현상은 출신지에서의 고용기회가 적을 경우 나타나는 현상이다.

□ **치킨게임(Chicken Game)** ***

경쟁을 할 때 어느 한 쪽이 양보하지 않을 경우 상대가 무너질 때까지 출혈 경쟁을 해서 결국 양쪽 모두 파국으로 치닫게 되는 극단적인 게임이론이다. 1950년대 미국 젊은이들 사이에서 유행했는데, 한밤중에 도로에서 마주보고 두 명의 경쟁자가 자신의 차를 몰고 각각 정면으로 돌진하다가 충돌 직전에 핸들을 꺾는 사람이 지는 경기다. 어느 한 쪽도 핸들을 꺾지 않으면 모두 승자가 되지만 결국 충돌해 양쪽 모두 파멸하게 된다. 1950 ~ 1970년대 미국과 구소련 사이의 극심한 군비경쟁에 대해 비판하면서 차용되었다.

□ **노블리스 말라드** **

병들고 부패한 사회 고위층이란 의미로, 사회적 지위가 높은 사람들이 도덕적 의무를 다하는 노블레스 오블리주에 반대되는 뜻이다. 돈 많고 권력이 있는 엘리트 집단이 약자를 상대로 권력에 유착해 각종 부정부패에 가담하는 것이 노블리스 말라드이다.

□ **불리사이드** **

온라인 공간에서 불특정 다수에 의하여 비난이나 거짓된 정보로 괴롭힘을 당한 피해자들이 정신적인 충격으로 자살하는 따돌림 자살을 말한다.

□ **인포데믹스** ***

근거 없는 추측이나 뜬소문과 같은 부정확한 정보가 전염병처럼 빠르게 전파되어 사회, 정치, 경제, 안보 등에 치명적인 위기를 초래하는 상황을 의미한다.

□ **게마인샤프트** **

독일 사회학자 F.퇴니에스의 주장으로 혈연, 지연, 애정 등 본질 의지에 입각하는 공동사회를 말한다. 감정이 존재하기 때문에 감정적 대립이나 결합성이 두드러진다.

☆☆☆ 게젤샤프트 … 본질 의지보다 선택 의지로 모인 이익사회를 말한다.

□ **효과별 분류** ***

구분	내용
베르테르효과 (Werther Effect)	유명인이나 자신이 롤 모델로 삼고 있던 사람이 자살할 경우, 자신과 동일시해서 자살을 시도하는 현상. 독일의 문호 괴테가 1774년에 출간한 「젊은 베르테르의 슬픔」에서 유래했는데, 이 작품에선 남주인공 베르테르가 여주인공 로테를 사랑하지만 그녀에게 약혼자가 있다는 것을 알고 실의에 빠져 권총자살을 하게 된다. 시대와의 단절로 고민하던 젊은 세대들이 이에 공감하며 자살이 급증하자 이를 연구한 미국의 사회학자 필립스(D. Phillips)가 이름을 붙였다.
루핑효과 (Looping Effect)	사람들이 이전에 관심이 없다가 새로운 사실을 인식하게 되면 이러한 사실들이 상호작용하게 되어 사람이 변해 새로운 사실에 영향을 받은 다른 종류의 사람이 만들어지는 현상. 예를 들어 유명인의 자살을 언론보도를 통해 접하고 관심을 갖게 돼 개개인의 불안심리가 조성되면서 우울감이나 단절감이 자살로 이어지게 된다.
나비효과 (Butterfly Effect)	브라질에 있는 나비의 날갯짓이 미국 텍사스에 토네이도를 발생시킬 수도 있다는 과학이론. 기상 관측한 데이터를 통해 처음 이야기된 효과로, 어떤 일이 시작될 때 있었던 아주 미묘한 양의 차이가 결과에서는 매우 큰 차이를 만들 수 있다는 이론이다. 이는 후에 카오스 이론의 토대가 되었다.
낭떠러지효과	자신이 정통한 분야에 대해서는 임무수행능력이 탁월하지만 조금이라도 그 분야를 벗어나면 낭떠러지에서 떨어지듯이 일시에 모든 문제해결능력이 붕괴되는 현상을 말한다. 낭떠러지효과는 기계문명에 대한 맹신에서 벗어날 것을 인류에게 촉구하는 미래학자들의 경고이기도 하다.
넛지효과 (Nudge Effect)	어떠한 금지나 인텐시브 없이도 인간 행동에 대한 적절한 이해를 바탕으로 타인의 행동을 유도하는 부드러운 개입을 뜻하는 말. 행동경제학자인 선스타인(C.R. Sunstein)과 리처드 탈러(R.H. Thaler)가 공저한 「넛지」에 의하면, 팔을 잡아끄는 것처럼 강제에 의한 억압보다 팔꿈치로 툭 치는 부드러운 개입으로 특정 행동을 유도하는 것이 더 효과적이라고 한다.
디드로효과 (Diderot Effect)	하나의 제품을 구입하면 그 제품과 연관된 제품을 연속적으로 구입하게 되는 현상. 소비자는 단순히 기능적인 연관성뿐만 아니라 제품과 제품사이에 정서적 동질성을 느껴서 구입하게 된다.
피그말리온효과 (Pygmalion Effect)	타인의 관심이나 기대로 인해 능률이 오르거나 결과가 좋아지는 현상. 그리스신화에 나오는 조각가 피그말리온의 이름에서 유래한 심리학 용어로 '로젠탈효과'라고도 한다.
스티그마효과 (Stigma Effect)	타인에게 무시당하거나 부정적인 낙인이 찍히면 행태가 나빠지는 현상. 스티그마효과가 부정적 행태를 보인다면 피그말리온효과는 긍정적 행태를 보인다. '낙인효과'라고도 한다.
래칫효과 (Ratchet Effect)	소득수준이 높았을 때의 소비성향이 소득수준이 낮아져도 낮아진 만큼 줄어들지 않게 하는 저지작용이다.

□ 무리별 분류***

구분	내용
여피족(Yuppie)	Young Urban, Professional. 도시에서 자란 젊고 세련된 전문직업인
더피족(Duppie)	Depressed Urban Professional. 우울한 도시 전문직 종사자들
이피족(Yiffie)	Young(젊은), Individualistic(개인주의적인), Freeminded(자유분방한), Few(사람 수가 적은). 1990년대 여피에 이어 등장. 여유있는 삶, 가족관계, 다양한 체험 등 자신의 목적을 위해 직장을 마다하고 자신의 행복과 만족을 추구하는 청년들
예티족(Yettie)	Young(젊고), Entrepreneurial(기업가적인), Tech-Based(기술에 바탕을 둔), Internet Elite(인터넷 엘리트). 신경제에 발맞춰 일에 대한 열정으로 패션에 신경을 쓰지 않는 20 ~ 30대의 신세대 인간형
댄디족(Dandy)	자신이 벌어서 규모 있는 소비생활을 즐기는 젊은 남자들. 방송·광고·사진작가·컴퓨터 프로그래머 등의 전문직에 종사
시피족(Cipie)	Character(개성), Intelligence(지성), Professional(전문성). 오렌지족의 소비 지향적·감각적 문화행태에 반발, 지적 개성을 강조하고 검소한 생활을 추구하는 젊은이
슬로비족(Slobbie)	Slower But Better Working People. 성실하고 안정적인 생활에 삶의 가치를 더 부여하는 사람들
니트족(Neet)	Not In Education, Employment Or Training. 교육이나 훈련을 받지 않고 일도 하지 않으며 일할 의지도 없는 청년 무직자
좀비족(Zombie)	대기업·방대한 조직체에 묻혀 무사안일에 빠져있는 비정상적인 사람
딩크족(Dink)	Double Income, No Kids. 정상적인 부부생활을 영위하면서 의도적으로 자녀를 갖지 않는 젊은 맞벌이 부부
딘스족(Dins)	Dual Income, No Sex Couples. 성생활이 거의 없는 맞벌이 부부
듀크족(Dewks)	Dual Employed With Kids. 아이가 있는 맞벌이 부부
딘트족(Dint)	Double Income No Time. 경제적으로 풍족하지만 바쁜 업무로 소비생활을 할 시간이 없는 신세대 맞벌이
네스팅족(Nesting)	단란한 가정을 가장 중시하고 집안을 가꾸는 신가정주의자들
싱커즈족(Thinkers)	젊은 남녀가 결혼 후 맞벌이를 하면서 아이를 낳지 않고 일찍 정년퇴직해 노후생활을 즐기는 신계층
통크족(Tonk)	Two Only No Kids. 자식은 있되 자식뒷바라지에 의존하지 않고 취미·운동·여행 등으로 부부만의 생활을 즐기는 계층
우피족(Woopie)	Well Of Older People. 자식에게 의지하지 않고 경제적인 여유로 풍요롭게 사는 노년세대
유미족(Yummy)	Young Upwardly Mobile Mummy. 상향 지향적이고 활동적인, 특히 자녀에 대해 정열을 쏟는 젊은 어머니들
나오미족	Not Old Image. 안정된 결혼생활을 누리며 신세대 감각과 생활을 보여주는 30대 중반 여성들
루비족(Ruby)	Refresh(신선함), Uncommon(비범함), Beautiful(아름다움), Young(젊음). 평범한 아줌마를 거부하고 자신을 꾸미는 40 ~ 50대 여성들
나우족(Now)	New Old Women. 40 ~ 50대에도 젊고 건강하며 경제력이 있는 여성들
노무족(Nomu)	No More Uncle. 나이와 상관없이 자유로운 사고와 생활을 추구하고 꾸준히 자기개발을 하는 40 ~ 50대 남자들
프레퍼족(Prepper)	핵전쟁이나 재난에 대비해서 생존 가방을 싸거나 식량을 비축하는 등과 같은 준비를 하는 사람들
노마드족(Nomad)	첨단기기를 사용해서 일을 하면서 정착하지 않는 유목민처럼 떠돌아다니는 사람들
코쿠닝족(Cocooning)	누에고치(Cocoon)가 고치를 짓는 것처럼 자신의 활동반경을 축소시키는 현상을 코쿠닝(Cocooning) 트렌트라고 하며, 자신만의 안식처에 숨어 여가시간과 휴식을 적극적으로 보내는 사람들
스마드족(Smad)	각종 디지털 기기를 활용하여 정보를 신속하게 얻고, 얻은 정보를 분석하여 현명하게 구매하는 소비자
로하스족(Lohas)	개인의 정신적·육체적 건강 뿐 아니라 환경까지 생각하는 친환경적인 소비를 하는 사람들
파이어족(Fire)	경제적 자립(Financial Independence)을 토대로 자발적 조기 은퇴(Retire Early)를 추진하는 사람들

□ 세대별 분류 **

구분	내용
A세대	Aspirations(욕구)의 첫 글자에서 따온, 아시아 · 라틴아메리카 등의 신흥경제국가의 도시에 살고, 연간 2천만 파운드를 벌며 계속 소득이 늘어 소비욕구가 강해 세계경제의 메가트렌드를 주도하는 30 ~ 40대 중산층
C세대	컴퓨터 보급의 일반화로 탄생하여 반도체칩과 카드, 케이블 속에 사는 컴퓨터 세대. 또는 자신이 직접 콘텐츠를 생산 · 인터넷 상에서 타인과 자유롭게 공유하며 능동적으로 소비에 참여하는 콘텐츠 세대.
E세대	Enterpriser(기업가)의 첫 글자에서 따온, 스스로가 사업체를 세워 경영인이 되고 싶어 하는 사람들
G세대	Green과 Global의 첫 글자에서 따온, 건강하고 적극적이며 세계화한 젊은 세대
L세대	Luxury(사치)의 첫 글자에서 따온, 세계적으로 유명한 고가의 고급 브랜드를 일상적으로 소비하는 명품족
M세대	휴대전화를 통화 이외의 다양한 용도로 사용하는 나홀로족인 모바일세대 또는 1980년대 초반 이후 출생한 덜 반항적, 더 실질적, 팀 · 의무 · 명예 · 행동을 중시하는 밀레니엄세대
N세대	1977 ~ 1997년 사이에 태어나 디지털 기술과 함께 성장, 기기를 능숙하게 다룰 줄 아는 자율성 · 능동성 · 자기혁신 · 개발을 추구하는 디지털 문명세대
P세대	Passion(열정) · Potential Power(힘) · Participation(참여) · Paradigm – Shifter(패러다임의 변화를 일으키는 세대)의 첫 글자에서 따온, 열정과 힘을 바탕으로 사회 전반에 적극적으로 참여해 사회 패러다임의 변화를 일으키는 세대. 자유로운 정치체제 하에서 성장하여 긍정적인 가치관을 가지며, 386세대의 사회의식 · X세대의 소비문화 · N세대의 생활양식 · W세대의 공동체의식 등이 모두 포괄해서 나타난다.
Y세대	컴퓨터를 자유자재로 다루고 다른 나라 문화나 인종에 대한 거부감이 없는, 전후 베이비붐 세대가 낳은 2세이다.
X세대	50% 정도가 이혼 · 별거한 맞벌이 부모 사이에서 자라 가정에 대한 동경과 반발 심리를 가지며 개인적인 삶에 큰 의미를 두는 1961 ~ 1984년 사이에 출생한 세대
Z세대	밀레니얼 세대 이후에 태어난 세대로 1990년대 중반부터 2010년대 초반ㄴ까지 출생한 디지털 원주민 세대다. 신기술에 예민하게 반응하고 소비에 활용한다.
IDI세대 (I Deserve Its Generation)	내 몫 챙기기에 철저한 미국의 젊은 세대. 산업화 · 현대화 이후 개인주의적 태도와 함께 드러나기 시작한 이기적인 사고가 매우 심해진 형태로 개인적인 요구와 욕망, 자기 권리만 내세운다.
부메랑세대	사회에 진출했다가 곧 독립을 포기하고 부모의 보호 아래로 돌아가는 젊은이들. 실패한 성인, 훈련 중인 성인으로 불린다.
캥거루세대	경제적 · 정신적으로 부모에 의존해 생활을 즐기는 젊은 세대. 자라증후군
미 제너레이션 (Me Generation)	자기주장이 강하고 자기중심적으로 생각하고 행동하는 요즘의 젊은층
MZ세대	밀레니얼 세대와 Z세대을 합쳐 부르는 세대로 디지털 환경에 익숙하며, 최신 트렌드와 색다른 경험을 추구하는 세대
알파세대	2010년 초반 ~ 2020년대 중반에 출생한 세대로, 어려서부터 기술적 진보를 경험하여 AI나 로봇 등에 익숙한 세대이다.

04 노동

□ **실버 택배** **

노인계층을 뜻하는 실버(Silver)와 택배의 합성어로, 인근 지역 거주 노인 인력을 활용한 택배 서비스를 뜻한다. 택배사가 아파트 단지 입구까지 수화물을 배송하면, 단지 내에서는 실버택배 요원이 각 세대에 방문 배송하는 식으로 이루어지며 노년층 일자리 확충이라는 공익목적으로 도입되었다.

□ **과로노인** *

늦은 나이에도 돈이 필요해 어쩔 수 없이 죽기 직전까지 일해야 하는 노인들을 의미한다. 연금이 모자라 신문 배달을 하고, 정리해고를 당해 편의점에서 일하는 노인, 치매에 걸린 어머니를 간병하느라 일을 계속해야만 하는 노인 등 그 유형은 다양하다.

□ **조용한 사직(Quiet Quitting)** **

직장에서 최소한의 일만 하겠다는 의미를 담은 신조어다. 미국 뉴욕의 20대 엔지니어 틱톡 영상이 화제가 되면서 전 세계로 확산되었으며, 직장에서 최소한의 일(정시 출퇴근, 업무 시간 외 전화 및 메신저 응대 거부, 회사와 일상 구분 등)만 하겠다는 의미를 담는다. 그는 영상에서, "일이 곧 삶이 아니며, 당신의 가치는 당신의 성과로 결정되는 게 아니다"라고 하면서 많은 직장인들의 공감을 얻었다. 실제로 직장을 그만두는 것은 아니지만, 정해진 시간과 업무 범위 내에서만 일을 하고 초과근무를 거부하는 노동 방식을 뜻하는 '조용한 사직'에 대해 워싱턴포스트(WP)는 직장인이 허슬 컬처를 포기하고 주어진 것 이상을 해야 한다는 압박과 그런 생각을 중단하고 있다는 것을 보여준다고 분석했다.

□ **베네펙턴스 현상(Beneffectance Effect)** **

선행, 자비심을 뜻하는 'Beneficence'와 결과, 효과를 뜻하는 'Effectance'의 합성어로 업무 또는 일상생활에 있어서 자신의 공로와 기여는 부풀리고 실패에 대한 책임은 축소하는 행동 특성이다. 즉, 잘 되면 내 탓, 안되면 남의 탓의 사고방식이다. 사회심리학자 앤서니 그린월드에 의해 처음 명명되었다. 그에 따르면 우리의 뇌는 왜곡을 거치는데, 이때 자기 존중 욕구와 사회적 인정 욕구에 기인하여 실제 인식과 행동을 자신에게 유리하도록 왜곡하는 경향이 있다. 따라서 성공의 공로는 실제 보다 크게, 실패 시 책임과 반성은 가볍게 여긴다. 특히 팀 프로젝트에서 두드러지게 나타난다.

□ **황견계약** *

근로자가 노동조합에 가입하지 않을 것, 혹은 노동조합에서 탈퇴할 것을 고용조건으로 하는 근로계약을 말한다.

□ **홈 루덴스(Home Ludens)** **

밖에서 활동하지 않고 주로 집에서만 놀고 즐기는 사람들을 가리키는 신조어이다.

□ **최저임금위원회** **

최저임금법 제12조에 근거하여 설치된 고용노동부 소속기관이다. 근로자의 고용의 증진과 적정 임금의 보장을 위해 최저임금을 심의한다. 근로자위원, 사용자위원, 공익위원 각 9명씩 총 27명으로 구성되어 매년 최저임금 수준을 심의ㆍ의결하며, 최저임금에 관한 심의 및 재심의, 최저임금 적용 사업의 종류별 구분에 관한 심의, 최저임금제도의 발전을 위한 연구 및 건의, 그 밖에 최저임금에 관한 중요 사항으로서 고용노동부장관이 회의에 부치는 사항을 심의하는 기능을 수행하고 있다.

□ **노동3권(勞動三權)** ***

노동자가 가지는 세 가지 권리로 단결권ㆍ단체교섭권ㆍ단체행동권을 말한다. 노동자의 권익(權益)을 위해 헌법상 보장되는 기본권으로서 사회권에 속하며, 단체행동권의 행사는 법률이 정하는 범위 내에서만 보장된다. 공무원의 경우 법률로 인정된 단순 노무에 종사하는 공무원 외에는 노동3권이 보장되지 않으며, 공무원에 준하는 사업체에 종사하는 근로자의 단체행동권은 법률에 의해 제한 또는 인정하지 않을 수 있다.

구분	내용
단결권	노동자가 근로조건 향상을 위해 단결할 수 있는 권리
단체교섭권	노동자의 노동시간, 임금, 후생복리 등의 조건에 관한 문제를 사용자 측과 단체적으로 협의할 수 있는 권리
단체행동권	단체교섭이 이루어지지 않을 경우 노사 간의 분쟁을 해결하기 위한 파업 등을 할 수 있는 권리

☆☆☆ 사회권 … 개인의 생존, 생활의 유지ㆍ발전에 필요한 모든 조건을 확보하도록 국가에 요구할 수 있는 국민권리의 총칭으로 사회적 기본권 또는 생존권적 기본권이라고도 한다.

□ **감정노동** **

고도의 산업화로 서비스업이 활발해지며 등장한 노동 형태이다. 자신의 감정은 숨기고 서비스를 제공하는 직업종사자들이 해당된다. 승무원ㆍ전화상담원 등 고객을 직접 응대하는 직종들을 예로 들 수 있다. 감정노동을 오래 한 근로자 대부분은 스마일마스크 증후군(Smile Mask Syndrome)에 걸리는 경우가 많다.

□ **플랫폼 노동** ***

앱이나 소셜 네트워크 서비스(SNS) 등의 디지털 플랫폼에 소속되어 일하는 것을 말한다. 즉, 고객이 스마트폰 앱 등 플랫폼에 서비스를 요청하면 이 정보를 노동 제공자가 보고 고객에게 서비스를 한다. 플랫폼 노동은 노무 제공자가 사용자에게 종속된 노동자가 아닌 자영업자이므로 특수고용노동자와 유사하다는 이유로 '디지털 특고'로도 불린다. 예컨대 배달대행앱, 대리운전앱, 우버 택시 등이 이에 속한다.

□ 협동조합 **

국제협동조합연맹에서는 '공동으로 소유되고 민주적으로 운영되는 사업체를 통하여 경제적 · 사회적 · 문화적 필요와 욕구를 충족시키고자 하는 사람들이 자발적으로 결성한 자율적인 조직'으로 정의한다. 미국 농무성(USDA)에서는 '이용자가 소유하고 이용자가 통제하며 이용규모를 기준으로 이익을 배분하는 사업체'로 정의한다. 공동 목적을 가진 5인 이상의 조합원이 사업의 종류나 제한 없이 조직을 만들 수 있다. 출자규모와 상관없이 조합원은 1인 1표제를 가지며, 조합원은 출자자산에 한정해서 유한책임을 가진다. 전체 배당액의 100분의 50 이상의 협동조합 사용 이용 실적에 따라 조합원은 배당받을 수 있다. 규모의 경제를 실현하고 도매상, 수집상, 가공업자, 소매업자들과 거래 교섭력을 높이는 데 그 목적이 있다. 농업협동조합은 조합원에게 개별 농가에서 할 수 없는 가공사업을 수행하여 부가가치를 높여 주고 농자재 공동구매를 통해 농가 생산비 절감에 기여한다. 협동조합의 7원칙으로는 ① 자발적이고 개방적인 조합원제도, ② 조합원의 민주적 통제. ③ 조합원의 경제적 참여, ④ 자율과 독립, ⑤ 교육 · 훈련 및 정보제공, ⑥ 협동조합간의 협동, ⑦ 지역사회에 대한 기여이다. 한편 매년 7월 첫째 주 토요일은 국제 협동조합의 날로, 국제협동조합연맹이 1923년부터 지정하여 기념하고 있다.

□ 숍제도의 분류 **

노동조합이 사용자와 체결하는 노동협약에 조합원 자격과 종업원 자격의 관계를 규정한 조항(Shop Clause)을 넣어 조합의 유지와 발전을 도모하는 제도를 숍제도(Shop System)라 한다.

구분	내용
오픈숍(Open Shop)	조합가입 여부에 관계없이 고용이나 해고에 차별대우를 하지 않은 제도로, 사용자는 노동자를 자유로 채용할 수 있고 노동자의 조합가입 여부도 자유의사인 것
유니언숍(Union Shop)	회사와 노동조합의 협정에 의해 일단 채용된 노동자는 일정한 기간 내에 의무적으로 조합에 가입해야 하는 제도로, 미가입자 · 조합탈퇴자 및 조합에서 제명된 자는 사용자가 해고하도록 하는 것
클로즈드숍(Closed Shop)	이해(利害)를 공통으로 하는 모든 노동자를 조합에 가입시키고 조합원임을 고용의 조건으로 삼는 노사 간의 협정제도로, 노동조합의 단결 및 사용자와의 교섭력을 강화하여 유리한 노동조건을 획득하려는 의도에서 나온 것
프레퍼렌셜숍(Preferential Shop)	조합원 우선숍 제도, 조합원은 채용이나 해고 등 단체협약상의 혜택을 유리하게 대우하기로 하고, 비조합원에게는 단체협약상의 혜택을 주지 않는 것
메인터넌스숍 (Maintenance of Membership Shop)	조합원 유지숍 제도로, 조합원이 되면 일정기간 동안 조합원자격을 유지해야 하고, 종업원은 고용계속조건으로 조합원 자격을 유지해야 하는 것
에이전시숍(Agency Shop)	조합이 조합원과 비조합원에게도 조합비를 징수하여 단체교섭을 맡는 것

□ 데스크테리어 **

책상(Desk)과 인테리어(Interior)의 합성어로, 책상을 정리정돈하고 주변 업무 환경을 인테리어 하는 것을 말한다. 감정노동의 스트레스를 해소하고 심리적 안정을 느끼고자 직장인들 사이에서 열풍이 불기도 했다. 이와 관련하여 직장인들 트렌드 용어로 데스크테리어가 꼽히기도 했다.

□ **노동쟁의(勞動爭議)** *

근로자 단체와 사용자 사이의 근로시간 · 임금 · 복지 · 해고 등의 근로조건에 관한 주장의 불일치로 일어나는 분쟁상태를 말하며, 사전의 단체교섭 실시를 전제로 한다. 노동쟁의는 파업, 태업, 불매운동, 직장폐쇄 등의 방법이 있다.

구분	내용
총파업(General Strike)	총동맹파업으로 동일 기업 · 산업 · 지역의 전체 또는 전 산업이 공동의 요구를 관철시키고자 통일적으로 단행하는 파업
사보타지(Sabotage, 태업)	파업과는 달리 출근을 하여 정상근무를 하는 것처럼 보이나 실제로는 완만한 작업태도로 사용자에게 손해를 주어 요구조건을 관철시키려는 쟁의의 한 수단으로 조직적 · 계획적으로 행해질 경우에만 쟁의수단이 됨
보이콧(Boycott, 불매운동)	어떤 특정한 요구를 들어주지 않는 기업의 제품을 노동자들, 나아가 일반대중까지 단결하여 구매하지 않음으로써 상대방으로 하여금 요구를 들어주도록 하는 쟁의
피케팅(Picketing)	총파업이나 보이콧 등의 쟁의행위를 보다 효과적으로 행하기 위하여 파업에 동참하지 않은 근로희망자들의 공장이나 사업장 출입을 저지하여 파업에의 참여를 요구하는 행위
직장폐쇄	사용자가 노동자의 요구를 거부하고 공장을 폐쇄하여 그 운영을 일시적으로 중단함으로써 노동쟁의를 보다 유리하게 해결하려는 행위

☆☆☆ 직장폐쇄만이 사용자가 행하는 유일한 쟁의행위이다.

□ **동맹파업(同盟罷業, Strike)** ***

노동조합 및 기타 노동단체의 통제 하에 조합원이 집단적으로 노무제공을 거부하면서 그들의 주장을 관철시키려는 가장 순수하고 널리 행하여지는 쟁의행위(爭議行爲)이다. 우리나라는 헌법에 근로자의 단체행동권을 보장하고 노동조합 및 노동관계조정법으로 쟁의행위의 합법성을 인정하는데 헌법이 보장하는 쟁의권 행사의 범위를 일탈하지 않으면 쟁의행위에 대한 손해배상청구권은 면제된다. 동맹파업의 분류는 다음과 같다.

구분	명칭	내용
목적	경제파업	가장 일반적인 파업으로 근로자의 근로조건, 경제적 지위향상 도모 파업
	정치파업	정부에 대해 근로자의 일정한 요구의 실현을 촉구하는 파업(헌법상 정당성을 인정받지 못함)
	동정파업 (Sympathetic Strike)	노동자가 고용관계에 있는 사용자와는 직접적인 분쟁이 없음에도 불구하고 다른 사업장의 노동쟁의를 지원하기 위하여 벌이는 파업(파업의 효과상승, 조합의식 강화)
규모	총파업 (General Strike)	총동맹파업으로 동일 기업 · 산업 · 지역의 전체 또는 전 산업이 공동의 요구를 관철시키고자 통일적으로 단행하는 파업
	지역파업	일부 지역만이 행하는 파업
	부분파업	특정의 일부 기업이나 분야에서만 행하는 파업
방법	Walk Out	노동자를 공장이나 사업장 밖으로 철수시켜 행하는 파업
	농성파업 (Sit-Down Strike)	노동자가 사용자가 있는 곳이나 작업장, 교섭장소 등을 점거하여 주장을 관철시키기 위해 행하는 파업(강한 단결과 결의, 상대를 위압하여 유리한 교섭 촉진목적)
기타	살쾡이파업 (Wild Cats Strike)	노동조합이 주관하지 않고, 기층 근로자에 의해 자연발생적으로 일어나는 파업(미국의 노동운동이 제2차 세계대전을 고비로 노골적인 노사유착의 경향을 띠며 일어났고, 기습적 · 산발적인 형태로 전개된다는 점에서 살쾡이의 이름이 붙여짐)

□ 임금피크제 *

워크 셰어링(Work Sharing)의 한 형태로, 임금피크제의 장점은 고령층의 실업 완화, 기업의 인건비 감소, 전문화된 인력의 경험을 살릴 수 있다는 것이나 일률적인 임금피크제의 적용으로 인한 임금수준 하락의 편법작용, 공기업의 노령자 구제수단의 일환으로 악용될 수 있다는 단점이 있다. 한편, 노동계에서는 임금피크제가 오히려 정년을 단축시키고, 노동조건을 악화시키는 결과를 낳을 것이라며 임금피크제의 도입을 반대하고 있다.

□ 노동자의 분류 ***

구분	내용
골드 칼라 (Gold Collar)	두뇌와 정보를 황금처럼 여기는 신세대를 상징하는 고도 전문직 종사자. 창의적인 일로 부가가치를 창출하는 인재로서 빌 게이츠와 스티븐 스필버그 감독 등이 있다. ※ 골드회사 : 직원의 창의성을 높이기 위해 근무시간과 복장에 자율성을 보장해 주는 회사
다이아몬드 칼라 (Diamond Collar)	지혜, 봉사심, 체력, 인간관계, 자기관리 능력의 다섯 가지 미덕을 고루 갖춘 인간형으로 성공할 가능성이 큰 경영인 또는 관리자
화이트 칼라 (White Collar)	육체적 노력이 요구되더라도 생산과 전혀 무관한 일을 하는 샐러리맨이나 사무직노동자. 블루칼라와 대비된다.
블루 칼라 (Blue Collar)	생산, 제조, 건설, 광업 등 생산현장에서 일하는 노동자. 노동자들의 복장이 주로 청색인 점에 착안하여 생겨나 화이트칼라와 대비된다.
그레이 칼라 (Gray Collar)	화이트 칼라와 블루 칼라의 중간층으로 컴퓨터 · 전자장비 · 오토메이션 장치의 감시나 정비에 종사하는 근로자
논 칼라 (Non Collar)	손에 기름을 묻히는 것도 서류에 매달려 있는 것도 아닌 즉, 블루 칼라도 화이트 칼라도 아닌 무색세대로 컴퓨터 세대
핑크 칼라 (Pink Collar)	가정의 생계를 위해 사회로 진출하는 주부. 예전에는 점원이나 비서직에 종사하는 여성들을 뜻했으며 자아 성취를 위해 일하는 직장 여성과는 거리가 있다. 남성 노동자인 블루 칼라와 대비된다.
퍼플 칼라 (Purple Collar)	빨강과 파랑이 섞인 보라색으로 가정과 일의 균형과 조화를 추구하는 근로자
레인보우 칼라 (Rainbow Collar)	참신한 아이디어와 개성으로 소비자의 욕구를 만족시켜주는 기획관련 업종을 지칭하는 광고디자인, 기획, 패션업계 종사자. 1993년 제일기획(광고회사)에서 '무지개 색깔을 가진 젊은이를 찾는다.'는 신입사원 모집공고에서 유래됐다.
네오블루 칼라 (Neo-Blue Collar)	새로운 감성미학을 표현해내고 개성을 추구하는 등 특유의 신명으로 일하는 영화 · CF업계의 감성세대
르네상스 칼라 (Renaissance Collar)	세계 정치 · 경제 · 문화의 다양한 콘텐츠들을 섭렵하여 자신의 꿈을 좇아 변신한 인터넷 사업가
일렉트로 칼라 (Electro Collar)	컴퓨터의 생활화에 따라 새롭게 등장하고 있는 직종으로 컴퓨터에 대한 이해도와 기술수준이 뛰어난 엘리트
실리콘 칼라 (Silicon Collar)	창의적인 아이디어와 뛰어난 컴퓨터 실력으로 언제라도 벤처 창업이 가능한 화이트 칼라의 뒤를 잇는 새로운 형태의 고급 노동자
스틸 칼라 (Steel Collar)	사람이 하기 힘든 일이나 단순 반복 작업을 하는 산업용 로봇. 국내에서 전자와 자동차업종을 중심으로 1만여 로봇이 산업현장에 배치됐다.

□ 퍼플잡 ***

일정한 시간이나 장소 형태를 요구하는 정형화된 근무 제도에서 탈피해 근로자의 여건에 따라 특성에 맞는 근무 형태를 신축적으로 조절하는 것이다. 여성과 남성을 상징하는 빨강과 파랑을 섞으면 보라색이 나오는 것처럼 일과 가정의 조화와 남녀평등을 표방하며 기존의 정규직, 비정규직이란 이분법적 사고를 뛰어 넘는 다양성을 지향한다. 유연 출퇴근 시간제, 재택근무제, 일자리 공유제, 한시적 시간근무제 등이 있다.

□ 실업의 종류 **

노동할 능력과 의욕을 가진 자가 노동의 기회를 얻지 못하고 있는 상태를 실업(失業)이라고 한다. 대표적으로 실업의 원리를 설명하는 이론에는 J.M. 케인스의 유효수요의 이론과 K. 마르크스의 산업예비군 이론이 있다.

구분	내용
자발적 실업 (自發的 失業)	취업할 의사는 있으나, 임금수준이 생각보다 낮다고 판단하여 스스로 실업하고 있는 상태를 말한다. 케인스 (J.M. Keynes)가 1930년 전후 대공황기에 발생한 대량실업에 대해 완전고용을 전제로 설명하려 했을 때 분류한 개념의 하나로 비자발적 실업과 대비된다.
비자발적 실업 (非自發的 失業)	자본주의에서 취업할 의사는 있으나 유효수요(有效需要)의 부족으로 취업하지 못하는 상태를 말한다. 수요부족 실업 또는 케인스적 실업이라고도 한다. 케인스는 불황기의 대량실업 구제책으로 확장적 금융·재정정책에 의한 유효수요 증가정책을 써야한다고 주장했다.
마찰적 실업 (摩擦的 失業)	일시적인 결여나 산발적인 직업 간의 이동에서 발생하는 시간적 간격 등에 의해 발생하는 실업형태이다. 기업의 부도로 근로자들이 직장을 잃는 경우가 해당되며 케인스가 분류했다.
경기적 실업 (景氣的 失業)	경기변동의 과정에 따라 공황이 발생하면 실업이 급증하고 번영기가 되면 실업이 감소하는 실업형태로, 장기적 성격을 가진다.
계절적 실업 (季節的 失業)	산업의 노동력 투입이 자연적 요인이나 수요의 계절적 편재에 따라 해마다 규칙적으로 변동하는 경우에 생기는 실업형태이다.
구조적 실업 (構造的 失業)	일반적으로 선진국에서 자본주의의 구조가 변화하여 생기거나 자본축적이 부족한 후진국에서 생산설비의 부족과 노동인구의 과잉으로 생기는 실업형태이다. 경제구조의 특질에서 오는 만성적·고정적인 실업이며 경기가 회복되어도 빨리 흡수되지 않는 특징이 있다.
기술적 실업 (技術的 失業)	기술진보에 의한 자본의 유기적 구성의 고도화로 인해 발생하는 실업형태이다. 주로 자본주의적 선진국에서 나타나며 자본수요의 상대적 부족으로 인해 발생한다. 마르크스형 실업이라고도 하며 실물적 생산력의 향상으로 노동수요가 감소한 데 기인한다.
잠재적 실업 (潛在的 失業)	원하는 직업에 종사하지 못하여 부득이 조건이 낮은 다른 직업에 종사하는 실업형태로 위장실업이라고도 한다. 노동자가 지닌 생산력을 충분히 발휘하지 못하여 수입이 낮고, 그 결과 완전한 생활을 영위하지 못하는 반(半) 실업상태로, 영세농가나 도시의 소규모 영업층의 과잉인구가 이에 해당한다.
산업예비군 (産業豫備軍)	실업자 및 반실업자를 포함하는 이른바 상대적 과잉인구를 말한다. 자본주의가 발달해 자본의 유기적 구성이 고도화함에 따라 노동을 절약하는 자본집약적인 생산방법이 널리 채용되어 노동력이 실업으로 나타나는 것을 말한다. 마르크스는 이것을 자본주의 발전에 따르는 필연적 산물이라 하였다.

□ 공허노동 *

공허노동은 스웨덴의 사회학자 롤란드 폴센이 최초로 정의한 개념으로, 근무시간 중에 딴짓을 하는 것으로, 인터넷 쇼핑몰을 서핑하거나 SNS를 하는 등 업무와 무관한 일을 하는 행위를 뜻한다.

05 과학기술

□ **하이퍼오토메이션** *

인공지능(AI), 로봇프로세스자동화(RPA), 자연어처리(NLP) 등 다양한 디지털 기술을 융합하여 업무 프로세스를 자동화하는 전략 기술을 말한다. 하이퍼오토메이션은 IT 비전문가도 AI와 심층 데이터를 활용해 자동화를 구축할 수 있다는 특징을 갖는다. 하이퍼오토메이션을 통해 생산성 증가 및 비용 절감, 정확성 향상 등 비즈니스 성과를 이룰 수 있기때문에 대화형 AI 챗봇을 활용한 SBI 손해보험, 고도화된 디지털 재무 플랜 플랫폼을 출시한 웰스파고, 생성형 AI 비서를 도입한 마이크로소프트 등이 이를 적용하고 있다. 또한 은행권에서도 AI 업무 자동화가 빠르게 확산되고 있다.

□ **초연결 사회(Hyper Connected Society)** **

인터넷과 통신 기술이 발달하면서, 네트워크로 통해 사람, 데이터, 사물의 모든 것들이 연결된 사회를 말한다. 즉, 일상생활에 정보 기술이 깊숙이 들어오면서 모든 사물들이 거미줄처럼 인간과 연결되어 있는 사회이다. 스마트 기술의 성장, 빅데이터 구축, 스마트 기기 확산, 사물인터넷, 인공지능, 센서 등 기술발달로 언제 어디서나 상호 연결되어 정보를 주고받을 수 있는 IT기반이 생성되었으며, 제조, 유통, 의료, 교육 등 다양한 분야에서 지능적이고 혁신적인 서비스 제공이 가능해졌다.

□ **뇌 – 컴퓨터 인터페이스(BCI)** ***

뇌파를 통해 신경 세포를 자극하는 기술로, 신체의 움직임 없이 상상으로 기계에 명령을 내린다. 특정 동작을 시도할 때 해당하는 전기 신호가 두뇌를 구성하는 신경 세포에서 발생하는데 이 전기 신호를 뇌파라고 한다. BCI 기술은 중추신경계가 손상된 환자에게 유용하게 쓰일 수 있다. 소실된 중추신경계를 대체해 생각만으로 다양한 기기를 제어하거나 환자의 마비된 근육에 전기자극을 줘 중추신경계를 복구하는 게 가능하다. 급속한 고령화와 뇌질환 환자 증가로 장애가 생기는 사람이 늘어나는 추세라 BCI 기반 의료기기에 대한 수요는 커질 전망이다.

□ **메디컬 트윈(Medical Twin)** ***

가상공간에서 개인 맞춤형 정밀 의료, 모의 수술, 의료기기 개발, 임상시험 등을 시뮬레이션 하는 기술이다. 현실에서 수집한 다양한 정보를 가상세계에서 분석하고 최적화 방안을 도출하여 현실에 최적화하는 지능화 융합기술로, 2003년에 미시간대학교 Michael Grieves 박사가 제품라이프사이클관리 관점에서 최초로 도입했다. 디지털 공간에 가상 환자를 생성하여 수술 방법, 치료 효과 등을 예측하고 안전성을 확보하여 부작용을 최소화하는 것을 목표로 한다. 인체를 개인의 수준엣 컴퓨터 모델링하는 것은 기술적 한계가 있어서 헬스케어 분야에서는 주목받지 못했으나, 최근 빅데이터, 인공지능(AI), 사물인터넷(IoT) 등 관련 기술의 발전으로 관심이 높아지고 있다.

□ HDR(High Dynamic Range) **

디지털 영상의 계조도 신호 표현 범위가 보다 넓은 명암 영역에 대응되도록 하여 밝은 부분은 더 밝게, 어두운 부분은 더 어둡게 표현할 수 있는 기술이다. 가장 보편적인 HDR 10, 구글의 독자 방식인 VP9 −Profile2, 돌비 비전 등 다양한 HDR 규격이 존재한다.

□ 네가와트 *

전력 단위인 메가와트(Megawatt)와 부정적인, 소극적인이라는 의미의 네거티브(Negative)가 합쳐진 것을 의미한다. 다시 말해 새롭게 전기를 생산하는 대신 공장, 빌딩 등의 시설에서 전기를 절약하는 것이다. 네가와트는 1989년 국제학회에서 미국의 환경과학자 아모리 로빈스에 의해 처음 사용되었는데, 그는 새로운 발전소를 세워 공급을 늘리는 기존의 방식 대신 정확한 수요 관리와 에너지 관리를 통해 에너지 효율을 높이자고 주장했다. 전력의 특성상, 전력사용은 사용량이 높은 시간대와 낮은 시간대에서 차이를 보이고 계속된 전력생산은 잉여에너지를 만들게 되는데, 네가와트는 에너지 수요를 관리하고 잉여에너지를 그대로 낭비하지 않는 등의 효율적인 에너지관리에 집중하는 방식이다.

□ 방사성원소(放射性元素) **

원자핵으로부터 방사선(α선, β선, γ선)을 방출하고 붕괴하는 방사능을 가진 원소의 총칭이다. 천연방사성원소와 인공방사성원소로 나뉘며 좁은 뜻에서의 천연방사성 원소만을 가리키거나 그 중에서 안정 동위원소가 없는 라듐이나 우라늄의 원소를 지칭하기도 한다. 1896년 베크렐은 최초로 우라늄(u)을 발견하였으며, 1898년 퀴리부부는 광석 속에서 우라늄보다 강한 방사능을 가진 라듐(Ra)을 발견하였다. 원소가 처음 만들어졌을 때는 방사성원소와 비방사성원소가 존재했을 것으로 추정하는데, 이 중에서 반감기가 짧은 것은 모두 붕괴하고 반감기가 긴 원소만이 남아 존재한다고 추정한다.

□ 임계실험(臨界實驗) **

원자로 속에서 최소의 연료를 사용하여 '원자의 불'을 점화하는 것이다. 핵연료를 원자로 안에 조금씩 넣어가면 그 양이 어느 일정한 값을 넘었을 때 핵분열의 연쇄반응이 일어나기 시작한다. 즉, '원자의 불'이 점화된다. 이와 같이 핵분열이 지속적으로 진행되기 시작하는 경계를 '임계(Critical)', 이 핵연료의 일정량을 '점화한 계량', 즉 '임계량'이라 부른다.

□ pH(Hydrogenion Exponent, 수소이온농도) *

어떤 용액 속에 함유되어 있는 수소이온의 농도를 말하는 것으로 pH = 7일 때 중성, pH > 7일 때 알칼리성, pH < 7일 때 산성이라고 한다. 물고기가 살 수 있는 담수의 pH는 보통 6.7 ~ 8.6이며, pH는 폐수를 중화 또는 응집시켜 화학적으로 처리할 때 그 기준이 된다.

□ **뉴턴의 운동법칙(運動法則 : Law Of Motion)** ***

뉴턴이 1687년 「프린키피아」에 발표한 물체의 운동에 관한 기본법칙으로 물체의 질량과 힘의 개념이 세워지면서 고전역학의 기초가 확립되었다.

- 제1법칙(관성의 법칙) : 물체가 원래의 상태를 계속 유지하려는 성질을 관성이라 한다. 즉, 외부로부터 힘을 받지 않는 한 정지상태의 물질은 계속 정지하려 하고, 운동중인 물체는 계속 등속직선운동을 한다는 것이다. 관성의 크기는 질량에 비례한다.
- 제2법칙(가속도의 법칙) : 어떤 물체에 힘을 가하였을 때 생기는 가속도(a)의 크기는 작용하는 힘(F)의 크기에 비례하고 질량(m)에 반비례한다. 즉, $F=ma$이다.
- 제3법칙(작용 · 반작용의 법칙) : 물체에 힘을 작용시키면 원래 상태를 유지하기 위해 물체는 반대방향으로 힘을 작용(반작용)한다. 이와 같은 물체에 힘을 가할 때 나타나는 작용과 반작용은 크기가 같고 방향은 반대이며, 동일직선상에서 작용한다.

☆☆☆ 운동법칙 예시
- 관성의 법칙 : 정지하고 있던 버스가 갑자기 출발하면 서 있던 사람은 뒤로 넘어진다. 쌓아놓은 나무토막 중 하나를 망치로 치면 그 나무토막만 빠진다.
- 가속도의 법칙 : 달리던 버스가 갑자기 정지하면 서 있던 승객은 앞으로 넘어진다. 뛰어가던 사람의 발이 돌부리에 걸리면 넘어진다.
- 작용과 반작용의 법칙 : 포탄이 발사되면 포신이 뒤로 밀린다. 가스를 뒤로 분사하면서 로켓이 날아간다.

□ **열의 이동** **

열은 물체의 고온부에서 저온부로 흐른다. 열의 이동에는 세 가지가 있다.

- 대류(對流) : 열이 유체를 통하여 이동하는 현상으로, 이는 유체의 열팽창으로 인한 밀도변화에 의해 일어나는 물질의 순환운동이다.
- 전도(傳導) : 저온부와 고온부의 온도차에 의해 일어나는 열의 이동현상이다.
- 복사(輻射) : 열이 중간에 다른 물질을 통하지 않고 직접 이동하는 현상을 말한다.

□ **상대성이론(Theory Of Relativity)** ***

미국 물리학자 아인슈타인(A. Einstein)에 의하여 전개된 물리학의 이론체계이다. 그는 1905년 기존의 뉴턴역학에 의하여 알려졌던 상대성이론을 시간 · 공간의 개념을 근본적으로 변경하여 물리학의 여러 법칙에 적용한 특수상대성이론과, 1915년 뉴턴의 만유인력 대신 특수상대성이론을 일반화하여 중력현상을 설명한 일반상대성이론을 완성하였다.

□ **초전도(超電導, Super Conductivity)** **

어떤 물질을 절대온도 $0°K(-273℃)$에 가까운 극저온상태로 냉각시켰을 때 갑자기 전기저항이 0이 되는 물리적 현상을 말한다. 초전도를 나타내는 물질을 초전도체라 하며 납 등의 금속이나 합금, 화합물 등 약 1,000여 종류가 있다.

□ 청색기술 **

자연에서 영감을 받거나 자연을 모방해서 만든 기술을 의미한다. 다시 말해 생물의 구조와 기능을 연구해 경제적 효율성이 뛰어나면서도 자연 친화적인 물질을 만드는 기술로 예를 들어 일본의 고속열차 신칸센은 물총새를 본뜬 디자인으로 소음 문제를 해결한 사례가 있다. 동시에 청색기술은 온실가스 등 환경오염 물질의 발생을 사전에 막는 기술이라는 의미도 지니고 있다.

□ 옥탄가(Octane Number) **

가솔린 속에 함유되어 있는 이물질이 정제된 정도를 표시하는 수치로, 가솔린의 품질을 결정하는 요소이다. 옥탄가가 높을수록 엔진의 기능을 저하시키는 노킹현상이 일어나지 않으며 열효율이 높다.

☆☆☆ 노킹(Knocking) … 내연기관의 기통 안에서 연료가 너무 빨리 발화하거나 이상폭발하는 현상을 말한다.

□ 표면장력(表面張力) *

액체의 표면에 가지고 있는 자연상태에 있어서의 표면에너지를 말하는 것으로, 그 표면을 수축하려는 힘을 말한다. 이는 액체의 분자 간 인력의 균형이 표면에서 깨지고 액면 부근의 분자가 액체 속의 분자보다 위치에너지가 크기 때문에 이것을 될 수 있는 대로 작게 하려는 작용이 나타나는 것이다.

□ 케플러의 법칙(Kepler's Laws) **

- 제1법칙(타원궤도의 법칙) : 모든 행성은 태양을 중심으로 타원궤도를 그리며 공전한다.
- 제2법칙(면적의 법칙) : 태양과 행성을 연결하는 선분(동경)이 같은 시간에 그리는 면적은 일정하며, 행성의 속도가 근지점에서는 빨라지고 원지점에서는 느려진다.
- 제3법칙(주기의 법칙) : 행성의 공전주기의 제곱은 타원궤도의 긴 반지름의 세제곱에 비례한다. 즉, 태양에 가까운 행성일수록 공전주기가 짧다.

□ 빛의 성질 **

종류	내용
직진(直進)	빛이 입자이기 때문에 일어나는 현상(일식, 월식, 그림자 등)
반사(反射)	빛이 입자이기 때문에 어떤 매질의 경계면에서 다시 처음 매질 속으로 되돌아가는 현상
굴절(屈折)	한 매질에서 다른 매질로 통과할 때 그 경계면에서 방향이 바뀌는 현상(무지개, 아지랑이, 신기루 등)
간섭(干涉)	빛이 파동성을 갖기 때문에 일어나는 현상(물이나 비누방울 위에 뜬 기름의 얇은 막이 여러 색으로 보이는 것)
회절(回折)	빛이 파동성을 갖기 때문에 일어나는 현상으로, 틈이 좁거나 장애물의 크기가 작을수록 잘 발생
분산(分散)	빛이 복색광이기 때문에 굴절체를 통과하면서 굴절률에 따라 여러 개의 단색광으로 되는 현상(프리즘에 의한 분산 등)
산란(散亂)	빛이 공기 속을 통과할 때 공기 중의 미립자에 부딪쳐서 흩어지는 현상(저녁노을, 하늘이 파랗게 보이는 현상 등)
편광(偏光)	자연광은 여러 방향의 진동면을 갖지만, 전기석과 같은 결정축을 가진 편광판을 통과시키면 결정축에 나란한 방향으로 진동하는 빛만 통과(입체영화, 광통신 등)

□ 전자파(電磁波) *

전자장의 변화가 주위의 공간에 전파되는 파동이다. 진동회로에 전기진동이 일어나면 주위에 전장과 자장이 생기며, 진동전류의 주기적인 변화로 전자장도 주기적인 변화를 한다. 이 진동변화가 파동으로 주위의 공간에 전파되며, 그 성질은 빛과 같아서 진행속도도 같고 반사 · 굴절 · 간섭 · 회절 등의 현상을 일으킨다.

☆☆☆ 독일 물리학자 헤르츠(H.R. Herz)에 의해 1888년 전기진동회로로부터 전자기파를 발생시키는데 성공하면서 전자기파의 존재가 실험적으로 증명되었다.

□ 과불화 화합물 **

물과 기름에 쉽게 오염되지 않고 열에 강한 화학물질이다. 방수나 먼지가 묻지 않도록 하는 제품에 많이 사용되는데, 일회용 종이컵의 방수 코팅제, 가죽이나 자동차 표면처리제 등으로 활용된다. 과불화화합물은 잘 분해되지 않아 환경오염의 원인이 되며 암을 유발하고 생식기능을 저하시켜, 최근 스타벅스를 비롯한 기업들이 사용을 자제하거나 줄이겠다고 발표하고 있다.

□ 게놈 *

생물 고유의 염색체 한 조(組) 또는 그 생물의 반수염색체수, 즉, N에 해당한다. 보통 이중의 게놈을 갖고 있다. 유네스코는 1997년 제29차 총회에서 유전자연구에 있어서 인권과 인간의 존엄성을 강조한 '인간게놈선언'을 채택하였다.

□ 전자기 법칙 *

구분	내용
쿨롱(Coulomb)의 법칙	두 전하 사이에 작용하는 전기력(척력 · 인력)은 두 전하 사이의 거리의 제곱에 반비례하며, 두 전하량의 곱에 비례한다.
옴(Ohm)의 법칙	도체에 흐르는 전류의 세기는 도체 양 끝의 전압에 비례하며, 전기저항에 반비례한다.
줄(Joule)의 법칙	저항이 큰 물체에 전류를 통과하면 열과 빛을 발생하는데, 일정한 시간 내에 발생하는 열량은 전류의 세기의 제곱과 도선의 저항에 비례한다.
앙페르(Ampére)의 법칙	도선에 전류가 흐르면 주위에 자기장이 형성되는데, 자기장의 방향은 전류의 방향을 오른나사의 진행방향과 일치시킬 때 나사의 회전방향이 된다.
플레밍(Fleming)의 법칙	• 왼손법칙 : 전류가 흐르는 도선이 자기장 속을 통과하면 그 도선은 자기장으로부터 힘을 받게 된다. 왼손 세손가락을 직각이 되게 폈을 때 검지를 자기장의 방향으로, 중지를 전류의 방향으로 가리키면 엄지는 힘, 즉 전자기력의 방향이 된다. • 오른손법칙 : 유도전류의 방향을 결정 시 오른손 세손가락을 직각이 되게 폈을 때 엄지는 도선의 방향을, 검지는 자기장의 방향을 가리키면 중지는 유도전류의 방향이 된다.
패러데이(Faraday)의 법칙	• 전자기 유도법칙 : 전자기유도로 회로 내에 발생되는 기전력의 크기는 회로를 관통하는 자기력선속의 시간적 변화율에 비례한다. • 전기분해법칙 : 전해질용액을 전기분해 시 전극에서 추출되는 물질의 질량은 전극을 통과한 전자의 몰수에 비례하고, 같은 전기량에 의해 추출되는 물질의 질량은 물질의 종류에 상관없이 각 물질의 화학 당량에 비례한다.
렌츠(Lenz)의 법칙	자석을 코일 속에 넣었다 뺐다 하면 코일에 유도전류가 생기는데, 이때 생긴 유도전류의 방향은 코일을 통과하는 자력선의 변화를 방해하는 방향으로 발생한다.

□ 서버용 D램 *

저장되어진 각종 정보들이 시간의 흐름에 따라 소멸되어져 가는 휘발성 메모리를 의미한다. 이는 S램에 비해 구조가 간단하며, 또한 작동 속도가 빨라 고밀도 집적에 유리하다. 더불어서 전력 소모가 적고, 가격이 낮아 대용량 기억장치에 많이 활용된다. 서버용 D램은 주로 데이터센터로 공급되는데, 데이터센터 하나 당 평균 1천 ~ 2천만GB의 서버용 D램을 필요로 한다. 현재 가장 큰 데이터센터 시장은 미국, 캐나다 등 북아메리카 지역으로 구글, 아마존웹서비스, 페이스 북, 마이크로소프트 등에서 데이터센터건립 계획을 발표하며 수요가 급격히 늘어나고 있는 추세이다.

□ LMO **

유전자 가위와 같은 바이오 신기술을 사용하여 만든 생식과 번식이 가능한 유전자 변형 생물체이다. 생산량 증대나 새로운 부가가치 창출, 가공 상의 편의 등을 위하여 유전공학기술을 이용해 육종방법으로는 나타날 수 없는 유전자를 지니도록 개발된 유기물이다. [유전자 변형 생물체 국가 간 이동 등에 관한 법률]상의 정의에서는 유전자 변형 생물체란 다음 각목의 현대생명공학기술을 이용하여 얻어진 새롭게 조합된 유전물질을 포함하고 있는 생물체를 말한다. 농산물 종자나 미생물 농약 등 LMO의 영역이 확대됨에 따라 LMO 안전성 논란도 높아지고 있다. 국제기구와 선진국 정부기관, 민간단체 등에서는 이와 관련된 정보를 수집·분석하여 소비자들에게 공개하고 있으며, 세계 각국은 LMO의 국가 간 이동에 관련된 법률을 제정하여 관리하고 있다.

□ 실재감테크 **

가상공간을 창조하고 다양한 감각 자극을 제공, 인간의 존재감과 인지능력을 강화시켜 생활 스펙트럼을 확장하는 기술이다. 즉 감각과 시공간의 간극을 허무는 기술이다.

□ 유전자 가위 *

DNA 절단기능을 가지고 있는 도구이다. 이중 가닥으로 이루어진 DNA의 특정부위를 절단하는 분자생물학적 도구이다. 유전자 편집과 교정에 적용된다. 절단된 DNA를 수선하면서 유전적 변이가 나타난다.

□ 갈릴레이 위성 **

목성의 위성 중 크기가 커서 가장 먼저 발견된 4개의 위성(이오, 유로파, 가니메데, 칼리스토)를 '갈릴레이 위성'이라고 한다. 1610년 갈릴레이가 손수 만든 망원경을 사용하여 처음으로 발견하였기 때문에 그러한 이름이 붙었다. 목성의 제1위성 이오(Io), 제2위성 유로파(Europa), 제3위성 가니메데(Ganymede), 제4위성 칼리스토(Callisto)이다. 각각의 고유명은 네덜란드 천문학자 마리우스가 명명하였다. 이들 중 가니메데는 태양계의 위성 중 가장 커서 그 질량이 지구의 위성인 달의 2배나 된다.

□ 줄기세포(Stem Cell) ***

인간의 몸을 구성하는 서로 다른 세포나 장기로 성장하는 일종의 모세포로 간세포라 불리기도 한다. 이 줄기세포에는 사람의 배아를 이용해 만들 수 있는 배아줄기세포(복수기능줄기세포)와 혈구세포를 끊임없이 만드는 골수세포와 같은 성체줄기세포(다기능줄기세포)가 있다.

종류	내용
배아줄기세포 (Embryonic Stem Cell)	수정한지 14일이 안된 배아기의 세포로, 장차 인체를 이루는 모든 세포와 조직으로 분화할 수 있기 때문에 전능세포로 불린다. 1998년 이전까지 과학자들은 줄기세포가 배아가 성장하는 짧은 단계에만 존재하고 이를 몸에서 격리해서 살아있게 하는 데는 특별한 장치가 필요하기 때문에 격리 · 배양이 불가능하다고 믿었다. 그러나 1998년 존 기어하트(J. Gearhart) 박사와 제임스 토마스(J. Thomas) 박사의 연구팀은 각각 서로 다른 방법을 써서 인간의 줄기세포를 분리하고 배양하는 데 성공했다. 따라서 과학자들은 배아줄기세포를 이용하여 뇌질환에서 당뇨병, 심장병에 이르기까지 많은 질병을 치료하는 데 줄기세포를 이용할 수 있을 것으로 기대를 걸고 있다.
성체줄기세포 (Adult Stem Cell)	탯줄이나 태반 외에 탄생 후에도 중추신경계 등 각종 장기에 남아 성장기까지 장기의 발달과 손상시 재생에 참여하는 세포이다. 성체줄기세포는 배아줄기세포와 달리 혈액을 구성하는 백혈구나 적혈구세포처럼 정해진 방향으로만 분화하는 특성이 있다고 알려져 왔다. 최근에는 뇌에서 채취한 신경줄기세포를 근육세포, 간세포, 심장세포로 전환시킬 수 있다는 사실이 알려지면서 성체줄기세포를 이용해 다양한 질병을 치료할 가능성이 밝혀지고 있다.

□ 세빗(CeBIT) ***

세계적인 정보통신기술전시회로 독일 하노버에서 매년 개최된다. 미국의 컴덱스와 함께 세계 정보통신 분야를 대표하는 전시회로, 유무선 네트워크 · 디지털 및 온라인 이동통신 등의 통신분야에 주력하고 있다. 이미 소개된 제품 및 기술을 놓고 바이어들이 구매 상담을 벌여 시장의 환경변화를 가늠할 수 있다.

□ 대륙간탄도미사일(ICBM : Intercontinental Ballistic Missile) ***

핵탄두를 장착하고 한 대륙에서 다른 대륙까지 공격이가능한 탄도미사일로, 대륙간탄도탄이라고도 한다. 사정거리 5,500km 이상으로, 대기권 밖을 비행한 후 핵탄두로 적의 전략목표를 공격한다. 최초의 대륙간탄도미사일은 1957년 소련에서 개발한 'R-7'으로, 세계 최초의 인공위성인 스푸트니크 1호가 이 미사일에 실려 발사되었다.

□ 백린탄 *

백린을 원료로 만든 탄환이다. 치명적인 화학무기로 폭발로 누출된 입자가 피부에 붙어서 화상을 일으킨다. 연기에 독성이 있어 연기를 흡입하면 장기화상을 입을 수 있고 섭취를 하면 장기손상이 나타난다. 1949년 제네바협약에서 민간인 거주지역 사용금지를 규정하였다.

□ B-52 폭격기 **

보잉사에서 제작된 미국의 전략폭격기로 정식명칭은 B-52 스트래토포트리스이다. 1952년 초도비행 이후 미군에서 가장 오래 운용해온 기종으로 현재까지 운용되는 폭격기 중 규모가 가장 크다. B-52 폭격기는 최대 27톤 이상의 폭탄을 싣고 6,400km 이상을 날아가 폭격하고 돌아올 수 있다. 대륙간탄도미사일 (ICBM), 잠수함 발사 탄도미사일(SLBM)이 탑재된 핵잠수함과 함께 미국의 3대 핵우산으로 불린다.

□ 보행자 알림(Pedestrian Notifications) **

무인자동차가 주변 행인에게 음성이나 전광판으로 위험을 알리는 기술로 구글에서 개발했다. 구글에 따르면 차량 내 인공지능(AI)을 이용해 차량 주변 사람 및 사물을 파악하고 어떻게 대처할지를 결정하며 이를 보행자에게 알리는 시스템으로, 보행자는 무인차가 속도를 줄일 것인지, 더 빨리 교차로를 지날 것인지 아니면 차량을 멈추고 사람이 지나는 것을 기다릴 것인지 등의 내용을 확인할 수 있다.

□ 퓨전메모리(Fusion Memory) **

D램의 고용량 · S램의 고속도 · 플래시메모리의 비휘발성 · 논리형 반도체의 일부 특성과 장점을 통합적으로 갖춘 차세대 신개념의 반도체를 말한다. 다양한 형태의 메모리와 비메모리를 하나의 칩에 결합시킨 것으로 디지털TV나 휴대폰 등 디지털 가전의 발달에 따른 고성능 · 다기능화에 대응하기 위하여 개발되었다.

□ 안티몬 **

안티모니(Antimony)라고도 불리며 원소기호는 Sb, 원자번호 51의 양성 원소를 의미한다. 이는 반 금속성의 성질을 띠고 있으며, 끓는점은 1,635℃, 녹는점은 630.63℃이다. 안티몬에 중독되면 주로 피부염과 비염 증세가 나타나며 눈 자극과 두통, 가슴통증, 목통증, 호흡곤란, 구토, 설사, 체중감소, 후각 장애 등의 증세가 나타나게 되며 산화안티몬 농도 $4.2mg/m^3$와 $3.2mg/m^3$에 하루 6시간씩 매주 5일, 1년 동안 노출된 실험용 쥐에게서 폐암이 발생하는 것으로도 알려지고 있다.

□ 비메모리반도체 **

반도체는 데이터 저장에 활용되는 메모리반도체(D램, 플래시 등)와 정보처리 · 연산기능에 활용되는 비메모리반도체(PC의 중앙처리장치)로 나뉜다. 비메모리반도체는 특정 응용분야의 기기를 위한 주문형 반도체 (ASIC) · 마이크로 컨트롤러 · 디지털신호처리(DSP) 칩 등으로 가전, 통신기기, 자동화 등에 폭넓게 활용된다. 비메모리반도체는 다품종 소량생산의 고부가가치 사업으로 반도체 시장의 70%를 차지한다.

□ 차량자동항법장치(車輛自動航法裝置, Car Navigation System) **

자동차에서 사용하도록 개발된 지구위성항법시스템으로, 이 장치가 내장되어 차량의 위치를 자동으로 표시해 주며 일반적으로 내비게이션이라 부른다. 내비게이션은 현재 위치를 파악하고, 도로지도 · 바탕지도 · 시설물DB 등의 전자지도를 구성하여 경로안내를 제공한다.

반도체(半導體, Semiconductor) ***

물질은 크게 도체, 반도체, 부도체로 나뉜다. 반도체는 불순물의 첨가 유무에 따라 전기전도성이 늘기도 하고, 빛 또는 열에너지에 의한 일시적인 전기전도성을 갖기도 한다. 실리콘, 갈륨비소, 인듐인 등이 있으며 1948년 미국에서 트랜지스터가 개발됐고, 1958년에는 집적회로인 IC가 개발됐다. 전류를 한쪽 방향으로만 흐르게 하고, 그 반대 방향으로는 흐르는 못하게 하는 정류작용의 특성을 갖는 반도체 부품을 다이오드(Diode)라고 하며, 이것이 반도체 소자의 기본이 된다. 반도체는 트랜지스터와 다이오드 등으로 이루어진 집적회로소자 외에도 열전자방출소자, 발광소자 등의 첨단 전자산업에 응용되고 있다.

• 메모리반도체의 종류

구분	내용
D램	전기를 넣은 상태에서도 일정 주기마다 동작을 가하지 않으면 기억된 정보가 지워지는 휘발성메모리. 빠른 속도로 모바일기기나 PC의 시스템 메모리로 사용
S램	충전 없이도 일정기간 기억내용이 지워지지 않으므로 같은 집적도의 D램보다 고도화된 기술을 필요로 하는 반도체
플래시 메모리	D램·S램과 달리 전원 꺼져도 저장정보가 지워지지 않는 비휘발성메모리. 디지털카메라, PDA, MP3플레이어 등에 사용
F램	D램(고집적도), S램(고속동작), 플래시메모리(비휘발성)의 장점만을 모아 제작된 통합메모리. PDA, 스마트폰, 스마트카드 등에 사용

• **집적회로**(IC : Integrated Circuit) : 많은 전자회로 소자가 하나의 기판 위에 분리할 수 없는 상태로 결합되어 있는 초소형의 전자소자로 두께 1mm, 한 변이 5mm의 칩 위에 전자회로를 형성시켜 만들며 보통 마이크로칩이라 불린다.

탄소나노튜브(Carbon Nanotube) **

1991년 일본전기회사(NEC)의 이지마 스미오박사가 전기방법을 사용하여 흑연의 음극 상에 형성시킨 탄소덩어리를 분석하는 과정에서 발견된, 탄소 6개로 이루어진 육각형 모양들이 서로 연결되어 관 형태를 이루고 있는 신소재를 말하며, 관의 지름이 수십 나노미터에 불과해 이 이름이 붙여졌다. 구리와 비슷한 전기 전도·다이아몬드와 같은 열전도율·철강의 100배인 강도를 지녀 15%가 변형되어도 끊어지지 않는다. 이 물질을 이용한 반도체와 평판 디스플레이, 배터리, 텔레비전브라운관 등의 장치가 계속 개발되고 있으며, 나노 크기의 물질을 옮길 수 있는 나노 집게로 활용되고 있다.

나노기술(Nano – Technology) **

100만분의 1을 뜻하는 마이크로를 넘어 10억 분의 1 수준의 극 미세가공 과학기술로, 1981년 스위스 IBM연구소에서 원자와 원자의 결합상태를 볼 수 있는 주사형 터널링 현미경을 개발하면서 등장하였다. 1나노미터는 사람 머리카락 굵기의 10만분의 1로 대략 원자 3 ~ 4개의 크기에 해당한다. 이 나노기술은 지금까지 알려지지 않았던 극 미세세계에 대한 탐구를 가능케 하고, DNA구조를 이용한 복제나 강철섬유 등의 신물질을 개발, 전자공학에서 정밀도가 실현되면 대규모 집적회로(LSI) 등의 제조기술을 크게 향상시킬 수 있다. 선진국에서는 1990년대부터, 우리나라는 2002년 나노기술개발촉진법을 제정하여 국가적으로 나노기술을 육성하고 있다.

□ 외골격 로봇 **

로봇 팔 또는 다리 등을 사람에게 장착해서 근력을 높여주는 장치를 의미한다. 다시 말해 인간의 몸을 지탱하는 기계 골격이 밖에 있다고 해서 붙여진 이름이다. 로봇을 입는다는 의미로 '웨어러블 로봇(Wearable Robot)'이라고도 한다. 외골격 로봇의 근본적인 목적은 팔에 로봇을 장착하여 무거운 포탄을 용이하게 옮기기 위함으로 1960년대 미 해군이 처음 개발하였다. 그후 미 국방부 지원을 받은 버클리대가 2004년에 '버클리 다리 골격'을 만들면서 본격적인 제작이 시작되었다. 이후 일본 사이버다인의 할, 이스라엘의 리웍 등 환자를 위한 외골격 로봇이 나오기 시작하였다. 외골격 로봇은 뇌졸중 환자의 재활 운동에 사용가능한데, 뇌졸중을 앓으면 뇌의 운동 영역 일부에 손상을 입어 팔다리가 마비되게 된다. 이런 사람들에게 뇌-컴퓨터 기술을 접목하여 신체를 예전과 같이 사용하게 할 수 있는 외골격 로봇이 개발되고 있다.

□ 전술핵 *

효율성과 경제성이 높은 핵무기로, 야포와 단거리 미사일로 발사할 수 있다. 포탄, 핵배낭, 핵 어뢰, 핵기뢰 등의 다양한 형태가 존재하며 국지전 등의 전술적인 목적에 활용한다.

□ 요소수(尿素水) ***

경유를 넣는 자동차가 뿜어내는 오염물질, 즉 질소산화물을 줄여주는 물질로 최근에 출시된 경유차 대부분은 요소수를 주입해야 한다. 우리나라는 요소수를 만드는 데 필요한 요소를 약 97%가량 중국에서 수입하는데, 최근 중국에서 석탄과 전기 부족으로 요소 수출을 금지한 바 있다.

□ 핵융합(核融合, Nuclear Fusion) **

태양에서 에너지가 방출되는 원리가 핵융합이다. 수소의 원자핵인 양성자가 융합하여 헬륨 원자핵을 생성하는 핵융합 반응이 일어난다. 이 과정에서 반응물과 생성물의 질량 차이인 질량결손이 질량-에너지 등가원리에 의해 에너지로 생성된다. 이 과정을 사용하여 수소폭탄이 만들어졌는데, 무한하고 방사능도 적으며 방사성 낙진도 생기지 않는다.

□ 칼리머(Kalimer) **

차세대 원자로로 한국형 액체금속로를 말한다. 고속의 중성자를 핵반응에 이용, 우라늄을 플루토늄으로 재순환시키는 고속증식로의 일종으로서 물이 아닌 금속인 액체나트륨을 냉각재로 이용하여 액체금속로라고 한다. 핵연료를 계속 증식하며 핵반응을 일으켜서 같은 원자로 속에서 에너지와 연료를 동시에 생산해 내 기존 경수로보다 70배나 많은 에너지를 얻을 수 있다. 그러나 경수로에 비해 높은 건설단가와 액체나트륨 취급의 어려움, 안전문제, 핵연료 처리문제가 제기되고 있다. 한국원자력연구소가 1997년부터 개념설계를 시작으로 실용화를 계획하고 있다.

□ 천리안 위성2B호 **

한국항공우주연구원이 개발한 정지궤도 위성으로, 대기환경과 해양환경을 관측하는 역할을 한다. 세계 최초로 정지궤도 위성에 환경탑재체(GEMS)를 탑재한 사례이다.

☆☆☆ 현재 임무 수행 중인 한국 인공위성

구분		목적
아리랑 위성	3호	지구 정밀 관측
	3A호	지구 정밀 관측(광학 + 적외선)
	5호	전천후 지구 관측(영상레이더)
차세대 중형 위성	1호	지구관측(광학)
공공 정지 궤도위성	천리안 1호	공공통신, 해양, 기상관측
	천리안 2호	기상, 우주관측
	천리안 3호	해양, 환경관측

☆☆☆ 지구 대기권 구분

구분	내용
열권	• 80km 이상인 영역이다. • 중간권 위에 위치하며 외기원에 접한다. • 대기권 중 밀도가 가장 낮고 온도가 가장 높다. • 우주 공간으로 볼 수 있으며 우주왕복선과 국제우주정거장 궤도는 열권에 포함된다.
중간권	• 50 ∼ 80km • 성층권 위, 열권 아래에 위치하며 대기권에서 기온이 가장 낮다. • 유성이 관측되는 곳이다.
성층권	• 10 ∼ 50km • 태양으로부터 오는 자외선을 흡수하여 가열되어 대류권과 달리 열적으로 안정되어 있어 대류가 일어나지 않는다. • 자외선을 흡수하는 오존이 밀집되어 있는 고도 25km 부근을 오존층이라고 부른다.
대류권	• 0 ∼ 11km • 지표면으로부터 가장 인접한 대기층이다. • 대류권 상부에 좁고 수평으로 흐르는 강한 공기의 흐름인 제트기류가 분다.

□ 블루문(Blue Moon) *

달의 공전주기는 27.3일이고, 위상변화주기는 29.5일이다. 양력기준으로 2월을 제외한 한 달은 30일 또는 31일이기 때문에, 월초에 보름달이 뜨게 되면 그 달에 보름달이 두 번 뜨는 경우가 생길 수 있다. 이때 한 달 안에 두 번째로 뜨는 보름달을 블루문(Blue Moon)이라고 말한다.

☆☆☆ 지구 대기권 구분

구분	내용
슈퍼문	지구와 달 사이의 거리가 가장 가까워지는 때에 보름달이 뜨는 시기와 겹쳐 평소보다 더욱 크게 관측되는 보름달을 말한다.
블러드문	개기월식 때 달이 붉게 보이는 현상을 일컫는다.
슈퍼블러드문	슈퍼문과 개기월식이 동시에 일어나는 것을 말한다.
슈퍼블루블러드문	슈퍼문, 블루문, 블러드문이 동시에 일어나는 것을 말한다.

□ 사이버네틱스(Cybernetics) *

키잡이(舵手)를 뜻하는 그리스어 Kybernetes에서 유래된 말로, 생물 및 기계를 포함하는 계(系)에서 제어와 커뮤니케이션에 관한 문제를 종합적으로 연구하는 학문을 말한다. 1947년 미국의 수학자 위너(N. Wiener)에 따르면, 사이버네틱스란 어떤 체계에 두 종류의 변량이 있는데 하나는 우리가 직접 제어 불가능한 것이고 다른 하나는 우리가 제어할 수 있는 것으로 한다. 제어할 수 없는 변량의 과거로부터 현재까지의 값을 바탕으로 제어할 수 있는 변량의 값을 정하여 인간에게 가장 편리한 상황을 가져오게 하기 위한 방법을 부여하는 것이라고 한다. 직접적으로 자동제어이론 · 정보통신이론 등이 있고, 생리학 · 심리학 · 사회학 · 경제학 · 우주탐험 등 광범위한 영역에까지 학제적 연구가 이루어지고 있으며, 특히 피드백과 제어로 특징되는 사이보그 등의 컴퓨터 연구에서 활발하다.

□ 인튜이티브 머신스 ***

달에 착륙한 민간 최초 달 탐사선 '오디세우스' 개발 기업으로, 2024년 2월 22일(현지시간) 인튜이티브 머신스는 달 남극 근처의 분화구 '말라퍼트A' 지점에 착륙하는 데 성공했다고 발표했다. 달 착륙에 성공한 세계 첫 민간 달 탐사선이자 미국에서 NASA의 달 탐사 프로그램 '아폴로' 이후 52년 만에 달 착륙에 성공한 탐사선이다. '오디세우스'의 임무는 NASA의 달 탐사 프로젝트 '아르테미스'와 연계된 '민간 달 탑재체 수송 서비스'(CLPS)의 일환으로 추진됐다. 한편 지난 2023년 일본 '아이스페이스'에서 쏘아올린 무인 달 탐사선이 달 궤도를 도는 데에는 성공했지만 착륙 시도에서 소프트웨어 문제로 추락했으며 2024년 미국 '아스트로보틱'에서 쏘아 올린 무인 달 탐사선은 연료 유출 문제로 대기권에서 타버렸다.

□ FCS(Full Service Carrier) *

풀서비스 항공사(FCS)는 기내 식사, 음료, 엔터테인먼트, 위탁 수하물, 마일리지 적립 등 다양한 서비스를 제공한다. 서비스 비용이 항공편에 포함되어 있어 가격은 비싸지만, 단거리부터 장거리까지 다양한 노선을 운영하고 있다.

06 디지털

□ **디지털 리터러시(Digital Literacy)** **

디지털 자료를 보고 이해할 수 있는 능력을 의미한다. 디지털 사용빈도가 늘어나면서 다양하고 정보가 넘쳐나고 있다. 하지만 넘쳐나는 자료를 개인이 이해·평가·조합하는 능력이 필요하다. 문자로 적혀진 신문 기사나 계약서를 읽을 때 문해력이 필요하듯이 디지털 세상에서 스마트 폰과 SNS을 사용하면서 일반 문자를 읽을 때처럼 필요한 문해력이 디지털에서도 필요하다.

□ **딥시크(DeepSeek)** ***

중국의 량원펑이 설립한 오픈소스 대형 언어 모델(LLM) 기반 인공지능(AI) 연구 기업이자 AI 모델 제품명이다. 2025년 1월, 딥시크는 상대적으로 낮은 성능의 GPU(H800)를 활용하여 최적화된 AI 모델 'DeepSeek R1'을 발표하였으며, 일부 벤치마크에서 오픈AI의 챗GPT를 능가하는 성능을 보이며 AI 업계에 큰 파장을 일으켰다. 그러나 정보 보안 및 데이터 유출 우려로 인해 한국을 비롯한 일부 국가의 정부 및 금융기관에서는 딥시크의 사용을 제한하고 있다.

□ **디지털 캐비넷(Digital Cabinet)** *

디지털 캐비넷은 서류, 파일, 문서, 사진, 그림 등을 전자파일 형식으로 보관 및 관리하는 시스템을 의미한다. 문서 검색의 편리성, 보안 강화, 공간 절약, 협업 지원 등 다양한 이점이 있는 반면, 초기 구축과 유지 보수에 시간과 비용이 소요되며, 해킹이나 시스템 오류 등의 위험이 존재한다. 디지털 캐비넷은 정부 기관, 기업, 학교 등 다양한 분야에서 널리 활용되고 있다.

□ **챗GPT(Chat GPT)** ***

그림을 그리는 AI 달리2(DALL-E2)로 알려진 AI 연구재단 오픈에이아이가 개발한 대화 전문 인공지능 챗봇이다. 챗GPT는 방대한 데이터베이스를 바탕으로 사람의 피드백을 활용한 강화학습을 사용해 자연스러운 대화를 나누고 질문에 대한 답변도 제공한다. 다른 챗봇과 달리 지식정보 전달, 대화 속 맥락을 이해하거나 이전의 질문 내용이나 대화까지 기억해 답변에 활용하고 있으며 특히 논문 작성, 번역, 노래 작사·작곡, 코딩 작업 등 다양한 분야의 업무 수행까지 가능하다는 점에서 기존 AI와는 확연히 다른 모습을 보이고 있다. 2018년 GPT-1 출시 이후 GPT-3.5에 해당하는 챗GPT를 공개했다.

☆☆☆ **오픈에이아이** … 인류에게 도움이 될 디지털 지능 개발을 목표로 2015년 설립한 비영리 법인으로, 2019년 영리 추구를 위한 자회사를 추가 설립하면서 AI 사업을 본격화했다. AI 언어모델 '지피티-3'(GPT-3), 그림을 그리는 AI '달리2'(DALL-E2), 다국어 음성인식 AI '위스퍼(Whisper)' 등을 개발했다.

□ GPT-4o ***

오픈AI가 설계한 다중 언어, 다중 모달 생성 사전 훈련 변환기로 즉, 복합적 AI라고 할 수 있다. '지피티 포 옴니' 또는 '지피티포오'라고 부르는데, 'o'는 '옴니'의 줄임말로 '모든 것', '어디에나 있다'는 뜻이다. GPT-4o에서 사용할 수 있는 5가지 옴니 기능은 ▲ 텍스트, 이미지, 오디오 등 다양한 형식의 데이터를 처리할 수 있는 멀티모달(multi modal) 기능 ▲ 이미지를 분석하고 설명하며 생성하는 강화된 비전 (vision) 기능 ▲ 실시간 웹 정보 검색을 통해 얻은 최신 정보를 기반으로 한 깊이 있는 답변 기능 ▲ 외부 API(응용프로그램 인터스페이스)를 호출해 새로운 기능을 확장할 수 있는 펑션콜(function call) 기능 ▲ 데이터 해석 능력을 바탕으로 한 비즈니스 인사이트 제공 기능 등이다.

□ 모바일 신분증 **

블록체인 기반의 분산 식별자 DID 기술을 사용하여 이용할 수 있다. 블록체인 기반 신용증명 기술로 서비스 제공자가 개인정보를 통제·관리하는 것이 아니라 내가 스스로 개인정보를 선택하여 직접 신용증명에 필요한 정보만을 골라서 제공할 수 있다. 온라인과 오프라인 구분 없이 사용하고 실물 신분증과 동일한 효력을 지닌다.

□ 가상화폐 *

실물의 지폐나 동전이 없어도 온라인에서 거래를 할 수 있는 화폐이다. 정부나 중앙은행이 화폐의 가치·지급을 보장하지 않는다. 블록체인 기술을 활용한 분산형 시스템 방식으로 처리된다. 분산형 시스템의 구조는 채굴자라 칭하는 참여자가 있고 블록체인 처리의 보상으로 코인 수수료를 받는다. 생산비용, 이체비용, 거래비용 등이 일체 들지 않고 하드디스크에 저장되어 보관비용, 도난·분실의 위험도 적다. 비밀성이 보장되어 범죄에 악용될 수 있다.

□ 블록체인 ***

나카모토 사토시가 개발한 기술로 블록을 연결한 것을 의미한다. 이 기술을 사용하여 비트코인을 만들었다. 블록에 데이터를 넣어서 체인의 형태로 연결한다. 연결된 블록을 여러 대의 컴퓨터에 동시에 복제·저장하는 기술이다. 사용자에게 거래내역이 투명하게 공개되고 공유되면서 데이터 위·변조를 할 수 없다. 가상화폐 결제뿐만 아니라 현재는 전자결제, 디지털 인증, 의료기록 관리, 모바일 신분증 발급 등 다양한 분야에서 사용된다.

□ NFT ***

블록체인 기술을 통해 디지털 콘텐츠에 별도의 인식값을 부여한 토큰이다. 비트코인과 같은 가상자산과 달리 인터넷에서 영상·그림·음악·게임 등의 기존자산을 복제가 불가능한 창작물에 고유한 인식값을 부여하여 디지털 토큰화하는 수단이다. 블록체인 기술을 기반으로 하여 관련 정보는 블록체인에 저장되면서 위조가 불가능하다. 가상자산에 희소성과 유일성과 같은 가치를 부여하는 신종 디지털 자산이다. 슈퍼레어, 오픈씨, 니프티 게이트웨이 등 글로벌 플랫폼에서 거래되며 최근 디지털 그림이나 영상물 등의 영향력이 높아지고 있다.

□ **랜섬웨어** ***

몸값을 뜻하는 'Ransome'과 제품을 뜻하는 'Ware'의 합성어를 말한다. 인터넷 사용자의 컴퓨터에 잠입해 내부 문서나 사진 파일 등을 암호화하여 열지 못하도록 한 뒤, 돈을 보내면 해독용 열쇠 프로그램을 전송해준다며 비트코인이나 금품을 요구한다.

□ **마이데이터** ***

개인정보의 주인이 금융회사가 아닌 개인임을 정의하는 것을 의미한다. 개인정보를 적극적으로 관리가 가능하여 자산관리에 활용하는 과정이다. 데이터 3법 개정으로 금융정보를 통합하여 관리하는 마이데이터산업이 가능해졌다. 은행, 여신전문금융회사, 상호금융 등에서 마이데이터 산업을 허가받았다. 마이데이터 산업으로 은행 간의 경쟁이 플랫폼 간의 경쟁으로 확장되었다. 마이데이터 서비스의 핵심으로는 분할되던 금융정보, 보험정보, 보유한 실물자산 등의 정보를 한 눈에 확인이 가능하도록 통합적으로 관리하는 것이다.

□ **핀테크** ***

'Finance(금융)'와 'Technology(기술)'의 합성어이다. 지급결제 서비스, 금융데이터 분석 업무, 사기거래 탐지(FDS), 은행 플랫폼 등 다양한 기술이 금융과 서비스를 제공하고 있다. 애플페이, 삼성페이 등이 있고 최근에는 생체인식을 통한 인증서비스도 제공한다.

□ **소셜 커머스(Social Commerce)** ***

소셜 네트워크 서비스(SNS)를 이용한 전자상거래로, 일정 수 이상의 상품 구매자가 모이면 정해진 할인가로 상품을 제공·판매하는 방식이다. 2005년 야후의 장바구니 공유서비스인 쇼퍼스피어 사이트를 통해 소개되어, 2008년 미국 시카고에서 설립된 온라인 할인쿠폰 업체인 그루폰(Groupon)이 소셜 커머스의 비즈니스 모델을 처음 만들어 성공을 거둔 바 있다. 일반적인 상품 판매는 광고의 의존도가 높지만 소셜 커머스의 경우 소비자들의 자발적인 참여로 홍보와 동시에 구매자를 모아 마케팅에 들어가는 비용이 최소화되므로, 판매자는 소셜 커머스 자체를 마케팅의 수단으로 보고 있다. 국내에 티켓 몬스터, 쿠팡 등의 업체가 있으며 최근 스마트폰 이용과 소셜 네트워크 서비스 이용이 대중화되면서 새로운 소비형태로 주목받고 있다.

☆☆☆ 소셜 네트워크 서비스(SNS : Social Network Service) … 웹에서 이용자들이 개인의 정보공유나 의사소통의 장을 만들어 폭넓은 인간관계를 형성할 수 있게 해주는 서비스로 트위터, 페이스북 등이 있다.

□ **크롤링** *

무수히 많은 컴퓨터에 분산 저장되어 있는 문서를 수집하여 검색 대상의 색인으로 포함시키는 기술. 어느 부류의 기술을 얼마나 빨리 검색 대상에 포함시키냐 하는 것이 우위를 결정하는 요소로서 최근 웹 검색의 중요성에 따라 발전되고 있다.

□ 파밍(Pharming) **

피싱(Phishing)에 이어 등장한 인터넷 사기수법으로, 피싱이 금융기관 등의 웹사이트에서 보낸 이메일로 위장하여 사용자가 접속하도록 유도한 뒤 개인정보를 빼내는 방식인데 비해, 파밍은 해당 사이트가 공식적으로 운영 중인 도메인 자체를 중간에서 가로채거나 도메인 네임 시스템(DNS) 또는 프락시 서버의 주소 자체를 변경하여 사용자들로 하여금 공식 사이트로 오인하여 접속토록 유도한 뒤 개인정보를 빼내는 새로운 컴퓨터 범죄수법이다.

□ 스마트 그리드 **

에너지 효율성의 향상과 신재생에너지공급의 확대를 통한 온실가스 감축을 목적으로 기존의 전력망에 정보기술(IT)을 접목하여 공급자와 소비자가 양방향으로 실시간 정보를 교환하고 통제함으로 에너지 효율을 최적화하는 차세대 지능형 전력망을 말한다.

□ 클라우드 컴퓨팅(Cloud Computing) ***

인터넷상의 서버에 정보를 영구적으로 저장하고, 이 정보를 데스크톱 · 노트북 · 스마트폰 등을 이용해 언제 어디서나 정보를 사용하는 컴퓨팅 환경을 말한다. 인터넷을 이용한 IT 자원의 주문형 아웃소싱 서비스로 기업이나 개인이 컴퓨터 시스템의 유지 · 관리 · 보수에 들어가는 비용과 시간을 줄일 수 있고, 외부 서버에 자료가 저장되어 자료를 안전하게 보관할 수 있으며 저장공간의 제약도 해결될 수 있지만 서버가 해킹당할 경우 정보유출의 문제점이 발생하고, 서버 장애가 발생하면 자료 이용이 불가능하다.

□ 로보어드바이저(Robo Advisor) ***

투자자의 성향 정보를 토대로 알고리즘을 활용해 개인의 자산 운용을 자문하고 관리해주는 자동화된 서비스이다. 로보 어드바이저 서비스는 사람의 개입 여부에 따라 총 4단계로 구분할 수 있다. 1단계 자문 · 운용인력이 로보 어드바이저의 자산배분 결과를 활용해 투자자에게 자문하거나, 2단계 투자자 자산을 운용하는 간접 서비스, 3단계 사람의 개입 없이 로보 어드바이저가 직접 자문하거나, 4단계 투자자 자산을 운용하는 직접 서비스로 나뉜다.

□ 메타버스 ***

가상과 초월을 의미하는 메타(Meta)와 우주를 의미하는 유니버스(Universe)의 합성어로 1992년 닐 스티븐슨의 소설 「스노 크래시」에서 처음 등장한 단어이다. 코로나19로 인한 비대면 추세에 가속화되어 발달하고 있다. 가상현실(VR)보다 더 진화한 개념으로 게임으로 가상현실을 즐기는 것보다 앞서서 가상의 세계에서 현실처럼 사회, 문화, 경제활동 등을 할 수 있는 것이다. 네이버제트가 운영하는 증간현실 아바트 서비스인 제페토는 국내의 대표 메타버스 플랫폼이다. 제페토는 얼굴인식과 AR, 3D 기술 등을 접목하여 나만의 3D아바타를 만들 수 있다.

□ 스푸핑(Spoofing) *

외부의 악의적 네트워크 침입자가 임의로 웹사이트를 구성하여 일반 사용자의 방문을 유도해 인터넷 프로토콜인 TCP/IP의 결함을 이용, 사용자의 시스템 권한을 확보한 뒤 정보를 빼가는 해킹수법이다.

□ 증강현실(AR : Augmented Reality) ***

현실 세계에 3차원 가상물체를 겹쳐 보여주는 기술이다. 증강현실 기술은 1990년 보잉사의 항공기 전선 조립과정을 설명하는 데 처음 사용되었고 미국과 일본을 중심으로 연구개발이 진행되었다. 증강현실은 2000년대 중반부터 스마트폰이 등장ㆍ활성화되면서 주목받기 시작하였다. 증강현실은 실제 환경에 가상의 객체를 혼합하여 사용자가 실제 환경보다 실감나는 부가정보를 제공받을 수 있다. 예를 들면, 길을 가다 스마트폰 카메라로 주변을 비추면 근처에 있는 상점의 위치 및 전화번호, 지도 등의 정보가 입체영상으로 표시되거나 하늘을 비추면 날씨정보가 나타나는 등 다양한 분야에 적용되고 있다.

구분	내용
가상현실(VR : Virtual Reality)	컴퓨터그래픽이 만든 가상환경에 사용자를 몰입하도록 함으로써 실제 환경은 볼 수 없는 기술이다. HDM 기기를 머리에 쓰고 사용자가 가상공간을 볼 수 있다.
혼합현실(MR : Mixed Reality)	가상현실과 증강현실을 혼합한 기술로 현실 배경에 현실과 가상의 정보를 혼합시켜 공간을 만드는 기술로 현대자동차의 헤드업 디스플레이, 인텔사의 스마트 헬멧 등이 있다.
확장현실(XR : eXtended Reality)	가상현실(VR), 증강현실(AR), 혼합현실(MR) 등의 다양한 기술로 구현되는 현실과 비슷한 공간으로 실감기술이라고도 부른다.

□ 유비쿼터스(Ubiquitous) **

라틴어로 '언제 어디서나 존재한다'는 뜻의 유비쿼터스는 사용자가 네트워크나 컴퓨터를 의식하지 않고 장소에 구애 없이 자유로이 네트워크에 접속할 수 있는 정보통신환경을 말한다. 1988년 제록스 팰러앨토연구소의 마크 와이저(M. Weiser)가 처음 제시한 '유비쿼터스 컴퓨팅'이 효시다. 컴퓨터에 어떤 기능을 추가하는 것이 아니라 냉장고ㆍ시계ㆍ자동차 등과 같이 어떤 기기나 사물에 컴퓨터를 집어넣어 커뮤니케이션이 가능하도록 해주는 정보기술환경을 의미한다. 유비쿼터스화가 이루어지면 정보기술산업의 규모와 범위가 확대될 것임에 분명하지만, 정보기술의 고도화와 함께 광대역 통신과 컨버전스 기술의 일반화가 이루어져야 한다.

☆☆☆ 광대역통신(廣帶域通信) … 1초 동안 200만 개 이상의 전기신호를 전달하는 통신으로 정보와 통신이 결합한 디지털 통신기술이다. 케이블을 통해 동영상 등을 동시에 전송할 수 있다.

07 환경 · 공해

□ **생산자책임재활용제도(EPR)** *

제품 생산자나 포장재를 이용한 제품의 생산자에게 그 제품이나 포장재의 폐기물에 대하여 일정량의 재활용 의무를 부여하여 재활용하게 하고, 이를 이행하지 않을 경우, 재활용에 소요되는 비용 이상의 재활용 부과금을 생산자에게 부과하는 제도이다.

□ **BFFP(Break Free From Plastic)** *

플라스틱 오염으로부터 벗어나려는 운동을 펼치기 위해 2016년에 결성된 글로벌 환경 단체이다. 플라스틱 국제협약을 성사시키기 위해 주도적 역할을 하고 있으며 한국의 환경운동연합, 녹색연합 등 전 세계 3000여 개 단체가 소속되어 있다.

□ **CF100(24/7 Carbon Free Energy)** ***

24시간 일주일 내내 전력의 100%를 풍력, 태양력, 원자력 등의 무탄소 에너지원으로 공급받아 사용하는 것이다. CF100은 구글이 2018년에 새로운 지속 가능 목표로 처음 제시했으며, 2030년까지 전 사업장에서 달성하겠다고 밝혔다. 사용 전력의 100%를 재생에너지로 충당하는 RE100의 대안으로 언급되고 있는데, RE100과 가장 다른 점은 ▲ 탄소 배출이 없는 무탄소 에너지로 전력을 100% 공급한다. ▲ 재생에너지뿐만 아니라 원전, 수소, 탄소포집 · 활용 · 저장 기술 등을 포함한다.

□ **몬트리올의정서(Montreal Protocol)** ***

지구 오존층 파괴 방지를 위하여 염화불화탄소(CFC, 프레온가스) · 할론(Halon) 등 오존층 파괴 물질 사용에 대해 규정한 국제환경협약이다. 1974년 미국 과학자들의 CFC 사용 규제에 대한 논의로부터 시작되었으며, 1985년 '비엔나협약'에 근거를 두고 1987년 캐나다 몬트리올에서 정식 채택되었다. CFC의 사용 및 생산금지, 대체물질 개발 등을 주요 골자로 하고 있으며 1992년 코펜하겐에서 열린 제4차 회의에서 '코펜하겐의정서'를 채택하였다. 우리나라는 1992년에 가입하였다.

□ **유엔인간환경회의(UNCHE : United Nations Conference for Human Environment)** ***

1972년 스웨덴의 스톡홀름에서 '하나뿐인 지구'라는 슬로건하에 개최된 국제회의로, 스톡홀름회의라고도 한다. 지구의 환경파괴를 막고 천연자원이 고갈되지 않도록 국제적인 협력 체제를 확립하는 것을 목적으로 하며, 따라서 환경오염 물질의 규제, 천연자원의 보호, 국제기구설치 문제 등을 주요 의제로 다루었다. 인간의 경제활동으로 인한 공해 · 오염 등의 문제를 국제적 수준에서 다루기 위해서 '인간환경선언(스톡홀름선언)'과 109개 항의 권고로 이루어진 행동계획을 채택하였으며, '유엔환경계획(UNEP)'을 설치하고 환경기금을 조성하는 등의 합의를 이끌어 냈다. 또한 이 회의가 개최된 6월 5일은 '세계 환경의 날'로 제정되었다.

□ 베이크 아웃(Bake Out) ***

새로 지은 건축물 또는 보수작업을 마친 건물 등의 실내 공기 온도를 높여 건축자재나 마감재료에서 나오는 유해물질을 제거하는 방법이다. 온도를 일시적으로 올려 환기함으로써 새집증후군 위험에서 어느 정도 벗어날 수 있다.

□ 비치코밍(Beachcombing) **

해변을 빗질하듯이 조개껍데기, 유리 조각 등의 표류물 또는 쓰레기를 주워 모으는 것을 말한다. 이를 통해 일반인들도 쉽게 해양 쓰레기 문제를 해결하는 데 일조할 수 있고, 주워 모은 표류물과 쓰레기는 업사이클링 수단으로 사용되기도 한다. 플로깅과 함께 호응을 얻고 있다.

□ 유엔환경계획(UNEP : United Nations Environment Program) **

유엔인간환경회의(UNCHE)의 결의에 따라 1973년 케냐의 나이로비에 사무국을 설치한 유엔의 환경관련 활동 종합조정기관이다. 환경 관련 지식을 증진하고, 지구환경 상태의 점검을 위해 국제적인 협력을 촉진하는 것을 목적으로 한다. 선진국의 공해와 개발도상국의 빈곤 등 인간거주문제가 환경문제의 최우선이라 보고 환경관리가 곧 인간관리라고 규정하며, 인구와 도시화, 환경과 자원, 환경생태에 관한 연례보고서를 작성하고 5년마다 지구 전체의 환경 추세에 대한 종합보고서를 발간하는 등의 활동을 전개하고 있다. 1987년 오존층 파괴 물질에 대한 '몬트리올의정서'를 채택하여 오존층 보호를 위한 국제협력체계를 확립하였으며, 지구환경감시시스템 및 국제환경정보조회시스템을 구축하였고 '글로벌 500'을 제정하는 등 다양한 활동을 전개하고 있다. 우리나라는 1972년에 가입했다.

□ 리우선언(Rio宣言) ***

1992년 브라질의 리우데자네이루에서 열린 유엔환경개발회의(UNCED, 리우회의)에서, 환경보전과 개발전략의 조화 등 선언적 사항을 규정한 지구헌장이다.

☆☆☆ 의제 21(Agenda 21) … 1992년 유엔환경개발회의(UNCED)에서 채택된 21세기를 향한 '지구환경보전행동계획'의 별칭이다.

□ 람사협약(Ramsar Convention) ***

물새서식지로 중요한 습지보호에 관한 협약으로 1971년 2월 이란 람사르에서 채택돼 1975년 12월 발효됐다. 국경을 넘어 이동하는 물새를 국제자원으로 규정하고 가입국에 습지를 보전하는 정책을 펴도록 의무화하고 있으며, 협약에 가입한 국가들은 보전가치가 있는 습지를 1곳 이상씩 협약사무국에 등록하고 지속적인 보호정책을 펴야 한다. 협약은 습지를 바닷물이나 민물의 간조 시 수심이 6m를 넘지 않는 늪과 못 등 소택지와 갯벌로 정의하고 있다. 습지는 육상 동·식물의 안식처 역할을 할 뿐 아니라 수중 생태계 환경을 조절하는 소중한 자원이지만 그동안 농지와 택지개발 명분에 밀려 파괴되는 경우가 많았다. 우리나라는 1997년 7월 28일 람사협약이 국내에서 발효되어 세계 101번째 가입국이 됐다.

□ 런던협약(London Convention) *

폐기물 및 기타 물질의 투기에 의한 해양오염방지에 관한 조약이다. 1972년 영국 런던에서 채택되어 1975년에 발효된 런던덤핑조약이 1992년에 런던협약으로 개명된 것이다. 국제해상기구(IMO)가 협약을 담당하고 있으며, 우리나라는 1993년에 가입하였다.

□ 워싱턴협약(CITES) *

멸종위기에 처한 야생 동·식물의 국제거래에 관한 협약으로, 세계적으로 멸종위기에 처해 있는 야생 동·식물의 상업적인 국제거래 규제 및 생태계 보호를 목적으로 한다. 정식 명칭은 '멸종위기에 처한 야생 동·식물의 국제거래에 관한 협약'이지만 1973년 워싱턴에서 채택되어 워싱턴 협약이라 불린다. 야생 동·식물을 멸종위기 정도에 따라 3등급으로 구분하여 차등 규제하고 있으며 우리나라는 1993년에 이 협약에 가입했다.

□ 바젤협약(Basel Convention) **

1989년 스위스 바젤에서 채택된 것으로 유해폐기물의 국가간 이동 및 처리에 관한 협약이다. 가입국은 동·아연·카드뮴 등 47종의 폐기물을 국외로 반출해서는 안되며, 자국 내에서도 폐기물 발생을 최소화 하고 충분한 처리시설을 확보해야 한다. 1992년에 발효되었으며, 우리나라는 1994년에 가입했다.

□ 그린피스(Green Peace) ***

국제적인 자연보호단체이다. 남태평양 폴리네시아에서의 프랑스 핵실험에 항의하기 위해 선박을 출항시 킨 운동을 계기로 1970년에 조직되었으며, 본부는 네덜란드의 암스테르담에 있다. 전멸위기의 야생동물 보호, 원자력발전 반대, 핵폐기물의 해양투기 저지운동 등 폭넓은 활동을 전개하고 있다.

□ 세계물포럼(WWF : World Water Forum) *

물 위기의 심각성을 지적하고, 공통의 해결방안을 모색하는 지구촌 최대의 물 관련 행사이다. 1997년 모로코 마라케시를 시작으로 3년마다 열리고 있으며, 정부·비정부기구·전문가·시민 등의 각계각층이 21세기 물문제해결을 논의하고 그 중요성을 세계에 인식시키기 위한 목적으로 세계수자원회의(WWC : World Water Council)에 의해 제창되었다. 1997년 제1차 물포럼에서는 마라케시선언을 채택하였고, 2000년 네덜란드 헤이그에서 열린 제2차 물포럼에서 각국 정부는 식량안보의 선행조건으로서의 수자원 중요성에 인식을 같이 하고, 지속 가능한 수자원관리를 통한 생태계 보전을 다짐하는 헤이그선언을 채택하였다. 2003년 3차 물포럼에서는 130여 개국 정부대표와 비정부기구 등이 참가하여, 헤이그선언을 구체적으로 어떻게 실천할지를 논의하고 또 물과 기후, 물과 식량 등 17개 이슈에 대한 토론과 참가 정부대표들의 수자원 각료회의가 열렸다.

☆☆☆ 논의 결과는 '교토각료선언'과 '세계물행동보고서'로 정리되어 각국의 수자원정책에 심대한 영향을 미치게 된다.

□ **로마클럽(Club Of Rome)** ***

1968년 이탈리아의 실업가 아우렐리오 페체이의 제창으로 출범한 미래연구기관이다. 천연자원의 고갈, 공해에 의한 환경오염, 개발도상국의 인구증가 등 인류가 직면하는 모든 문제에 관해 연구하고 그 타개책을 모색하며 널리 알리는 것이 주된 활동이다.

□ **국제배출권거래제(International Emission Trading)** **

각국이 자국에 허용된 배출량 중 일부를 거래할 수 있는 것으로써 탄소배출권을 주식이나 채권처럼 시장에서 거래할 수 있도록 만든 제도를 말한다. 2005년 2월부터 발효된 교토의정서에 따르면, 유럽연합(EU) 회원국과 일본 등 38개국은 제1차 의무공약기간(2008 ~ 2012년) 동안 연평균 온실가스 배출량을 1990년 배출량 기준 대비 평균 5.2% 감축시켜야 하는 법적 의무를 규정하고 있다. 이 목표를 채우지 못한 국가나 기업들은 벌금을 내거나 거래소에서 탄소배출권을 사야하고, 감축의무대상국이 아니거나 배출량이 적은 개도국은 배출권을 거래할 수 있다. 배출권의 발급권한은 유엔이 갖고 있으며 청정개발체제(CDM)는 선진국(부속서 1국가, Annex 1 Party)이 개도국(비부속서 1국가, Non – Annex 1 Party) 내에서 온실가스 배출 감축 프로젝트를 통해 온실가스 배출을 줄이면 그에 상응하는 배출권을 거래할 수 있도록 한 시스템을 갖춰 배출권 거래를 촉진시키고 있다.

□ **탄소중립** ***

탄소제로라고도 한다. 온실가스를 흡수하기 위해서 배출한 이산화탄소의 양을 계산하고 탄소의 양만큼 나무를 심거나 풍력 · 태양력 발전과 같은 청정에너지 분야에 투자해 오염을 상쇄한다. 산업자원부에서는 2008년 2월 18일부터 대한상공회의소, 에너지관리공단, 환경재단 등 21개 기관과 공동으로 개최하는 제3차 기후변화 주간에 탄소중립 개념을 도입해 이산화를 상쇄하고자 하는 노력을 하고 있다.

□ **탄소배출권** *

지구 온난화를 유발하는 대표적인 온실가스로는 이산화탄소(CO_2), 메탄(CH_4), 아산화질소(N_2O), 수소불화탄소(HFC), 불화탄소(PFC), 불화유황(SF_6) 등이 있는데 이 중 이산화탄소가 전체 배출량의 비중이 가장 높고 인위적인 제어가 가능하기 때문에 이들을 대표하며, 이러한 이산화탄소 등의 온실가스를 배출할 수 있는 권리를 탄소배출권이라 한다. 기상 이변, 재난 및 엘니뇨에 의한 이상 기온, 대규모 홍수 · 지진 해일 등과 같은 천재지변 등 지구 온난화에 대한 폐해가 현실로 나타나고 있어, 지구 환경 문제에 대해 범지구적인 해결 노력이 필요하다는 점을 깨닫게 되면서 국제적 협력으로 구체화된 것이 1997년 12월 교토의정서(Kyoto Protocol)이다.

□ **환경개선부담금제(環境改善負擔金制)** *

오염원인자부담원칙에 따라 오염물질을 배출한 오염원인자에게 오염물질 처리비용을 부담하게 하는 제도이다. 부과대상자는 폐수나 대기오염물질을 많이 배출하는 호텔·병원·백화점·수영장·음식점 등의 건물과 경유자동차이며, 지방자치단체는 이들로부터 3월과 9월 1년에 두 차례 부담금을 징수한다. 환경개선부담금이 면제되는 건물은 단독주택·아파트 등 공동주택, 160㎡ 미만의 시설물·공장·창고·주차장 등이다. 지방자치단체가 징수한 환경개선부담금은 징수비용(징수금액 중 10%)을 제외하고는 전액 환경부의 환경개선특별회계로 귀속된다.

□ **PPP(Polluter Pays Principle)** **

오염자 비용부담원칙이다. 환경자원의 합리적인 이용과 배분을 조장하는 동시에 국제무역이나 투자의 왜곡현상을 바로잡기 위해 오염방지비용을 오염자에게 부담시키자는 구상으로, 1972년 OECD(경제협력개발기구) 이사회가 가맹국에게 권고했다. 최근에는 오염방지비용뿐만 아니라 환경복원·피해자 구제·오염회피비용까지 오염원이 부담해야 한다는 견해가 대두되고 있다.

□ **이카루스** **

우주를 이용한 동물연구 국제협력(International Cooperation for Animal Research Using Space)으로, 동물 이주 행태의 관련 자료를 수집하기 위해 2022년에 설립된 국제 컨소시엄이다. 동물에게 소형 전파송신기를 부착하여 동물의 이동 속도나 심장박동, 이동 지역의 온도·기압·습도 등의 정보를 수집한다.

□ **핏포55** **

EU 집행위원회가 탄소배출감축을 위해 구체적인 실행안을 담은 정책 패키지로, 온실가스 순 배출량을 2030년까지 1990년 기준 최소 55%로 줄인다는 목적이다.

□ **자연휴식년제(自然休息年制)** *

오염상태가 심각하거나 황폐화가 우려되는 국·공립공원 등을 지정해 3년간씩 출입을 통제해 자연의 생태계 파괴를 막고 복원하기 위한 제도이다.

□ **비오토프(Biotope)** **

야생생물이 서식하고 이동하는 데 도움이 되는 숲·가로수·습지·하천·화단 등 도심에 존재하는 다양한 인공물이나 자연물로, 지역생태계 향상에 기여하는 작은 생물서식공간을 말한다. 도심 곳곳에 만들어지는 비오토프는 단절된 생태계를 연결하는 징검다리 역할을 하는데, 독일을 비롯해 프랑스·일본·미국 등에서 비오토프 조성이 활발하다.

□ CITES(사이테스) **

멸종위기에 처한 동식물 교역에 관한 국제협약이다. 국제적인 거래로 인한 동식물 생존위협을 방지하기 위해 1973년에 미국 워싱턴에서 조인되어 1975년에 발효되었다. 워싱턴 협약이라고도 하며 우리나라는 1993년 7월에 가입했다.

☆☆☆ 국제자연보전(IUSN) 적색목록 분류

구분	내용
절멸(EX)	개체가 하나도 남아있지 않은 상태
야생 절멸(EW)	보호시설에서만 생존하고 있거나 원래 서식지역이 아닌 곳에서만 인위적으로 유입되어 생존된 상태
절멸 위급(CR)	야생에서 절멸 가능성이 대단히 큰 상태
절멸 위기(EN)	야생에서 절멸 가능성이 큰 상태
취약(VU)	야생에서 절멸 위기에 처한 상태
절멸위기근접(NT)	가까운 장래에 야생에서 절멸 우려 위기에 처한 상태
최소관심종(LC)	절멸 위험이 낮고 위 범주에 도달하지 않은 상태

□ 업사이클링(Up-Cycling) ***

리사이클링은 의미 그대로 재활용이란 뜻으로 사용한 물품을 물품 본래 모습 그대로 다시 활용하는 것을 말한다. 업사이클링은 'Upgrade'와 'Recycling'의 합성어로, 디자인이나 활용도를 더하여 전혀 다른 제품으로 생산하는 것을 말한다. 버려지는 물건을 재활용하여 필요한 제품으로 재탄생시키며 최근에는 착한 소비, 가치 있는 소비로 새로운 소비트렌드가 되었다. 업사이클링 문화가 확산되면서 서울시는 국내 최대의 업사이클타운을 조성하기도 하였다. 국내 업사이클링타운 서울새활용플라자는 2017년에 개관하여 과학관, 공방, 카페 등을 운영하는 문화공간이다. 약 32개의 단체 및 개인이 입주해 있으며 다양한 체험 프로그램도 준비되어 있다. 이를 비롯하여 '아름다운 가게'에서 운영하는 '에코파티메아리'등 업사이클링 제품 가게들도 늘어나고 있는 추세이다. 해외에서도 업사이클링 문화는 활발하게 확산되고 있다. 스위스의 브라이탁은 방수천과 자동차 안전벨트, 폐자전거의 고무를 이용하여 가방을 만들고 이밖에도 리바1920, 등 업사이클링을 통하여 가구를 생산하는 업체들이 늘고 있다.

□ RE100 ***

기업이 사용하는 전력량을 재생에너지로 전환하는 캠페인이다. 2050년까지 기업이 사용하는 전력량 100%를 태양광, 풍력 등의 재생에너지로 충당하겠다는 환경 캠페인이다. 2018년 애플과 구글 등 30개 기업이 이미 100% 목표를 달성했으며 2022년 1월 기준으로 한국형 RE100에 가입한 기업, 기관은 총 74곳이다.

08 보건 · 건강

□ 사회보장제도 *

국민이 빈곤 · 질병 · 생활불안의 경우에 처하더라도 최소한의 인간다운 생활을 하면서 살 수 있도록 국가가 정책적으로 보장하는 것을 말한다. 우리나라의 국가적 규모의 사회보장제도의 실시는 1947년 과도정부 법령 제4호 미성년자 노동보호법이 효시이며, 1959년에는 한국사회보장제도 창설의 모태가 된 '건강보험제도 도입을 위한 연구회'가 보건복지부 주관 하에 발족되었고, 그 연구결과 1962년 3월에 사회보장제도 심의위원회가 정식 법적 기구로 탄생되었다. 국제노동기구(ILO)에서는 사회보장의 내용을 '사회보험'과 '공공부조'로, 우리나라와 일본에서는 '사회보험', '공공부조', '사회복지서비스'로 나누고 있다.

□ 히포크라테스 선서 **

고대 그리스 의사 히포크라테스가 말한 의료의 윤리적 지침으로, 시대의 요구에 따라 오늘날에는 1948년에 스위스 제네바에서 세계의사협회가 발표한 '제네바 선언'이 일반적으로 낭독되고 있다. 제2차 세계대전 당시 나치의 비윤리적 인체 실험에 의사가 참여한 것을 반성하는 의미로 이후 몇 차례에 걸쳐 개정되기도 했다. 현재 우리나라에서 쓰이는 선서문도 사실은 제네바 선언문이다.

□ 긴급사용승인 **

감염병 대유행에 대한 우려로 의료기기 등을 긴급하게 사용할 필요가 있지만 국내 허가 제품이 없거나 부족한 경우, 요청한 제품의 허가를 면제하여 한시적으로 제조 및 판매할 수 있도록 한 제도이다.

□ 마스킹효과 **

업무를 중요시 하여 건강이 나빠지는 것을 못 느끼는 현상이다. 의학적으로 얼굴이 창백할 정도로 건강이 좋지 않지만 핑크빛 마스크를 쓰면 건강한 것처럼 착각하게 된다는 것으로 현대직장인들이 자아성취에 대한 욕구의 증가로 업무를 우선시하여 건강을 잃는 것을 느끼지 못함을 말한다.

□ 코호트격리 ***

감염 질환 등을 막기 위해 특정 질병 발병 환자와 의료진 모두를 '동일 집단(코호트)'으로 묶어 전원 격리해 감염병 확산 위험을 줄이는 방식이다.

□ 몰누피라비르(Molnupiravir) *

미국 제약사 머크(MSD)에서 개발한 코로나19 치료제인 경구용 약물이다. 백신접종과 달리 알약 형태의 먹는 형태이다. 코로나19에 감염된 초기에 섭취해야하며 매일 두 번 알약을 4개씩 5일간 복용해야한다. 전문가들은 40개의 알약 복용에 드는 비용이 700달러이고 실용성, 부작용으로 게임체인저로 부르는 것은 주저하고 있다.

□ 세계보건기구(WHO : World Health Organization) **

보건·위생 분야의 국제적인 협력을 위하여 설립한 UN(국제연합) 전문기구이다. 세계의 모든 사람들이 가능한 한 최고의 건강 수준에 도달하는 것을 목표로, 1946년 61개국의 세계보건기구헌장 서명 후 1948년 26개 회원국의 비준을 거쳐 정식으로 발족하였다. 본부는 스위스 제네바에 있으며 총회·이사회·사무국으로 구성되어 있고 재정은 회원국 정부의 기부금으로 충당한다. 중앙검역소 업무와 연구 자료의 제공, 유행성 질병 및 전염병 대책 후원, 회원국의 공중보건 관련 행정 강화와 확장 지원 등을 주요활동으로 한다. 한국은 1949년 제2차 로마총회에서 가입하였다.

□ 담배규제기본협약(FCTC : the Framework Convention on Tobacco Control) *

금연을 위한 국제 협력 방안을 골자로 한 보건 분야 최초의 국제협약이다. 흡연으로 해마다 500만 명 이상의 죽음을 초래하고 있다는 문제의식에서 비롯하였으며, 세계보건기구(WHO)의 추진으로 2003년 5월 열린 세계보건총회(WHA)에서 만장일치로 채택되어 2005년 2월 발효되었다. 흡연 통제를 위해 담배 광고 및 판촉의 포괄적인 금지, 간접 흡연규제, 경고문구 제한 등을 주요내용으로 하며 협약의 당사국들은 담배의 광고나 판촉 금지조치를 발효일로부터 5년 이내에 도입하고 겉포장의 경고문도 3년 이내에 30% 이상으로 확대해야 할 의무를 지게 된다. 공중 보건과 위생에 관한 사상 최초의 국제협약이라는 점에서 큰 의의를 갖는다. 우리나라는 2005년 4월 비준, 8월부터 적용 중이지만, 우리나라 한 해 사망자의 25% 정도가 흡연 관련 질환으로 사망한 것으로 조사되었다.

□ HACCP(Hhazard Analysis & Critical Control Point, 위해요소 중점관리기준) **

식품의 원료부터 제조, 가공 및 유통 단계를 거쳐 소비자에게 도달하기까지 모든 과정에서 위해물질이 해당 식품에 혼입되거나 오염되는 것을 사전에 방지하기 위한 식품관리 제도로, 식품의 안전성을 확보를 목적으로 한다. 이를 위해 단계별 세부 위해 요소(HA)를 사전에 제거하기 위한 중점관리 점검 항목(CCP)을 설정하고, 이를 바탕으로 종사자가 매일 또는 주기적으로 각 중점관리 항목을 점검해 위해 요인을 제거한다. HACCP의 개념은 1960년대 초 미국 우주계획의 식품 개발에 처음 적용된 이후 1993년 FAO, WHO의 국제식품규격위원회에서도 식품 위생관리 지침으로 택한 바 있다.

□ 동북아 방역·보건 협력체 ***

팬데믹을 포함하여 초국경적 보건 안보 위기에 대응하기 위한 지역협력 구상이다. 지난 2020년 UN총회 기초연설에서 우리나라가 제안한 것으로 신종 감염병 등 지리적으로 인접하고 교류가 활발한 역내 국가 간 공동 대응 역량을 강화하기 위함이다.

□ 쇼닥터 **

건강정보 방송 등 매체에 빈번하게 출연하면서 근거 없는 치료법, 식품 등을 추천하는 일부 의사를 지칭한다.

□ **인보사** *

국내 기업이 세계 최초의 골관절염 세포유전자 치료제로, 2017년 국내에서 시판 허가를 받았다. 미국에서 임상 3상을 진행하고 있었으나 인보사의 주성분 중 하나가 허가 당시 국내 기업이 제출한 연골세포와 다른 신장세포라는 의혹이 나오면서 2019년 3월 31일 유통 및 판매가 중단되었다. 식품안전처의 조사에 따르면 해당 세포는 신장세포로 확인되었으며, 특히 이 신장세포는 악성종양을 유발시킬 수 있는 것으로 알려져 파문이 일었다. 이후 식약처는 추가 조사를 거쳐 2019년 5월 인보사의 품목허가를 취소하였다.

□ **사이토카인 폭풍(Cytokine Storm)** *

외부에서 침투한 바이러스에 대항하기 위해 인체 내에서 면역작용이 과다하게 이뤄지면서 정상 세포까지 공격하는 현상을 말한다. 즉, 면역 물질인 사이토카인의 과다 분비로 정상 세포들의 DNA가 변형되면서 2차 감염 증상이 일어나는 반응이다. 이 사이토카인 폭풍은 과거 스페인 독감 · 조류독감 등이 유행할 때 높은 사망률의 주된 원인으로 지목되기도 했다. 사이토카인 폭풍은 면역 반응의 과잉으로 나타나는 증상이기 때문에 면역력이 높은 젊은 층에서 발생할 확률이 더 높다. 사이토카인 폭풍은 신체에 대규모 염증 반응과 다발성 장기손상을 일으키기 때문에 단기간 사망에 이르는 경우가 많다.

□ **조류인플루엔자(AI : Avian Influenza)** **

닭, 오리, 칠면조 등과 같은 가금류와 야생 조류가 감염되는 급성 바이러스 전염병이다. 주로 철새의 배설물에 의해 전파되며 AI에 걸린 조류의 콧물, 호흡기 분비물, 대변에 접촉한 조류들이 다시 감염되는 형태로 조류 간에 퍼진다. 지구상에 존재하는 AI 바이러스는 모두 135종의 혈청형으로 분류되며 이 중 사람에게 가장 치명적인 것은 H5N1형이다. 1997년 홍콩에서 첫 인체 감염을 일으켜 6명이 사망하면서 주목을 받은 H5N1형은 변이가 빠르고 다른 동물에게 쉽게 전이되는 특징을 갖고 있다. 이는 감염된 조류를 통해 인체에도 전염될 수 있다는 것을 말한다. 발병하면 감기나 일반 독감에 걸렸을 때와 비슷한 증상이 나타나며 심하면 38도 이상의 고열을 동반한 기침, 인후통, 호흡 곤란 증세를 보인다. AI 바이러스는 섭씨 41도일 때 철새 등의 배설물에서 최소 35일간 살 수 있지만 75도 이상으로 5분 동안 가열하면 죽는다.

□ **아프리카돼지열병(ASF)** ***

돼지와 멧돼지에 감염 시 발열이나 전신의 출혈성 병변을 일으키는 국내 제1종 법정전염병으로, 최대 치사율이 100%에 이른다. 아프리카돼지열병의 주요 임상증상으로는 돼지들이 한데 겹쳐있거나, 급사하거나 비틀거리는 증상, 호흡곤란, 침을 증상, 복부와 피부 말단 부위에 충혈 등이 있다. 2019년 9월 경기도 파주에서 국내 첫 아프리카돼지열병 발생 후 김포, 연천, 강화 등지로 계속 확산되어 당국이 차단 방역에 나섰다. 2023년 베트남에서 세계 최초 ASF백신이 상용화되었지만 일부 돼지에게서 부작용이 보고되었다. 국내 기업 코미팜이 2023년 3월부터 진행한 ASF 백신 임상 실험이 100% 효능과 안정성이 입증되어 MDPI(스위스 온라인 학술지)의 오픈 액세스 과학 저널 'Animals' 2025년 1월 호에 등재되었으며, 국내에서도 연구소 건립 등 백신 개발에 박차를 가하고 있다.

□ **구제역(口蹄疫) *****

소, 돼지, 양, 염소 등 발굽이 두 갈래로 갈라진 우제류 동물에게만 발생하는 전파력이 매우 강한 바이러스성 급성 전염병이다. 일단 감염이 되고 나면 치사율이 70 ~ 80%에 달하는 국제 1급 가축전염병으로 광우병과는 달리 감염된 고기를 먹어도 사람에게는 감염되지 않는 것으로 알려져 있다. 구제역 바이러스는 감염된 동물의 배설물 또는 사람의 옷이나 신발 등에 잠복해 있다가 해당 동물에 전염되기도 한다. 주로 동물의 호흡, 소화, 생식 행위를 통해 감염되며 잠복기는 3 ~ 5일 정도로 구제역에 걸리면 입술이나 혀, 잇몸, 콧구멍 등에 물집이 생기면서 다리를 절고 침을 흘리며 식욕이 급격히 감퇴하는 증상을 보이다 결국 폐사하게 된다.

□ **빈대 *****

노린재목 빈대과의 흡혈곤충이다. 온혈동물의 피를 빨아 생명을 유지하는 불쾌곤충으로, 감염성 질환을 매개하지는 않으나 심리적 영향, 알레르기 증상 등 건강에 여러 가지 유해 영향을 미칠 수 있다. 1970년대 초반 이후 국내에서는 자취를 감췄으며 서울에서는 적어도 20년 이상 빈대에 대한 보고가 없었다. 그러나 최근 해외에서 유입되어 국내에도 출몰한 바 있다. 국민권익위원회는 빈대와 관련한 민원이 3배가량 늘었다고 밝혔다. 빈대 확산으로 인한 공포감이 계속되면서 빈대 출몰지를 확인할 수 있는 빈대현황판이 등장하여 화제가 되기도 했다.

□ **팬데믹(Pandemic) *****

세계보건기구(WHO)는 전염병의 위험도에 따라 전염병 경보단계를 1단계에서 6단계까지 나누는데 최고 경고 등급인 6단계를 팬데믹이라 한다. 특정 질병이 전 세계적으로 유행하는 것으로, 이를 충족시키려면 감염병이 특정 권역 창궐을 넘어 2개 대륙 이상으로 확산되어야 한다. 인류 역사상 팬데믹에 속한 질병은 14세기 중세유럽을 거의 전멸시킨 흑사병(페스트), 1918년 전 세계에서 5,000만 명 이상의 사망자를 발생시킨 스페인 독감, 1968년 100만 명이 사망한 홍콩 독감 등이 있다. 특히 WHO가 1948년 설립된 이래 지금까지 팬데믹을 선언한 경우는 1968년 홍콩독감과 2009년 신종플루, 2020년 코로나19 세 차례뿐이다. 한편 2020년 3월 문체부와 국립국어원에서는 팬데믹이라는 용어를 대체할 우리말로 '감염병 세계적 유행'을 선정했다.

□ **팍스로이드 ***

니르마트렐비르 2알과 리토나비르 1알로 구성된 화이자에서 개발한 코로나19 경구용 약물이다. 중증으로 진행 위험이 높은 성인과 소아에게 사용한다. 3알을 매일 2회씩 5일간 복용한다. 부작용으로 미각이상이나 설사, 혈압상승 및 근육통이 경미하게 나타난다.

출제 예상 문제

1 보통 감기, 콧물감기의 최대 원인으로 꼽히는 바이러스는?

① 레오 바이러스　　　　　　　　② 리노 바이러스
③ 로타 바이러스　　　　　　　　④ 노로 바이러스

> **TIP** ① 레오 바이러스 : 호흡계 질병과 설사 등을 유발하는데, 사람을 비롯하여 원숭이나 소 등 동물에게서 발견된다.
> ③ 로타 바이러스 : 영유아에게서 발생하는 위장관염의 원인으로 감염 시 구토, 설사, 발열 등의 증상이 나타난다.
> ④ 노로 바이러스 : 겨울에 흔히 발생하는 식중독 원인 바이러스로, 장염을 일으킨다.

2 음식물 쓰레기를 줄여 환경도 보호하고 기아 인구를 돕는 유엔세계식량계획(WFP)의 캠페인은?

① ZWZH　　　　　　　　　　　② IPC
③ GHI　　　　　　　　　　　　④ FAO

> **TIP** ① ZWZH : '제로웨이스트 제로헝거(Zero Waste Zero Hunger)'는 음식물 쓰레기를 줄여 환경보호 및 2030년까지 기아 인구수가 '0'
> 이 되는, 기아 없는 세상을 만드는 것을 의미한다.
> ② IPC : 'Integrated Food Security Phase Classification'는 식량 부족 문제 정도를 진단하기 위한 기준이다. 5단계로 이루어져 있으
> 며 하위 3단계는 식량부족으로 인해 위험하다는 것을 의미한다.
> ③ GHI : '세계 기아지수(Global Hunger Index)'로, 독일 세계기아원조(Welthungerhilfe)와 미국 세계식량연구소(IFPRI)가 협력하여
> 2006년부터 전 세계 기아 현황을 파악·발표하였다.
> ④ FAO : 1945년에 출범한 국제연합식량농업기구로, 세계 식량 및 기아 문제 개선을 목적으로 설립된 국제연합 전문기구다.

3 5부 요인에 포함되지 않는 것은?

① 대통령　　　　　　　　　　　② 국회의장
③ 대법원장　　　　　　　　　　④ 국무총리

> **TIP** 5부 요인 … 국회의장, 대법원장, 헌법재판소장, 국무총리, 중앙선거관리위원장을 일컫는 말이다. 헌법상 행정부 수반이자 국가원수인
> 대통령은 제외한다. 국가 의전 서열은 '대통령 → 국회의장 → 대법원장 → 헌법재판소장 → 국무총리 → 중앙선거관리위원장' 순이다.

Answer 1.② 2.① 3.①

4 기업 등이 자국의 안전보장에 위협이 되는 첨단 기술이나 전자부품 등을 정부의 허락 없이 수출할 수 있는 국가의 목록은?

① 화이트 리스트
② 블랙리스트
③ 버킷리스트
④ 오퍼 리스트

TIP ① **화이트리스트**: 자국 제품 수출 시 허가 절차 등에서 우대를 해주는 안보 우방 국가를 말한다. 무기 개발 등 안전보장에 위협이 될 수 있는 전략물자 수출과 관련해 허가신청이 면제되는 국가를 가리킨다.
② **블랙리스트**: 요주의 인물 명단으로, 경계를 요하는 사람을 말한다.
③ **버킷리스트**: 죽기 전에 꼭 해보고 싶은 일을 적은 목록을 말한다.
④ **오퍼 리스트**: 우루과이라운드 협상에서 관세, 비관세, 열대상품 및 농업 등에 대해 각국이 자발적으로 제시하는 시장개방 계획서이다.

5 정보와 전염병의 합성어로, 정보 확산으로 인한 부작용으로 추측이나 뜬소문이 덧붙여진 부정확한 정보가 인터넷이나 휴대전화를 통해 전염병처럼 빠르게 전파되는 것을 의미하는 용어는?

① 정보전염병
② 네카시즘
③ 인포데믹스
④ 디지털 중독

TIP **인포데믹스** … 정보(Information)와 전염병(Epidemics)의 합성어로, 정보 확산으로 인한 부작용으로 추측이나 뜬소문이 덧붙여진 부정확한 정보가 인터넷이나 휴대전화를 통해 전염병처럼 빠르게 전파되는 현상을 말한다. 인포데믹스의 발전은 소셜 미디어(Social Media) 발전과도 연관 깊으며, 익명성을 악용한 루머 유포나 사이버 폭력, 명예훼손 등이 사회적 문제로 떠오르고 있다. 코로나19와 관련한 가짜 뉴스들을 예로 들 수 있고 경제, 정치, 안보 등 분야를 가리지 않고 나타나고 있다.

6 감염 질환 등을 막기 위해 감염자가 발생한 의료기관을 통째로 봉쇄하는 조치를 의미하는 용어로, 환자와 의료진 모두를 동일 집단으로 묶어 전원 격리해 감염병 확산 위험을 줄이는 방식은 무엇인가?

① 음압병상
② 팬데믹
③ 코호트 격리
④ 하이드록시클로로퀸

TIP **코호트 격리** … 코호트(Cohort)는 고대 로마 군대의 기본 편제인 라틴어 '코호스'(Cohors)에서 파생된 말로, 코호스는 360 ~ 800명(통상 500명) 규모로 구성된 군대 조직을 뜻하는 말이다. 이후 사회학에서 같은 시기를 살아가면서 공통된 행동양식이나 특색을 공유하는 그룹을 뜻하는 말로 코호트가 사용되기 시작했고, 통계 용어로서는 '동일 집단'을 가리키는 용어로 사용된다.

Answer 4.① 5.③ 6.③

7 외교사절 임명 절차 중 가장 첫 번째 절차로 옳은 것은?

① 신임장 · 소환장 작성   ② 아그레망 부여

③ 신임장 수여   ④ 외교사절 부임

> **TIP** 가장 먼저 신임장 · 소환장을 작성하여 신임대사 발령 통보 협조문 접수 및 결재 후 파견국으로 송부한다. 그 후 대통령으로부터 신임장을 수여받고 외교부장관이 배석한 곳에서 환담을 가진다. 다음으로 파견국에서는 아그레망 절차를 가지고, 아그레망이 부여되면 외교사절로 부임할 수 있다.
>
> ※ **아그레망** … 정식으로 임명된 외교사절을 상대국이 거절함으로써 국제분쟁이 일어나는 것을 방지하기 위한 제도로 외교사절을 임명하기 전 상대국에서 신원 조회하는 것을 말한다. 아그레망 절차에서 페르소나 그라타(Persona grata)와 페르소나 논 그라타(Personanon grata)로 구분할 수 있는데, 페르소나 그라타는 아그레망을 인정받아 외교사절로 임명 가능한 사람을 말하며, 페르소나 논 그라타는 임명 전, 외교관의 전력 등을 문제 삼아 기피 인물로 선언하는 것을 말한다. 임명 후에도 외교사절 임무를 다하지 못하면 재직 중에도 페르소나 논 그라타로 지정될 수 있다.

8 민주주의 선거 4대 원칙이 아닌 것은?

① 평등선거   ② 직접선거

③ 비밀선거   ④ 자유선거

> **TIP** **자유선거** … 선거 활동을 하는 데에 아무런 속박이나 간섭을 받지 아니하며, 모든 유권자가 자유롭게 의사를 나타낼 수 있는 조건과 환경에서 이루어지는 선거를 말한다. 보통 · 평등 · 직접 · 비밀 4대 원칙에 자유선거를 덧붙여 5대 원칙이라 하기도 한다.

9 인공지능 기술을 이용해 영상 합성물을 만드는 기술이다. 얼굴 사진으로 학습한 후 더욱 정교하게 영상을 만들어 내는 이 기술은 무엇인가?

① VR   ② 딥 러닝

③ 딥페이크   ④ 머신러닝

> **TIP** ③ 딥페이크(Deepfake) : 인공지능 기술로 영상을 제작하는 프로세스를 의미한다. 딥러닝과 속이다의 FAKE의 합성어이다.
> ① VR(Virtual Reality) : 가상의 세계에서 실제와 비슷하게 체험을 하는 기술이다.
> ② 딥 러닝(Deep Learning) : 다량의 데이터를 분류해서 비슷한 그룹으로 분류하고 관계를 파악하는 기술로 데이터의 특성을 찾아 모방하거나 결론을 낼 수 있는 기술을 말한다.
> ④ 머신러닝(Machine Learning) : 컴퓨터가 데이터를 분석하고 학습하는 과정으로 패턴을 인식하여 정보를 판단 · 결정하여 앞으로의 행동을 예측할 수 있는 기술을 말한다.

Answer 7.① 8.④ 9.③

10 우리나라는 '이것'으로 인한 사망률이 OECD 국가 중 1위이다. 나이팅게일, 김유정, 이상, 쇼팽, 조지오웰, 도스토예프스키, 스키노자 모두 '이것'으로 사망하였는데, 여기서 '이것'은 무엇인가?

① 폐렴

② 뇌염

③ 당뇨

④ 결핵

TIP 결핵 … 폐를 비롯한 장기가 결핵균에 감염되어 발생하는 질환으로, OECD 국가 중 1위를 차지하고 있으며 매일 65명의 환자와 5명의 사망자가 발생한다고 한다.

11 대한민국헌법에서 기본권으로 규정하고 있지 않은 것은?

① 평등권

② 처벌권

③ 참정권

④ 사회권

TIP 기본권 유형

구분	내용
평등권	• 다른 기본권 보장의 전제조건 • 법 앞의 평등과 기회의 균등
자유권	• 신체, 주거 및 사생활, 언론 · 출판 · 집회 · 결사의 자유 • 국가 권력에 의한 간섭이나 침해를 받지 않을 권리
참정권	선거권, 공무담임권, 국민투표권 등 정치에 참여할 권리
사회권	• 인간다운 생활을 할 권리, 교육받을 권리, 환경권, 근로의 권리 • 국민이 인간다운 생활을 영위하는 데 필요한 조건을 국가에 요구할 수 있는 권리
청구권	청원권, 국가배상청구권 등 국가에 대하여 일정한 청구를 요구할 수 있는 권리

12 온라인 플랫폼에서 불특정 다수의 개인에게 다양한 목적으로 자금을 모으는 방식을 의미하는 것은?

① 소셜펀딩

② 뉴스펀딩

③ 크라우드펀딩

④ 퀀텀펀드

TIP ① 소셜펀딩(Social Funding) : 사업 개요를 인터넷에 공개해 투자를 받는 펀딩 방식이다.
② 뉴스펀딩(News Funding) : 구독자가 감명 깊게 본 기사를 후원하는 뉴스 서비스이다.
④ 퀀텀펀드(Quantum Fund) : 짐 로저스가 조지 소로스와 설립한 헤지펀드 중에 하나이다.

Answer 10.④ 11.② 12.③

13 개인의 생활보다 일을 중시하고 일에 열정적으로 임하는 라이프 스타일은?

① 미닝아웃

② 에코그래머블

③ 태그니티

④ 허슬 컬쳐

> **TIP** ① 미닝아웃 : SNS의 해시태그(#) 기능을 사용하여 관심사를 공유하거나 소비 행위 등으로 개인의 신념이나 가치관을 표출하는 소비
> 자 운동의 일종
> ② 에코그래머블 : 인스타그램(instagram)에 올릴만한 외관을 갖춘 친환경 제품이나 서비스
> ③ 태그니티 : 해시태그(#)와 커뮤니티의 합성어로, SNS에서 해시태그 기능을 사용하여 관심사와 취향을 공유하는 공동체

14 인질범이 인질에게 정신적으로 동화되어 공격적인 태도가 완화되는 심리는?

① 리마 증후군   ② 리플리 증후군

③ 스톡홀름 증후군   ④ 뮌하우젠 증후군

> **TIP** ② 리플리 증후군 : 허구를 진실이라 믿고 거짓말과 거짓된 행동을 상습적으로 하는 인격장애다.
> ③ 스톡홀름 증후군 : 인질이 인질범들에게 동화되어 그들에게 동조하는 비이성적 현상이다.
> ④ 뮌하우젠 증후군 : 아프다고 거짓말하거나 자해를 통해 타인의 관심, 동정심을 유발하려는 정신질환이다.

15 머신러닝, 인공지능, 클라우드 등의 첨단기술을 활용해서 금융규제에 대응하고 금융법규를 준수하는 업
무를 자동화하여 효율적으로 대응하기 위한 기술을 의미하는 것은?

① 인슈어테크   ② 핀테크

③ 섭테크   ④ 레그테크

> **TIP** ① 인슈어테크(InsureTech) : 보험(Insurance)과 기술(Technology)의 합성어로, 데이터 분석을 통해 다양한 보험서비스를 제공하는 것
> 이다.
> ② 핀테크 : 금융(Financial)과 기술(Technology)의 합성어로, 금융 서비스와 관련된 소프트웨어 서비스를 제공 것이다.
> ③ 섭테크(Suptech) : 감독(Supervision)과 기술(Technology)의 합성어로, 최신 기술로 금융감독 업무를 수행하기 위한 것이다. 금융
> 감독이나 검사 등의 금융상담 서비스이다.

16 우리나라와 최초로 수교를 맺은 사회주의 국가는?

① 중국   ② 헝가리

③ 쿠바   ④ 베트남

TIP 1948년 남·북한 동시에 사회주의 국가인 헝가리와 최초로 수교를 맺었으며, 이후 1989년 우리나라와 단독 수교를 맺었다.

17 대통령 임기 만료를 앞두고 나타난 권력누수 현상을 일컫는 말은?

① 레임덕

② 데드덕

③ 브로큰덕

④ 시팅덕

TIP ② **데드덕** : 권력공백 현상으로 사실상 가망이 없는 상황에서 사용된다.
③ **브로큰덕** : 권력통제 불능상태 일컫는다.
④ **시팅덕** : 어수룩하여 이용당하거나 공격받기 쉬운 대상을 일컫는다.

18 섀도캐비닛(Shadow Cabinet)이란 무엇인가?

① 각외대신   ② 후보내각

③ 각내대신   ④ 야당내각

TIP 섀도캐비닛(Shadow Cabinet) … '그늘의 내각' 또는 '그림자 내각'으로 번역하기도 하며, 영국 야당의 최고지도부인 의원간부회의를 말한다. 야당이 정권을 잡았을 때에 대비한 내각이다.

Answer 16.② 17.① 18.④

19 대통령제와 의원내각제의 요소를 결합한 절충식 정부형태를 무엇이라 하는가?

① 연방정부제

② 연립내각제

③ 이원집정부제

④ 혼합정부제

> **TIP** 이원집정부제 … 평상시에는 의원내각제 정부형태를 취하나, 비상시가 되면 대통령에게 강력한 대권을 부여하여 신속하고 강력하게 국정을 처리하는 제도로, 독일 바이마르공화국과 프랑스 제5공화국이 실제로 채택하였다.

20 스마트폰 사용으로 같이 있는 사람을 소홀히 대하거나 무시하는 행위는?

① 퍼빙

② 스몸비

③ 임플로이언서

④ 유령 진동 증후군

> **TIP** ② **스몸비** : 스마트폰 화면을 보느라 주변 환경을 인지하지 못해 사고 위험도가 높은 사람
> ③ **임플로이언서** : 직원과 인플루언서의 합성어로, 근무하는 회사의 임금, 복지 등을 디지털 공간에 공유함으로써 대외적으로 인지도가 생기고 영향력이 큰 직원
> ④ **유령 진동 증후군** : 스마트폰 중독과 의존도가 날로 더해지면서 연락이 오지 않았음에도 벨소리가 들리거나 진동을 느낀 것 같이 착각하는 현상

21 팍스 시니카(Pax Sinica)란 무엇인가?

① 중국이 주도하는 세계평화

② 미·소 간의 새로운 세계평화질서 확립

③ 미국의 지배에 의한 세계평화

④ 세계 곡물수출을 통한 미국의 경제부흥

> **TIP** 팍스 시니카(Pax Sinica)
> ⊙ 중국의 지배에 의한 세계질서의 유지를 이르는 표현으로 팍스 로마나, 팍스 브리태니카, 팍스 아메리카나에 이어 등장하였다. 중국은 홍콩·마카오의 반환을 계기로 고속성장을 이루고 있으며, 동남아시아뿐만 아니라 전 세계 화교들의 경제력을 바탕으로 중국이 세계를 중화사상을 중심으로 개편하려고 할 것으로 보고 그 시기를 이르는 표현이다.
> ⓒ 과거 청대의 강희제부터 건륭제가 지배하던 130년간의(1662 ~ 1795) 중국은 티베트, 내·외몽고까지 영토를 확장시켰다. 이렇게 넓은 영토, 평화와 번영이 지속된 시기를 팍스 시니카라고 칭하기도 한다.

Answer 19.③ 20.① 21.①

22 근로자가 노동조합에 가입하지 않을 것, 혹은 노동조합에서 탈퇴할 것을 고용조건으로 하는 근로계약은?

① 황견계약

② 유니언숍

③ 조건부계약

④ 임금피크제

TIP ② 유니언숍 : 채용이 되면 반드시 노동조합에 가입해야 하며 조합으로부터 제명 · 탈퇴한 자는 회사가 해고해야 한다는 노조가입 강제제도

③ 조건부계약 : 부당노동행위의 유형으로, 근로자와 사용자 사이에서 근로자의 노동조합 가입 또는 탈퇴를 고용조건으로 하는 합의

④ 임금피크제 : 근로자가 일정 연령에 도달하면 임금을 삭감하는 대신 근로자의 고용을 보장하는 제도

23 육군 부대가 한 지역에 계속 주둔하며 그 지역 경비와 군대의 질서 및 군기 감시, 시설물 보호를 목적으로 제정한 대통령령은?

① 분수령

② 위수령

③ 계엄령

④ 경비계엄령

TIP 위수령 … 육군 부대가 한 지역에 계속 주둔하면서 그 지역의 경비, 군대의 질서 및 군기(軍紀) 감시와 시설물을 보호하기 위하여 제정된 대통령령을 의미하는 것으로 제정된 위수령에 따르면 위수사령관은 치안유지에 관한 조치에 관하여 그 지구를 관할하는 시장 · 군수 · 경찰서장과 협의하여야 하며, 병력 출동은 육군참모총장의 사전승인을 얻어야 하나 사태가 위급한 경우 사후승인도 가능하도록 하였다. 병기는 자위상(自衛上)의 필요, 진압 · 방위 등의 필요가 있을 때에 사용하며, 사용하였을 때는 즉시 육군참모총장에게 보고하도록 하였다.

24 충분한 범죄 혐의가 있고 소송조건을 갖추었음에도 불구하고 검사의 재량에 의하여 공소를 제기하지 아니할 수 있음을 말하는 용어는?

① 기소독점주의

② 기소법정주의

③ 기소편의주의

④ 기소불합리주의

TIP 기소독점주의 … 범죄를 기소해 소추(訴追)하는 권리를 검사만이 가지고 있는 것을 말한다.

※ 기소법정주의 … 법률이 미리 일정한 전제 조건을 정해 두고 그 조건이 충족되면 반드시 기소해야 하는 원칙을 말한다.

Answer 22.① 23.② 24.③

25 저렴한 임대료로 다수의 사람이 함께 공동으로 거주하는 공간을 의미하는 것은?

① 셰어하우스

② 핵가족

③ 수정핵가족

④ 프렌디

> **TIP** ② **핵가족** : 부부와 미혼의 자녀만으로 이루어진 소가족
> ③ **수정핵가족** : 자식 세대의 맞벌이 부부가 많아지면서 증가한 가족 형태로, 부모와 기혼 자식의 가족이 한집에 동거하지만 각기 독립적으로 생활하는 가족
> ④ **프렌디** : 친구 같은 아빠로 육아에 활발하게 참여하는 아버지

26 다음 내용이 설명하고 있는 것은?

> 이는 인적재난 및 자연재난으로 구분되며 대형사고 및 국가기반체계의 마비 및 전염병 확산 등으로 인해 많은 피해를 입었을 경우에 이에 대한 수습 및 복구 등을 위해 특별조치 및 국가적 지원이 필요할 시에 인정되는 지역이다.

① 보통재난지역   ② 일부재난지역

③ 특별재난지역   ④ 보통침수지역

> **TIP** **특별재난지역** … 재난으로 인해 특별조치가 필요하다고 인정되면 심의를 거쳐 특별재난지역으로 선포할 것을 대통령에게 건의할 수 있다.

Answer 25.① 26.③

27 '사전형량조정제도'로 유죄 인정하여 형량을 경감 받는 제도를 의미하는 것은 무엇인가?

① 원샷법 ② 플리 길티

③ 사면 ④ 유추해석

> **TIP** 유죄를 인정하는 대신 형량을 경감 받는 것으로 '플리 바겐', '플리 길티'이다. 주로 뇌물, 마약 범죄 등에 수사된다.

28 쇠와 피에 의해서 통일을 이뤄낼 수 있다는 철혈정책과 오스트리아 배척 정책을 통해서 독일에 통일을 이뤄낸 정치가는?

① 쿠르트 슈마허

② 요아힘 가우크

③ 빌리 브란트

④ 비스마르크

> **TIP** ① 쿠르트 슈마허 : 독일 서방의 통합정책, 방위공동체 구상 등 정책을 비판하는 서독의 국회위원이다.
> ② 요아힘 가우크 : 동독의 민주화에 앞장섰던 독일의 정치인으로 2012년 3월 제11대 대통령으로 선출되었다.
> ③ 빌리 브란트 : 서독 4대 총리로 적극적인 동방 화해정책을 위해 힘썼다.

29 태어날 때부터 인공지능(AI)과 같은 디지털 기술을 놀이로 체험하고 받아들인다. 로봇과 친숙하게 소통하며 명령에 반응하고 감정을 표현할 줄 아는 로봇 장난감, 직접 코딩으로 움직일 수 있는 조립형 블록, 다양한 증강현실처럼 음성과 이미지로 더 많이 소통하고, 개인화 서비스에 익숙한 세대는?

① 알파 세대 ② 와이 세대

③ 엑스 세대 ④ 베타 세대

> **TIP** 알파 세대(Alpha Generation) … 2011~2015년에 태어난 세대로, 이들은 태어날 때부터 인공지능(AI)과 같은 디지털 기술을 놀이로 체험하고 받아들인다. 로봇과 친숙하게 소통하는 것 역시 알파세대의 특징 중 하나다.

Answer 27.② 28.④ 29.①

30 우리나라 법의 위계를 옳은 순서로 나열한 것은?

① 헌법 – 명령 – 법률 – 조례 – 규칙
② 헌법 – 법률 – 명령 – 조례 – 규칙
③ 법률 – 헌법 – 조례 – 명령 – 규칙
④ 법률 – 명령 – 헌법 – 규칙 – 조례

TIP 상위법 우선원칙으로 '헌법(국민) – 법률(국회의원) – 명령(대통령, 국무총리, 장관) – 조례(지방의회, 지방자치단체) – 규칙(지방자치단체)'
순이다.

31 저출산 및 고령화에 기인한 것으로 한 가구의 자녀가 1명 또는 2명으로 줄어들고 경제력 있는 조부모가
늘어나면서 귀한 손자, 손녀를 위해 지출을 아끼지 않게 된 것에서 비롯된 용어는?

① 패런트 포켓   ② 차일드 포켓
③ 에이트 포켓   ④ 하우스 포켓

TIP 에이트 포켓 … 출산율이 낮아지면서 한 명의 아이를 위해 부모, 양가 조부모, 삼촌, 이모 등 8명이 지갑을 연다(아이를 위한 지출을
한다)는 것을 의미한다.

32 취업을 하지 않고 부모님과 함께 사는 2030세대를 의미하는 것은?

① 노마드족   ② 몰링족
③ 리터루족   ④ 캥거루족

TIP ① 노마드족 : 특정한 가치와 삶의 방식에 얽매이지 않고 끊임없이 자기 자신을 바꾸어 나가며 창조적으로 사는 인간형을 말한다.
② 몰링족 : 복합쇼핑몰에서 쇼핑을 할 뿐 아니라 공연을 보고, 책을 읽고 영화를 보는 등 여가를 즐기는 새로운 소비계층을 뜻하며
쇼핑 자체를 단순히 물건을 사는 행위가 아닌, 구매와 문화활동이 어우러진 하나의 즐거운 경험으로 여긴다.
③ 리터루족 : '돌아가다(Return)'와 '캥거루(Kangaroo)족'의 합성어이다. 일부는 높은 전셋값 등의 주택 문제와 육아 문제 등이 리터루
족 탄생의 주요 원인이라고 분석하기도 한다. 미국과 같이 성년이 되면 부모를 떠나 독립하는 것이 당연시되는 문화에서도 경기
침체로 인해 최근 이러한 현상이 늘어나고 있다.

Answer 30.② 31.③ 32.④

33 다음 상황과 관련 있는 법으로 옳은 것은?

> 최근 병원 원장의 폭언과 욕설을 폭로하는 녹음 파일이 공개되었다. 해당 직원이 공개한 녹음 파일에는 수술을 앞둔 환자에게 마취를 늦게 했다는 이유로 간호사에게 폭언을 퍼붓는 원장 목소리가 담겨있었다. 특정 간호사의 업무 능력이 부족하다며, 여러 직원 앞에서 공개적으로 모욕을 주기도 했다.
> 또한 평소 업무와 관련 없는 사적인 지시도 빈번했다는 게 직원의 주장이다.
> 내부 직원 : 직원들에게 수시로 물 떠와라, 휴대폰 가져오라는 심부름을 시키기 일쑤다. 인권이 짓밟히는 느낌이고, 직원도 누군가의 가족인데….

① 정년 60세 연장법   ② 임금명세서 교부 의무화

③ 직장 내 괴롭힘 금지법   ④ 이해충돌방지법

TIP 직장 내 괴롭힘 금지법 … 이 법은 직장 내 갑질과 폭언, 폭행 등이 잇따라 노동 환경이 침해되고 있다는 지적에 따라 제정되었다.

34 출생률과 사망률이 모두 낮고 인구가 정체하는 선진국형 인구구조는?

① 표주박형   ② 별형

③ 피라미드형   ④ 종형

TIP 인구구조

ⓐ **피라미드형(정체형, 증가형)** : 피유소년층이 큰 비중을 차지하는 구조로 다산다사의 미개발 국가나 다산소사의 개발도상국에서 나타난다.

ⓑ **종형(정체형)** : 출생률이 낮아 유소년층의 인구 비중이 낮고 평균 수명이 연장되어 노년층의 비중은 높은 소산소사의 선진국에서 나타난다.

ⓒ **방추형(감소형)** : 낮은 출생률과 사망률로 출산 기피에 따른 인구 감소가 나타난다. 에스키모나 아메리카 인디언과 같은 특수한 경우나 프랑스와 일본 등 초저출산 국가에서도 방추형의 인구구조가 나타난다.

ⓓ **별형(도시형)** : 인구 전입으로 청장년층의 비율이 높은 도시나 신개발 지역에서 나타나는 유형으로, 노년 인구나 유소년 인구에 비해서 생산 연령 인구가 많다.

ⓔ **표주박형(농촌형)** : 청장년층의 전출로 노년층 비율이 높은 농촌에서 나타나는데, 생산 연령 인구에 비해서 노년 인구나 유소년 인구가 많다.

Answer   33.③   34.④

35 소비자 보호를 목적으로 기업을 고발하는 소비자 운동은?

① 네이더리즘   ② 메타폴리즘

③ 웨바홀리즘   ④ 처널리즘

> **TIP** ② 메타폴리즘 : 대도시 인구에게 나타나는 무인정주의(無人情主義).
> ③ 웨바홀리즘 : 일상생활에 지장을 느낄 정도로 인터넷에 지나치게 의존하고 인터넷을 하지 않을 땐 불안감을 느끼는 인터넷 중독증.
> ④ 처널리즘 : 보도자료나 다른 기자가 작성한 기사를 자신의 기사로 재구성하는 행위

36 자신의 분야에서 조금만 벗어나도 문제해결능력이 붕괴되는 현상은?

① 낭떠러지효과   ② 언더독효과

③ 풍선효과   ④ 나비효과

> **TIP** ② 언더독효과 : 경쟁에서 열세에 있는 약자를 더 응원하고 지지하는 심리 현상
> ③ 풍선효과 : 어떤 부분의 문제를 해결하면 또 다른 부분에서 문제가 다시 발생하는 현상
> ④ 나비효과 : 미세한 변화나 작은 사건이 추후 예상치 못한 엄청난 결과로 이어지는 현상

37 병들고 부패한 귀족이란 의미로, 돈 많고 권력 있는 엘리트 집단이 약자를 상대로 갑질하고 권력에 유착하여 각종 부정부패에 가담하는 것은?

① 노블레스 오블리주   ② 노블레스 말라드

③ 프로보노   ④ 애드호크라시

> **TIP** ① 노블레스 오블리주 : 사회적 지위가 높은 사람들의 도덕적 의무
> ③ 프로보노 : 미국 변호사들이 사회적 약자를 위해 제공하는 법률 서비스
> ④ 애드호크라시 : 전통적 관료제 구조와 다르게 융통적이고 혁신적인 구조를 지닌 특별 임시조직

Answer 35.① 36.① 37.②

38 포탄이 발사되면 포신이 뒤로 밀린다. 여기서 알 수 있는 법칙은 무엇인가?

① 관성의 법칙　　　　　　　　　　　　② 가속도의 법칙

③ 작용 · 반작용의 법칙　　　　　　　　④ 면적의 법칙

> **TIP** ③ **작용 · 반작용의 법칙** : 물체에 힘을 가하면 원래 상태를 유지하기 위해 물체는 반대방향으로 힘을 작용한다는 법칙이다.
> ① **관성의 법칙** : 힘을 받지 않는 정지상태의 물질은 계속 정지하려고 하며 웅ㄴ동 중인 물체는 계속 등속직선운동을 하려 한다는 법칙이다.
> ② **가속도의 법칙** : 물체에 힘을 가했을 때 생기는 가속도의 크기는 작용하는 힘의 크기에 비례하고 질량에 반비례한다는 법칙이다.
> ④ **면적의 법칙** : 태양과 행성을 연결하는 선분(동경)이 같은 시간에 그리는 면적은 일정하다는 법칙이다.

39 '공익을 위하여'라는 라틴어 줄임말로 미국에서 소외 계층을 위해 무료 변론을 하는 변호사를 일컫는 말로 쓰이면서 대중화된 개념은?

① 애드호크(Ad Hoc)

② 페르소나 논 그라타(Persona Non Grata)

③ 프로보노(Probono)

④ 마니페스투스(Manifestus)

> **TIP** **프로보노**(Probono) … 라틴어 'Pro Bono Publico'의 줄임말로서 '정의를 위하여'라는 뜻이다. 지식이나 서비스 등을 대가없이 사회 공익을 위하여 제공하는 활동을 말한다.

40 제4의 물질 상태라고 부르며, 초고온에서 전자(음전하)와 이온(양전하)으로 기체가 분리되는 상태를 말하는 것은 무엇인가?

① 콜로이드　　　　　　　　　　　　　② 쿼크

③ 플라즈마　　　　　　　　　　　　　④ 초전도

> **TIP** ③ **플라즈마** : 우주 구성 물질의 99퍼센트가 플라즈마 상태로 구성되며 형광등 내부, 네온사인과 같은 일상생활에서도 쉽게 접한다.
> ① **콜로이드** : 물질이 분자 또는 이온 상태로 액체 속에 고르게 용해되어있는 용액
> ② **쿼크** : 물질을 구성하는 가장 기본적인 입자
> ④ **초전도** : 매우 낮은 온도에서 전기저항이 0에 가까워지는 현상

Answer 38.③ 39.③ 40.③

41 다음이 설명하는 대기권은?

> 0~11km까지의 영역이다. 지표면으로부터 가장 인접한 대기층으로, 상부에 좁고 수평으로 흐르는 강한 공기의 흐름인 제트기류가 분다.

① 열권
② 대류권
③ 중간권
④ 성층권

TIP ① **열권**: 80km 이상인 영역이다. 중간권 위에 위치하며 외기원에 접한다. 대기권 중 밀도가 가장 낮고 온도는 가장 높다. 우주 공간으로 볼 수 있으며, 우주왕복선과 국제우주정거장 궤도는 열권에 포함된다.
③ **중간권**: 50 ~ 80km까지의 영역이다. 성층권 위, 열권 아래에 위치하며 대기권에서 기온이 가장 낮다. 유성이 관측된다.
④ **성층권**: 10 ~ 50km까지의 영역이다. 태양으로부터 오는 자외선을 흡수하여 가열되고 열적으로 안정되어 있기 때문에 대류가 일어나지 않는다. 자외선을 흡수하는 오존이 밀집되어 있는 고도 25km 부근을 오존층이라고 부른다.

42 데이터를 컴퓨터 내부에 있는 공간이 아닌 외부 중앙컴퓨터에 저장할 수 있도록 하는 공간은?

① 인공지능
② 빅데이터
③ 알고리즘
④ 클라우드

TIP ④ **클라우드 서비스**: 데이터를 보관하는 장소에 따라 폐쇄형 클라우드와 개방형 클라우드로 나뉜다.
① **인공지능**: 인간의 학습능력과 추론능력, 지각능력, 자연언어의 이해능력 등을 컴퓨터 프로그램으로 실현한 기술이다.
② **빅데이터**: 아날로그 환경에서 생성되던 데이터에 비해 방대한 대규모 데이터를 말한다. 빅데이터의 특징으로 '3V(Volume;크기, Velocity;속도, Variety;다양성)'을 들 수 있다.
③ **알고리즘**: 어떤 문제를 해결하기 위한 절차, 방법, 명령어들의 집합이다. 유한한 명령어들의 집합으로 문제를 해결한다.

Answer 41.② 42.④

43 저온부와 고온부의 온도차에 의해 일어나는 열의 이동현상은?

① 전도   ② 복사

③ 대류   ④ 노킹

TIP ② 복사 : 열이 중간에 다른 물질을 통하지 않고 직접 이동하는 현상을 말한다.
       ③ 대류 : 열이 유체를 통하여 이동하는 현상을 말한다.
       ④ 노킹 : 내연기관의 기통 안에서 연료가 빨리 발화하거나 이상폭발하는 현상을 말한다.

44 베버리지가 정부 사회보장에 관한 문제를 조사·연구한 보고서에서 국민의 최저 생활 보장을 목적으로 5대 악을 퇴치할 것을 주장하였는데, 다음 중 5대 악이 아닌 것은?

① 결핍   ② 질병

③ 나태   ④ 불신

TIP 베버리지 5대 악 … 결핍, 질병, 나태, 무지, 불결

Answer 43.① 44.④

02 경제

□ **상대강도지수(RSI : Relative Strength Index) ***

가격 움직임에서 나타나는 투자 심리를 간접적으로 보여주는 기술적 분석 지표로 특정 자산의 가격 움직임의 강도를 평가하는 데 사용된다. 즉, 주어진 기간 동안 상승폭과 하락폭의 비율을 분석하여 시장 내 매수와 매도의 강도(자산의 과매수 또는 과매도 상태)를 판단한다. 단기 매수·매도 신호로 사용되며 직접적인 심리측정도구는 아니지만 투자자들의 심리가 가격 움직임에 어떻게 영향을 미쳤는지 간접적으로 해석할 수 있다.

☆☆☆ 주요 해석
- RSI 70 이상(과매수 상태) : 자산 가격이 급등하면서 탐욕과 낙관론이 강해진 상태를 반영한다. 투자자들이 과도하게 매수하여 가격이 실제 가치보다 높아질 가능성이 크며, 이때 가격하락이 예상된다.
- RSI 30 이하(과매도 상태) : 자산 가격이 급락하면서 공포나 비관론이 강해진 상태를 반영한다. 투자자들이 지나치게 매도하여 가격이 실제 가치보다 낮아질 가능성이 크다. 이때 가격상승이 예상된다.

□ **공포탐욕지수(Fear&Greed Index) ****

미국 CNN에서 개발한 시장에 대한 투자자들의 심리상태 지표이다. 시장 전반의 투자 심리를 평가하여 매수·매도 타이밍을 잡는 데 도움을 준다. RSI와 함께 보조 수단으로 사용된다. 변동성, 시장모멘텀, 옵션시장, 주가 강도, 주가 폭, 채권 수익률 스프레드 총 7가지 요인으로 시장 심리를 측정하며 0~100까지 5단계로 구분한다. 0~24는 극도의 공포, 25~49는 공포, 50은 중립, 51~74는 탐욕, 75~100은 극도의 탐욕이다. 지표가 극도의 공포에 가까울수록 시장 저평가 가능성이 높고, 극도의 탐욕에 가까울수록 시장 고평가 가능성이 높다.

□ **다크 패턴(Dark Patten) *****

사용자가 원하지 않는 행동을 하도록 유도하는 기만적인 사용자 인터페이스(UI)를 의미하며 눈속임 설계라고도 한다. 이는 혼란을 유발하거나 심리적 압박을 가해 사용자의 동의를 이끌어내며, 불필요한 지출, 개인정보 제공, 원치 않는 서비스 가입 등의 결과를 초래할 수 있다.

□ 옴니보어 ***

옴니보어(Omnivore)는 라틴어로 '모든 것을 먹는 자'를 뜻한다. 하지만 현대 소비 트렌드에서는 특정 집단의 전형적인 소비 방식에 얽매이지 않고, 다양한 분야의 제품과 서비스를 자유롭게 소비하는 '잡식성 소비자'를 뜻한다.

□ 토핑경제 ***

토핑경제는 피자에 원하는 토핑을 올리듯, 기존 상품에 자신의 취향과 개성을 반영해 맞춤화하는 소비 형태를 의미한다. 이는 대중적인 소비 트렌드를 따르면서도, 동시에 개성을 드러내고 싶은 소비자의 욕구를 반영한 개념이다. 대표적인 예시로는 크록스의 지비츠, 서브웨이의 맞춤형 샌드위치, 마라탕 재료 선택 시스템, 스타벅스의 커스텀 메뉴 등이 있다.

□ 스텔스 테이퍼링 *

중앙은행이 공식적으로 드러내지 않고 몰래 단행하는 양적 완화 축소로 즉, 중앙은행이 공식 발표 없이 자산 매입 규모를 줄이는 과정을 의미한다. 이는 자산 매입 규모를 서서히 축소하여 시장에 미치는 충격을 최소화하기 위해 시행된다.

☆☆☆ 테이퍼링(Tapering)··· 중앙은행이 양적 완화(QE, Quantitative Easing) 정책으로 시행하던 자산 매입 규모를 점진적으로 축소해 나가는 것을 말한다. '테이퍼링'은 '점점 가늘어지다', '끝이 뾰족해지다'라는 뜻을 가지고 있다.

□ 신품질생산력 ***

신품질생산력은 중국 시진핑 국가주석이 2023년 9월 헤이룽장성 시찰에서 처음 언급한 개념이다. 이는 기존의 자원·인력에 의존한 양적 생산 방식에서 벗어나 첨단 기술과 혁신을 통해 고효율·고품질의 생산력을 구축하겠다는 뜻을 담고 있다. 핵심 산업으로는 반도체, 바이오 의약, 전기차, 상업 우주, 디지털 경제, 로봇, 첨단 전자기기 등이 포함된다. 시진핑 주석은 신품질생산력을 뒷받침하는 두 기둥으로 '인재'와 '금융'을 강조하며, 신흥 산업(신에너지, 신소재, 첨단 제조, 전자정보 등)과 미래 산업 육성에도 초점을 맞추고 있다. 이를 통해 신품질생산력을 키우고, '고품질 발전'을 달성하며, '중국식 현대화'를 실현하는 것이 최종 목표이다.

□ 핀플루언서(Finfluencer) *

핀플루언서는 금융(Finance)과 인플루언서(Influencer)의 합성어다. 유튜브나 SNS, 각종 소셜미디어를 통해 일반 투자자들에게 주식 투자, 부동산 거래, 암호화폐 투자 등 금융 관련 정보와 투자 조언을 제공하며 영향력을 행사하는 사람을 의미한다. 핀플루언서는 전문 지식을 바탕으로 신뢰할 수 있는 정보를 제공하는 '전문가 핀플루언서', 개인 투자를 하며 경험을 공유하는 '일반인 핀플루언서' 그리고 경제적 트렌드나 시장 분석을 일반 대중에게 전달하는 '경제 관련 콘텐츠 크리에이터' 등의 유형이 있다. 핀플루언서는 복잡한 금융 용어를 쉽게 설명하여 사람들의 금융 이해도를 높이고 지식을 넓히는 데 기여할 수 있으며, 투자 트렌드에 영향을 미치기도 한다. 하지만 핀플루언서가 제공하는 금융 정보가 항상 정확하지 않거나 과장된 정보일 수 있어 주의가 필요하다.

□ **캐즘(Chasm)** **

본래 지층에 균열이 생기면서 단절되는 것을 뜻하는 지질학 용어이나, 1991년 제프리 무어박사가 스타트업 성장 과정을 캐즘에 빗대 설명하면서 경제 · 경영분야에서도 사용되고 있다. 경제 · 경영분야에서 캐즘은 첨단기술 제품이 소수의 혁신적 성향 소비자들이 지배하는 초기 시장에서 대중화 단계에 이르기전, 일시적으로 수요가 침체되거나 감퇴하는 현상을 일컫는다.

□ **매그니피센트 7** *

미국의 7개 빅테크 기업(마이크로소프트 · 애플 · 알파벳 · 아마존 · 엔디비아 · 메타 · 테슬라)을 일컫는다.

☆☆☆ AI5 ··· AI랠리를 이끈 5개 기업(엔디비아 · 마이크로소프트 · AMD · TSMC · 브로드컴)을 일컫는다.

□ **풀필먼트Fulfillment)** **

판매자 대신 물류 전문업체가 배송, 보관, 재고관리, 교환 등 모든 과정을 담당하는 서비스를 일컫는다. 즉, 물류 일괄 대행 서비스로 이커머스 시장이 확대되면서 주목받고 있다. 풀필먼트는 '이행'이라는 뜻으로 물류사이트 등의 유통기업이 자사 사이트에서 물건을 사는 고객에게 제공하는 자체 고객 주문 처리 과정으로, 상품 입고뿐만 아니라 보관, 포장, 출하, 배송 등 모든 과정을 통합해서 운영한다.

□ **근원 개인소비지출** **

근원 개인소비지출은 개인소비지출(PCE)에서 가격 변동성이 커 전체적인 경제 트렌드를 왜곡할 수 있는 식료품과 에너지를 제외한 지수다. 근원 개인소비지출은 중앙은행 등의 정책 결정권자들에게 인플레이션 추세를 보이기 위해 사용된다.

☆☆☆ 개인소비지출(PCE) ··· 소비자가 최종적으로 사용하기 위해 구매한 모든 상품과 서비스의 총액으로, PCE가 증가하면 소득이 증가하고 소비자 신뢰도도 증가했음을 나타낸다.

□ **잠재 산출량** **

한 나라의 경제에서 이용가능한 노동 · 자본 · 토지(생산요소)와 생산기술을 결합해 만들 수 있는 재화와 서비스의 최대 산출량을 의미한다. 경제의 실제 산출량은 잠재 산출량보다 클 수도, 작을 수도 있다.

□ **소프트랜딩** ***

경기 성장세가 꺾이지만 급격한 둔화로까지는 이어지지 않는 것을 말한다. 원래 비행기나 우주선이 기체에 무리가 가지 않도록 착륙하거나 궤도에 진입하는 기법을 가리키는 우주항공 용어였으나, 경제 분야에서는 급격한 경기침체나 실업률 증가를 야기하지 않으면서 경기가 서서히 가라앉는 것을 일컫는다.

☆☆☆ 하드랜딩 ··· 경기 성장률이 2 ~ 3%에 불과한 선진국에서는 경기가 침체되어 갑자기 마이너스 성장을 하게 될 경우 충격이 크다는 의미에서 하드랜딩이라고 한다.

□ 크로스 머천다이징(Cross Merchandising) ***

단일상품 뿐만 아니라 관련된 상품까지 진열하는 마케팅 즉, 보완 상품을 함께 전시함으로써 시너지 효과를 내며 구매를 촉구한다. 관련 품목 접근법이라고도 하는데, 소비자가 한 제품에서 다른 제품으로 관심을 돌리도록 유인한다. 예를 들면 유제품이나 냉동식품, 샴푸 – 헤어 컨디셔너 등이 있으며 패션 쪽에서도 가능하다.

□ 집적 이익(集積利益) **

어떠한 지역에 산업이나 인구가 집중되면서 서로 간에 분업 또는 노동력 및 소비시장이 형성되면서 도로나 편의 시설이 마련되고 투자 효율 및 생활 효율이 좋아지면서 얻는 경제적 이익을 의미한다.

□ 미들 마켓(Middle Market) **

최상위 소비자나 최하위 소비자가 아닌 중상층을 대상으로 하는 시장을 말하며, 동시에 공공자금과 개인 자금의 중간에 있는 자금시장(장학재단, 문화재단 등 복지 기금 운용 시장)을 일컫는다.

□ 디프레션(Depression) ***

리세션보다 침체 정도가 더 심한 상태로 경기후퇴를 일컫는 리세션보다 경제 활동이 일반적으로 침체되는 상태다. 물가와 임금이 하락하고 생산이 위축되며 실업이 늘어난다. 즉, 리세션은 경기가 정점을 찍은 뒤 둔화되는 과정이라면 디프레션은 경기가 침체된 상태 자체를 의미한다. 또한 디프레션은 경기가 침체된 불황이라는 점에서 지속적으로 물가가 하락하는 디플레이션과 다르다.

□ CBDC *

중앙은행 디지털화폐를 의미한다. 1985년 미국 예일대 교수 제임스 토빈이 제안한 것으로 현물 화폐 대신에 사용하자고 제안한 화폐이다. 중앙은행을 의미하는 'Central Bank'와 디지털 화폐가 합쳐진 용어로 중앙은행에서 발행한다. 비트코인과 같은 암호화폐와 달리 각국 중앙은행에서 발행하여 현금처럼 가치변동이 크지 않고 액면가가 정해져 있다. 블록체인으로 관리되어 위조의 위험이 적고 모든 금융거래가 기록에 남아 탈세나 자금세탁을 방지할 수 있다. 현재 스웨덴 중앙은행 릭스방크에서는 2020년 2월부터 E – 크로나 디지털 화폐를 시범 운영을 하고 있다.

□ 국채(國債) **

정부가 공공목적에 필요한 자금을 확보하기 위해 발행하는 채권이다. 당해연도 세입으로 갚기 위한 단기국채와 당해연도 이후의 세입으로 상환하는 장기국채가 있다. 정부가 원리금 지급을 보장하므로 기업들이 발행하는 회사채에 비해 안전성이 높다는 장점이 있다. 우리나라의 경우 국고채권(국고채), 외국환평형기금채권(외평채), 국민주택채권 등 3종류가 있다.

☆☆☆ TB금리 … 미국 국채 금리, 즉 재무부채권 금리를 말한다. 미국재무부 채권은 연방정부의 통화증발에 의한 인플레이션을 초래하지 않으면서 재정적자를 보전하는 수단이 되며, 외국정부 및 외국중앙은행의 대외지급준비운용수단으로 이용되기도 하고 각종 금융기관, 기관투자자의 투자수단 및 제2선의 지급준비수단 역할을 한다.

□ **스위프트(Society for Worldwide Interbank Financial Telecommunications)** *

1973년 5월 유럽과 북미의 금융회사에서 자금이동과 외국환거래 업무 등의 국제적인 데이터통신망을 위해서 만든 비영리 기관이다. 국제은행간 금융데이터 통신협회를 의미한다.

□ **신파일러(Thin Filer)** **

금융이력 부족자를 의미한다. 개인 신용을 평가할 금융정보가 부족하여 금융거래에서 소외되는 계층을 의미한다. 금융 이력이 부족하다는 이유로 대출과 신용카드 발급에 제재를 받은 계층이다. 소득과 상환 능력이 있더라고 신용점수에 불리하게 작용하는 것이다.

□ **네카라쿠배당토** **

네이버, 카카오, 라인, 쿠팡, 배달의 민족, 당근마켓, 토스 앞 글자를 줄인 말로, 취업시장에서 대형 IT 기업을 일컫는다.

□ **공유경제** ***

개인 소유를 기본 개념으로 하는 전통 경제와 대비되는 개념으로 공유경제는 소유자들이 많이 이용하지 않는 물건으로부터 수익을 창출할 수 있으며, 대여하는 사람은 물건을 직접 구매하거나 전통적인 서비스 업체를 이용할 때보다 적은 비용으로 서비스를 이용할 수 있다는 장점이 있다. 그러나 공유 서비스를 이용하다가 사고가 났을 경우, 보험을 비롯한 법적 책임에 대한 규정이 명확하지 않는 등 이를 규제할 수 있는 법안이나 제도가 마땅치 않다는 문제점을 가진다.

□ **규모의 경제** ***

대량 생산에 의하여 1단위당 비용을 줄이고 이익을 늘리는 방법이 일반적인데, 최근에는 설비의 증강으로써 생산비를 낮추고 있다. 생산 조직이나 생산의 규모가 커질수록 생산과 판매를 위한 비용이 줄어드는 경우, 이를 규모의 경제라고 한다. 규모의 경제는 생산규모와 관련된 것으로 경제규모가 커진다고 해서 반드시 규모의 경제가 발생하는 것은 아니다.

☆☆☆ 범위의 경제 … 한 기업이 여러 재화나 서비스를 생산할 때 발생하는 총 비용이 별도의 기업으로 하나씩 생산했을 때 발생하는 총비용보다 작아지는 경우를 말한다.

□ **가마우지 경제** **

핵심 부품과 소재를 일본에서 수입해 다른 나라에 수출하는 우리나라 산업경제의 구조적 특성상 수출하면 할수록 정작 이득은 일본에 돌아간다는 의미를 지닌 용어다. 이 말은 중국이나 일본 일부 지방에서 낚시꾼이 가마우지 새의 목 아래를 끈으로 묶어두었다가 새가 먹이를 잡으면 끈을 당겨 먹이를 삼키지 못하도록 하여 목에 걸린 고기를 가로채는 낚시방법에 빗댄 용어다. 1980년대 말 일본 경제평론가 고무로 나오키(小室直樹)가 「한국의 붕괴」라는 책에서 처음 사용하였다.

□ 이더리움 **

거래 명세가 담긴 블록이 사슬처럼 이어져 있는 블록체인(Block Chain) 기술을 기반으로 하며 인터넷만 연결되어 있으면 어디서든 전송이 가능하다. 거래소에서 비트코인으로 구입하거나 비트코인처럼 컴퓨터 프로그램으로 채굴해 얻을 수 있다

☆☆☆ 가상화폐 … 네트워크로 연결된 가상 공간에서 전자적 형태로 사용되는 디지털 화폐 또는 전자화폐를 말한다.

□ 디폴트(Default) **

채무자가 공사채나 은행 융자, 외채 등의 원리금 상환 만기일에 지불 채무를 이행 할 수 없는 상태를 말한다. 채무자가 민간 기업인 경우에는 경영 부진이나 도산 따위가 원인이 될 수 있으며, 채무자가 국가인 경우에는 전쟁, 혁명, 내란, 외화 준비의 고갈에 의한 지급 불능 따위가 그 원인이 된다.

☆☆☆ 컴퓨터 기술분야에서 말하는 디폴트란 어떤 값이나 설정치 등이 프로그램 사용자에 의해 지정되지 않았을 때, 컴퓨터 프로그램은 미리 정해져 있는 값이나 설정치 등을 사용하게 되는데, 이를 디폴트라고 한다.

□ 기업공시(IR : Investor Relation) *

투자자관리. 기업이 투자자와의 관계에서 신뢰를 쌓기 위해 기업에 대한 모든 정보를 제공하는 활동을 말한다. 증권시장에서의 주식투자는 다른 저축수단과는 달리 기업에 대한 각종 정보를 바탕으로 투자의사를 결정하게 된다. 따라서 투자자의 현명한 투자의사를 결정시키기 위해서 발행회사의 경영 상태나 재무상황을 정확하게 알려주어야 한다. 이로써 증권시장에서의 공정한 가격형성에도 도움이 되는 것이다. 만일 그릇된 정보나 루머에 의해서 주식의 가격이 결정되고 올바른 정보는 일부세력이 독점하게 되면 결국 주식의 가격형성은 왜곡을 일으켜 주식시장은 투기경향을 나타내게 되는 것이다. 그래서 「증권거래법」이나 「상법」에 의해서 기업공시에 대한 각종 제도를 마련하고 증권거래소가 직접 나서서 기업 내용을 알려주도록 되어 있다. 증권거래소의 기업공시 내용은 정기적인 공시, 수시 공시, 풍문조회 등으로 구분된다. 정기적인 공시란 증권거래소가 상장회사에 대한 기업공시실을 마련하여 신주를 발행할 때는 제출된 유가증권 신고서, 사업설명서, 유가증권 발행실적 보고서와 함께 매 결산기 마다 제출된 재무제표, 반기 결산보고서 등을 비치하여 열람하게 하는 제도이다.

□ 골든크로스 **

주가나 거래량의 단기 이동평균선이 중장기 이동평균선을 아래에서 위로 돌파해 올라가는 현상을 말한다. 이는 강력한 강세장으로 전환함을 나타내는 신호로 받아들여진다. 이동평균선이란 특정 기간 동안의 주가의 평균치를 이어놓은 선을 말한다. 일반적으로 증권시장에서는 골든크로스 출현을 향후 장세의 상승신호로 해석한다. 또 골든크로스 발생 시 거래량이 많을수록 강세장으로의 전환 가능성이 높다는 의미를 지닌다.

□ **다보스포럼(Davos Forum)** **

세계경제포럼 연차총회의 통칭으로 민간 재단이 주최하지만 세계 각국의 정계(政界) · 재계(財界) · 관계(官界)의 유력 인사들이 모여 공식적인 의제 없이 참가자의 관심분야에 대한 각종 정보를 교환하고 세계경제 발전 방안에 대하여 논의한다. 매년 1 ~ 2월 스위스의 고급 휴양지인 다보스에서 회의를 하기 때문에 일명 '다보스 회의'라고도 한다. 1971년 독일 출신의 하버드대 경영학교수 클라우스 슈바브(K. Schwab)에 의해 만들어져 독립적 비영리재단 형태로 운영되고 본부는 제네바에 있으며, 기관지 「월드링크(World Link)」를 격월간으로, 「세계경쟁력 보고서」를 매년 발간한다.

□ **기저효과** **

특정 시점의 경제 상황을 평가할 때 비교의 기준으로 삼는 시점에 따라 주어진 경제상황을 달리 해석하게 되는 현상이다. 호황기의 경제상황을 기준시점으로 현재의 경제상황을 비교할 경우, 경제지표는 실제 상황보다 위축된 모습을 보인다. 반면, 불황기의 경제상황을 기준시점으로 비교하면, 경제지표가 실제보다 부풀려져 나타날 수 있다.

□ **헤일로 효과(Halo Effect)** ***

헤일로(Halo)란 후광을 뜻하는데, 인물이나 상품을 평정할 때 대체로 평정자가 빠지기 쉬운 오류의 하나로 피평정자의 전체적인 인상이나 첫인상이 개개의 평정요소에 대한 평가에 그대로 이어져 영향을 미치는 등 객관성을 잃어버리는 현상을 말한다. 특히 인사고과를 할 경우 평정자가 빠지기 쉬운 오류는 인간행동이나 특성의 일부에 대한 인상이 너무 강렬한 데서 일어난다. 헤일로효과를 방지하기 위해서는 감정 · 선입감 · 편견을 제거하고, 종합평정을 하지 말고 평정요소마다 분석 평가하며, 일시에 전체적인 평정을 하지 않을 것 등이 필요하다.

□ **시너지 효과(Synergy Effect)** *

기업의 합병으로 얻은 경영상의 효과로, 합병 전에 각 기업이 가졌던 능력의 단순한 합 이상으로 새로운 능력을 갖게 되는 결과를 말한다. 각종 제품에 대해 공통의 유통경로 · 판매조직 · 판매창고 · 수송시설 등을 이용함으로써 생기는 판매시너지, 투자시너지, 생산시너지, 경영관리시너지 등이 있다. 시너지란 본래 인체의 근육이나 신경이 서로 결합하여 나타내는 활동, 혹은 그 결합작용을 의미한다.

□ **앵커링 효과(Anchoring Effect)** *

처음에 인상 깊었던 것이 기준이 되어 향후 판단에 왜곡된 영향을 미치는 현상으로 배가 닻(Anchor)을 내리면 연결한 밧줄 범위 내에서만 움직일 수 있듯이 각인된 기억이 기준이 되어 향후 내리는 결정에 편파적이고 왜곡된 영향을 미치는 현상을 말한다. 정박 효과라고도 하며 비즈니스, 쇼핑, 주식, 등 매우 광범위하게 일어난다.

□ 피구 효과(Pigou Effect) ***

임금의 하락이 고용의 증대를 가져온다는 피구(A.C. Pigou)의 이론을 말한다. 즉, 기업의 임금인하는 사람들이 보유하고 있는 현금이나 예금잔고의 실질가치를 인상하는 결과가 되어 일반물가수준은 하락하게 된다. 이러한 실질현금잔고의 증가는 소득에 변화가 없더라도 소비지출을 증가시키므로 결과적으로 고용을 증대시킨다.

□ 리카도 효과(Ricardo Effect) *

일반적으로 호경기 때에는 소비재 수요증가와 더불어 상품의 가격상승이 노동자의 화폐임금보다 급격히 상승하고 임금이 상대적으로 저렴해진다. 기업은 기계를 대신하여 노동력을 사용하려는 경향이다.

□ 톱니 효과(Ratchet Effect) ***

관성효과. 소득이 높았을 때 굳어진 소비 성향이 소득이 낮아져도 변하지 않는 현상을 말한다. 관성효과가 작용하면 소득이 감소하여 경기가 후퇴할 때 소비 성향이 일시에 상승한다. 소비는 현재의 소득뿐만 아니라 과거의 소득에도 영향을 받고 있어 소비자의 소비지출은 소득과 동반하여 변동하는 것이 아니라 안정적인 경향을 보여 경기후퇴 시에도 빠르게 변동을 보이진 않는다. 이처럼 소비의 상대적 안정성으로 경기가 후퇴하여도 소비가 소득의 감소와 같은 속도로 줄어들지 않게 되어 경기후퇴속도는 상당히 완화된다.

□ 베블렌 효과(Veblen Effect) *

허영심에 의해 수요가 발생하는 것으로, 가격이 상승한 소비재의 수요가 오히려 증가하는 현상이다. 예를 들면 다이아몬드는 비싸면 비쌀수록 여성의 허영심을 사로잡게 되어 가격이 상승하면 수요가 오히려 증대한다.

□ 인앱 결제 ***

구글이나 애플이 자체 개발한 내부결제 시스템으로, 웹이 아닌 자사 앱에서 유료 앱이나 콘텐츠를 결제하는 방식이다. 수단에는 상관없으나 결제 시스템은 자사 시스템을 사용하도록 되어 있다. 게임 회사에만 해당되다가 모든 디지털 콘텐츠 결제에 해당 시스템을 확대 적용하겠다고 밝혔으며, 최대 30%의 수수료 지불 및 공정거래 위반 등으로 인한 논란이 일었다. 구글의 인앱결제 강제를 금지하는 「전기통신사업법 개정안」이 2021년 9월 국회를 통과했으며 2022년 3월 8일에는 일부 개정령안을 의결하였다. 시행령 개정안은 지난 2021년 9월 세계 최초로 앱 마켓사업자의 의무를 명확히 규정한 「전기통신사업법」 개정에 따른 후속조치로, 앱 마켓사업자의 이용자 보호의무, 앱 마켓 운영 실태조사, 신설 금지행위의 유형·기준 및 과징금 부과 기준 등을 구체화하여 이른바 인앱결제 강제금지법은 3월 15일부터 시행되었다.

□ 전시효과(Demonstration Effect) **

후진국이나 저소득자가 선진국이나 고소득자의 소비양식을 본떠 그 소비를 증대시키는 경향으로, 신문·라디오·영화·TV 등의 선전에 대한 의존도가 크다. 근대 경제이론에서는 전시효과에 의해 소비성향이 상승함으로써 저축률이 저하되므로 자본축적을 저지한다고 하여 문제시하고 있다. 듀젠베리효과라고도 한다.

□ 밴드왜건효과(Band-Wagon Effect) **

유행에 따른 소비성향을 뜻하는 말로, 어떤 소비재가 가격하락이 됐을 때 새로운 소비자가 이 소비재의 수요자로 등장해 수요량이 증가하는데 이것도 밴드왜건효과라 한다. 따라서 가격의 하락에 수반한 수요량의 증가는 가격효과의 부분과 밴드왜건효과의 부분으로 나눌 수 있다.

□ 공매도 ***

채권이나 주식을 소유하지 않은 상태에서 매도주문을 내는 것이다. 향후 주가가 하락할 것을 예상하고, 한국예탁결제원 등에서 주식을 빌려서 팔고, 주가가 하락하면 같은 종목을 싼값에 사서 갚는 대차거래를 말한다. 예상대로 주가가 떨어지면 시세차익을 얻을 수 있지만, 반대로 주가가 올라가면 손해를 볼 수도 있다. 공매도에는 금융위원회는 주가가 급락하는 것을 막기 위해 금지 시한은 정하지 않고 증시상황에 맞춰 탄력적으로 공매도 금지를 적용하기로 했다.

□ 트리플위칭데이(Triple Witching Day) *

주가지수선물, 주가지수옵션, 개별주식옵션의 만기가 동시에 겹치는 날로 3개의 주식파생상품의 만기가 겹쳐 어떤 변화가 일어날지 아무도 예측할 수 없어 혼란스럽다는 의미에서 생긴 말이다. 트리플위칭데이는 현물시장의 주가가 다른 날보다 출렁일 가능성이 상존하는데 이를 가리켜 만기일효과(Expiration Effect)라고 부른다. 또한 결제일이 다가오면 현물과 연계된 선물거래에서 이익을 실현하기 위해 주식을 팔거나 사는 물량이 급변, 주가가 이상 폭등·폭락하는 현상이 나타날 가능성이 크다. 특히 결제 당일 거래종료시점을 전후해서 주가의 급변동이 일어날 수 있다. 미국의 경우는 S&P500 주가지수선물, S&P100 주가지수옵션, 개별주식옵션 등의 3가지 파생상품계약이 3·6·9·12월 세 번째 금요일에, 한국은 3·6·9·12월의 두 번째 목요일에 트리플위칭데이를 맞게 된다.

□ 파운드리 ***

팹리스 업체가 설계한 반도체를 전담하여 제조하는 생산 전문 기업이다. 반도체 산업 기업은 크게 IDM, 팹리스, 파운드리, OSAT 네 가지로 구분할 수 있다. IDM은 설계부터 최종 완제품까지 자체적으로 수행하는 기업이며 팹리스는 반도체 설계만을 전담한다. OSAT는 파운드리가 생산한 반도체의 패키징 및 검사를 수행한다. IDM 중 일부는 자사 외에 다른 기업의 반도체를 생산하는 파운드리 기능을 함께 수행하기도 하는데, 우리나라에서는 삼성전자, SK하이닉스 등이 IDM이면서 파운드리 기능을 수행하고 있다.

□ 네 마녀의 날(Quadruple Witching Day) *

네 가지 파생상품(주가지수 선물과 옵션, 개별 주식 선물과 옵션)의 만기일이 겹치는 날로 3 · 6 · 9 · 12월 둘째 목요일에 발생한다. 네 마녀가 돌아다녀 혼란스러운 것처럼 이날은 주식시장의 변동 폭이 넓어지고 예측이 힘들다는 사실을 바탕으로 이와 같이 부르는 것이다. 네 마녀의 날에는 파생상품 관련 숨어있던 현물 주식 매매가 정리매물로 시장에 쏟아져 나오면서 예상하기 힘든 주가 움직임이 발생한다. 이는 파생상품 거래에서 이익 실현을 위해 주식을 팔거나 사는 물량이 급격하게 늘어나거나 줄어드는 것으로 주가의 이상폭등, 이상폭락의 가능성을 보여준다. 따라서 주식투자가들은 이를 기회로 삼아 투자전략을 마련하기도 한다. 미국에서 처음 시작된 이 용어는 트리플 위칭데이(주가지수선물, 주가지수옵션, 개별주식옵션)라 불렸으나 개별주식선물이 도입된 2002년 12월부터 '쿼드러플 위칭데이'로 변경되었다. 우리나라도 2008년 4월까지는 트리플 위칭데이였으나, 2008년 5월 개별주식선물이 도입되어 2008년 6월 12일 첫 번째 쿼드러플 위칭데이를 맞았다.

□ 사이드카(Side Car) **

선물시장이 급변할 경우 현물시장에 대한 영향을 최소화함으로써 현물시장을 안정적으로 운용하기 위해 도입한 프로그램이다. 매매호가 관리제도의 일종으로, 주식시장에서 주가의 등락폭이 갑자기 커질 경우 시장에 미치는 영향을 완화하기 위해 주식매매를 일시 정지시키는 제도인 서킷 브레이커(Circuit Braker)와 상이한 개념이다. 주가지수 선물시장을 개설하면서 도입하였는데, 지수선물가격이 전일종가 대비 5% 이상 상승 또는 하락해 1분간 지속될 때 발동하며, 일단 발동되면 발동되면 주식시장 프로그램 매매호가의 효력이 5분간 정지된다. 그러나 5분이 지나면 자동적으로 해제되어 매매체결이 재개되고, 주식시장 후장 매매 종료 40분 전(14시 20분) 이후에는 발동할 수 없으며, 또 1일 1회에 한해서만 발동할 수 있도록 되어 있다.

☆☆☆ 2008년 미국발 금융 위기 당시 국내 증시에서는 사이드카가 코스피 · 코스닥시장을 통틀어 45번이나 발동되면서 사상 최다 기록을 세운바 있다.

□ 서킷브레이커(Circuit Breakers) ***

주식거래 시 주가가 급격하게 하락할 때 매매를 일시적으로 중단하는 제도이다. 뉴욕증권거래소에서 1987년 10월 이른바 블랙먼데이(Black Monday)의 증시폭락 이후 최초로 도입되었으며, 우리나라에서는 유가증권시장에 1998년 12월 7일부터 국내주식가격 제한폭이 상하 15%로 확대되면서 도입되었고 코스닥시장은 2001년 9 · 11테러 이후 이 제도가 도입되어 처음 발동되었다. 서킷브레이커는 주가가 폭락하는 경우 거래를 정지시켜 시장을 진정시키는 목적으로 주가지수가 전일종가 대비 10% 이상 하락한 상태로 1분 이상 지속될 경우 발동된다. 서킷브레이커가 발동되면 처음 20분 동안 모든 종목의 호가 접수 및 매매거래가 정지되며, 향후 10분 동안 새로 동시호가만 접수되고, 하루 한번만 발동할 수 있으며, 장 종료 40분 전에는 발동할 수 없다.

□ **생산자물가지수(PPI : Producer Price Index)** *

대량거래로 유통되는 모든 상품의 가격변동을 측정하기 위해 작성된 지수이다. 도매물가지수를 사용해오다 1990년부터 생산자물가지수로 바뀌었다. 이 지수는 1차 거래단계가격을 대상으로 한다. 국내 생산품은 생산자 판매가격을, 수입품의 경우는 수입업자 판매가격을 기준으로 하고 이것이 불가능할 경우 다음 거래단계인 대량도매상 또는 중간도매상의 판매가격을 이용한다. 소비자물가지수와 같은 특수목적지수와는 달리 상품의 전반적인 수급동향을 파악할 수 있고 포괄범위가 넓기 때문에 국민경제의 물가수준 측정에 대표성이 가장 큰 지수이다. 한편 생산자물가지수는 기업 간의 중간거래액을 포함한 총거래액을 모집단으로 하여 조사대상품목을 선정하였기 때문에 원재료, 중간재 및 최종재에 해당되는 품목이 혼재되어 있어 물가변동의 중복계상 가능성이 크다고 할 수 있다. 이러한 생산자물가지수의 한계를 보완하기 위하여 한국은행은 '가공단계별 물가지수' 또한 편제해 오고 있다.

□ **소비자기대지수(消費者期待指數, Consumer Expectation Index)** ***

경기에 대한 소비자들의 기대심리를 반영한 지수를 말한다. 기준점수를 100으로 하고 이를 웃돌면 6개월 이후의 경기가 현재보다 개선될 것으로 보는 가구가 나빠질 것으로 보는 가구보다 많다는 것을 의미한다. 매월 통계청에서 작성하는데, 주요 기대지수는 경기·가계생활·소비지출·내구소비재 및 외식·문화·오락 등이고 소득계층 및 연령대별로 분석해서 작성한다.

□ **소비자물가지수(CPI : Consumer Price Index)** *

전국 도시의 일반소비자가구에서 소비목적을 위해 구입한 각종 상품과 서비스에 대해 그 전반적인 물가수준동향을 측정하는 것이며, 이를 통해 일반소비자가구의 소비생활에 필요한 비용이 물가변동에 의해 어떻게 영향받는가를 나타내는 지표이다.

□ **인플레이션(Inflation)** **

상품거래량에 비해 통화량이 과잉증가함으로써 물가가 오르고 화폐가치는 떨어지는 현상이다. 과잉투자·적자재정·과소생산·화폐남발·수출 초과·생산비 증가·유효수요의 확대 등이 그 원인이며, 기업이윤의 증가·수출 위축·자본 부족·실질임금의 감소 등의 결과가 온다. 타개책으로는 소비 억제, 저축 장려, 통화량 수축, 생산 증가, 투자 억제, 폭리 단속 등이 있다.

□ **디플레이션(Deflation)** *

상품거래에 비하여 통화량이 지나치게 적어 물가는 떨어지고 화폐가치가 오르는 현상이다. 지나친 통화량수축, 저축된 화폐의 재투자 부진, 금융활동의 침체, 구매력저하 등이 원인이며 생산위축, 실업자증가, 실질임금증가 등의 결과가 나타난다. 이를 타개하기 위해서는 유효수요확대, 통화량증대, 저리금리정책, 조세인하, 사회보장, 실업자구제 등의 정책이 필요하다.

□ 스태그플레이션(Stagflation) ***

Stagnation(침체)과 Inflation의 합성어로, 경기침체하의 인플레이션을 의미한다. 경기가 후퇴함에 따라 생산물이나 노동력의 공급초과현상이 일어남에도 불구하고 물가가 계속해서 상승하는 현상을 말한다.

□ 슬로플레이션(slowflation)

경기가 회복하는 속도가 둔화되는 상황에서 물가는 계속 상승하는 현상이다. 느린(Slow)와 물가상승(Inflation)의 합성어이다. 스태그플레이션보다 경기가 하강하는 강도가 약할 때 사용되는 용어이다.

□ 슬럼플레이션(Slumpflation) *

Slump와 Inflation의 합성어로, 불황중의 인플레이션을 말한다. 흔히 스태그플레이션보다 그 정도가 심한 상태이다.

□ 슈링크플레이션(Shrinkflation) **

기업이 제품 가격은 그대로 유지하면서 수량이나 무게, 제품 크기, 용량 등을 줄여 사실상 값을 올리는 전략으로 '패키지 다운사이징(Package Downsizing)'이라고도 한다. '줄어들다'라는 뜻의 '슈링크'와 '물가상승'을 나타내는 '인플레이션'의 합성어이다. 주로 가공식품 제조업계에서 가격인상의 대안으로 사용하는 전략으로, 원자재 가격이 상승하여 가격인상을 하거나 가격이 낮은 원재료 변경, 용량 축소 등의 대안 가운데 가장 위험부담이 적은 것으로 알려져 있다. 대표적으로 이른바 '질소과자'처럼 가격 인상대신 과자 용량을 줄인 사례가 있다.

□ 크립토 윈터(Crypto Winter) **

가상자산(Cryto)과 겨울(Winter)의 합성어로, 가상자산 가격이 급락할뿐만 아니라 시장에서 자금이 유출되어 거래량이 오랫동안 저조해지는 현상을 겨울에 빗대어 일컫는다. 크립토 윈터는 2011년 당시 유일한 가상자산 거래소였던 '마운트곡스'의 해킹에서 비롯되었다.

□ 펀더멘털 **

한 나라의 경제가 얼마나 건강한지를 나타내는 기초 경제 여건을 말한다. 경제성장률, 물가상승률, 경상수지 등 거시경제지표들이 포함되며 경제적 능력·가치, 잠재적 성장성을 의미한다.

□ 기펜의 역설(Giffen's Paradox) *

재화의 가격이 하락하면 수요가 증가하고 가격이 상승하면 수요가 감소하는 것이 일반적이나, 열등재의 경우 그 재화의 가격이 하락해도 오히려 수요가 감소하는 경우가 있다. 이러한 현상을 기펜의 역설이라고 하며, 이러한 재화를 기펜재라고 한다.

□ **모라토리엄(Moratorium)** ***

전쟁 · 천재(天災) · 공황 등으로 경제가 혼란되어 채무이행에 어려움이 생길 때 국가의 공권력에 의해 일정 기간 채무의 이행을 연기 또는 유예하는 것을 뜻한다. 이는 일시적으로 안정을 도모하기 위한 채무국의 응급조치로서, 채무의 추심이 강행되면 기업도산의 수습을 할 수 없게 되는 우려에서 발동한다. 모라토리엄을 선언하면 국가신인도가 직강하되고 은행 등 금융업체들의 신용도가 사실상 제로상태에 빠지므로 대외경상거래가 마비된다. 이에 따라 수출이 힘들어지고 물가가 상승하며 화폐가치가 급락한다. 대규모 실업사태와 구조조정의 고통이 장기화되며, 외채사용이 엄격히 통제된다.

□ **국민총생산** **

GNP(Gross National Product)는 국민총생산으로, 한 나라에 있어서 일정 기간(1년) 동안 국민들이 생산한 재화와 용역의 최종생산물의 합계를 화폐액으로 표시한 것이다.

□ **국내총생산** *

GDP(Gross Domestic Product)는 국내총생산으로, 외국인을 포함하여 국내에서 거주하는 모든 사람이 생산하는 부가가치의 총액이다. 따라서 GDP에서 해외지불소득(임금 · 이자 · 로열티 등)을 빼고, 해외수취소득을 합하면 GNP가 된다.

☆☆☆ 한국은행의 경제성장률 발표기준은 1995년부터 GNP에서 GDP로 바뀌었다.

□ **국민소득(NI : National Income)** **

원래 한 나라에서 1년 동안 생산한 모든 재화와 용역을 화폐가치로 표시한 것을 말하며, 좁은 의미로는 1년 동안 생산한 것 중 순수입액의 합을 말하는 것으로 분배국민소득의 개념이다.

□ **국민순생산(NNP : Net National Product)** *

1년 동안 각 기업이 순수하게 새로 생산한 재화와 용역의 부가가치를 말한다. 국민총생산물에서 자본의 감가상각분을 뺀 잔액을 말하며, 그것은 그 해의 생산활동의 결과로서 그 연도의 것만 볼 수 있는 최종생산물의 순가치를 시장가치로 평가한 것이다.

□ **경제 6단체** **

전국경제인연합회, 한국경영자총협회, 대한상공회의소, 한국무역협회, 중소기업중앙회, 한국중견기업연합회를 말한다. 전국경제인연합회는 순수민간단체이며 대(對)정부 압력단체의 역할을 한다.

□ **세이의 법칙(Say's Law)** *

프랑스 경제학자 세이(J. S. Say)가 주장한 이론으로서, 판로설이라고도 불린다. "공급은 스스로 수요를 창조한다."라고 하여 자유경쟁의 경제에서는 일반적 생산과잉은 있을 수 없으며 공급은 언제나 그만큼의 수요를 만들어 낸다는 주장이다. 이 이론은 고전학파 경제학의 기본명제가 되었던 것으로, 공황발생 이후부터는 설득력을 잃고 케인스의 유효수요이론이 그 위치를 대신하였다. 판매와 구매의 통일면만 보고 화폐의 유동성을 무시한 것이라는 비판을 받는다.

□ 일물일가(一物一價)의 법칙 *

완전경쟁이 행해지는 시장에서는 동일한 시기, 동일한 시장에서 동일한 품질의 물품에는 동일한 가격이 붙여진다는 법칙이다. 제본스(W.S. Jevons)는 이를 무차별의 법칙이라고 하였다.

□ 엥겔의 법칙(Engel's Law) *

독일의 통계학자 엥겔(E. Engel)은 가계지출에 대해 음식물비의 비율을 조사한 결과 그 비율의 크기가 생활정도를 나타내는 지표가 된다고 했다. 즉, 소득이 낮은 가정일수록 전체의 생계비에 대한 음식물비의 비율이 높고, 소득의 증가에 따라 음식물비의 비율이 감소하고 문화비의 비율이 증가한다는 것이다.

☆☆☆ 엥겔계수 $= \dfrac{\text{음식물비}}{\text{총생계비}} \times 100$

□ 슈바베의 법칙(Schwabe's Law) *

19세기 후반 슈바베(H. Schwabe)에 의해 주장된 것으로, 생계비 중에서 주거비가 차지하는 비율을 통계적으로 설명한 법칙이다. 즉, 가난할수록 전체 생계비에서 차지하는 주거비의 비율이 높다는 것이다.

□ 그레샴의 법칙(Gresham's Law) *

"악화(惡貨)가 양화(良貨)를 구축한다."는 그레샴(S.T. Gresham)의 이론이다. 실질가치가 서로 다른 두 가지 종류의 화폐가 동시에 유통될 경우, 실질가치가 우량한 화폐는 용해·저장·수축 등으로 유통계에서 자취를 감추고 악화만이 남아서 유통된다는 것이다.

□ 리디노미네이션(Redenomination) ***

한 나라의 화폐를 가치의 변동 없이 화폐, 채권, 주식 등의 액면을 동일한 비율의 낮은 숫자로 표현하거나, 새로운 통화단위로 화폐의 호칭을 변경하는 것으로, 우리나라에서는 1953년에 100원을 1환으로, 화폐개혁이 있었던 1962년에 10환을 1원으로 바꾼 일이 있으며, 2004년에 1,000원을 1원으로 바꾸는 안이 논의되기도 했다. 리디노미네이션을 실시할 경우에 거래편의의 제고, 통화의 대외적 위상재고, 인플레이션 기대심리 억제, 지하자금의 양성화 촉진 가능성 등의 장점 등이 있으나, 새 화폐 제조와 컴퓨터시스템·자동판매기·장부 변경 등에 대한 큰 비용, 물가상승 우려, 불안심리 초래 가능성 등의 문제가 있다.

□ 빈곤의 악순환(Vicious Circle Of Poverty) *

후진국은 국민소득이 낮기 때문에 국내저축이 미약하므로 높은 투자가 형성될 수 없다. 따라서 국민소득의 성장률이 낮으며, 이런 현상이 되풀이되는 과정을 빈곤의 악순환이라고 한다. 미국의 경제학자 넉시(R. Nurkse)가 '저개발국의 자본형성 제문제'에서 처음 사용한 용어이다.

□ 신디케이트(Syndicate) *

카르텔 중 가장 결합이 강한 형태로, 중앙에 공동판매소를 두어 공동으로 판매하고 이익을 분배하는 기업집중의 형태이다. 공동판매카르텔이라고도 한다.

□ **보완재**(補完財) ***

재화 중에서 동일 효용을 증대시키기 위해 함께 사용해야 하는 두 재화를 말한다. 이들 재화는 따로 소비할 경우의 효용합계보다 함께 소비할 경우의 효용이 더 크다. 보완재의 예로는 커피와 설탕, 버터와 빵, 펜과 잉크 등이 있다.

□ **대체재**(代替財) ***

재화 중에서 동종의 효용을 얻을 수 있는 두 재화로, 경쟁재라고도 한다. 대체관계에 있는 두 재화는 하나의 수요가 증가하면 다른 하나는 감소하고, 소득이 증대되면 상급재의 수요가 증가하고 하급재의 수요는 감소한다. 예를 들어 버터(상급재)와 마가린(하급재), 쌀(상급재)과 보리(하급재), 쇠고기(상급재)와 돼지고기(하급재) 등이다.

□ **자기자본투자**(PI : Principal Investment) **

증권사들이 고유 보유자금을 직접 주식·채권·부동산 및 인수·합병(M&A) 등에 투자해 수익을 얻는 것으로 주식거래 중개와는 별도로 한다. 해외 투자은행들은 위탁수수료 수익 비중에 비해 자기자본투자의 비중이 높지만 국내 증권사들의 경우 위탁수수료 수익 비중이 자기자본투자에 비해 높다.

□ **레인지 포워드** *

불리한 방향의 리스크를 헤지하기 위해 옵션을 매입하고 그에 따른 지급 프리미엄을 얻기 위해 유리한 방향의 옵션을 매도하여 환율변동에 따른 기회이익을 포기하는 전략이다. 환율 변동으로 인해 발생할 수 있는 이익과 손실을 모두 일정 수준으로 제한함으로써 환 리스크는 일정 범위 내로 제한된다.

□ **왝더독**(Wag The Dog) **

증권시장에서 주가지수 선물가격이 현물지수를 뒤흔드는 현상으로 주식시장이 장 마감을 앞두고 선물시장의 약세로 말미암아 프로그램 매물이 대량으로 쏟아져 주가가 폭락하는 경우를 나타내는 현상을 일컫는다. 여기서 프로그램 매물이란 선물과 현물의 가격차이가 벌어졌을 때 상대적으로 싼 쪽을 사고 비싼 쪽을 팔아 이익을 남기는 거래방식이다. 주로 투신사 등의 기관투자자의 거래에서 이용되고 컴퓨터로 처리하기 때문에 프로그램 매매이다.

□ **유럽연합**(EU : European Union) **

유럽의 정치와 경제를 통합하기 위해 1993년 11월 1일 마스트리히트조약의 발효에 따라 유럽 12개국이 참가하여 출범한 연합기구로 1994년 1월 1일 이후 사용하기 시작한 EC의 새로운 명칭이다. EU회원국 수는 27개국으로 오스트리아, 벨기에, 불가리아, 키프로스, 체코, 덴마크, 에스토니아, 핀란드, 프랑스, 독일, 그리스, 헝가리, 아일랜드, 이탈리아, 라트비아, 리투아니아, 룩셈부르크, 몰타, 네덜란드, 폴란드, 포르투갈, 루마니아, 슬로바키아, 슬로베니아, 스페인, 스웨덴, 크로아티아이다.

□ **유럽자유무역연합(EFTA : European Free Trade Association)** *

EU에 참가하지 않은 스위스, 아이슬란드, 노르웨이, 리히텐슈타인으로 구성된 자유무역체제이다. 유럽 전체를 자유무역지역으로 설립하는 데 목적이 있었으나, 현재는 각 회원국의 독자적인 통상정책을 구성한다.

□ **북미자유협정(NAFTA : North America Free Trade Agreement)** *

미국·캐나다·멕시코 등 북미 3국을 단일시장으로 묶는 자유무역협정을 말한다. 협정은 노동과 자본의 자유로운 이동, 동일한 노동법과 환경보전법 적용, 역내의 관세 및 수입제한을 단계적으로 낮춰 15년 이내에 원칙적으로 철폐할 것 등이다. 유럽공동체(EC)에 이어 두 번째로 진행된 대규모 경제통합으로 거대한 단일시장을 이루었다.

□ **가젤형 기업(Gazelles Company)** *

상시 근로자 10인 이상이면서 매출이나 순고용이 3년 연속 평균 20% 이상인 기업으로, 빠른 성장과 높은 순고용 증가율이 가젤(빨리 달리면서도 점프력도 좋은 영양류의 일종)과 닮았다는 데서 이름이 유래됐다. 자생적 성장을 이룬 기업을 지칭하므로 인수합병은 제외된다. 특히 가젤형 기업 중에서도 매출 1,000억 원 이상의 기업은 슈퍼 가젤형 기업이라고 한다. 가젤형 기업은 규모가 작아 눈에 띄지 않지만, 틈새시장을 집요하게 파고들어 세계 최강자 자리에 오른 히든 챔피언과는 차이가 있다. 히든 챔피언이 매출 시장에 비중을 더 두는 데 비해 가젤형 기업은 안정적인 일자리 창출에 중추적인 역할을 하고 있기 때문이다.

□ **고객관계관리(CRM : Customer Relationship Management)** ***

기존고객의 정보를 분석해서 고객의 특성에 맞는 마케팅을 전개하는 것으로 고객관계관리라고 한다. 전산시스템과 인터넷의 발달로 다양한 고객관리를 할 수 있게 되면서 새로운 마케팅기법으로 각광받고 있다. 고객에 대한 정보자료를 정리·분석해 마케팅 정보로 변환함으로써 고객의 구매패턴을 지수화하고, 이를 바탕으로 마케팅프로그램을 개발·실현·수정하는 고객 중심의 경영 기법을 의미한다. 다시 말해 기업이 고객의 성향과 욕구를 미리 파악해 이를 충족시켜 주고, 기업이 목표로 하는 수익이나 광고효과 등 원하는 바를 얻어내는 기법을 말한다. 영화관을 예로 들자면, 회원카드를 통하여 고객이 어떤 영화를 얼마나 자주 보고 언제 보는가를 CRM을 통해 고객의 취향을 파악해, 취향에 맞는 영화가 개봉될 때를 맞춰 할인쿠폰이나 개봉 정보를 알려줄 수 있다. 이 경우 무작위로 정보를 보내는 것보다 비용과 효과 면에서 유리할 것이다.

□ **고객경험관리(CEM : Customer Experience Management)** *

고객이 어떻게 생각하고 느끼는지를 파악하고, 이를 토대로 고객의 경험을 데이터 하여 구축한 것으로, 기업은 모든 접점에서 고객과 관계를 맺고 각기 다른 고객 경험 요소를 서로 통합해준다. 그리고 고객에게는 감동적인 경험을 갖도록 해주어 기업 가치를 높인다. 고객은 단순히 가격과 품질만을 검토하여 이성적으로 제품을 구매하는 것이 아니라, 친절한 매장 직원이나 편리한 주문시스템 같은 감성적 요인으로 구매를 하는 경향이 있다는 측면에서 등장한 고객관리기법으로 콜롬비아 비즈니스 스쿨의 번트 슈미트 교수(Bernd. Schmitt)가 그의 저서 「CRM을 넘어 CEM으로」에서 처음 소개하였다.

□ **주식회사(株式會社)** ***

1인 이상의 발기인에 의해 설립되며 유한책임의 주주로 구성되는 물적 회사이다. 자본금은 균일한 금액으로 표시되어 있는 주식으로 분할되고 매매·양도가 가능하다. 구성기관으로는 의결기관인 주주총회, 집행 및 대표기관인 이사회와 대표이사, 회계감사기관인 감사의 세 기관이 있다. 주식회사는 주식에 의한 대자본의 형성, 주주의 위험분산, 자본과 경영의 분리 등이 특징이라 할 수 있다.

□ **주택담보대출비율(LTV : Loan To Value Ratio)** **

금융기관에서 주택을 담보로 대출해 줄때 적용하는 담보가치대비 최대대출가능 한도를 말한다. 주택담보대출비율은 기준시가가 아닌 시가의 일정비율로 정하며, 주택을 담보로 금융기관에서 돈을 빌릴 때 주택의 자산 가치를 얼마로 설정하는 가의 비율로 나타낸다.

□ **나노 경영** *

맥아이트(McIT) 이론에 기초하여 지속적 고용 유지와 부가가치 창출을 동시에 성취한다는 경영이론이다. 맥아이트(Mcit)란 경영(Management), 문화(Culture) 그리고 정보기술(Information Technology)의 앞 글자를 딴 것이다. 나노는 '10억분의 1'을 의미하는 것으로 나노기술은 원자와 분자를 직접 조작하고 재배열하여 기존에 존재하지 않던 신물질을 개발하는 기술이다. 나노기술처럼, 나노 경영은 기업이 수행하는 아주 작은 세부 활동들을 분석하여, 이를 보다 큰 차원에서 결합·응용하여 보다 효율적으로 기업을 경영하는 것을 의미한다. 창조·지식경영과 함께 주 30시간의 업무활동과 10시간의 학습활동을 목표로 한 스피드 경영 및 시간 관리가 그 핵심이다.

□ **B2B · B2C** ***

B2B는 Business to Business(기업 對 기업)의 줄임말로 기업과 기업이 전자상거래를 하는 관계를 의미하며, 인터넷 공간을 통해 기업이 원자재나 부품을 다른 기업으로부터 구입하는 것이 대표적이다. 일반 소비자와는 큰 상관이 없지만 거래규모가 엄청나서 앞으로 전자상거래를 주도할 것으로 보인다. B2C는 Business to Consumer의 줄임말로 기업이 개인을 상대로 인터넷상에서 일상용품을 판매하는 것이 대표적이다. 현재 인터넷에서 운영되고 있는 전자상거래 웹사이트의 대부분이 B2C를 겨냥하고 있다. 이밖에도 전자상거래의 유형 중에는 C2B, C2C도 있으나 차지하는 비중은 미미한 편이다.

□ **서브프라임 모기지(Sub-Prime Mortgage)** **

미국에서 신용등급이 낮은 저소득층을 대상으로 높은 금리에 주택 마련 자금을 빌려 주는 비우량 주택담보대출을 뜻한다. 미국의 주택담보대출은 신용도가 높은 개인을 대상으로 하는 프라임(Prime), 중간 정도의 신용을 가진 개인을 대상으로 하는 알트 A(Alternative A), 신용도가 일정 기준 이하인 저소득층을 상대로 하는 서브프라임의 3등급으로 구분된다. 2007년 서브프라임 모기지로 대출을 받은 서민들이 대출금을 갚지 못해 집을 내놓아 집값이 폭락하며 금융기관의 파산 및 글로벌 금융위기를 야기했다. 시사주간지 타임에서 서브프라임 모기지를 '2010년 세계 50대 최악의 발명품'으로 선정하였다.

□ 역모기지론(Reverse Mortgage Loan) *

고령자들이 보유하고 있는 주택을 담보로 금융기관에서 일정액을 매월 연금형식으로 받는 대출상품이다. 주택연금 또는 장기주택저당대출이라고 한다. 부동산을 담보로 주택저당증권(MBS)을 발행하여 장기주택자금을 대출받는 제도인 모기지론과 자금 흐름이 반대이기 때문에 역모기지론이라고 한다. 주택은 있으나 경제활동을 할 수 없어 소득이 없는 고령자가 주택을 담보로 사망할 때까지 자택에 거주하면서 노후생활자금을 연금 형태로 지급받고, 사망하면 금융기관이 주택을 처분하여 그동안의 대출금과 이자를 상환 받는다. 역모기지론의 가입조건은 부부가 모두 60세 이상이어야 하고, 9억 원 이하의 주택을 가진 사람을 대상으로 한다. 고령자가 사망 시 또는 계약 시까지 주택에 살면서 노후생활비를 받으므로 주거안정과 노후소득보장을 받을 수 있다. 단 해당 주택에는 전세권, 저당권, 임대차계약 등이 설정되어 있으면 안 된다.

□ BCG매트릭스 **

BCG매트릭스는 컨설팅 전문회사인 'Boston Consulting Group'에 의해 개발된 것으로 기업 경영전략 수립의 분석도구로 활용된다. 이는 사업의 성격을 단순화, 유형화하여 어떤 방향으로 의사결정을 해야 할지를 명쾌하게 얘기해 주지만, 사업의 평가요소가 상대적 시장점유율과 시장성장률뿐이어서 지나친 단순화의 오류에 빠지기 쉽다는 단점이 있다. X축은 상대적 시장점유율, Y축은 시장성장률을 놓고 각각 높음·낮음의 두 가지 기준을 정한 매트릭스로 구성하여 사업을 4가지로 분류했다.

• Star사업 : 수익과 성장이 큰 성공사업으로 지속적인 투자가 필요하다.
• Cash Cow 사업 : 기존 투자에 의해 수익이 지속적으로 실현되는 자금 원천사업으로 시장성장률이 낮아 투자금이 유지·보수에 들어 자금산출이 많다.
• Question Mark 사업 : 상대적으로 낮은 시장 점유율과 높은 성장률을 가진 신규사업으로 시장점유율을 높이기 위해 투자금액이 많이 필요하며, 경영에 따라 Star 사업이 되거나 Dog 사업으로 전락할 위치에 놓이게 된다.
• Dog 사업 : 수익과 성장이 없는 사양사업으로 기존의 투자를 접고 사업철수를 해야 한다.

□ 페트로 달러(Petro Dollar) **

석유에 대한 주된 결제통화로서 달러의 위상을 상징하는 용어를 의미한다. 국제 원유는 오로지 달러로만 거래되는데, 이는 사우디아라비아와 미국이 함께 구축한 '페트로 달러' 체제 때문이다. 최대 산유국인 사우디는 지정학적 이유와 달러 확보를 위해 오로지 달러로만 원유를 결제받기로 했고 덕분에 미국은 무려 40년간 원자재 시장은 물론 실물경제 시장에서 달러 패권을 누렸다. '페트로 달러'는 '석유를 팔아 얻은 달러'를 뜻하지만 좀 더 폭넓은 국제 정치경제학적 의미에서는 달러로만 석유 대금을 결제할 수 있게 하는 현 체제를 의미하기도 한다.

□ 팹리스 *

반도체를 설계만 하고 제작은 하지 않는 기업이다. '공장(Fab)이 없다(Less)'는 뜻의 팹리스는 중앙처리
장치(CPU)나 모바일프로세서(AP), 통신모뎀·이미지센서 같은 시스템 반도체(비메모리) 칩의 설계를 맡
는다. 팹리스의 설계에 따라 반도체를 생산만 하는 기업은 파운드리(Foundry)라고 한다.

□ 레이더스(Raiders) *

기업약탈자 또는 사냥꾼을 뜻한다. 자신이 매입한 주식을 배경으로 회사경영에 압력을 넣어 기존 경영진
을 교란시키고 매입주식을 비싼 값에 되파는 등 부당이득을 취하는 집단이다. 즉, 여러 기업을 대상으로
적대적 M&A를 되풀이하는 경우를 말한다.

□ 스핀오프(Spin Off) *

정부출연연구기관의 연구원이 자신이 참여한 연구결과를 가지고 별도의 창업을 할 경우 정부보유의 기
술을 사용한데 따른 로열티를 면제해 주는 제도를 말한다. 이를 실시하는 국가들은 기술이 사업화하는
데 성공하면 신기술연구기금을 출연토록 의무화하고 있다. 또 기업체의 연구원이 사내창업(社內創業)을
하는 경우도 스핀오프제의 한 형태로 볼 수 있다.

□ 풋백옵션(Putback Option) *

일정한 실물 또는 금융자산을 약정된 기일이나 가격에 팔 수 있는 권리를 풋옵션이라고 한다. 풋옵션에
서 정한 가격이 시장가격보다 낮으면 권리행사를 포기하고 시장가격대로 매도하는 것이 유리하다. 옵션
가격이 시장가격보다 높을 때는 권리행사를 한다. 일반적으로 풋백옵션은 풋옵션을 기업인수합병에 적용
한 것으로, 본래 매각자에게 되판다는 뜻이다. 파생금융상품에서 일반적으로 사용되는 풋옵션과 구별하
기 위해 풋백옵션이라고 부른다. 인수시점에서 자산의 가치를 정확하게 산출하기 어렵거나, 추후 자산가
치의 하락이 예상될 경우 주로 사용되는 기업인수합병방식이다.

□ 아웃소싱(Outsourcing) **

제품생산·유통·포장·용역 등을 하청기업에 발주하거나 외주를 주어 기업 밖에서 필요한 것을 조달하
는 방식을 말한다. 특히 업무가 계절적·일시적으로 몰리는 경우 내부직원, 설비를 따로 두는 것보다 외
부용역을 주는 것이 효율적이다. 주로 기업에서 활용됐으나 최근에는 정부부문도 일상적 관리업무나 수
익성이 있는 사업 등을 민간에 맡겨 효율성을 높이면서 조직을 줄이는 것이 세계적인 추세이다.

□ 스톡옵션(Stock Option) ***

주식매입선택권으로 기업이 전문경영인이나 핵심기술자를 고용하면서 일정 기간 후 채용할 때의 약속한
가격으로 주식을 살 수 있도록 하는 제도를 말한다. 입사 후 기업성장으로 주가가 오르면 주식차익을 챙
길 수 있어 고급인력을 초빙하는 데 유리하다.

□ 법정관리(法定管理) *

기업이 자력으로 회사를 운영하기 어려울 만큼 부채가 많을 때 법원에서 제3자를 지정하여 자금을 비롯한 기업활동 전반을 관리하게 하는 것을 말한다. 법정관리신청을 하면 법정관리체제의 전단계 조치인 재산보전처분결정을 내려 이날부터 회사와 관련된 모든 채권·채무가 동결되고, 법정관리결정을 내려 법정관리자를 지정하면 법정관리체제로 전환된다. 법정관리신청이 기각되면 파산절차를 밟거나 항고·재항고를 할 수 있는데, 항고·재항고 기간 중엔 법원의 회사재산보전처분결정이 그대로 효력을 발생, 시간벌기작전으로 파산위기를 넘기기 위한 목적으로 이용되는 경우도 있다. 부도위기에 몰린 기업을 파산시키기보다 살려내는 것이 단기적으로는 채권자의 이익을 희생시키는 대신 장기적으로는 기업과 채권자에게는 물론 국민경제 전반에 바람직한 경우가 많다는 점에서 이 제도를 시행하고 있다.

□ 그린메일(Green Mail) **

기업사냥꾼(Green Mailer)이 대주주에게 주식을 팔기 위해 보낸 편지를 말한다. 기업사냥꾼들이 상장기업의 주식을 대량 매입한 뒤 경영진을 위협해 적대적 M&A를 포기하는 대가로 자신들이 확보한 주식을 시가보다 훨씬 높은 값에 되사들이도록 강요하는 행위이다.

□ 백기사(White Knight) **

경영권 다툼을 벌이고 있는 기존 대주주를 돕기 위해 나선 제3자이다. 이때 우호적인 기업인수자를 백기사라고 한다. 백기사는 목표기업을 인수하거나 공격을 차단한다. 백기사처럼 기업을 인수하는 단계까지 가지 않고 기업의 주식확보를 도와주는 세력을 백영주(White Squire)라고 한다.

□ 종업원지주제도(從業員持株制度) *

회사가 종업원에게 자사주의 보유를 권장하는 제도로서 회사로서는 안정주주를 늘리게 되고 종업원의 저축을 회사의 자금원으로 할 수 있다. 종업원도 매월의 급여 등 일정액을 자금화하여 소액으로 자사주를 보유할 수 있고 회사의 실적과 경영 전반에 대한 의식이 높아지게 된다.

□ CI(Corporate Identity) *

기업이미지 통합을 말한다. 상품구입에서 직장을 고르는 경우에 이르기까지 기업·소비자·취직자 등은 그 기업의 이미지에 따라 선택판단을 내리게 되는 경우가 많다. 이 때문에 각 기업들은 기업의 명칭에서부터 종업원의 복장에 이르기까지 통일된 이미지를 주는, 즉 같은 회사의 제품이라는 것을 식별할 수 있도록 해주는 기업활동과 전략을 수립하고 있다. 본격적으로 도입된 것은 1980년대부터인데 여기에는 VI(Visual Identity : 시각이미지 통일), BI(Behavioral Identity : 행동양식 통일), MI (Mind Identity : 심리 통일) 등이 있다.

□ 콘체른(Konzern) *

동종(同種) 또는 이종(異種)의 각 기업이 법률상으로는 독립하면서 경제상으로는 독립을 상실하고 하나의 중앙재벌 밑에서 지배를 받는 기업집중의 형태로, 재벌이라고도 한다. 일반적으로 거대기업이 여러 산업의 다수기업을 지배할 목적으로 형성된다.

□ 워크아웃(Workout) **

기업가치회생작업으로, 기업과 금융기관이 서로 합의해서 진행하는 일련의 구조조정과정과 결과를 말한다. 미국의 GE사가 1990년대 초 개발한 신(新)경영기법이다. 사전적 의미로는 운동·훈련 등으로 몸을 가뿐하게 하는 것으로, 종업원들이 근무지에서 벗어나 회사 내 문제점에 대한 토론을 벌이고 이를 통해 회사의 발전방안을 도출해 내는 의사결정방식이다.

□ 콤비나트(Combinat) *

국내의 독립된 기업이 생산공정에 있어서 낭비축소, 부산물의 공동이용 등 기술합리화를 위해 지역적·다각적으로 결합하여 기업을 경영하는 기업집단의 형태를 말한다. 콤비나트화의 목적은 원재료의 확보, 생산의 집중화, 유통과정의 합리화 등으로 원가절감을 기하는 것이다.

□ 트러스트(Trust) *

동종 또는 유사한 기업의 경제상·법률상의 독립성을 완전히 상실하고 하나의 기업으로 결합하는 형태로, 이는 대자본을 형성하여 상대경쟁자를 누르고 시장을 독점지배할 수 있다. 일반적으로 거액의 자본을 고정설비에 투자하고 있는 기업의 경우에 이런 형태가 많다. 트러스트의 효시는 1879년 미국에서 최초로 형성된 스탠더드 오일 트러스트(Standard Oil Trust)이다.

□ 카르텔(Cartel) *

기업연합을 뜻하는 것으로, 같은 종류의 여러 기업들이 경제상·법률상의 독립성을 유지하면서 상호 간의 무리한 경쟁을 피하고 시장을 독점하기 위해 협정을 맺고 횡적으로 연합하는 것을 말한다. 협정의 내용에 따라 구매카르텔, 생산카르텔(생산제한·전문화 등), 판매카르텔(가격·수량·지역·조건·공동판매 등)이 있다. 우리나라에서는 「독점규제 및 공정거래법」에 의해 원칙적으로 금지되어 있다.

□ 개인종합자산관리계좌(ISA : Individual Savings Account) **

하나의 통장으로 예·적금은 물론 주식·펀드 등 파생 상품 투자가 가능한 통합계좌이다. 근로자와 자영업자, 농어민의 재산 형성 등을 위해 2016년에 도입한 것으로 운용 지시를 가입자가 직접 하는 신탁형과 전문가에게 운용을 맡길 수 있는 일임형과 기업자가 직접 상품을 선택하고 자유롭게 매매가 가능한 중개형으로 나뉜다.

□ 리콜(Recall) *

소환수리제로, 자동차에서 비행기까지 모든 제품에 적용되는 소비자보호제도로서 자동차와 같이 인명과 바로 직결되는 제품의 경우 많은 국가에서 법제화해 놓고 있다. 대부분 표본검사만 하기 때문에 품질의 신뢰성이 완벽하지 못해, 이에 대한 사후보상으로 애프터서비스제와 리콜제가 있다. 애프터서비스제가 전혀 예기치 못한 개별적인 결함에 대한 보상임에 비해 리콜제는 결함을 제조사가 발견하고 생산일련번호를 추적, 소환하여 해당 부품을 점검·교환·수리해 주는 것을 말한다. 리콜은 반드시 공개적으로 해야 하며, 소비자에게 신문·방송 등을 통해 공표하고 우편으로도 연락해 특별점검을 받도록 해야 한다.

출제 예상 문제

1 환경에 악영향을 끼치면서 광고 등을 통해 친환경적인 이미지를 내세우는 행위로 옳은 것은?

① 퍼팅 그린   ② 그린벨트

③ 그린워시   ④ 그린피스

> **TIP** ① 퍼팅 그린 : 골프에서 홀 둘레에 퍼팅하기 좋도록 잔디를 가꾸어 놓은 구역을 말한다.
> ② 그린벨트 : 개발제한구역으로 도시의 무질서한 확산을 방지하고 환경을 보전하기 위해 설정한 녹지대를 말한다.
> ④ 그린피스 : 1971년에 설립된 국제 환경보호 단체로, 핵 실험 반대와 자연보호 운동 등의 활동을 펼치고 있다.

2 설립한지 10년 이하의 기업가치가 10억 달러(약 1조 원)인 스타트업을 일컫는 말은?

① 유니콘 기업   ② 데카콘 기업

③ 한계기업   ④ 헥토콘 기업

> **TIP** ② 데카콘 기업 : 기업공개 전 기업 가치 100억 원을 넘어선 스타트업이다.
> ③ 한계기업 : 미래 경쟁력을 상실하여 앞으로의 성장이 어려운 기업을 의미한다.
> ④ 헥토콘 기업 : 기업 가치 10억 달러 이상인 비상장 스타트업 기업(유니콘 기업)의 100배(H규모라는 뜻이다.

3 가격이 상승한 소비재의 수요가 오히려 증가하는 현상은?

① 립스틱 효과   ② 전시 효과

③ 베블렌 효과   ④ 리카도 효과

> **TIP** 베블렌 효과 … 허영심에 의해 수요가 발생하는 것으로서 가격이 상승한 소비재의 수요가 오히려 증가하는 현상이다.

Answer 1.③ 2.① 3.③

4 국방 · 경찰 · 소방 · 공원 · 도로 등과 같이 정부에 의해서만 공급할 수 있는 것이라든가 또는 정부에 의해서 공급되는 것이 바람직하다고 사회적으로 판단되는 재화 또는 서비스를 무엇이라고 하는가?

① 시장실패   ② 공공재
③ 사유재   ④ 보이지 않는 손

TIP 공공재에는 보통 시장가격은 존재하지 않으며 수익자부담 원칙도 적용되지 않는다. 따라서 공공재 규모의 결정은 정치기구에 맡길 수밖에 없다. 공공재의 성질로는 어떤 사람의 소비가 다른 사람의 소비를 방해하지 않고 여러 사람이 동시에 편익을 받을 수 있는 비경쟁성 · 비선택성, 대가를 지급하지 않은 특정 개인을 소비에서 제외하지 않는 비배제성 등이 있다.

5 대전공공기관의 이미지를 시각화하여 나타낸 심벌마크로 기업의 사명이나 역할 등의 아이덴티티를 나타내어 외부에 기업이미지를 통일화하여 보여주는 마크를 의미하는 용어는?

① PI   ② SI
③ MI   ④ CI

TIP ① PI(President Identity) : 기업의 최고경영자 이미지를 나타내는 용어
② SI(Shop Identity) : 기업의 매장을 통일화하는 브랜드 전략을 의미하는 용어
③ MI(Mind Identity) : 기업의 최고경영자의 마음가짐을 나타내는 용어

6 다음 내용을 읽고 괄호 안에 들어갈 말로 가장 적절한 것을 고르면?

> 국민경제 내에서 자산의 증가에 쓰인 모든 재화는 고정자산과 재고자산으로 구분된다. 고정자산은 국내 총고정자본형성 또는 고정투자이고, 재고자산은 재고증감 또는 재고투자이다. 고정자산과 재고자산의 합계를 (   )이라 한다.

① 국내총투자율   ② 국내총생산
③ 국내신용   ④ 국내공급물가지수

TIP **국내총투자율**(Gross Domestic Investment Ratio) … 국민경제가 구매한 재화 중에서 자산의 증가로 나타난 부분이 국민총처분가능소득에서 차지하는 비율을 의미한다.

Answer 4.② 5.④ 6.①

7 다음 내용을 읽고 괄호 안에 들어갈 말로 가장 적절한 것을 고르면?

> (　　　)을/를 시행하게 되면 환율 변동에 따른 충격을 완화하고 거시경제정책의 자율성을 어느 정도 확보할 수 있다는 장점이 있다. 하지만 특정 수준의 환율을 지속적으로 유지하기 위해서는 정부나 중앙은행이 재정정책과 통화정책을 실시하는 데 있어 국제수지 균형을 먼저 고려해야하는 제약이 따르고 불가피하게 자본이동을 제한해야 한다.

① 경제고통지수
② 자유변동환율제도
③ 고정환율제도
④ 고정자본소모

TIP 고정환율제도 … 외환의 시세 변동을 반영하지 않고 환율을 일정 수준으로 유지하는 환율 제도를 의미한다. 이 제도는 경제의 기초 여건이 악화되거나 대외 불균형이 지속되면 환투기공격에 쉽게 노출되는 단점이 있다.

8 중앙은행에서 블록체인 기술을 활용하여 발행하는 가상화폐는?

① 스테이블 코인
② CBDC
③ 이더리움
④ 비트코인

TIP ① 스테이블 코인 : 가격변동성을 최소화하여 설계한 가상 화폐(암호화폐)이다.
③ 이더리움 : 러시아 이민자 출신 캐나다인 비탈리크 부테린이 2014년 개발한 가상 화폐(암호화폐)이다.
④ 비트코인 : 2009년 나카모토 사토시에 의해 개발된 가상 화폐(암호화폐)이다.

9 GDP의 G가 의미하는 것은?

① Gross
② Global
③ General
④ Genetically

TIP GDP는 Gross Domestic Product(국내 총생산)을 뜻한다.

Answer 7.③ 8.② 9.①

10 희소성의 법칙에 대한 설명으로 옳은 것은?

① 모든 재화의 수량이 어떤 절대적 기준에 미달한다는 원칙이다.

② 몇몇 중요한 재화의 수량이 어떤 절대적 기준에 미달한다는 법칙이다.

③ 인간의 생존에 필요한 재화가 부족하다는 법칙이다.

④ 인간의 욕망에 비해 재화의 수량이 부족하다는 법칙이다.

> **TIP** 인간의 소비욕구는 무한한 반면, 이를 충족시키는 데 필요한 경제적 자원은 제한되어 있음을 희소성의 법칙이라고 한다(G. Cassel). 노동, 자본, 토지 등과 같이 생산과정에 투입되어 재화나 서비스로 변환될 수 있는 경제적 자원이 희소하기 때문에 제한된 자원을 어떻게 사용하는 것이 합리적인지에 관련된 선택의 문제에 직면하게 된다.

11 다음 내용을 가장 잘 설명하고 있는 것은?

> 과거에 한 번 부도를 일으킨 기업이나 국가의 경우 이후 건전성을 회복했다 하더라도 시장의 충분한 신뢰를 얻기 어려워지며, 나아가 신용위기가 발생할 경우 투자자들이 다른 기업이나 국가보다 해당 기업이나 국가를 덜 신뢰하여 투자자금을 더 빨리 회수하고 이로 인해 실제로 해당 기업이나 국가가 위기에 빠질 수 있다.

① 긍정 효과   ② 자동 효과

③ 낙인 효과   ④ 분수 효과

> **TIP** 어떤 사람이 실수나 불가피한 상황에 의해 사회적으로 바람직하지 못한 행위를 한 번 저지르고 이로 인해 나쁜 사람으로 낙인찍히면 그 사람에 대한 부정적 인식이 형성되고 이 인식은 쉽게 사라지지 않는다. 이로 인해 추후 어떤 상황이 발생했을 때 해당 사람에 대한 부정적 사회인식 때문에 유독 그 사람에게 상황이 부정적으로 전개되어 실제로 일탈 또는 범죄행위가 저질러지는 현상을 낳는바, 이를 낙인효과라고 한다. 경제 분야에서도 이러한 현상이 발생한다.

Answer   10.④   11.③

12 경기침체에도 불구하고 물가가 오르는 현상은?

① 스태그플레이션

② 디플레이션

③ 디맨드풀인플레이션

④ 로플레이션

TIP ② **디플레이션** : 물가가 지속적으로 하락하는 현상이다.
③ **디맨드풀인플레이션** : 경기의 호황이 과열단계에 이르러 수요에 대한 공급 부족으로 생기는 물가상승 현상이다.
④ **로플레이션** : 물가상승률이 지나치게 낮은 현상이다.

13 다음 사례가 설명하는 것은?

A사는 '프리미엄 마케팅' 전략에 따라 1,600만 원대의 홈시어터 프로젝터, 1,400만 원대의 고음질 오디오 시스템 등을 출시했다. 차별화된 명품 가전을 원하던 마니아 소비자의 욕구에 발 빠르게 대응하고 있다는 평가다.

① 카르텔

② 매스티지

③ 매스클루시버티

④ 스튜어드십 코드

TIP ③ **매스클루시버티** : VVIP 대상으로 1대1 고객상담을 통하여 주문제작하는 방식으로 극소수의 구매층을 공략한다. 고가이기는 하나, 자신만의 니즈를 반영한 개성 있는 생산제품으로 주목받고 있는데 이는 패션에만 국한되는 것이 아니라 다른 산업으로까지 확대되고 있다. 고객이 원하는 가치를 중점으로 전자제품, 여행상품 등 다양한 산업분야에서도 활용되고 있다
① **카르텔** : 같은 업종에 종사하는 기업끼리 서로 독립적이면서 제조나 판매, 가격 등의 부분에서 협정을 맺는 것을 말한다.
② **매스티지** : 비교적 가격이 저렴하고 대량생산이 가능한 고급 제품을 합리적인 가격으로 유통하는 것을 말한다.
④ **스튜어드십 코드** : 주요 기관투자자들의 의결권 행사를 적극적으로 유도하기 위한 자율지침을 말한다.

Answer 12.① 13.③

14 기업과 소비자의 관계를 통해 기업이 추구하는 사익(私益)과 사회가 추구하는 공익(公益)을 취하여 브랜드 가치를 높이는 마케팅은?

① 코즈 마케팅

② 디 마케팅

③ 앰부시 마케팅

④ 프로슈머 마케팅

TIP 코즈 마케팅은 유니세프의 기부 반지, CJ제일제당 미네워터 등 제품 판매와 더불어 기부를 연결한다는 특징을 가진다.

15 기업이 증권시장에 주식 상장을 하기위해 하는 기업공개를 의미하는 용어로, 기업의 자사 주식과 경영 내역 등을 시장에 알리는 것을 의미하는 것은?

① IB

② IPO

③ PER

④ ROE

TIP ① IB(Investment Bank) : 투자은행을 나타내는 약어로 IPO(기업공개), 증자 등을의 업무를 취급하는 금융기관
③ PER(Price－Earning Ratio) : 주가수익비율을 의미하는 용어로 주가를 주당순이익 나눈 수치를 의미하는 용어
④ ROE(Return On Equit) : 자기자본이익률을 의미하는 용어로 주주의 자본으로 경영자가 올리는 이익을 보여주는 지표

16 신문광고 요금을 이론적으로 비교하는 단위를 나타내는 척도로 신문매체의 광고가치를 발행한 부수와 비용 측면에서 경제적으로 평가할 때 이용하는 것을 일컫는 용어는?

① 프레임 레이트

② 디플레이트

③ 비트 레이트

④ 밀라인 레이트

TIP ① 프레임 레이트 : 초당 재현되는 프레임 수로 측정되는 것으로 연속된 이미지들이 재현되는 속도의 비율
② 디플레이트 : 일정 기간의 경제 량을 양적 비교할 때 디플레이터를 사용하여 가격 변동을 산출하는 것
③ 비트 레이트 : 1초당 처리해야 하는 비트(Bit) 단위의 데이터 크기를 의미

Answer 14.① 15.② 16.④

17 소득소비곡선상의 X재의 수요가 증대할 때 Y재의 수요는 감소하는 경우 X재에 대해서 Y재를 무엇이라 부르는가?

① 보통재

② 보완재

③ 대체재

④ 열등재

TIP ③ **대체재(경쟁재)** : 재화 중에서 동종의 효용을 얻을 수 있는 두 재화를 말한다. 대체관계에 있는 두 재화는 하나의 수요가 증가하면 다른 하나는 감소하고, 소득이 증대되면 상급재의 수요가 증가하고 하급재의 수요는 감소한다. 예를 들어 버터(상급재)와 마가린(하급재), 쌀(상급재)과 보리(하급재), 쇠고기(상급재)와 돼지고기(하급재) 등이다.
② **보완재** : 재화 중에서 동일 효용을 증대시키기 위해 함께 사용해야 하는 두 재화를 말한다. 예를 들어 커피와 설탕, 버터와 빵, 펜과 잉크 등이 있다.
④ **열등재** : 소득이 증가할수록 그 수요가 줄어드는 재화를 의미한다.

18 경기 침체나 위기 이후 회복될 쯤 경기 부양을 위해 내놓았던 정책을 거둬들이며 경제에 미치는 영향을 최소화하는 전략적 경제 정책은 무엇인가?

① 출구전략

② 양적완화

③ 워크아웃

④ 세일 앤드 리스 백

TIP 경기 침체나 위기가 끝나갈 쯤 입구전략을 끝내고, 물가의 급격한 상승을 동반한 인플레이션과 같은 부작용을 막기 위해 시장에 공급된 통화를 거둬들이고, 금리를 올리며, 세제 감면 혜택을 줄이고, 정부의 적자 예산을 흑자 예산으로 바꾸는 등의 조치를 펴게 되는데, 이를 출구전략이라고 한다.

19 주식 시장이 좋지 않을 것으로 판단되어, 공포심에 손실을 감수하고 매도하는 투매 현상은?

① 공매도

② 테이퍼링

③ 패닉셀

④ 숏 커버링

TIP ① **공매도** : 주식이나 채권을 가지고 있지 않은 상태에서 행사하는 매도 주문을 말한다.
② **테이퍼링** : 연방준비제도(Fed)가 양적완화 정책의 규모를 점진적으로 축소해 나가는, 일종의 출구전략 정책을 말한다.
④ **숏 커버링** : 주식 시장에서 빌려서 팔았던 주식을 되갚기 위해 다시 사는 환매수를 말한다.

Answer 17.③ 18.① 19.③

20 생산비와 인건비 절감 등을 이유로 해외로 생산시설을 옮긴 기업들이 다시 자국으로 돌아오는 현상을 말하는 용어는?

① 리마 신드롬

② 리먼사태

③ 리쇼어링

④ 오프쇼어링

> **TIP** ① 리마 신드롬 : 인질범들이 포로나 인질들에게 정신적으로 동화되어 그들에 대한 공격적인 태도가 완화되는 현상을 의미한다.
> ② 리먼사태 : 2008년 9월 15일 미국의 투자은행 리먼브러더스 파산에서 시작된 글로벌 금융위기를 칭하는 말이다.
> ④ 오프쇼어링 : 기업업무의 일부를 해외 기업에 맡겨 처리하는 것으로 업무의 일부를 국내기업에 맡기는 아웃소싱의 범주를 외국으로 확대했다는 것이 차이점이다.

21 경기침체 후 잠시 회복기를 보이다가 다시 경기 불황에 빠지는 현상은?

① 더블 딥

② 어닝 쇼크

③ 펀더멘탈

④ 골디락스

> **TIP** ② 어닝 쇼크 : 기업이 예상보다 저조한 실적을 발표해, 주가에 영향을 미치는 현상이다.
> ③ 펀더멘탈 : 경제성장률, 물가상승률, 경상수지 등 국가의 경제 상태를 나타내는 거시 경제지표들을 일컫는다.
> ④ 골디락스 : 뜨겁지도, 차갑지도 않은 이상적인 경제 상황, 즉 경제가 높은 성장을 이루고 있음에도 물가 상승이 없는 상태를 말한다.

Answer 20.③ 21.③

22 자금이동과 외국환거래 업무 등의 국제적인 데이터통신망을 관리하기 위한 비영리기관으로 국제은행 간 금융데이터 통신협회를 의미하는 것은?

> 물건 구매에 망설이던 소비자가 남들이 구매하기 시작하면 자신도 그에 자극돼 덩달아 구매를 결심하는 것을 비유한 현상이다.

① SWIFT   ② IMF
③ IBRD   ④ OECD

TIP ② 무역안정을 위한 국제금융기구이다.
③ 국제부흥개발은행이다.
④ 경제협력개발기구이다.

23 동일 업종의 기업이 경쟁의 제한 또는 완화를 목적으로 가격이나 생산량, 판로 등에 협정을 맺어 형성하는 독점 형태는?

① 카르텔
② 콘체른
③ 콤비나트
④ 트러스트

TIP ② **콘체른** : 하나의 지배적 기업과 두 개 이상의 피지배 기업으로 이루어진 기업 집단이다. 카르텔이나 트러스트와 달리 동종업계가 아닌 전반적으로 다른 산업들을 한데 모은 것이다.
③ **콤비나트** : 생산 과정에서 기술적 연관이 있는 여러 생산 부문을 집약적으로 한 지역에 형성한 기업 집단이다.
④ **트러스트** : 기업결합체라고 한다. 카르텔은 개개의 기업의 독립성을 보장하는 기업 연합이지만 트러스트는 동일 산업 내의 기업 합동이다.

Answer 22.① 23.①

03 문화

01 국문학

□ **청록파 ****

1939년 「문장(文章)」추천으로 등단한 조지훈, 박두진, 박목월을 가리키는 말이다. 이들은 자연의 본성을 바탕으로 한 인간의 염원과 가치 성취라는 공통된 주제로 시를 써왔으며 1946년 시집 「청록집」을 펴내면서 청록파라는 이름을 가졌다.

☆☆☆ 박목월은 향토적 서정으로 한국인의 전통적인 삶의 의식을 민요풍으로 노래하였고, 조지훈은 고전미에 문화적 동질성을 담아 일제에 저항하는 시를 썼고, 박두진은 자연에 대한 친화와 사랑을 그리스도교적 신앙을 바탕으로 읊었다. 이들은 일제강점기 말에 등단하여 한글로 작품을 발표하였고, 자연을 소재로 자연 속에 인간의 심성을 담은 시를 썼고, 광복 후에도 시의 순수성을 잃지 않았다는 공통점을 가지고 있다.

□ **패관문학 ***

패관들이 이야기를 기록한 가설향담(假說鄕談)에 창의성과 윤색을 덧붙인 설화문학이다. 패관이란 중국 한나라 시대의 임시직 사관으로, 민심을 파악하기 위해 거리에 떠도는 이야기, 전설, 설화, 일화 등을 기록하던 사람이다. 패관들이 기록한 내용들을 모아 만든 '가설향담'에 창의성과 윤색을 더해 문학 장르를 이루게 된 것을 패관문학이라 한다. 패관문학 작품으로는 이규보의 「백운소설」, 최자의 「보한집」, 이인로의 「파한집」, 이제현의 「역옹패설」 등이 있다.

□ **한강 작가 *****

한국의 시인이자 소설가. 2024년 아시아 여성 작가 최초로 노벨문학상을 수상한 인물이다. 1993년 계간지 「문학과 사회」에 시 5편이 당선되며 시인으로 등단하였고, 이듬해 서울신문 신춘문예에 「붉은 닻」이 당선되며 소설가로 등단하였다. 2005년 소설 「몽고반점」으로 '이상문학상'을 수상하면서 주목받기 시작하였고, 2016년 「채식주의자」로 맨부커 인터내셔널상을 수상하였다. 2024년 아시아 여성 작가 최초로 노벨문학상을 수상하였으며, 고(故) 김대중 전 대통령에 이어 두 번째 한국인 노벨상 수상자가 되었다.

□ 고려가요(高麗歌謠) **

'속요', '별곡'이라고도 하며 고려시대 평민들이 부르던 민요적 시가를 뜻한다. 향가와 민요의 영향을 받아 형성된 것으로 리듬이 매끄럽고 표현이 소박하면서도 세련된 것이 특징이다. 분절체로 후렴구 발달하였고 3·3·2조(3·3·3조 또는 3·3·4조)의 3음보 음수율로 된 비정형의 형식을 보인다. 주로 남녀상열지사의 내용이 많으며 자연에 대한 예찬, 이별의 슬픔 등 진솔한 감정이 잘 표현되어 있다. 「악학궤범」, 「악장가사」, 「시용향악보」 등에 한글로 기록되어 있다.

□ 신소설 ***

신소설은 19세기 말 ~ 20세기 초 고전소설에서 벗어나 근대적 형식과 주제를 도입한 소설을 말한다. 고전소설과 근현대 소설의 중간 다리 역할을 하며, 갑오개혁 이후 개화·계몽적인 과도기적 시대를 반영하고 있다. 신소설이라는 용어는 1906년 대한매일신보 광고에서 처음 등장했으나, 이듬해 이인직의 「新小說 血의淚」(신소설 혈의누)라는 이름의 단행본이 간행되면서 보편적으로 쓰이게 되었다. 신소설의 대표작품으로는 이인직의 「혈의 누」, 최찬식의 「추월색」, 이해조의 「자유종」 등이 있다.

□ 용비어천가(龍飛御天歌) ***

조선 세종 때 지은 최초의 한글 악장·서사시로, 목판본이다. 10권 5책, 총 125장에 달한다. 1445년(세종 27년) 4월에 편찬되어 1447년(세종 29년) 5월에 간행되었으며, 세종의 선조인 목조(穆祖)부터 태종(太宗)까지 6대의 행적과 덕망을 노래한다. 조선 왕조 건국의 정당성을 찬양하고, 훈민정음의 실용성을 시험하기 위해 제작되었다.

□ 한문학(漢文學) *

문학의 한 장르를 형성하는 것으로 한시(漢詩)·한문·한학(漢學) 등을 통틀어 이르는 말이기도 하다. 고려시대는 과거 제도의 실시, 불교 문학의 발달, 주자학의 도입, 국자감·수사원의 설치 등으로 국문학사상 한문학이 가장 융성했던 시기이다. 주요 작품으로는 이승휴의 「제왕운기」, 이규보의 「동국이상국집」, 각훈의 「해동고승전」, 이제현의 「소악부」 등이 있다. 조선시대에 와서는 불교적 성격을 띠었던 고려시대의 한문학이 순유교적인 성격으로 변모하였다. 경학을 중시하고 학행일치(學行一致)를 주장하는 도학파와 순수한 시가와 문장을 중시하는 사장파로 대립하는 양상이 벌어지기도 했다. 주요 작품으로는 권근의 「양촌집」, 서거정의 「동문선」, 서경덕의 「화담집」, 이현보의 「농암집」, 이황의 「퇴계전서」, 이이의 「율곡전서」 등이 있다.

□ 패관문학(稗官文學) *

고려후기 임금의 정사를 돕기 위해 설화들을 수집하여 엮은 설화문학으로 산문적인 형태로 발전하였다. 박인량의 「수이전」, 이인로의 「파한집」, 최자의 「보한집」, 이규보의 「백운소설」 등이 대표적이다.

□ 경기체가(景幾體歌) **

평민문학이었던 속요에 대하여 귀족계층에게 향유된 시가로, 고려 고종 때부터 조선 중종 때까지 계속된 장가의 한 형식이다. 내용은 퇴폐적이고 현실도피적인 생활에서 오는 풍류적 표현이며, 3 · 3 · 4조의 운에 '景긔엇더ᄒ니잇고'라는 후렴구가 있다. 대표 작품에는 안축의 관동별곡 · 죽계별곡, 한림제유의 한림별곡 등이 있다.

□ 가전체문학(假傳體文學) **

고려 무신정변 이후 문신들의 삶에 대한 깊은 인식을 사물의 의인화 기법을 통하여 표현한 문학형태로, 소설의 직접적 전신이라고 할 수 있다. 인간의 문제를 사물로 가탁한 점은 우화적 성격이나, 일반적으로 우화가 동물이나 식물을 사건이나 대화에 있어서만 의인화한 것이라면 가전체는 그러한 자연물에 직접 인간적인 이름을 붙인 점이 특색이다. 계세징인(戒世懲人), 즉 사회를 풍자하고 비판하며 교훈을 주는 내용이 주를 이룬다.

☆☆☆ 고려 때의 가전체 작품으로는 임춘의 「국순전」, 이곡의 「죽부인전」, 이첨의 「저생전」 등이 대표적이다. 조선시대에도 여러 문인들에 의해 꾸준히 창작되었다. 1931년 변영만이 창작한 「시새전」도 가전의 전통을 이은 작품이다. 중국 한유의 「모영전」이 최초의 작품으로 알려져 있다.

□ 독립신문 ***

한국 최초의 민간 신문으로 미국에서 귀국한 서재필(徐載弼)이 정부로부터 4,400원(3,000원은 신문사 창설비, 1,400원은 서재필의 주택구입비)의 자금을 지급받아 1896년 4월 7일 창간하였다. 처음에는 가로 22cm, 세로 33cm의 국배판 정도 크기로 4면 가운데 3면은 한글전용 「독립신문」으로 편집하고, 마지막 1면은 영문판 「The Independent」로 편집하였다. 창간 이듬해인 1897년 1월 5일자부터 국문판과 영문판을 분리하여 두 가지 신문을 발행하였다. 이 신문은 여러 가지로 한국 신문사상 획기적인 위치를 차지할 뿐만 아니라, 19세기 말 한국사회의 발전과 민중의 계몽을 위하여 지대한 역할을 수행한 한 시대의 기념비적인 신문으로 평가받고 있다.

☆☆☆ 독립신문은 국가등록문화재 제506호이다.

□ 한국통사 **

독립운동가인 박은식이 중국 상해에서 출판한 책으로 '나라의 국교(國敎)와 국사(國史)가 없어지지 않으면 나라는 망한 것이 아니다'라는 신념으로 우리나라의 근대사를 종합적으로 서술하였다.

□ 주요 문학잡지 **

잡지	연도	발행	특징
시문학	1930	김영랑, 박용철	시의 형식미·음악성 중시, 언어의 조탁
삼사문학	1934	신백수, 이시우	초현실주의 기법(의식의 흐름)
조선문학	1935	이무영	프로문학파의 활동무대
시인부락	1936	서정주, 김동리, 김광균	시전문지로 인간과 생명을 노래
자오선	1937	서정주, 이육사	시전문지로 유파를 초월
문 장	1939	이병기, 정지용	신인추천제 실시
인문평론	1939	최재서	월간문예지로 비평 활동에 주력
국민문학	1941	최재서	친일문학의 기관지로 인문평론의 후신
백 민	1945	김송	민족주의문학 옹호
문 학	1946	조선문학가동맹	'조선문학가동맹 기관지
사상계	1953	장준하	월간 교양잡지
현대문학	1955 ~ 현재	현대문학사	추천제 실시

02 세계문학

□ 세계 3대 문학상 *

문학계에서 가장 명예롭고 권위 있는 상으로, 노벨문학상, 부커상, 프랑스 공쿠르상을 꼽는다. 노벨문학상(Nobel Prize in Literature)은 세계적으로 가장 권위 있는 문학상으로, 인류에 눈에 띄는 큰 기여를 한 작가에게 수여된다. 부커상(Booker Prize)은 영국에서 가장 권위 있는 소설 문학상으로, 영국에서 출간된 영문 소설 중 우수작을 선정해 시상한다. 공쿠르상(Prix Goncourt)은 프랑스에서 가장 권위 있는 문학상으로, 그해 가장 상상력이 풍부한 산문 작품의 작가에게 수여된다. 세계 3대 문학상은 인류의 문학적 발전을 독려하며, 세계 문학계에 큰 영향을 미치고 있다.

□ 노벨 문학상(Nobel Prize in Literature) ***

노벨상 6개 분야 중 하나로, 문학 분야에서 인류를 위해 가장 눈에 띄는 기여를 한 작가에게 수여하는 상이다. 스웨덴의 발명가이자 화학자인 알프레드 노벨의 유언에 따라 만들어진 노벨상 중 하나로, 문학 분야에서 수여되는 세계적으로 가장 권위 있고 명예로운 상이다. 인류의 발전에 크게 기여하거나 가장 뛰어난 업적을 이룬 작가에게 수여된다. 1901년 노벨상 제정 이후 2024년 현재까지 총 121명의 노벨 문학상 수상자가 배출되었으며, 2024년 한강 작가가 노벨 문학상을 수상하였다.

☆☆☆ 노벨상 6개 분야 … 평화, 물리학, 화학, 경제학, 문학, 생리·의학

□ **아포리즘(Aphorism)** ***

히포크라테스가 처음 사용한 말로, '정의(定意)'를 뜻하는 그리스어에서 유래되었다. 짧고 간결한 문장으로 깊은 깨달음과 진리를 표현하며, 금언·격언·경구·잠언 등이 이에 속한다.

□ **데카당스** **

19세기 후반 프랑스와 영국에서 유행한 문예사조이다. 데카당스는 전통적 가치관과 도덕을 부정하며, 탐미적 경향, 병적인 감수성, 관능주의적 성향을 특징으로 하는 퇴폐주의 문학을 말한다. 대표적인 작가로는 프랑스의 보들레르, 베를렌, 랭보와 영국의 오스카 와일드 등이 있다.

□ **패러디(Parody)** *

원작을 풍자적으로 비평하거나 익살스럽게 하기 위해 문체·어구 등을 흉내낸 작품으로, 어떤 음률에 다른 가사를 붙여 부르는 노래인 경우에도 지칭된다. 때로는 원작의 명성에 편승하여 자기의 의도를 효과적으로 표현하기 위해 사용되기도 한다.

□ **알레고리(Allegory)** *

'풍유' 또는 '우유'로 번역될 수 있는 말로, 표면적으로는 인물과 배경·행위 등 통상적인 이야기요소를 다 갖추고 있으면서 그 이면에는 정신적·도덕적·역사적 의미가 전개되는 이중구조로 된 글이나 작품을 말한다. 스펜서의 「페어리 퀸」, 버니언의 「천로역정」 등이 대표적인 작품이다.

□ **동반자문학(同伴者文學)** **

러시아혁명(1917)년 이후부터 신경제 정책(NEP)이 끝날 때까지 문단의 큰 세력을 이뤘던 러시아의 우익 문학이다. 혁명에는 찬성하지만 마르크스주의나 프롤레타리아 문학에는 적극적으로 가담하지 않는 자유주의적 성향을 보인다.

☆☆☆ 개인주의를 중시하며 작품의 주인공으로 인텔리를 등장시키는 특징이 있다.

□ **정오(正午)의 문학** *

프랑스의 실존주의작가 카뮈의 사상으로, 살려고 하는 육체의 요구와 절대를 추구하는 정신의 요구 중 어느 한쪽으로도 쏠리지 않는 긴장의 모럴·절도의 모럴·한계의 모럴을 표현하는 것이다. 모순의 명석한 인식과 부조리에 대한 올바른 반항을 중추로 하는 사상이다.

□ **쉬르레알리즘 문학(Surrealism Literature)** **

초현실주의 문학으로 제1차 대전 이후 다다이즘에 뒤이어 태동한 전위적 예술운동이다. 전통적 예술형식과 인습적 사회 관념을 부정하는 다다이즘의 정신을 이어받았으며, 꿈과 무의식의 내면세계에서 떠오르는 비합리적 이미지를 그대로 기술하는 자동기술을 도입했다. 앙드레 브르통이 제창했으며 엘뤼아르, 아라공, 콕토 등을 대표적 초현실주의자로 꼽을 수 있다.

□ 하드보일드(Hard Boiled)문학 **

1930년을 전후하여 미국문학에 등장한 새로운 사실주의수법이다. 원래 '계란을 완숙하다'라는 뜻의 형용사이지만, 전의(轉意)되어 '비정' 또는 '냉혹'이란 뜻의 문학용어가 되었다. 개괄적으로 자연주의적 · 폭력적인 테마나 사건을 무감정의 냉혹한 자세로, 또는 도덕적 판단을 전면적으로 거부한 비개인적인 시점에서 묘사하는 것이다. 헤밍웨이의 「무기여 잘 있거라」, D. 해밋의 「플라이 페이퍼」 등이 대표적이다.

□ 해빙기문학(解氷期文學) **

20세기 중반 구소련의 공식적이고 형식적인 당문학에 반발하여 자유주의적인 사조를 펼치며 독재주의정책을 비난하고 개성을 살린 소련 현역작가들의 작품활동이다. 대표작품에는 에렌부르크의 「해빙기」, 솔제니친의 「이반데니소비치의 하루」, 파스테르나크의 「닥터 지바고」 등이 있다.

□ 레지스탕스(Resistance)문학 **

제2차 세계대전 중 프랑스의 반나치스 저항문학으로, 초기에는 패전의 슬픔만을 표현하다가 저항의 자세가 적극적인 표현으로 바뀌면서는 비합법적 출판에 의존하게 되었다. 이런 상황하에서 집필 · 출판되었기 때문에 인쇄가 용이하고 운반이 간편한 시나 단편, 중편소설이 주를 이루었다. 시집에는 「아라공의 엘사의 눈동자」, 소설에는 「트리오레의 아비뇽의 연인들」 등이 있다.

□ 카타르시스(Catharsis) **

아리스토텔레스의 시학 제6장 비극의 정의 가운데 부분에서 나오는 용어이다. 비극이 그리는 주인공의 비참한 운명에 의해서 관중의 마음에 두려움과 연민의 감정이 격렬하게 유발되고, 그 과정에서 이들 인간적 정념이 어떠한 형태로든지 순화된다고 하는 일종의 정신적 정화작용이다.

□ 서구 문예사조 ***

- 고전주의(古典主義, Classicism) : 17 ~ 18세기 아리스토텔레스의 '시학'에 대한 면밀한 주석과 함께 시작되었고, 고대 그리스 · 로마의 고전 작품들을 모범으로 삼고 거기에 들어 있는 공통적인 특징들을 재현하려는 경향이다.
- 낭만주의(浪漫主義, Romanticism) : 고전주의의 몰개성적 성격에 반발하여 독일, 프랑스에서 일어나 영국으로 전파되었다. 이성적이기보다는 감정적이고, 객관적이기보다는 주관적이며, 현실적이기보다는 낭만적인 경향을 띤다.
- 사실주의(寫實主義, Realism) : 낭만주의의 비현실적 성격에 반발하여 19세기에 일어난 사조로, 사물을 있는 그대로 정확하게 관찰하고 객관적으로 묘사하려는 경향이다.
- 자연주의(自然主義, Naturalism) : 19세기 사실주의의 급진적인 경향으로 자연 과학적 결정론에 바탕을 두고 있다. 인간도 자연물처럼 인과율이라는 자연 법칙에 따라 환경 본능 유전 인자 등에 의해 그 일생이 운명적으로 결정된다고 보는 사상을 배경으로 한다.
- 상징주의(象徵主義, Symbolism) : 19세기 말에서 20세기 초에 걸쳐 프랑스에서 일어난 사조로, 사물, 정서, 사상 등을 상징을 통해 암시적으로 표현하려는 경향이다.

- 유미주의(唯美主義, Aestheticism) : 미의 창조를 목표로 19세기 후반에 나타난 사조이고, 이는 탐미주의 라고도 하며 넓은 의미의 낭만주의에 포함된다.
- 초현실주의(超現實主義, Surrealism) : 프로이드의 정신분석학의 영향으로, '자동기술법'을 바탕으로 하여 무의식의 세계를 표출하려는 경향인 초현실주의가 다다이즘을 흡수하여 일어났다.
- 실존주의(實存主義) : 전후의 허무 의식에서 벗어나려는 실존적 자각(자아 발견)과 건설적인 휴머니즘을 추구한다.
- 다다이즘(Dadaism) : 20세기에 들어와서 현실적 속박으로부터 해방되려는 의지를 보인 사조로, 현대 지식인의 정신적 불안과 공포에 대한 저항이 프랑스를 중심으로 전개되었다.
- 모더니즘(Modernism) : 19세기 말엽부터 유럽의 소시민적 지식인들 사이에 일어나 20세기 이후에 크게 성행한 사조로서 기존의 사실주의와 유물론적 세계관, 전통적 신념으로부터 벗어나려는 전반적인 새로운 문화 운동으로 극단적인 개인주의, 도시 문명이 가져다 준 인간성 상실에 대한 문제의식 등에 기반을 둔 다양한 문예 사조를 통칭한다.

□ **셰익스피어의 4대 비극** ***

영국의 세계적인 시인이자 극작가인 윌리엄 셰익스피어가 집필한 4대 비극으로 햄릿, 오셀로, 리어왕, 맥베스이다.
- 햄릿(Hamlet) : 주인공을 통해 사색과 행동, 진실과 허위, 신념과 회의 등의 틈바구니 속에서 삶을 초극하고자 하는 모습이 제시되었다.
- 오셀로(Othello) : 흑인 장군인 주인공의 아내에 대한 애정이 이아고(Iago)의 간계에 의해 무참히 허물어지는 과정을 그린 작품이다.
- 리어왕(King Lear) : 늙은 왕의 세 딸에 대한 애정의 시험이라는 설화적 모티브를 바탕으로 하고 있으나, 혈육 간의 유대의 파괴가 우주적 질서의 붕괴로 확대되는 과정을 그린 비극이다.
- 맥베스(Mecbeth) : 권위의 야망에 이끌린 한 무장의 왕위찬탈과 그것이 초래하는 비극적 결말을 그린 작품이다.

□ **셰익스피어 5대 희극** **

영국의 세계적인 시인이자 극작가인 윌리엄 셰익스피어가 집필한 5대 희극으로 말괄량이 길들이기, 십이야, 베니스의 상인, 뜻대로 하세요, 한여름 밤의 꿈이다.
- 말괄량이 길들이기(The Taming of the Shrew) : 말괄량이 여주인공을 길들이려는 남주인공의 결혼생활을 중심으로 한 희극이다.
- 십이야(Twelfth Night) : 여주인공이 남장을 통해 겪게 되는 오해와 사랑의 삼각관계 소동극이다.
- 베니스의 상인(The Merchant of Venice) : 유대인 고리대금업자와 상인 간의 계약 속에서 이루어지는 법적 갈등과 인간관계를 그린 작품이다.
- 뜻대로 하세요(As You Like It) : 추방된 공작의 딸 여주인공이 남장을 하고 겪게 되는 사랑과 자유, 갈등, 화해를 담은 작품이다.
- 한여름 밤의 꿈(A Midsummer Night's Dream) : 사랑과 마법이 얽히며 생긴 혼란 속에서 펼쳐지는 판타지 로맨스 희극이다.

03 매스컴

□ **매스컴(Masscom)** *

대량전달이라는 의미의 매스 커뮤니케이션(Mass Communication)의 약칭으로, 불특정 다수의 대중을 대상으로 전달하는 대량의 사회정보 및 전달상황을 말한다.

☆☆☆ **퍼스널 커뮤니케이션(Personal Communication)** ··· 지식 · 판단 · 감정 · 의지와 같은 의식의 전달이 개인적, 면접적인 상호 작용을 통해 이루어지는 것

□ **커스컴(Cuscom)** *

단골을 뜻하는 'Custom'과 통신을 뜻하는 'Communication'이 합해진 용어로 커스텀 커뮤니케이션이라고도 한다. 매스컴이 다수의 사람들에게 정보를 전달하는 것을 목적으로 한다면 커스컴은 유선방송이나 케이블TV처럼 그 매체를 접하고자 하는 정해진 소수의 사람들을 상대로 정보를 전달하는 것을 목적한다.

□ **프리츠커상** **

1979년 하얏트 재단 회장인 제이 A.프리츠커 부부가 제정한 '건축계의 노벨상'이라고 불리는 건축 분야 최고 권위 상이다. 건축을 통해 인류와 환경에 공헌한 건축가에게 매년 수여되는 상이다. 2018년 3월 7일 미국 하얏트재단은 '2018년 프리츠커상'에 인도 건축가 발크리시나 도시를 선정했다. 하얏트재단은 발크리시나 도시의 건축이 기후와 입지 특성, 지역적 맥락을 깊이 있게 이해하고 기술과 장인정신을 녹여내 선정했다고 밝혔다.

□ **국제언론인협회(IPI : International Press Institute)** *

1951년 자유주의국가 언론인들이 상호 간의 협조와 권익옹호를 위해 결성한 국제단체이다. 개인자격으로 가입하며, 언론의 자유를 수호하고, 교류를 촉진하여 편집 실무를 개선함을 목적으로 한다. 본부는 오스트리아 빈에 있으며, 우리나라는 1960년 12월에 가입하였다.

□ **방송통신위원회(KCC : Korea Communications Commission)** **

방송위원회(KBC)의 방송 정책 및 규제, 정보통신부의 통신서비스 정책과 규제를 총괄하는 대통령 직속 기구이다. 방송과 통신의 융합 현상에 능동적으로 대응하고 방송의 자유와 공공성 · 공익성을 보장하며, 방송 · 통신 간 균형 발전을 위해 방송 · 통신 관련 인허가 업무, 각종 정책 수립 등의 역할을 담당한다. 위원장 1명을 포함, 5명의 상임위원으로 구성되는데 대통령이 2인을 임명하고 그중 1명을 위원장으로 삼으며 나머지 위원 3명은 국회에서 추천한다.

☆☆☆ **방송통신심의위원회** ··· 방송의 공공성과 공정성을 보장하고, 정보 통신의 건전한 문화를 창달하며 올바른 이용 환경을 조성하기 위하여 설치된 기관이다.

□ **맥루한의 미디어결정론 *****

맥루한은 저서 「미디어의 이해(Understanding Media)」에서 '미디어는 메시지이다'라고 강조하였다. 미디어가 전달하는 것은 그 내용과 전혀 다른, 즉 미디어 그 자체의 특질 내지 형태라고 주장하였다. 또한 미디어의 커뮤니케이션 과정상 다른 모든 요소에 영향을 끼치는 것을 강조하고, 메시지와 채널의 결합으로 발생하는 결과적 영향을 감각을 불러일으키는 '미디어는 마사지(Massage)이다.'라고 표현했다. 매체 발달단계에서 텔레비전의 출현으로 시작되는 제3단계는 개별적 국가 단위에서 벗어난 전체적인 특성을 지닌다.

□ **세계 4대 통신사 *****

• AP(Associated Press) : 1848년 헤일(D. Hale)의 제안으로 결성된 미국 연합통신사이다. 신문사·방송국을 가맹사로 하는 협동조직의 비영리법인 UPI와 함께 세계최대통신사이다.

• UPI(United Press International) : 1958년에 UP가 경영난에 빠진 INS(International News Service)통신사를 병합하여 설립한 영리법인이다.

• AFP(Agence France Press) : 아바스(C. Havas)가 만든 외국신문 번역통신사의 후신으로 전 세계에 100여개의 지국을 설치하고 서유럽적 입장에서 논평과 보도를 한다.

• 로이터(Reuters) : 1851년 독일인 로이터가 영국에 귀화하여 런던에 설립한 영국의 국제 통신사로 전 세계적인 통신망을 구축하여 국제 신문계의 중심을 이루고 있으며 특히 경제·외교기사 통신으로 유명하다.

□ **미국의 4대 방송 ****

• NBC(National Broadcasting Company) : 1926년에 설립된 미국 내셔널 방송회사로 우리나라에서 개최된 88올림픽의 중계를 맡았으며, 미국 방송조직 중 가장 크다.

• CBS(Columbia Broadcasting System) : 미국의 콜롬비아 방송회사로 1927년 설립되었다. 라디오·텔레비전 망을 보유한 민간회사로 시류에 민감하여 기획과 실시의 면에 있어서 활발한 기동성을 가지고 있다.

• ABC(American Broadcasting Company) : 미국에서 세 번째로 방대한 텔레비전 네트워크를 가진 아메리칸 방송회사로 1944년에 설립되었다.

• MBS(Mutual Broadcasting System) : 4개의 방송국이 연합하여 1934년에 설립한 것으로 전국적인 규모의 라디오 전문 네트워크로 소규모 라디오 방송국의 형태로 방송국 상호 간에 프로그램을 제공한다.

□ **적대언론(Adversary Journalism) ***

어떤 성격의 정부이든 정부나 권력자에 적대적인 입장에 서서 항상 비판적인 자세를 유지하고 완고한 감시자 역할을 수행하는 언론이다. 적대언론의 언론인은 객관성과 냉정성을 최대한 유지하지만 정부나 권력에 대해 영원한 반대자로 남는다. 이런 점에서 적대언론은 언론이 정치권력에 비판적인 국가의 제4부가 되어야 한다는 자유민주주의의 전통적인 언론이념과 관련있다. 그러나 어떤 정부이건 무조건 적대하는 언론을 적대언론이라고 정의한다면, 과연 그러한 언론이 바람직스러운 언론이냐에 대해서는 많은 사람이 회의적이며, 또 그런 의미의 적대언론은 역사상 한 번도 존재했던 적이 없다고 보여진다.

발전언론(Development Journalism) *

국가의 자주성 보전과 문화적 주체성을 확립하기 위해 언론이 국가발전에 긍정적 역할을 수행해야 한다고 보는 개발도상국의 언론이념이다. 개발도상국에서 언론은 개개인의 자유가 아닌 총체적인 국가목표를 강조하므로 언론의 자유는 하위에 있게 된다. 발전언론은 언론의 자유를 전적으로 부정하지 않으나 국가발전이 언론의 자유보다 우위에 있으므로 현실적으로 독재정권의 나팔수로 전락되는 경우가 많다.

저널리즘(Journalism) **

매스미디어를 통해 공공의 사실이나 사건에 관한 정보를 보도하고 논평하는 활동으로 시사적 문제의 보도와 논평의 사회적 전달 활동을 의미한다.

☆☆☆ 저널리즘의 종류

구분	특징
옐로저널리즘 (Yellow Journalism)	저속하고 선정적인 기사로 대중의 흥미를 위주로 보도하는 센세이셔널리즘 경향을 띠는 저널리즘을 의미한다.
블랙저널리즘 (Black Journalism)	공개되지 않은 이면적 사실을 밝히는 정보활동을 말한다. 개인이나 특정의 약점을 이용하여 이를 발표하겠다고 협박하거나, 보도해서 이익을 얻고자 하는 신문·서적·잡지 등에 의해 행해지는 저널리즘 활동을 말한다.
퍼블릭저널리즘 (Public Journalism)	취재원을 다양화하여 여론 민주화를 선도함으로써 선정주의를 극복하고자 하여 고급지의 새로운 방법으로 시민이 참여하는 민주주의과정을 활성화시키자는 것이다. 즉, 언론인 스스로가 지역사회의 일원으로 행동하고 시민들이 공동관심사에 참여하도록 주선해 주는 것으로 시빅 저널리즘(Civic Journalism)이라고 한다.
포토저널리즘 (Photo Journalism)	사진으로 사실이나 시사적인 문제를 표현하거나 보도하는 저널리즘이다.
팩저널리즘 (Pack Journalism)	자의적·제도적 제한 및 안이한 편집, 취재방법이나 취재시각 등이 획일적인 개성이 없는 저널리즘으로 인간·정치·사건에 대해 취재가 단편적으로 이루어지고 있는 언론 상황을 뜻한다.
경마저널리즘 (Horse Race Journalism)	공정한 보도보다는 단순한 흥미 위주로 경마를 취재하는 기사처럼 누가 이기는가에 집착하여 보도하는 형태로 특정 상황만을 집중적으로 보도하는 것이다.
수표저널리즘 (Check Journalism)	방송이나 신문사가 유명인사의 사진 또는 스캔들 기사, 센세이셔널 한 사건의 당사자 증언 등을 거액을 주고 사들여 보도하는 것을 의미한다.
파라슈트저널리즘 (Parachute Journalism)	낙하산 언론으로 현지 사정은 알지 못하면서 선입견에 따라 기사를 작성하는 것이다.
하이프저널리즘 (Hipe Journalism)	오락만 있고 정보가 없는 새로운 유형의 뉴스를 말한다.
뉴저널리즘 (New Journalism)	1960년대 이후 새롭게 등장한 보도 및 기사를 작성하는 방법으로, 기존의 속보성·단편성·객관성의 관념을 극복하고, 구체적 묘사와 표현을 목표로 사건과 상황에 대해 독자에게 실감나게 전달하고자 한다.
제록스저널리즘 (Xerox Journalism)	극비문서를 몰래 복사하여 발표하는 것으로 문서를 근거로 한 폭로기사 일변도의 안이한 취재방법과 언론경향을 비판하는 표현이다.
그래프저널리즘 (Graph Journalism)	사진을 중심으로 하여 편집된 간행물로 다큐멘터리를 중심으로 사회 문제 및 패션, 미술, 영화의 소재까지 다룬다.

□ 저널리즘의 원칙 **

언론이 신뢰성과 공정성을 유지하고 정확한 정보를 제공하기 위한 기본적인 기준이다.

구분	내용
사실과 의견 분리 원칙	사실과 의견을 명확하게 구분하여 보도해야 한다는 원칙으로, 보도 내용이 객관적이고 공정하게 전달될 수 있도록 해야 한다.
보편가치 존중의 원칙	인간의 기본적인 권리와 윤리적인 가치를 존중해야 한다는 원칙으로 보도 과정에서 인권, 자유, 정의, 평등과 같은 보편적 가치를 침해하지 않으면서 사회적 약자나 소수자의 권리와 의견을 존중해야 한다.
균형성의 원칙	다양한 시각을 공정하게 다루어야 한다는 원칙으로, 어느 한쪽에 편향되지 않고 다양한 의견과 정보를 제공해야 한다.
투명성의 원칙	보도 내용의 출처와 근거를 명확히 하고 보도 과정에서 발생할 수 있는 편향과 오류를 공개해야 한다는 원칙이다. 또한 보도에 대해 오류가 있을 경우 수정하고 사과해야 한다.

□ 클리킹 현상(리모컨에 의한 텔레비전 시청형태) *

- Soft Clicking : 보고 있던 프로그램이 재미가 없기 때문에 채널을 바꾸는 현상
- Hard Clicking : 언제 보아도 재미없는 프로그램에 제재를 가하는 현상
- Lovely Clicking : 여러 프로그램에 매력을 느껴 어느 것도 놓치지 않으려고 이리저리 채널을 바꾸는 현상
- Rational Clicking : 이리저리 돌리다 선택을 한 다음 채널을 바꾸는 현상

☆☆☆ 재핑(Zapping) … 광고를 보지 않기 위해서 리모콘을 이용해 여러 채널을 옮겨 다니는 행위이다.

□ 프레임업(Frame Up) *

날조라는 뜻으로, 정적(政敵)을 대중으로부터 고립시켜 탄압하고 공격하기 위한 구실로 삼기 위해 만들어내는 사건이다. 일정한 기성사실을 왜곡 변조하여 이용하는 경우와 스파이 등을 이용하여 사실을 날조하는 경우가 있다.

□ 뉴스 큐레이션 **

미디어가 일방적으로 제공하는 뉴스를 그대로 받아보는 방식에서 탈피해 스마트 미디어 환경에서 이용자가 자신의 취향에 맞게 원하는 분야의 콘텐츠를 읽어 볼 수 있도록 도와주는 서비스이다. 영국의 닉 달로이시오가 만든 뉴스 큐레이션 앱 썸리를 비롯해 와비, 펄스 등이 있으며 국내에는 2009년 도입된 네이버의 뉴스캐스트, 뉴스스탠드 등에서 뉴스 큐레이션 서비스를 제공하고 있다.

04 매스미디어

□ 복스 팝(Vox Pop) **

라틴어로 '민중의 소리'라는 뜻이다. 그냥 복스라고도 하는데, 이는 아주 짧은 형태의 다큐멘터리라고 할 수 있다. 복스 팝의 아이템을 선정하고 나면 인터뷰 질문을 만드는데 질문은 아주 구체적이어야 한다. 답변하기 쉽도록 답변의 범위도 좁게 설정해야 한다. 대부분 라디오 프로그램 코너로 사용되는데, 가벼운 주제나 무거운 주제를 모두 다룰 수 있고 시사 프로그램에서는 여론을 들려줄 수 있기 때문에 자주 활용된다. 다만, 시사 프로그램에서 진행할 때에는 모든 여론을 대변하는 것이 아니므로 각별히 주의해야 하며 이밖에도 윤리 원칙, 공정성, 책임성에 유의해야 한다.

□ 처널리즘 ***

제품을 대량으로 찍어낸다는 뜻의 천 아웃(Churn Out)과 저널리즘의 합성어로, 기자가 보도자료나 홍보자료를 그대로 찍어내듯 기사화하는 것을 뜻한다. 언론사들의 속도 경쟁과 기자들은 실시간으로 많은 기사를 생산해내야 하는 업무 환경으로, 보도자료를 무비판적으로 재구성해 빠르게 내놓는 것에만 집중하는 세태를 비판하면서 처널리즘이란 말이 등장했다.

□ 사회적 책임 이론(Social Responsibility Theory) **

미디어 기술과 환경 변화에 따라 미디어 책임의 영역이 저널리즘에서 산업과 오락 영역으로까지 확장됐다. 언론은 자유를 적극적인 자유를 기반으로 하지만, 도덕적 의무가 수반된다. 즉, 언론은 사기업으로 정부가 규제해서는 안 되지만 공익을 추구해야 한다는 것이다. 언론은 종합적이고 정확한 보도를 해야 하며 다양한 의견이 교환되어야 한다. 집단의 의견이나 태도를 수렴하고 사회가 지향할 가치를 제시하며 모든 사회 구성원들이 이용할 수 있어야 한다. 한편 1947년 미국에서 발표된 허친스보고서와 1949년에 영국에서 공표된 왕립언론위원회보고서는 1959년 「언론의 4이론」을 통해서 언론의 이론 중 하나인 사회적 책임 이론으로 정착되었다.

□ 퍼블릭 액세스 **

퍼블릭 액세스 채널은 시민사회의 미디어 액세스 요구를 제도화한 것이다. 방송사뿐 아니라 일반 시민도 방송에 접근할 권리가 있다는 것을 제도적으로 인정한 사례라 할 수 있다. 시민의 미디어 액세스는 다양한 의견 개진으로 민주적 토론 문화를 만들어 간다는 점에서 민주주의의 발전을 위한 필수 장치라고 할 수 있다. 민주적 헌법이 있는 국가에서 시민의 미디어 액세스는 당연한 기본권으로 인정받아야 한다.

□ 인포데믹스(Infodemics) *

정보(Information)와 전염병(Epidemics)의 합성어로 부정확한 정보가 확산되어 발생하는 각종 부작용을 일컫는 말이다. IT기술이 발전하면서 잘못된 정보나 소문이 미디어와 인터넷, SNS를 통해 확산되면서 정치, 경제, 사회, 안보 등에 치명적인 위기를 초래하게 되는 경우가 종종 발생하게 된다.

□ 엠바고(Embargo) ***

엠바고는 '선박의 억류 혹은 통상금지'를 뜻하나, 언론에서는 '어떤 뉴스 기사를 일정 시간까지 그 보도를 유보하는 것'을 의미한다. 정부기관 등의 정보제공자가 어떤 뉴스나 보도자료를 언론기관이나 기자에게 제보하면서 그것을 일정 시간이나 기일, 즉 해금시간 후에 공개하도록 요청할 경우 그때까지 해당 뉴스의 보도를 미루는 것이며 혹은 그 요청까지도 엠바고로 부르기도 한다. 국가이익이나 생명에 끼칠 수 있는 폐해를 막는다는 취지에서 도입되었으나 '국민의 알 권리' 침해라는 비판도 받고 있다.

☆☆☆ 엠바고 유형
- 보충 취재용 엠바고 : 뉴스 가치가 매우 높은 발표 기사이면서도 전문적이고 복잡한 문제를 다루고 있을 때 취재기자들과 취재원의 합의 아래 이루어지는 시한부 보도 중지
- 조건부 엠바고 : 뉴스 가치가 있는 사건이 일어나는 것은 확실히 예견할 수 있으나 정확한 시간을 예측하기 어려울 경우, 그 사건이 일어난 이후에 기사화 한다는 조건으로 보도자료를 미리 제공하는 형태
- 공공이익을 위한 엠바고 : 국가이익과 관련되거나 인명과 사건에 위해를 끼칠 수 있는 사건이 해결될 때까지 시한부 보도 중지
- 관례적 엠바고 : 외교관례를 존중하여 재외공관장의 인사이동에 관한 사항을 미리 취재했더라도 주재국 정부가 아그레망을 부여할 때까지 보류하거나 양국이 동시에 발표하기로 되어 있는 협정 또는 회담 개최에 관한 기사를 공식 발표가 있을 때까지 일시적인 보도 중지

□ 재핑 효과(Zapping Effect) **

채널을 바꾸다가 중간에 있는 다른 채널의 시청률이 높아지는 현상을 의미한다. 사람들이 채널을 바꾸는 이유는 자신이 보고 있던 프로그램의 광고를 피하기 위함이다. 대부분의 광고는 많은 사람들이 자신에게는 필요가 없는 것이라 생각하기 때문에 그 시간을 허비하기 싫어 다른 채널로 이동하는 것이다. 이렇게 딱히 다른 채널을 보기 위한 의도가 없었음에도 불구하고 짧은 순간에 지나가려던 채널에 관심을 빼앗겨 버리면 그 채널에서 오히려 더 많은 시간을 할애하게 되는 것이 바로 재핑 효과이다. 이는 다른 채널에서 때마침 자신의 관심사 혹은 자신의 취향과 맞는 방송이 송출되고 있을 경우 크게 발생하게 된다.

□ 디지털방송 **

기존의 아날로그방송과는 달리 정보의 신호를 부호화하여 기록하는 디지털 형태로 텔레비전 신호를 압축하여 내보내는 방송을 의미한다. 아날로그방송은 하나의 전파에는 하나의 영상밖에 실을 수 없어 음성은 다른 전파로 보내야 한 것에 비해 디지털방송은 하나의 전파에 다수의 영상이나 음성 등을 실을 수 있고, 질을 떨어뜨리지 않고 정보를 압축할 수 있어 1개의 아날로그방송 주파수대에 4 ~ 8개의 채널을 설정할 수 있다. 또한 컴퓨터를 사용하여 정보를 관리하기 쉽고 시청자가 주문하는 정보도 내보낼 수 있는 쌍방향 방송도 가능하다.

☆☆☆ 디지털TV … 디지털 방송을 수신할 수 있는 TV수상기로 기존 아날로그방송 대신에 디지털방송의 고화질, 고음질을 구현해 기존 아날로그TV보다 5배 선명한 화질과 CD 수준의 음질을 보장한다.

□ 헤이트 스피치(Hate Speech) ***

인종이나 단체, 국적, 종교. 외모 등 특정 그룹 사람들을 의도적으로 폄하하고 선동하는 발언을 말한다. 증오를 담고 있기 때문에 증오발언이라고도 한다. 발언을 넘어 물리적 폭력이나 테러 등의 범죄행위는 헤이트 크라임(Hate Crime)이라고 한다.

□ CATV(Cable / Community Antenna TV) **

공동시청안테나TV로 난시청 문제를 해결하기 위해 1948년 미국에서 시작되었다. TV전파가 잘 잡히는 높은 언덕이나 산 위에 설치한 우수한 성능의 안테나로부터 TV전파를 수신하여 증폭한 다음, 유선으로 각 가정의 TV수신기로 분배하는 유선TV이다. CATV는 난시청 해소는 물론 무선공중전파에 의한 TV방송에 비해 유선으로 신호를 전달하기 때문에 선명한 화면을 제공할 수 있고, 다양한 서비스가 가능하여 사회적인 영향력도 매우 크다. 우리나라는 1995년 3월 1일 케이블TV 방송을 시작하였다.

☆☆☆ 케이블TV의 3주체 … 전송망사업자, 프로그램공급자, 방송국

□ 보도원칙 **

구분	내용
딥 백그라운드	보도할 경우 취재원이 누군지 알 수 없도록 해야 한다.
백그라운드	보도할 경우 취재원을 소식통이나 관계자 등으로 모호하게 서술한다.
오프더레코드	취재원은 물론 내용까지 일체 보도해서는 안 된다.
온 더 레코드	내용과 함께 취재원이 누군지 밝혀도 된다.

□ 딥 백그라운드 Dip Background **

내용은 밝혀도 되지만 취재원과 출처를 밝혀서는 안 되는 취재 형식으로, 민감하거나 중대한 내용일 경우 취재원의 익명성을 보호하기 위한 취재 형식을 말한다. 주로 미국의 정치인들이나 관리들이 많이 사용하는 방법이다. 직접 인용이나 출처를 명시할 수 없고, '외교 관계자'와 같은 일반 용어도 허용되지 않는다. 기자는 '~할 전망이다'와 같은 추상적인 형식으로 보도할 수밖에 없으며, 출처를 밝힐 수 없어 정보의 신뢰성을 확인하기 어렵다.

□ 게이트 키핑 Gate Keeping**

게이트 키핑은 뉴스 미디어 조직 내에서 어떤 뉴스를 선택하고 보도할지 정하는 모든 과정을 말한다. 게이트 키핑 내 뉴스 결정권자를 게이트키퍼(Gate Keeper)라고 하는데, 보도할 뉴스를 선택하는 과정에서 게이트키퍼의 성장 배경, 가치관, 성향, 일하는 조직의 문화 등 여러 요인의 영향을 받을 수 있다. 정치·경제·사회문화적 압력과 외부적인 요인들에 의해 공정성을 잃을 수도 있다.

□ **광고의 종류** **

구분	특징
배너 광고	인터넷 홈페이지에 뜨는 막대모양의 광고
타이업(Tie-Up) 광고	영화의 명장면을 이용해 인지도를 높이는 광고
제휴광고	두 기업이 절반 이하의 비용으로 두 배 이상의 효과를 보는 광고
멀티스폿 광고	비슷한 줄거리에 모델을 달리해서 여러 편을 한꺼번에 내보내는 광고
네거티브 광고	죽음, 성, 혐오동물, 범죄 등 부정적인 소재를 활용하는 광고
DM광고	광고주가 예상되는 고객에게 우편으로 직접 송달하여 선전하는 광고
애드버토리얼	'advertisement(광고)'와 'editorial(편집기사)'의 합성어로 신문, 잡지에 기사형태로 실리는 PR광고
애드버커시 광고	기업의 활동과 실태를 홍보하여 기업을 지지도를 높이는 광고
티저(Teaser) 광고	상품 자체는 감추어 호기심을 갖게 함으로써 상품에 대한 관심이나 지명도를 높이는 광고
POP 광고	Point Of Purchase의 약자로 소매점이나 가두매점 등에서 소비자가 상품을 구매하는 그 시점에 이루어지는 광고
PPL	영화, 드라마 등에 자사의 특정 제품을 등장시키는 광고
키치 광고	설명보다는 기호, 이미지 등을 중시하여 언뜻 보아 무슨 내용인지 감이 안 잡히는 광고
레트로 광고	회고광고 또는 추억광고라고도 하며 고객에게 추억의 향수를 불러일으킴으로써 상품에 대한 이미지를 높이는 광고
인포머티브 광고	성능·성분·용도·보관법·사용법 등 소비자 및 이용자들에게 유익한 소재를 넣은 논설적 광고

05 문화

□ **세계문화유산목록(世界文化遺産目錄)** ***

- 세계유산 :「세계유산협약」(1972)에 의거하여 유네스코 세계유산위원회가 인류 전체를 위해서 보호되어야 할 뛰어난 보편적 가치가 있다고 인정하여 세계유산목록에 등재한 유산이다. 문화유산, 자연유산, 복합유산으로 분류된다.
- 세계기록유산 : 유네스코가 세계적인 가치가 있다고 지정한 귀중한 기록유산으로, 1995년 선정기준 등을 마련하여 1997년부터 2년마다 국제자문위원회(IAC : International Advisory Committee)의 심의·추천을 받아 유네스코 사무총장이 선정한다. 기록유산은 단독 기록 또는 기록 모음일 수도 있으며, 기록을 담고 있는 정보나 그 기록을 전하는 매개물일 수도 있다. 세계유산 및 세계무형유산과는 구별되어 별도로 관리한다.
- 인류무형유산 : 2001년 인류 문화의 다양성과 창의성을 존중하기 위해 유네스코에서 제정한 제도로, 전 세계의 전통 춤, 연극, 음악, 놀이, 의식 등 구전(口傳)되는 문화재나 무형문화재 가운데 보존 가치가 있는 것을 선정한다.
- 우리나라의 유산 등록현황

구분	내용
세계유산	종묘(1995), 석굴암과 불국사(1995), 해인사 장경판전(1995), 창덕궁(1997), 수원화성(1997), 경주역사유적지구(2000), 고창·화순·강화의 고인돌 유적(2000), 제주 화산섬과 용암동굴(2007), 조선왕릉(2009), 한국의 역사마을 : 하회와 양동(2010), 남한산성(2014), 백제역사유적지구(2015), 산사 및 한국의 산지승원(2018), 한국의 서원(2019), 한국의 갯벌(2021), 가야고분군(2023)
세계기록유산	조선왕조실록(1997), 훈민정음 해례본(1997), 승정원 일기(2001), 직지심체요절(2001), 해인사 대장경판 및 제경판(2007), 조선왕조 의궤(2007), 동의보감(2009), 일성록(2011), 5.18 민주화운동 기록물(2011), 새마을운동 기록물(2013), 난중일기(亂中日記)(2013), 한국의 유교책판(2015), KBS특별생방송 '이산가족을 찾습니다' 기록물(2015), 조선왕실 어보와 어책(2017), 국채보상운동 기록물(2017), 조선통신사기록물(2017), 4·19혁명기록물(2023), 동학농민혁명기록물(2023)
인류무형유산	종묘제례 및 종묘 제례악(2001/2008), 판소리(2003/2008), 강릉단오제(2005/2008), 강강술래(2009), 남사당놀이(2009), 영산재(2009), 제주칠머리당 영등굿(2009), 처용무(2009), 가곡(2010), 대목장(2010), 매사냥(2010), 줄타기(2011), 택견(2011), 한산모시짜기(2011), 아리랑(2012), 김장문화(2013), 농악(2014), 줄다리기(2015), 제주해녀문화(2016), 씨름(2018), 연등회(2020), 한국의 탈춤(2022), 한국의 장 담그기 문화(2024)

□ **세계지적재산기구(WIPO : World Intellectual Property Organization)** **

지적재산권의 국제적 보호 촉진과 국제협력을 위해 설립한 국제기구로 세계지적소유권기구라도고 한다. 세계지적재산권기구설립조약(1970년 발효)을 근거로, 저작권을 다루는 베른조약(1886년 발효)과 산업재산권을 다루는 파리조약(1883년 발효)의 관리와 사무기구상의 문제를 통일적으로 처리할 목적으로 설립하였으며 1974년 유엔전문기구가 되었다.

□ 국보(國寶)・보물(寶物) *

국가가 지정하는 국가유산은 국보, 보물, 중요민속자료, 사적 및 명승, 천연기념물, 중요무형유산으로 분류할 수 있다. 보물은 건조물, 전적, 서적, 고문서, 회화, 조각, 공예품, 고고자료, 무구 등의 유형유산 중 중요도가 높은 것을 선정하는 것으로 문화재청장과 문화재위원회의 심의를 거친다. 보물에 해당하는 유산 중 인류문화의 관점에서 볼 때 역사적, 학술적, 예술적 가치가 크고 그 시대를 대표하거나 제작기술이 특히 우수하여 그 유래가 드문 것을 국보로 정한다.

☆☆☆ 더 알아보기
• 문화재 지정번호 : 국보나 보물 등 문화재 지정 시 순서대로 부여하는 번호로, 일부에서 문화재 지정순서가 아닌 가치 서열로 오인해 서열화 논란이 제기되는 경우가 있었다. 이에 「문화재보호법 시행령」 등 관련 규정에서 '지정(등록)번호'를 삭제하고 문화재 행정에서 지정번호를 사용하지 않도록 정책을 개선하였다.
• 1962년 문화재 보호법 제정 이후 쓰였던 '문화재'는 역사와 정신까지 아우르는 '국가유산'이란 새 명칭으로 변경・확대되었다.

□ 노벨상(Nobel Prize) **

스웨덴의 알프레드 노벨의 유언에 따라 인류 복지에 공헌한 사람이나 단체에게 수여되는 상이다. 1901년부터 매년 총 6개 부문(문학, 화학, 물리학, 생리학 또는 의학, 평화, 경제학)에 대한 수상이 이뤄진다. 수상자 선정은 평화상을 노르웨이 노벨위원회가, 나머지 부문은 스웨덴의 3개 기관이 맡고 있다.

☆☆☆ 2024년 노벨상 수상자
• 생리의학상 : 빅터 앰브로스, 게리 러브컨
• 물리학상 : 존 홉필드, 제프리 힌턴
• 화학상 : 데이비드 베이커, 데미스 하사비스, 존 점퍼
• 문학상 : 한강
• 평화상 : 니혼 히단교
• 경제학상 : 다론 아제모을루, 사이먼 존슨, 제임스 A. 로빈슨

□ 골든 글로브상(Golden Globe Prize) *

세계 84개국의 신문 및 잡지기자 114명으로 구성된 헐리우드 외국인기자협회가 그해 최우수영화의 각 부문과 남녀배우에게 수여하는 상으로, 아카데미상을 시상하기 전에 시상한다. 78회 골든 글로브 시상식에서 영화 '미나리'가 외국어 영화상으로 수상하기도 하였다.

□ 세계 3대 영화제 ***

베니스, 칸, 베를린 영화제를 말하는 것으로 세계 4대 영화제라고 할 경우 모스크바영화제를 포함한다. 베니스영화제가 가장 오랜 역사를 지녔지만, 일반적으로 칸영화제를 가장 권위 있는 영화제로 생각한다.

□ 베니스영화제 **

이탈리아 베니스(Venice)에서 매년 개최되는 최고(最古)의 국제 경쟁영화제로 1932년 5월 창설되었다. 매년 8월 말에서 9월 초에 열리며 수상 부문으로 작품상, 남녀배우상 등이 있으며 그랑프리는 '산마르코 금사자상(황금사자상)'이라고 부른다. 타 영화제 출품작을 제외한 일반 극영화만 출품이 가능하다는 특징이 있다.

□ 칸영화제 **

1946년 프랑스 국립영화센터에서 관광휴양지인 칸(Cannes)에 설립한 국제 경쟁영화제이다. 최고의 권위를 인정받고 있는 국제영화제로 황금종려상, 심사위원 대상, 남녀배우주연상, 감독상, 각본상 등의 경쟁부문과 주목할 만한 시선, 황금카메라상, 시네파운데이션 등 비경쟁부문으로 나누어 시상한다.

□ 베를린영화제 **

1951년 서베를린(Berlin)시 시장이었던 빌리 브란트가 세계의 평화와 우애를 지향하고자 창설한 국제영화제로 금곰상(최우수작품상), 은곰상(심사위원 대상, 감독상, 남녀배우상 등), 알프레드바우어상, 블루엔젤상, 평생공로상 등이 있다.

□ 모스크바영화제 *

1959년에 창설된 공산권 최대 규모의 영화제로 베니스, 칸, 베를린영화제와 더불어 세계 4대 국제영화제로 홀수 년도 6월경에 열린다. 시상은 대상(금게오르기상), 심사위원 특별상(은게오르기상), 남녀주연상(동게오르기상)으로 나누어 한다.

□ 아카데미상(Academy Award) **

미국의 영화예술과학아카데미협회가 시상하는 영화상으로, 오스카 금패가 수여되어 오스카상이라고도 한다. 1927년 5월에 창설되었으며, 1928년부터 매년 우수영화·영화인에게 수여해 온 세계적으로 권위 있는 영화상이다. 수상부문은 작품·감독·주연 남녀배우·조연 남녀배우·음악·촬영상 등 16개 부문에 시상한다. 한편, 영화 '미나리'는 작품상, 감독상, 각본상, 남우주연상, 여우조연상 후보에 올라 우리나라 배우 윤여정이 수상하기도 하였다.

□ 대종상(大鐘賞) *

우리나라 영화산업의 육성과 영화인들의 의욕을 고취시키고자 당시 문화공보부가 1962년에 설립한 상으로, 작품상·남녀주연상·촬영상·음악상·미술상 등 여러 부문에 걸쳐 해마다 시상되고 있다.

□ 청룡영화상***

한국영화의 질적 향상과 국내 영화산업의 진흥발전을 돕기 위해 1963년 제정되었다. 시상 부문은 최우수작품상, 감독상, 남녀주연상, 남녀조연상, 촬영상, 조명상, 각본상, 기술상, 미술상, 음악상, 신인감독상, 신인남녀연기상, 인기스타상, 한국영화 최다관객상과 최근 신설된 청정원 단편영화상의 총 18개 부문이다.

06 예술

□ 오페라(Opera) ***

가극(歌劇)으로 음악적인 요소는 물론 대사를 통한 문학적 요소, 연극적 요소, 무대·의상 등의 미술적 요소들이 종합된 대규모의 종합무대예술이다. 레시터티브·아리아·중창 등으로 구성되어 있다. 관현악은 반주뿐만 아니라 서곡·간주곡·종곡 등을 연주한다. 대표적 작품으로는 모차르트의 피가로의 결혼·돈지오반니, 베르디의 아이다·리골레토·춘희, 푸치니의 토스카·라보엠, 비제의 카르멘 등을 들 수 있다.

☆☆☆ 더 알아보기
• 오페라 부파(Opera Buffa) : 경쾌한 음악을 주로 하고 중창이 많으며, 익살과 풍자적인 줄거리를 가진 오페라이다.
• 오페라 코미크(Opera Comique) : 대사를 넣은 가극으로, 비제의 카르멘과 같이 비극적인 계통도 포함된다.

□ 오페레타(Operetta) *

형식은 오페라와 비슷하면서 군데군데 대사의 삽입방법과 목적에 다소 차이가 있는 곡으로, 경쾌하고 알기 쉬우면서도 유머가 곁들인 줄거리를 통속적이고 대중적인 음악으로 연출하는 음악극이다. 천국과 지옥, 보카치오, 박쥐 등이 유명하다.

□ 갈라 콘서트(Gala Concert) *

갈라는 이탈리아 전통 축제의 복장 'Gala'에 어원을 두고 있으며, '축제', '잔치'라는 사전적 의미를 지니고 있다. 클래식 음악에서는 흔히 아리아와 중창 등 약식으로 꾸며진 오페라에 붙이지만, 격식을 갖추지 않은 축하 공연 등을 통칭하는 용어로 사용된다.

□ 퓨전음악(Fusion Music) **

제3세계의 토속음악과 서구의 팝음악이 접목된 새로운 장르의 음악을 일컫는다. 아프리카 원주민들의 토속음률에 서구의 펑크, 록 등이 한데 어우러진다. 융합을 뜻하는 '퓨전'이란 말처럼 지역이나 관습적인 배경을 달리하는 음악들의 만남으로 국경을 뛰어 넘는 음악의 새 지평을 열었다고 볼 수 있다.

□ 가곡(Lied) *

예술가요를 뜻하는 것으로, 시(詩)의 내용을 가장 충실하게 표현한 것이다. 반주는 시의 음악적 표현을 뒷받침하는 것으로, 시와 멜로디와 반주의 완전 결합에서 이루어진 예술적 가치가 큰 독창곡을 말한다. 슈베르트의 겨울 나그네가 유명하다.

□ 칸타타(Cantata) **

독창(아리아 · 레시터티브) · 중창 · 합창으로 구성되는 형식의 하나이다. 17세기의 모노디(Monodie)에 그 근원을 두고 있는데, 오라토리오와 마찬가지로 종교적인 것과 세속적인 것이 있다. 종교적인 것으로는 바흐의 작품이 대표적이며, 세속적인 것에는 브람스의 운명의 노래, 애도가 등이 유명하다. 또한 칸타타는 극적인 점이 없다는 것이 가극과 구별된다.

□ 오라토리오(Oratorio) *

독창 · 합창 · 관현악을 구사하여 레시터티브와 아리아를 설정하는 등 매우 극적으로 만들어져 있는, 장엄하면서도 대규모인 서사적 악곡으로 성담곡이라고도 불린다. 헨델의 메시아 · 이집트의 이스라엘, 하이든의 천지창조 · 사계절 등이 유명하다.

□ 소나타(Sonata) **

4악장으로 된 기악독주곡으로 제1악장 소나타형식, 제2악장 가요형식 또는 변주곡 형식, 제3악장 미뉴에트 또는 스케르초, 제4악장 론도 또는 소나타형식 등으로 구성된다. 베토벤의 피아노 소나타 월광 등이 유명하다.

□ 푸가(Fuga) *

소나타형식이 화성적 음악의 가장 완전한 형식이라면, 푸가는 대위법적 음악의 가장 완전한 형식이다. 한 개의 주제를 가진 3부분 형식의 악곡이다. 바흐의 작품이 대표적이다.

□ 교향곡(Symphony) **

관현악(Orchestra)을 위한 소나타로, 관현악단에 의해 연주되는 대규모의 기악곡이다. 보통 4개의 악장으로 구성된다. 창시자는 하이든, 완성자는 베토벤이다.

□ 협주곡(Concerto) *

피아노 · 바이올린 · 첼로 등 독주악기와 관현악을 위한 악곡이다. 독주자만이 연주하는 카덴차(장식악절) 부분이 있어 독주자의 연주기교를 충분히 발휘할 수 있게 작곡된 곡이다.

□ 칸초네(Canzone) *

이탈리아의 민요로서, 14세기에서 18세기에 걸쳐 이탈리아에서 유명한 세계적인 시에 곡을 붙인 가곡이다. 칸초네는 프랑스의 샹송과 같은 위치를 차지하고 있지만, 이탈리아의 뜨거운 태양이 길러낸 듯한 활달하고 솔직한 밝음이 있다.

□ 근대미술사조 ***

구분	특징
신고전주의 (Neo – Classicism)	• 18세기 중엽 ~ 19세기 중엽에 걸쳐 유럽에서 형성된 미술양식 • 형식의 통일과 조화, 표현의 명확성, 형식과 내용의 균형 • 주요 작품 : 다비드 '나폴레옹 대관식', 앵그르 '목욕하는 여인' 등
낭만주의 (Romanticism)	• 19세기 전반 유럽에서 회화를 비롯하여 조각 등에 나타난 미술양식 • 합리주의에 반대해서 객관보다는 주관을, 지성보다는 감성을 중요시 • 주요 작품 : 들라크루와 '키오스섬의 학살' 등
사실주의 (Realism)	• 19세기 중엽 사물, 자연의 상태를 그대로 표현하고자 한 미술형식 • 프랑스에서 활동한 풍경화가들의 모임인 '바르비종파' • 주요 작품 : 밀레 '이삭줍기', '만종', 쿠르베 '돌 깨는 사람들' 등
인상주의 (Impressionism)	• 19세기 말에 일어난 프랑스 청년화가들의 경향 • 빛의 효과를 강조하고 밝은 색깔로 그림을 그리려는 운동 • 주요 작품 : 마네 '풀밭 위의 점심', '발코니', 모네 '인상 – 해돋이', 드가 '압생트', 르누아르 '뱃놀이 점심' 등
신인상주의 (Neo – Impressionism)	• 19세기 말에 대두한 미술사조로 인상주의에 과학성을 부여하고자 함. • 무수한 색점을 사용하여 색을 분할하는 기법 • 주요 작품 : 쇠라 '아니에르에서의 물놀이', 시냐크 '마르세유항의 풍경' 등
후기인상주의 (Post – Impressionism)	• 19세기 말 ~ 20세기 초 인상파의 색채기법을 계승 • 견고한 형태, 장식적인 구성, 작가의 주관적 표현을 시도한 화풍 • 주요 작품 : 고흐 '해바라기', '감자 먹는 사람들', 고갱 '타히티의 여인', 로댕 '생각하는 사람' 등

□ 빠르기 말 ***

곡 전체 또는 한 부분을 얼마나 빠르게 연주해야 하는지 나타내기 위해 사용하는 문자를 말한다. 이와 구분하여 빠르기를 숫자로 표현한 것을 빠르기표 또는 메트로놈(Metronom) 기호라 한다.

구분	매우 느리게	느리게	조금 느리게	보통 빠르게	조금 빠르게	빠르게	매우 빠르게
용어	largo(라르고) lento(렌토) adagio(아다지오)	andante (안단테)	andantino (안단티노)	moderato (모데라토)	allegretto (알레그레토)	allegro (알레그로)	vivo(비보) vivace(비바체) presto(프레스토)

□ **토카타(Toccata)** *

17세기부터 18세기 전반에 걸쳐 전성기를 이룬 건반악기를 위한 곡의 일종이다. 폭넓은 화음과 빠른 음
표로 된 악구의 교체, 모방양식으로 된 푸가적 부분, 분명한 주제성격을 가지지 않는 음형의 반복 등이
특징이다. 형식이 자유로우며 즉흥적인 요소가 강하다.

□ **트레몰로(Tremolo)** **

이탈리아어의 'Tremare(떨린다)'에서 유래한 말로서, 음을 급속히 반복하는 주법이다. 음표의 기둥에 짧
은 사선을 부가해서 지시하는데, 원칙적으로 사선의 수가 많을수록 횟수도 반복되어 많아진다.

□ **현대미술사조** ***

구분	특징
야수파 (Fauvism)	• 20세기 초의 젊은 화가들과 그들의 미술경향 • 원색을 쓴 대담한 그림으로 야수의 그림 같다는 비평을 받음 • 주요 작품 : 마티스 '후식', 루오 '미제레레', 드랭, 블라맹크 등
입체파 (Cubism)	• 1910년경 프랑스를 중심으로 야수파의 뒤를 이어 일어난 유파 • 물체의 모양을 분석하고 그 구조를 점과 선으로 구성 · 연결 • 주요 작품 : 피카소 '아비뇽의 처녀들', '게르니카', 브라크 '카드가 있는 정물' 등
표현주의 (Expressionism)	• 20세기 전반에 독일을 중심으로 하여 전개된 예술운동 • 자연묘사에 대응하여 감정표현을 중심으로 주관의 표현을 강조 • 주요 작품 : 뭉크 '절규', 샤갈 '바이올린 연주자', 클레 '월출과 일몰' 등
미래파 (Futurism)	• 20세기 초 이탈리아에서 일어난 전위예술운동 • 현대생활의 역동하는 감각을 표현하고자 함 • 주요 작품 : 보초니 '탄생', 세베리니 '물랭루주의 곰춤', 라의 '롯의 딸들' 등
초현실주의 (Surrealisme)	• 다다이즘 이후 1920 ~ 1930년에 걸쳐 유럽에서 일어난 미술운동 • 무의식이나 꿈, 공상 등을 중요시 • 주요 작품 : 달리 '해변에 나타난 얼굴과 과일의 환영', 마그리트 '가짜거울' 등

□ **팝아트(Pop Art)** **

1960년을 전후하여 추상미술에 대한 반동으로 일어난 미술의 한 유형으로, 특히 미국에서 거대 도시문
명을 배경으로 확산되었다. 일명 뉴리얼리즘(신사실주의)라고 불리는 이 파의 화가들은 추상을 거부하고
현대문명의 산물인 공업제품을 작품 속에 그대로 끌어들여 대중적인 이미지를 화면에 재현시켰다.

□ **비구상(Non – Figuratif)** *

19세기의 극단적인 자연주의에 대한 반동으로 일어난 미술의 한 경향이다. 현실의 재현을 추구하는 구
상을 부정하고 대상의 본질적 특징을 형상화하려는 경향이다. 순수하게 기하학적 형태로 구성하는 양식
주의적인 경향과 자유로운 형태로서 정신적 표현을 추구하는 표현주의적 경향으로 크게 나눌 수 있다.

□ 아르누보(Art Nouveau) **

'신(新)미술'이라는 뜻으로, 19세기 말에서 20세기 초에 걸쳐 유럽에서 개화한 예술운동이다. 아르누보의 탄생은 유럽의 전통적 예술에 반발하여 예술을 수립하려는 당시 미술계의 풍조를 배경으로 한다. 전통으로 부터의 이탈과 새 양식의 창조를 지향하여 자연주의 · 자발성 · 단순성 · 기술적인 완전을 이상으로 했다.

□ 캐리커처(Caricature) **

사람이나 사물을 과장하되 그 성격을 풍자적이고 희극적으로 표현한 만화 · 풍자화 · 회화 등을 말한다. 고야, 도미에 등이 유명한 화가이다.

☆☆☆ 크로키(Croquis) ··· 화가가 움직이고 있는 대상의 한 순간의 모습을 짧은 시간에 재빨리 그리는 것을 말한다.

□ 미니어처(Miniature) *

일반적으로 세밀화로 불리는 소형의 기교적인 회화이다. 초상화를 주로 하는 작은 화면의 회화를 뜻한다. 16세기 초에서 19세기 중엽에 이르기까지 주로 유럽에서 많이 제작되었다. 본래는 사본(寫本)에 쓰인 붉은 식자를 뜻했으나, 요즘에는 메달 · 보석 · 시계상자의 뚜껑장식 등에 그리는 장식화를 뜻하게 되었다.

□ 아라베스크(Arabesque) *

아라비아 사람들이 만든 장식무늬의 하나이다. 이슬람교에서는 우상과 비슷한 것은 회화나 조각에 쓰지 않았으므로 기하학적인 모양이나 당초(唐草)모양이 연구되었는데, 그중에도 아라비아 문자의 끝부분을 잎 모양으로 도안한 것을 아라베스크라 하였다.

□ 왈츠(Waltz) *

3/4박자 춤곡으로 우아하고 부드러운 움직임이 특징이다. 오스트리아와 독일에서 18세기 후반에 유래하여 19세기에는 유럽 전역과 세계적으로 인기를 끌었다. 비엔나 왈츠는 빠른 템포로 19세기 오스트리아에서 유행했으며 슬로우 왈츠는 느린 템포로, 감성적인 분위기가 강조된다. 슈트라우스, 쇼팽, 차이콥스키 등이 대표적이며 특히 차이콥스키의 왈츠는 발레에서 자주 사용된다.

07 스포츠

□ **타이브레이커** *

테니스에서 듀스가 반복되어 시합이 길어지는 것을 막기 위해 도입한 제도로, 게임이나 스포츠에서 동률을 이룰 때 승자를 결정하는 시스템을 말한다.

□ **피클 볼(Pickle Ball)** **

배드민턴과 테니스, 탁구 요소가 결합된 패들 스포츠다. 1965년 미국 워싱턴 주 시애틀의 베인 브리지 아일랜드에서 발명된 스포츠로, 미국을 중심으로 선풍적인 인기를 끌고 있으며, 전 세계적인 스포츠로서 자리매김 하고 있다. 한국에서도 동호회가 생겨나면서 점차 활성화되고 있으며 나이와 성별에 구애 받지 않는 특성으로 새롭게 주목받고 있다.

□ **프레올림픽(Pre – Olympic)** **

올림픽대회가 열리기 1년 전에 그 경기시설이나 운영 등을 시험하는 의미로 개최되는 비공식경기대회이다. 국제올림픽위원회(IOC)에서는 올림픽이 4년마다 열리는 대회라는 이유로 프레올림픽이라는 명칭의 사용을 금하고 있으나, 국제스포츠계에 잘 알려진 관용명칭이 되어 있다.

□ **보스톤 마라톤대회** *

미국 독립전쟁 당시 보스톤 교외의 콘크드에서 미국 민병이 영국군에게 승리한 것을 기념하기 위하여 1897년 이래 보스톤시에서 매년 4월 19일에 거행하는 대회로, 아메리칸 마라톤이라고도 한다.

□ **올림픽경기대회(Olympic Games)** ***

국제올림픽위원회(IOC)가 4년마다 개최하는 국제스포츠대회이다. 본래 올림픽 경기는 고대 그리스인들이 제우스신에게 바치는 제전(祭典) 성격의 경기로 종교, 예술, 군사훈련 등이 일체를 이룬 헬레니즘 문화의 결정체다. 고대올림픽은 정확히 언제부터 시작되었는지 알 수 없지만, 문헌상의 기록을 근거로 통상 BC 776년을 원년으로 본다. 이후 1,200여 년 동안 계속되다가 그리스가 로마인의 지배를 받으면서 약 1,500년 동안 중단되었던 고대올림픽 경기는 프랑스의 피에르 쿠베르탱(Pierre de Coubertin)의 노력으로 1894년 6월 23일 파리의 소르본 대학에서 열린 국제스포츠대회에서 근대올림픽으로 시작되었다. 1896년 '인류평화의 제전'이라는 거창한 구호를 걸고 그리스의 아테네에서 개최된 제1회 대회는 참가자가 13개국, 311명으로 매우 작은 규모였으며, 올림픽이 국제대회로서 면모를 갖춘 것은 1908년 제4회 런던대회 때부터라고 볼 수 있다. 런던 올림픽에서 각국이 처음으로 국기를 앞세우고 참가하였으며 경기규칙 제정, 본격적인 여자경기종목 채택, 마라톤 코스의 확정 등의 체계가 갖추어졌다. 오늘날 세계 각국의 스포츠인들은 근대올림픽이 창설된 6월 23일을 '올림픽의 날'로 정하여 기념하고 있다. 우리나라는 1988년 제24회 서울올림픽, 2018년 제 23회 평창 동계 올림픽이 개최된 바 있다.

- 올림픽 표어 : '보다 빠르게(Citius), 보다 높게(Altius), 보다 힘차게(Fortius)'로 프랑스의 디동 신부가 제창하고 1926년 IOC가 정식으로 채택하였다.
- 오륜기 : 흰 바탕에 왼쪽부터 파랑, 노랑, 검정, 초록, 빨강의 5색 고리를 위 3개, 아래 2개로 엮은 모양이다. 쿠베르탱이 창안하여 1914년의 IOC 창립 20주년 기념식전에 처음으로 선보였으며, 동그란 5개의 고리는 5개의 대륙을 상징한다.
- 동계올림픽 : 4년마다 개최되는 국제겨울스포츠대회로 1924년 프랑스 샤모니에서 최초로 열렸다. 겨울 스포츠가 눈 또는 얼음 위에서 열린다는 것이 특징이며, 그 종목으로 알파인 스키, 바이애슬론, 봅슬레이, 크로스컨트리, 컬링, 피겨 스케이팅, 프리스타일 스키, 아이스하키 등이 있다.

□ 패럴림픽(Paralympic) **

신체장애자들의 국제경기대회로서 장애자 올림픽이라고도 한다. 'paraplegia'와 'olympic'의 합성어로, 정식으로는 1948년 휠체어 스포츠를 창시한 영국의 신체장애자의료센터 소재지의 이름을 따 국제 스토크 맨데빌 경기대회(International Stoke Mandeville Games for the Paralysed)라 한다. 1952년부터 국제경기대회로 발전하여 4년마다 올림픽 개최국에서 개최된다.

□ FIFA(Federation Internationale de Football Association) **

국제축구연맹으로 세계 축구경기를 통할하는 국제단체이다. 국제올림픽위원회(IOC), 국제육상경기연맹(IAAF)과 더불어 세계 3대 체육기구로 불리며 각종 국제 축구대회를 주관한다. 즉, 각 대륙별 연맹이 원활하게 국제 경기 등을 운영할 수 있도록 지원·관리하는 세계축구의 중심체인 것이다. 1904년 프랑스의 단체 설립 제창으로 프랑스, 네덜란드, 덴마크, 벨기에, 스위스, 스웨덴, 스페인의 7개국이 프랑스 파리에서 모여 국제 관리기구로서 국제축구연맹(FIFA)을 탄생시켰다.

□ 월드컵(World Cup) ***

FIFA(국제축구연맹)에서 주최하는 세계 축구선수권대회이다. 1930년 우루과이의 몬테비데오에서 제1회 대회가 개최된 이래 4년마다 열리는데, 프로와 아마추어의 구별없이 참가할 수 있다. 2년에 걸쳐 6대륙에서 예선을 실시하여 본선대회에는 개최국과 전(前)대회 우승국을 포함한 24개국이 출전한다. 제1회 대회 때 줄리메가 기증한 줄리메컵은 제9회 멕시코대회에서 사상 최초로 3승팀이 된 브라질이 영구보존하게 되어, 1974년 뮌헨에서 열린 제10회 대회부터는 새로 마련된 FIFA컵을 놓고 경기를 벌였다. 우리나라는 1954년 제5회 스위스 월드컵에 처음으로 참가했고 이후 제13회 멕시코 월드컵부터 제19회 남아프리카공화국 월드컵까지 7회 연속 진출로 아시아 처음 통산 8회 월드컵 진출이라는 기록을 세웠다. 2002년 제17회 한국·일본 월드컵에서 4위의 성적을 거두었고, 2010년 제19회 남아프리카공화국 월드컵에서 원정 첫 16강에 진출하였다.

□ 세계청소년축구선수권대회

FIFA(국제축구연맹)에서 주관하는 청소년축구경기로 만 나이 기준 20세 이하의 선수들만 참가하는 U-20대회와 17세 이하 선수들만 참가하는 U-17대회의 2종류다.

□ 4대 메이저 대회 ***

골프나 테니스 분야에서 세계적으로 권위를 인정받고 있으며 상금액수도 큰 4개의 국제대회를 일컫는 용어이다. 골프의 4대 메이저 대회는 마스터골프대회, US오픈골프선수권대회, 브리티시오픈, 미국PGA선수권대회를 말하며 여자골프 4대 메이저 대회는 크래프트나비스코챔피언십, 맥도날드LPGA챔피언십, US여자오픈, 브리티시여자오픈이 해당한다. 4대 메이저 테니스 대회는 호주오픈, 프랑스오픈, 윔블던, US오픈을 포함한다.

☆☆☆ 오픈 선수권 … 골프, 테니스 등에서 아마추어와 프로가 함께 겨루어 대표를 뽑는 경기

□ 수퍼볼(Super Bowl)대회 *

미국 프로미식축구의 양대 리그인 AFC(아메리칸 풋볼 콘퍼런스)와 NFC(내셔널 풋볼 콘퍼런스)의 우승팀 간에 그 해 최정상을 가리는 대회로, 1966년 창설되었다.

□ 월드베이스볼클래식(WBC : World Baseball Classic) *

세계 각국이 참가하는 프로야구 국가대항전으로, 2006년부터 시작하여 올림픽이 열리는 해를 피해 4년마다 개최하되 시기는 메이저리그 정규시즌 일정을 고려해 조정한다. 1회 대회는 2006년 3월 3일 일본 도쿄돔에서 아시아 예선을 시작으로 그 막을 올렸으며 한국, 일본, 중국, 대만, 미국, 캐나다 등 총 16개국이 참가하였다. 메이저리그 구장에서 열린 8강 조별리그를 거쳐 4강에 진출한 국가는 한국, 일본, 쿠바, 도미니카 공화국이었으며, 일본이 우승을 차지했다. 우리나라는 2009년에 열린 2회 대회에서 준우승을 차지했다.

□ 세계피겨스케이팅 선수권대회(World Figure Skating Championships) **

국제빙상경기연맹(ISU : International Skating Union)이 주관하는 피겨스케이팅의 국제대회이다. 이 대회는 피겨스케이팅에서 올림픽과 더불어 ISU가 주최하는 국제대회 중 가장 비중이 높은 대회이며 종목은 남녀 싱글, 페어, 아이스댄싱의 네 가지로 구성되어 있다. 매년 시즌이 마무리되는 3 ~ 4월경에 열리며 2020년 대회는 캐나다 몬트리올에서 개최된다.

□ 메이저리그(MLB : Major League Baseball) ***

미국 프로야구의 아메리칸리그(American League)와 내셔널리그(National League)를 합쳐서 부르는 말로, '빅 리그'라고도 한다. 아메리칸리그 소속 15개 팀과 내셔널리그 소속 15개 팀이 각각 동부 · 중부 · 서부 지구로 나뉘어 정규 시즌을 치른다.

□ 윔블던 테니스대회 *

테니스계에서 가장 오랜 역사를 가지고 있는 대회로, 1877년 영국 국내선수권대회로 개최되었으며 1883년부터 국제대회가 되었다. 정식명칭은 전영오픈 테니스선수권대회로 매년 영국 런던 교외의 윔블던에서 열린다. 1968년부터 프로선수의 참가가 허용되었다.

□ **플레이오프(Play Off)** *

프로야구에서 시즌이 끝난 뒤 승률이 같은 경우 벌이는 우승결정전을 말한다. 골프에서는 경기가 정해진 홀 수에서 동점이 됐을 경우 연장전으로 우승자를 결정하는 것을 가리킨다.

□ **사이클히트(Cycle Hit)** **

야구용어로 올마이티히트라고도 한다. 야구경기에서 타자가 한 게임에서 1루타, 2루타, 3루타, 홈런을 모두 친 것을 말하며 순서는 무관하다.

☆☆☆ 드래그히트(Drag Hit) … 야구에서 배트를 밀어내 가볍게 공을 맞춤으로써 기습히트를 노리는 공격타법을 말한다.

□ **F1 그랑프리** **

월드컵, 올림픽에 이어 전 세계에서 인기를 끌고 있는 3대 국제스포츠행사의 하나인 세계 최고의 자동차경주대회를 의미한다. 매년 3월부터 10월까지 스페인 · 프랑스 · 영국 · 독일 · 헝가리 · 호주 · 일본 등 대륙을 오가며 17차례 경기를 펼쳐 점수를 합산해 종합우승자를 가린다.

□ **드래그번트(Drag Bunt)** *

야구경기에서 번트는 대부분 이미 나가 있는 주자의 진루를 돕기 위한 희생타인데 비해, 드래그번트는 타자도 살기 위해 왼쪽 타자는 1루 쪽으로, 오른쪽 타자는 3루 쪽으로 공을 끌어서 굴리는 번트이다.

□ **프리에이전트(Free Agent)** **

자신이 속한 팀에서 일정기간 동안 활동한 뒤 자유롭게 다른 팀과 계약을 맺어 이적할 수 있는 자유계약선수 또는 그 제도를 일컫는 말이다. 자유계약선수 제도하에서는 특정 팀과의 계약이 만료되는 선수는 자신을 원하는 여러 팀 가운데에서 선택하여 아무런 제약조건 없이 팀을 이적할 수 있다. 이와 반대로 선수가 먼저 구단에 계약해지를 신청한 임의탈퇴선수는 다른 구단과 자유롭게 계약할 권한이 없다.

□ **드래프트시스템(Draft System)** **

신인선수를 선발하는 제도로, 일정한 기준아래 입단할 선수들을 모은 뒤 각 팀의 대표가 선발회를 구성하여 일괄적으로 교섭하는 방법이다. 우수선수를 균형 있게 선발해 각 팀의 실력평준화와 팀 운영의 합리화를 꾀하는데 목적이 있다.

□ **매직넘버(Magic Number)** *

프로야구의 종반에 승수를 다투고 있을 때 2위 팀이 모두 이기더라도 1위팀의 우승이 거의 확정적일 경우 1위팀의 나머지 승수의 숫자를 말한다.

□ **골프타수의 명칭** ***

명칭	내용
보기(Bogey)	그 홀의 파보다 1타 많은 타수로 홀아웃 한 경우
더블 보기(Double Bogey)	파보다 2타 많은 타수로 홀아웃 한 경우
트리플 보기(Triple Bogey)	파보다 3타 많은 타수로 홀아웃 한 경우
파(Par)	한 홀의 표준타수(우리나라의 정규 18홀은 모두 파 72)
버디(Buddy)	파보다 1타 적은 타수로 홀아웃 한 경우
이글(Eagle)	파보다 2타 적은 타수로 홀아웃 한 경우
더블 이글(Double Eagle)	파보다 3타 적은 타수로 홀아웃 한 경우
홀인원(Hole-In-One)	1타로 홀컵에 볼을 넣은 경우

☆☆☆ 세계 3대 골프국가대항전 ··· 라이더컵(Ryder Cup), 프레지던츠컵(The Presidents Cup), 월드골프챔피언십(WGC)

□ **그랜드슬램(Grand Slam)** ***

야구경기에서 1루에서 3루까지 주자가 있을 때 친 홈런으로 만루홈런이라고도 한다. 골프에서는 1930년 미국의 보비 존스가 전미국·전영국의 오픈 아마추어 선수권의 4대 타이틀을 휩쓸었을 때 붙여진 존칭이다. 현재는 영미의 양 오픈과 전미국 프로, 마스터즈의 4대 타이틀 획득자에게 수여된다. 테니스에서는 한 해에 전영국, 전미국, 전호주, 전프랑스의 4대 토너먼트 단식(單式)에서 모두 우승하는 것으로, 남자로는 1938년의 버지, 1962년과 1969년의 레이버가 기록했고, 여자로는 1953년의 코널리, 1970년의 코트, 1988년 그라프가 기록했다.

□ **킹스리그** *

바르셀로나 출신 수비수 헤라르드 피케를 중심으로 2022년에 설립된 7인제 축구 리그다. 트위치 스트리머들과 협업하여 설립되었으며 유튜브, 트위치, 틱톡 등에서 중계되는데 최고 200만 명이 시청할 정도로 스페인 내에서 큰 인기를 끌고 있다. 기존 축구가 11명에 90분으로 진행되었다면, 킹스 리그는 7명에 40분으로 전후반이 각각 20분으로 진행된다. 옐로카드는 2분 퇴장, 무제한 교체에 오프사이드도 없어져 시간적 제약과 집중력 저하를 막는다. 은퇴한 선수 또는 유명인을 초청해 경기를 치른다.

출제 예상 문제

1 보도 자료나 다른 기자가 작성한 기사를 자신의 기사로 재구성하는 행위는 무엇인가?

① 메타폴리즘
② 저널리즘
③ 처널리즘
④ 네이더리즘

TIP ① 메타폴리즘 : 대도시 인구에게 나타나는 무인정주의(無人情主義)를 말한다.
② 저널리즘 : 매스미디어로 보도하고 논평하는 활동을 말한다.
④ 네이더리즘 : 소비자 보호를 목적으로 기업을 고발하는 소비자 운동이다.

2 존경의 표시로 다른 작품을 일부러 모방하는 것은?

① 표절
② 오마주
③ 패러디
④ 리메이크

TIP ① 표절 : 다른 사람의 저작물의 일부 또는 전부를 몰래 가져다 쓰는 행위이다.
③ 패러디 : 특정 작품의 소재나 문체를 흉내내어 익살스럽게 표현하는 수법 혹은 작품이다.
④ 리메이크 : 이미 발표된 작품을 부분적인 수정을 가하여 다시 만드는 것이다.

3 「작은 별 변주곡」, 「돈 조반니」 등을 작곡한 고전파 음악가는?

① 바흐
② 드뷔시
③ 비발디
④ 모차르트

TIP 모차르트 … 오스트리아 잘츠부르크에서 태어나, 어렸을 때부터 뛰어난 재능으로 5세 때 소곡(小曲)을 작곡하였다. 전 유럽을 다니며 작곡하고 공연을 하다가 최후 10년간은 빈에 정착하여 하이든, 베토벤과 고전주의 음악을 완성했다.

Answer 1.③ 2.② 3.④

4 연극과 영화 등의 연기 · 분장 · 무대장치 · 의상 · 조명 등이 조화로운 상태로 화면 내의 모든 것들이 연기한다는 관점에서 영화적 미학을 추구하는 공간연출은?

① 맥거핀　　　　　　　　　　　　② 미장센

③ 시퀀스　　　　　　　　　　　　④ 방백

TIP ① **맥거핀** : 극의 초반부에 중요한 것처럼 등장했다가 사라져버리는 장치를 의미한다.

③ **시퀀스** : 쇼트(shot)들을 연속시켜 행위를 이루는 씬(scene)이 모여 하나의 자기 독립적 단위를 이루는 것을 말한다.

④ **방백** : 연극에서, 등장인물이 말을 하지만 무대 위의 다른 인물에게는 들리지 않고 관객만 들을 수 있는 것으로 약속되어 있는 대사를 말한다.

5 대한민국이 처음 출전한 올림픽은?

① 이탈리아 로마 올림픽(1960)

② 영국 런던 올림픽(1948)

③ 미국 로스앤젤레스 올림픽(1932)

④ 서독 뮌헨 올림픽(1972)

TIP 1948년 제14회 영국 런던 하계올림픽에서 처음 출전하였으며 역도와 복싱에서 각각 동메달 하나씩 획득했다.

6 세계 언론 자유 지수에 대한 설명으로 옳지 않은 것은?

① 세계 전역의 언론 자유와 언론인 인권 보호를 목적으로 한다.

② 1985년에 설립된 국경 없는 기자회가 발표한다.

③ 2023년 기준으로 한국은 47위를 기록했다.

④ 등급이 낮을수록 언론이 더 자유로운 국가임을 의미한다.

TIP 등급이 높을수록 언론이 더 자유로운 국가임을 의미한다.

Answer 4.② 5.② 6.④

7 우리나라 최초의 창작국문소설은?

① 박지원의 양반전
② 김시습의 금오신화
③ 허균의 홍길동전
④ 박인량의 수이전

> **TIP** 우리나라 최초의 한문소설은 금오신화이며, 최초의 국문소설은 홍길동전이다.
> ※ 채수의 설공찬전은 홍길동전보다 앞선 1511년 무렵 최초의 국문번역소설이지만, 본격적인 창작국문소설 최초의 작품은 허균의 홍길동전으로 꼽을 수 있다.

8 다음 설명에 해당하는 것은?

> 이것이 선언되면 베이스에 있던 주자 모두가 다음 베이스로 자동 진루할 수 있다.
> 첫째, 투수가 투구와 관련된 동작을 일으킨 다음 그 투구를 중지했을 경우
> 둘째, 투수가 1루에 송구하는 흉내만 내고 실제로 송구하지 않았을 경우
> 셋째, 투수가 베이스에 송구하기 전 베이스가 있는 방향으로 발을 똑바로 내딛지 않았을 경우
> 넷째, 투수가 불필요하게 경기를 지연시켰을 경우 등

① 보크   ② 번트
③ 베이스 온 볼스   ④ 리터치

> **TIP** ① 보크 : 주자가 루에 있을 때 투수가 규칙에 어긋나는 투구 동작을 하는 것을 말한다.
> ② 번트 : 배트를 휘두르지 않고 공에 갖다 대듯이 가볍게 밀어 내야에 굴리는 타법
> ③ 베이스 온 볼스 : 타자가 볼카운트에서 4개의 볼을 얻어내 1루로 출루하는 것
> ④ 리터치 : 주자가 원래 있던 루로 돌아가는 것

Answer 7.③ 8.①

9 '앙티로망'이란?

① 전통 계승 문학   ② 사회참여소설

③ 저항문학   ④ 실험적 반(反)소설

TIP 앙티로망(Anti – Roman) … 전통적인 수법을 부정하는 새로운 형식의 반(反)소설 또는 비(非)소설로, 일종의 실험소설이다.

10 대중의 호기심에 호소하여 선정적이고 비도덕적인 기사를 과도하게 취재하고 보도하는 저널리즘은?

① 팩 저널리즘

② 옐로 저널리즘

③ 하이프 저널리즘

④ 제록스 저널리즘

TIP ① 팩 저널리즘 : 취재 방법이나 시각 등 독창성이 없고, 획일적이어서 개성이 없는 저널리즘을 말한다. 즉, 천편일률적인 보도를 뜻한다.
③ 하이프 저널리즘 : 오락만 있고 정보 따위가 전혀 없는 유형의 뉴스를 일컫는다.
④ 제록스 저널리즘 : 문서를 근거로 한 폭로 기사 또는 비합법적이거나 안이한 취재 방법으로 하는 일변도의 언론 경향을 일컫는다.

11 우리나라 최초로 신인추천제를 실시하였으며 많은 현대시조 작가를 배출한 순수문예지는?

① 문장   ② 소년

③ 청춘   ④ 인문평론

TIP 문장 … 1939년 창간되어 1941년 폐간된 시·소설 중심의 순문예지이다. 신인추천제로 발굴된 대표적인 시조시인으로는 김상옥과 이호우 등이 있으며, 시인으로는 청록파 시인 박목월, 조지훈, 박두진 등이 있다.

Answer   9.④   10.②   11.①

12 다음에서 설명하고 있는 것은 무엇인가?

> 이것은 포털에서 '남북정상회담'을 검색하면 네이버나 다음이 아니라 해당 언론사로 넘어가 뉴스를 보고 댓글을 다는 방식인데, 최근 '드루킹 사건'으로 포털사이트 뉴스 댓글 조작에 대한 경각심이 커지면서 정치권은 '아웃링크'를 도입하는 방안을 본격적으로 검토하고 있다. 언론사들로서는 포털에 뺏겼던 클릭 수를 찾아올 수 있어 선호하지만, 소비자들은 플로팅 광고(인터넷 사이트 전체나 일부를 뒤덮는 광고 기법) 때문에 불편을 겪을 수 있다.

① 사이드링크   ② 아웃링크

③ 인링크   ④ 미들링크

TIP 아웃링크(Outlink) … 포털사이트가 아닌 뉴스사이트에서 직접 뉴스를 보는 방식을 말한다. 국내의 네이버·다음 같은 포털사이트에서는 인 링크(네이버 화면 안에서 뉴스를 보는 방식)로 뉴스를 제공하고 있다. 반면 외국의 구글이나 페이스북은 아웃링크 방식으로, 이용자가 기사를 선택하면 해당 언론 사이트로 넘어가 기사를 보게 된다.

13 매스미디어가 수용자들에게 한정된 영향력을 미친다고 설명한 이론은?

① 선별효과

② 피파주효과

③ 향상효과

④ 제한효과

TIP 제한효과이론 … 매스미디어는 기존의 태도나 가치·신념을 강화시키는 제한적 효과가 있을 뿐이라는 이론적 관점으로, 매스미디어의 영향력이 그렇게 크지 않으며 한정되어 있다는 이론이다.

Answer 12.② 13.④

14 영화관이 자국 영화를 일정 일수 이상 상영하도록 하는 제도적 장치는?

① 스크린 숏

② 스크린셀러

③ 스크린 상한제

④ 스크린 쿼터제

> **TIP** ① **스크린 숏** : 화면이나 창의 이미지를 그래픽 파일로 저장 또는 그래픽 편집기로 복사한 화면을 일컫는다.
> ② **스크린셀러** : 영화를 뜻하는 '스크린(Screen)'과 '베스트셀러(Bestseller)'의 합성어로, 영화의 흥행으로 인기를 얻게 된 원작 소설을 말한다.
> ③ **스크린 상한제** : 관객이 몰리는 주요 시간대에 특정한 영화의 상영관 수를 제한하는 제도로, 특정 영화의 스크린 독과점 현상을 막기 위함이다.

15 신문·잡지의 특정 지면을 담당하여 집필하는 사람을 가리키는 말은?

① 데스크

② 칼럼니스트

③ 카피라이터

④ 스폰서

> **TIP** ① **데스크** : 사건담당 책임기자
> ③ **카피라이터** : 광고문안 작성자
> ④ **스폰서** : TV, 라디오, 신문 등의 광고주

Answer 14.④ 15.②

16 세계 최초로 발행된 일간신문은?

① 라이프치거 차이퉁겐　　　② 더 타임즈
③ 르 몽드　　　　　　　　　④ 뉴욕 타임즈

> **TIP** ① 라이프치거 차이퉁겐 : 1660년에 창간된 세계 최초의 일간신문(독일)
> ② 더 타임즈 : 1785년 창간된 영국의 일간신문
> ③ 르 몽드 : 1944년 창간된 프랑스의 석간신문
> ④ 뉴욕 타임즈 : 1851년 창간된 미국의 일간신문

17 기존 영화 시리즈물에서 연속성을 버리고 새롭게 처음부터 만드는 것으로, 원작의 전체적인 콘셉트만 가져와 완전히 다른 이야기로 재구성하는 방식은?

① 리부트
② 프리퀄
③ 시퀄
④ 스핀오프

> **TIP** ② 프리퀄 : 원작에 선행하는 사건을 담는다. 주인공의 과거나 원작 에피소드에 선행하는 사건을 담아 원작의 개연성을 제공한다.
> ③ 시퀄 : 일반적인 속편으로, 원작의 캐릭터, 스토리를 재사용하거나 확장하여 구성한다. 대체로 원작의 제목은 그대로 쓰고 속편 표기를 한다.
> ④ 스핀오프 : 기존 등장인물이나 에피소드에 기초하여 새로운 이야기로 확장하는 방식이다. 작품의 세계관을 공유하지만 주인공이나 줄거리는 다르다.

18 "나는 신문 없는 정부보다 정부 없는 신문을 택하겠다."라고 말한 사람은?

① 제퍼슨　　　　　　　　　② 케네디
③ 프랭클린　　　　　　　　④ 라이샤워

> **TIP** 제퍼슨(T. Jefferson)은 미국의 제3대 대통령으로서, 언론자유의 중요성을 강조하였다.

Answer　16.①　17.①　18.①

19 기념물 중 경승지로서 중요한 것을 지정하는 국가지정유산은?

① 국보

② 보물

③ 명승

④ 사적

> **TIP** ① 국보: 보물에 해당하는 문화재 중 인류문화의 견지에서 그 가치가 크고 유례가 드문 것을 말한다(예 : 서울 숭례문 등).
> ② 보물: 유형국가유산 중 가치가 큰 것을 말한다(예 : 서울 흥인지문, 하남 동사지 오층석탑 등).
> ④ 사적: 기념물 중 역사 · 학술 · 예술적 가치가 큰 것을 말한다(예 : 경주 포석정지, 수원 화성 등).

20 네임애드(Name Ads)에 관한 설명으로 옳지 않은 것은?

① 제2차 세계대전 이후 미국에서 처음으로 시도되었다.

② 광고의 목적은 기업의 이미지 개선과 소비자의 호의를 확립하는 데 있다.

③ 기업PR 또는 기업광고라고도 한다.

④ 새로운 상품소개를 목적으로 한다.

> **TIP** 네임애드(Name Ads) ··· 기업광고 또는 기업PR이라고도 하며, 대중매체를 통해 특정 제품의 광고보다는 기업의 이미지를 좋게 하고 소비자의 호의를 확립하는 것이 목적인 광고이다.

중요

21 민요 장단 빠르기 중 가장 느린 가락은?

① 진양

② 중모리

③ 중중모리

④ 휘모리

> **TIP** 민요 장단 빠르기는, 느린 가락 순으로 '진양 – 중모리 – 중중모리 – 자진모리 – 휘모리'이다.

Answer 19.③ 20.④ 21.①

22 현지에서 일어난 사실을 녹음을 섞어가며 편집, 구성하는 생생한 방송을 무엇이라 하는가?

① 핫뉴스(Hot News)

② 르포(Reportage)

③ 다큐멘터리(Documentary)

④ 애드버토리얼(Advertorial)

> **TIP** ① 핫뉴스(Hot News) : 현장에서 바로 취재해 온 최신뉴스를 말하며, 방송의 경우 현장에서 직접 보도하는 뉴스를 말한다.
> ③ 다큐멘터리(Documentary) : 기록영화나 실록소설·사실적인 방송을 말한다.
> ④ 애드버토리얼(Advertorial) : 'advertisement(광고)'와 'editorial(편집기사)'의 합성어로 논설 광고를 말한다.

23 POP 광고와 거리가 먼 것은?

① TV CF   ② 스토어트래픽 창출

③ 구매 결단에 대한 설득력   ④ 월 디스플레이(Wall Display)

> **TIP** POP(Point Of Purchase) 광고 … 광고상품이 소비자에게 최종적으로 구입되는 장소, 즉 소매점이나 가두매점 등에서 이루어지는 광고로, 직접적인 광고효과를 얻게 하는 구매시점광고이다.

24 축구 경기에서 1명의 선수가 1경기에서 3득점을 하는 것은?

① 러브게임

② 하프타임

③ 와일드 카드

④ 해트트릭

> **TIP** ① 러브게임 : 테니스에서 한쪽 선수가 1포인트도 얻지 못하고 마무리된 게임
> ② 하프타임 : 경기 전반전과 후반전 사이에 있는 휴식시간
> ③ 와일드 카드 : 출전 자격을 따지 못했지만 특별히 출전이 허용되는 선수나 팀

Answer 22.② 23.① 24.④

25 다음 중 영상물등급체계에 해당하지 않는 것은?

① 12세 이상 관람가
② 15세 이상 관람가
③ 20세 이상 관람가
④ 청소년 관람불가

TIP 영상물등급위원회의 등급체계에 따르면 전체관람가, 12세 이상 관람가, 15세 이상 관람가, 청소년 관람불가, 제한상영가로 구분된다.

26 피플미터(People Meter) 방식에 대한 설명으로 옳은 것은?

① 프로그램 방송 중에 표본가정에 전화를 걸어 시청률을 조사하는 방법이다.
② 표본세대 내 특정 구성원에게 시청 상황에 대한 일지를 책임지고 작성하게 하는 방법이다.
③ 개별방문면접에 의해 전날 또는 수 시간 전의 시청 상황을 생각하게 하는 조사하는 방법이다.
④ 표본추출방식에 의해 뽑힌 일정 수 가구의 텔레비전 수상기에 피플미터장치를 달아 측정한다.

TIP 피플미터(People Meter) … 미국의 여론조사기관인 A. C. 닐슨사(社)에 의해 개발된 시청률 조사수단으로, 과학적인 표본추출방식에 의해 뽑힌 일정 수 가구의 텔레비전 수상기에 이 장치를 달면 중앙의 메인컴퓨터에 수상기 작동방식·채널변환 등이 초단위로 자동 기록된다.

Answer 25.③ 26.④

27 광고와 홍보의 차이를 좁혀 소비자의 신뢰를 높이려는 새로운 광고형태로 소위 '기사형식 광고'라 불리는 것은?

① 인포모셜(Informercial)

② R&D(Research And Development)

③ Ai(Appreciation Index)

④ 애드버토리얼(Advertorial)

> **TIP** 애드버토리얼 … Advertisement(광고)와 Editorial(편집기사)의 합성어로 신문광고나 잡지광고에서 언뜻 보기에 편집 기사처럼 만들어진 논설 또는 사설 형식의 광고이다.

28 4대 프로 축구 리그로 옳지 않은 것은?

① 라리가

② 세리에 A

③ 리그앙

④ 분데스리아

> **TIP** 4대 프로 축구 리그에는 영국의 프리미어 리그, 스페인의 라리가, 독일의 분데스리가, 이탈리아의 세리에 A가 있다. 여기에 프랑스 리그앙까지 더해 5대 리그라고 부른다.

Answer 27.④ 28.③

가볍게! 빠르게! 확인하는 용어사전 시리즈

가볍게! 빠르게! 한눈에 보는
시사용어 사전 1228
◆ 공기업 / 언론사 / 기업체 / 공무원 채용대비에 필요한 시사용어 수록
◆ 분야별 구성으로 최신·중요 시사용어 총 1228개 수록
◆ 자가진단TEST 및 십자말 풀이, 파트별 실력점검퀴즈로 이해도와 응용력 강화
◆ 한눈에 확인할 수 있는 시리즈 상식을 통해 색넓은 지식 확장

가볍게! 빠르게! 한눈에 보는
경제용어 사전 1050
◆ 금융권 / 공기업 / 언론사 / 기업체 / 공무원 채용대비에 필요한 경제용어
◆ 사전식 구성으로 최신·중요 경제용어 총 1050개 수록
◆ 자가진단TEST 및 십자말 풀이, 파트별 실력점검 퀴즈로 이해도와 응용력 강화

가볍게! 빠르게! 한눈에 보는
부동산용어 사전 1310
◆ 2024년 제35회 공인중개사 출제 용어 수록
◆ 부동산확대론 / 민법 및 인사특별법 / 중개법령 및 중개실무 / 부동산공시법
  부동산 세법 / 부동산공법 용어 총 1310개 수록
◆ 자가진단TEST 및 십자말 풀이, 파트별 실력점검 퀴즈로 이해도와 응용력 강화

시사용어사전 | 경제용어사전 | 부동산용어사전

시사용어사전 1228

매일 접하는 각종 기사와 정보! 공기업/언론사/기업체/공무원 채용을 준비하는 수험생과
현대인이 꼭 알아야 할 최신 시사상식을 쏙쏙 뽑아 이해하기 쉽도록 영역별로 정리

경제용어사전 1050

주요 경제용어는 거의 다 실었다! 금융권/공기업/언론사/기업체/공무원 채용을 준비하기 전에,
경제 공부를 시작하기 전에 읽어보면 경제가 쉬워지도록 사전식으로 구성

부동산용어사전 1310

부동산에 대한 이해를 높이고 부동산의 개발과 활용, 투자 및 부동산 용어 학습에도
적극적으로 이용할 수 있는 교재, 공인중개사 출제용어도 수록

자격증

한번에 따기 위한 서원각 교재

한 권에 준비하기 시리즈 / 기출문제 정복하기 시리즈를 통해 자격증 준비하자!